本土化与中国学术转型

《济南大学学报》（社会科学版）编辑部 编

山东人民出版社 · 济南
国家一级出版社 全国百佳图书出版单位

图书在版编目（CIP）数据

本土化与中国学术转型/《济南大学学报》（社会科学版）编辑部编. --济南：山东人民出版社，2019.12
ISBN 978-7-209-12484-3

Ⅰ. ①本… Ⅱ. ①济… Ⅲ. ①哲学社会科学－学术研究－中国 Ⅳ. ①C12

中国版本图书馆CIP数据核字(2019)第255987号

本土化与中国学术转型
BENTUHUA YU ZHONGGUO XUESHU ZHUANXING
《济南大学学报》（社会科学版）编辑部 编

主管单位 山东出版传媒股份有限公司
出版发行 山东人民出版社
出 版 人 胡长青
社　　址 济南市英雄山路165号
邮　　编 250002
电　　话 总编室（0531）82098914
　　　　 市场部（0531）82098027
网　　址 http://www.sd-book.com.cn
印　　装 山东省东营市新华印刷厂
经　　销 新华书店

规　　格 16开（169mm×239mm）
印　　张 33.5
字　　数 460千字
版　　次 2019年12月第1版
印　　次 2019年12月第1次
印　　数 1-2000
ISBN 978-7-209-12484-3
定　　价 68.00元

如有印装质量问题，请与出版社总编室联系调换。

编辑工作委员会

序　言

王学典*

习近平总书记2016年5月17日“在哲学社会科学座谈会上的讲话”，全面总结了近百年来哲学社会科学发展历程中的经验教训，吹响了中国哲学社会科学事业在新时代再出发的号角，规划了构建中国特色哲学社会科学的顶层蓝图、方向路径、行动方略，是一百多年来中国哲学社会科学发展史上重要文献之一。

其中特别重要的，是这一文献归纳概括了一百多年来特别是五四以来整个中国哲学社会科学发展史上的深刻教训。习近平总书记说：我国当前正在发生的伟大变革，不是简单延续我国历史文化的母版，不是简单套用马克思主义经典作家设想的模板，不是其他社会主义国家实践的再版，也不是西方现代化道路的翻版。这一概括十分精彩。套用当年马克思恩格斯设想的模板，把中国的实践当作其他社会主义的再版，这两版的问题和局限早已被人们充分认识到了，但对另

* 王学典，山东大学儒学高等研究院执行院长，《文史哲》主编，教授，博士生导师。

外两版，即把传统文化当作可以继续使用的母版，把中国的现代化看作是西方现代化的翻版，学术理论界尚有许多糊涂认识有待澄清。我个人认为，“5·17讲话”的要义和重点，就是针对在这两个问题上糊涂认识而来的。

中国特色哲学社会科学命题的提出，基于一个宏大的思想文化背景，就是本土化与西方化、传统与现代之间长达一个多世纪的严重失衡。如何平衡、兼顾传统与现代、本土与西方，成为20世纪给我们留下的一大难题。中国特色哲学社会科学体系命题的提出，正是希望能在传统与现代、本土与西方之间走出一条平衡之路，找到一个坚实的平衡点。是继续在“西化”的道路上搞所谓的学科建设，还是基于本土经验或中国经验进行学科转型学科调整？如何回答这一严峻问题，关乎下一阶段中国特色哲学社会科学体系建构的目标和走向。

应该看到，我们目前所遭遇的最大困境，是西方的政治经济模型难以解释中国四十年来的高速发展，更难以概括和呈现中国经验。当着经验事实与理论模型发生碰撞或难以兼容之时，是修正模型还是放弃经验？这应该是不言而喻的。但当下的人文社会科学界对中国经验的漠视、轻视和无视，对西方社会科学许多结论的迷信，已经达到令人很难接受的程度。没有把社会科学界的主要生产力集中到对中国经验的研究上，这是导致当下中国学界迷茫徘徊的一个非常重要的因素。

总之，如何对待西方社会科学，仍是当下中国学界所面临的主要挑战。五四虽然已经过去一百周年，但我们至今仍笼罩在五四命题之下。如何对待西方？如何对待传统？正是五四所提出的两大命题，我们迄今并未走出这两大命题。

当下哲学社会科学领域所面临的一个主要任务：就是对本土与西方、传统与现代的关系进行再平衡、再斟酌、再调节，使过头了的东西荡回来。“5·17讲话”，包括2019年3月4日在政协文艺界社科界联组会议上的讲话，核心内容就是在哲学社会科学领域进行这种再平衡工作。

提出构建中国特色哲学社会科学学科体系、学术体系、话语体系这一使命，就是要对五四之后一百多年来从西方移植过来的哲学社会科学体系，进行本土化、中国化的处理与过滤，最终目的是“把中国中国化”，改变一百多年来一直“把中国西方化”这种主流趋势。

在这个问题上，我们当前所面临的一个重大矛盾，就是材料过剩和理论贫困之间的尖锐冲突。改革开放40多年所积累的经验、案例、数据、事实已经足够多了，但我们事实上并没有从这些足够多的案例当中提炼出能够反映经验本身的概念。从认识论角度看，这当然是排斥理论概括的倾向长期占主流地位所致。当前在哲学社会科学领域，特别是在这一领域的一线学者那里，存在着比较严重的“去意识形态化”“去现实化”“去理论化”“去思想化”等倾向，与此同时，哲学社会科学领域越来越“学院化”，越来越“象牙塔化”，越来越“不食人间烟火”。这个问题如不予以解决，我们就无法对西方社会科学的许多基本结论予以修正，就无法形成哲学社会科学的中国范式，我们与西方学术界的关系，就永远只能是学术小工和思想老板的关系。我们现在需要一个能够最大限度地容纳和尊重中国经验、中国事实、中国材料、中国案例的哲学社会科学体系，这应是当前和今后一段时间内学界最大的追求。

这是问题的一个方面，问题的另一个方面是，就像我们不能照搬西方一样，毫无疑问，我们也不能照搬传统。从“与世界接轨”转变到“与传统接轨”，是近几年思想文化领域的一个重大变迁，但我们必须看到：本土化、中国化绝不意味着是向传统的简单复归，是儒学的简单复兴。十八大之后，对以儒学为代表的中华优秀传统文化的弘扬确实进入了一个更加自觉、更为有力的新阶段，思想文化上可以说早已进入了一个新时代。但与此同时，习近平总书记也特别提出了对中华文明对儒学进行创造性转化、创新性发展的任务。两创命题所提出的一个重大问题是：传统的人文思想、人文主张、人文理念、人文追求，能否直接指导一个现代国家的治理？换句话说，治理一个现代化国家，究竟要更多地依靠现代社会科学，还是主要依靠一些古老的人文思想与理念？这是需要我们认真思考的。“两创”的提出毫无疑问极其重要，但“两创”究竟如何进行？几年过去了，学界迄今并未给出令人满意的答案，甚至还没进行认真的思考，只是把这一要求当作口号到处吆喝！在我看来，所谓创造性转化创新性发展，就是对中华文明对儒家思想进行社会科学化处理和冶炼。作为一种社会发展理论的儒家学说，只有经过这样一番升华和处理之后，其精华才能进入到现代知识体系和现代思想体系中去，才能对治国理政具有更加直接的指导意义。

今天，“半部《论语》治天下”的时代早已过去，治国理政的基本思路和具体措施，必须依赖现代社会科学，而不是简单的依赖传统人文理念。必须按照现代社会科学的样态来将传统文化重新理论化、重新概念化、重新体系化，而要实现这一目标，就需要我们依托现代社会科学的实证手段和分析技术，赋予它们全新的现代学术品格。如此，则可实现一箭三雕，既能让传统文化焕发出勃勃生机，还有利于构建本土化的社会科学体系，更能为与世界学术界的交流提供便利。近来，刘笑敢采用现代儿童心理学的实验结果，论证了孟子“性善说”的有效性，贝淡宁则以政治学为工具，将中国古代的“选贤任能”冶炼成“贤能政治”这样一个现代社会科学的概念，使之能与西方的现代“民主政治”相对照，这些都为儒学的社会科学化提供了可以借鉴的范例。

从西方移植过来的社会科学必须本土化，中国本土固有的儒家思想必须社会科学化，我认为，这两个方面构成了中国特色哲学社会科学体系的两翼。换句话说，西方社会科学的中国化，儒家思想的现代化构成了中国特色哲学社会科学体系两条对称的形成之路。

而中国特色哲学社会科学的本质，则是形成一种崭新的国家叙事或中国话语，而现有的国家叙事，完全不能反映中国崛起这一当今世界最为重大的变动。中国40多年走过的道路取得了巨大的成功，但这个成功用西方理论无法解释，中国自己也没创造出自己的理论对此向世人作出透彻的说明，所以一直被视为奇迹。如何向世界讲好中国崛起的故事，改革开放的故事，中华人民共和国70年经历的故事，中国共产党100年奋斗的故事，近200年中华民族求解放的故事，近5000年中华文明连续演变的故事，是当前哲学社会科学领域的一个迫在眉睫的任务。一个国家的学术、学科、话语体系，本质上是一种国家叙事，最近几年，中国人文社会科学的总目标，就是构筑和形成这一叙事体系。

在我看来，构建中国特色哲学社会科学体系的追求和初衷在此，中国哲学社会科学事业整装再出发的重大时刻已经到来！

[原文《中国话语形成之路：西方社会科学的本土化和儒家思想的社会科学化》发表于《济南大学学报》（社会科学版）2019年第6期]

目　录

经济学

社会学·管理学

儒学·文化

文学·历史

附　录

综合

本土化是大国学术的必然选择

王学典*

当前，学术界有关学术本土化问题存在着较大争执，争执的焦点在于：这是一个意识形态论题还是一个学术命题，中国学术究竟要不要本土化。我们坚持认为，中国学术的本土化转向，寓涵着意识形态和学术界的双重诉求；本土化，是中国学术面对大国崛起这一历史性变化的必然选择。

众所周知，一个国家的学术话语体系，本质上是一种国家叙事。现有的国家叙事，完全不能反映中国崛起这一当今世界最重大的历史变动。在重新崛起的大背景下，中国的国家叙事需要作出调整，而且这种调整必须以日渐增强的自主性为本位，这一要求，当然会促使意识形态推动学术往本土化方向发展。最近几年，中国人文社会科学的总体性目标，就是构建中国话语体系，打造中国学派，其主要目的都是为了构筑新的与国家崛起大背景相适应的国家叙事。而学术的本土化，当然是构筑国家叙事题中应有之义。

我们必须从国家崛起的大背景下理解官方对学术本土化的鼓励。近些

* 王学典，山东大学儒学高等研究院执行院长，《文史哲》主编，教授，博士生导师。

年越来越强化的中国史叙事的本土化趋势，就暗含着对国家崛起这一背景的呼应。国家崛起的本质是文明的复兴。但如果一个国家的历史是按照西方谱系铺排而来，从逻辑上说，这个国家文明的复兴只不过是对西方文明的一种复制。所以，中国文明的复兴隐含着一个巨大前提，即中国古代的历史道路是自在的、自主的、自为的，与西方的历史路径迥然不同。我们现在强调“中国道路”，如果与今天和未来的“中国道路”榫接的是按西方普世主义序列编排的中国历史，它们之间就会出现无法克服的断裂和错位。只有从中国历史实际进程抽绎出的叙事话语，才能对中国的现代性制度安排与设计背后的思想路径与实践依据作出有说服力的解释。所以，中国叙事的重构，是国家崛起进程中历史赋予史学家们的一项神圣使命。

我们必须承认，今天的中国学术，并没有跟上国家发展的步伐，还远远没有满足构建具有中国特色、中国风格、中国气派的学术体系、话语体系的期待，与大国崛起所需要的思想学术文化的软实力要求相比还有巨大的差距。这一差距被人们形象地比喻为知识的短缺，且已成为当前中国学术面临的最大问题。这种短缺，本质上是一种有效知识供给不足。比如，无论是在理论界还是政策研究界，都没有能力解释中国经验。长期以来，中国所具有的只是从西方进口的经济学，马克思主义经济学又没有通过结合中国实际情况而得到发展。在不存在中国经济学的情况下，当然也就无法解释中国的经济实践，而拿各种从西方进口的经济学更解释不了中国经济所面临的问题，用它们来解决中国问题还往往会导致问题的恶化。因此，中国已经进入一个知识短缺的时代。这种短缺局面存在已久，且已对经济社会发展产生了极其负面的影响，今天中国社会的很多问题都是由知识的短缺所造成的[①]。事实也的确如此，改革开放30多年来，中国学术界（无论是左派还是右派）均没有提出自己的思想，只是照抄照搬西方的概念。但中国社会转型比起欧洲规模要大很多，欧洲转型产生了那么多的伟大思想家，

---

① 郑永年：《中国的知识短缺时代》，《联合早报》，2016年1月26日。

而中国学术至今没有对世界社会科学作出应有的贡献。中国很多学者用中国的素材来论证西方的命题，都是假命题，没有自己的知识体系。大部分学者的脑子都被西方殖民化了，很多人是在拿西方的橘子来看待中国的苹果①。这些观点虽不无偏颇，但在一定程度上反映了事实。

习近平在哲学社会科学座谈会屡屡提及以下一些内容："面对新形势新要求，我国哲学社会科学领域还存在一些亟待解决的问题。比如，哲学社会科学发展战略还不十分明确，学科体系、学术体系、话语体系建设水平总体不高，学术原创能力还不强。""哲学社会科学的特色、风格、气派，是发展到一定阶段的产物，是成熟的标志，是实力的象征，也是自信的体现。我国是哲学社会科学大国，研究队伍、论文数量、政府投入等在世界上都是排在前面的，但目前在学术命题、学术思想、学术观点、学术标准、学术话语上的能力和水平同我国综合国力和国际地位还不太相称。要按照立足中国、借鉴国外，挖掘历史、把握当代，关怀人类、面向未来的思路，着力构建中国特色哲学社会科学，在指导思想、学科体系、学术体系、话语体系等方面充分体现中国特色、中国风格、中国气派。""我们的哲学社会科学有没有中国特色，归根到底要看有没有主体性、原创性。跟在别人后面亦步亦趋，不仅难以形成中国特色哲学社会科学，而且解决不了我国的实际问题。""提炼出有学理性的新理论，概括出有规律性的新实践。这是构建中国特色哲学社会科学的着力点、着重点。一切刻舟求剑、照猫画虎、生搬硬套、依样画葫芦的做法都是无济于事的。""打造具有中国特色和普遍意义的学科体系。""发挥我国哲学社会科学作用，要注意加强话语体系建设。在解读中国实践、构建中国理论上，我们应该最有发言权，但实际上我国哲学社会科学在国际上的声音还比较小，还处于有理说不出、说了传不开的境地。要善于提炼标识性概念，打造易于为国际社会所理解和接受的新概念、新范畴、新表述，引导国际学术界展开研究和讨

① 郑永年：《中国未来30年的任务》，FT中文网，2015年12月7日。

论。”“只有以我国实际为研究起点，提出具有主体性、原创性的理论观点，构建具有自身特质的学科体系、学术体系、话语体系，我国哲学社会科学才能形成自己的特色和优势。”①国家领导人对学术体系、话语体系的念兹在兹，集中反映出意识形态对于学术本土化的期待。

实际上，本土化的要求一直伴随着中国现代学术的发展。1902年，西方社会科学刚刚传入中国的时候，梁启超就对如何在引进西学的同时维护中国学术的自主性保持警惕，他告诫学界“第一勿为中国旧学之奴隶，第二勿为西人新学之奴隶”②。早在20世纪二三十年代，中国学者就已经开始了社会学的本土化实践，1925年，许仕廉就在《社会学杂志》上发表《对于社会学教程的研究》一文，倡导建设“本国社会学”；1929年，留美回国的吴文藻开始在燕京大学大力提倡和推行社会学中国化的学术运动。1931年2月，在中国社会学社第一次年会上，孙本文在演讲中明确提出了社会学“中国化”这一概念，并特别强调将建设中国化的社会学作为未来中国社会学四大基本工作之一。在社会学本土化运动中贡献最为卓著的当属费孝通先生，他在田野调查的基础上独创了一套具有中国特色的社会学理论和研究方法，并提出了极具阐释力的“差序格局”理论，为中国社会学的本土化实践提供了最具代表性的成果。正是在社会学本土化的努力之下，才使得马林诺斯基所称誉的“社会学的中国学派”得以形成。

在20世纪三四十年代，中国学界还展开了轰轰烈烈的“中国文化本位”以及“学术中国化”的讨论，不论这些讨论背后有着什么样的政治动机，有一点是毋庸置疑的，就是这些讨论反映了不同时期中国学术的本土化要求及强烈的本土化情结。

同属中华学术系统的台湾学界在20世纪80年代也曾掀起过声势浩大的学术中国化运动。这场运动最初由社会学、心理学和人类学学者所发动，

① 习近平：《在哲学社会科学工作座谈会上的讲话》，《人民日报》，2016年5月19日。
② 梁启超：《近世文明初祖二大家之学说》，《新民丛报》，1902年第2号。

迅速推进到人文社会科学各个领域，继而演变成为台湾现代史上最重要的一次学术运动。这场运动的实质，就是对由西方引进的各种社会科学理论和方法进行彻底的反省和检讨，“建立中国人文社会科学研究的主体性，而不是跟在西方学者的后面，亦步亦趋，人云亦云，不加批判地移植西方的理论，简单地套用西方学者所设计的方法”①。这场运动持续十年之久，对台湾人文社会科学的影响至深且巨。

进入21世纪以来，大陆学者的本土化思维也日渐强化，邓正来可以说是对此探索最自觉最系统的一个学者。2004年，邓氏发表长篇论文《中国法学往何处去》，以法学为中心，对来自西方的“现代化范式”如何宰制中国社会科学研究进行了总体性的反思和批判。邓氏认为，中国法学之所以无力引领中国法制发展，实是因为它们都受一种“现代化范式”的支配，而这种“范式”不仅间接地为中国法制发展提供了一幅“西方法律理想图景”，而且还使中国法学论者意识不到他们所提供的不是中国自己的“法律理想图景”；这种占支配地位的“现代化范式”因无力解释和解决因其自身的作用而产生的各种问题，最终导致了“范式”危机。因此，必须在批判“现代化范式”的基础上，结束这个受“西方现代性范式”支配的法学旧时代，开启一个自觉研究“中国法律理想图景”的法学新时代。邓氏极富洞察力地指出，在中国社会科学的发展过程中，最应当引起重视的是知识界对“建构者/被建构者”的关系所表现出来的集体不意识，亦即对西方各种流行理论的“前反思性接受”取向——它渗透在当下中国社会科学场域中以各种名目展开和固化的意识形态实践活动之中，嵌入在中国法学对社会秩序及其制度所做的各种正当性论述之中，更是在很大程度上型构着评价中国社会秩序及其制度的理想图景②。

---

① 王东：《从“中国化”到“本土化”——台湾社会科学“中国化”运动的学术史考察》，《华东师范大学学报》（哲学社会科学版），2013年第2期。

② 邓正来：《中国法学向何处去（中）——建构“中国法律理想图景”时代的论纲》，《政法论坛》（中国政法大学学报），2005年第2期。

在此前后，邓氏发表大量论著，系统地探讨了如何建构中国社会科学的自主性问题。邓氏认为，就当下中国社会科学的使命而言，我们不仅应当对当下世界结构中的中国进行切实的研究，而且应当使中国社会科学国际化。当下中国社会科学学术传统中的“西方化倾向”以及“唯学科化倾向”，不仅可能导致中国社会科学在研究的过程中丢失中国，而且可能肢解中国，因此，中国社会科学应当在研究当下中国的基础上，贡献出我们自己的“根据中国的理想图景”[①]。邓氏断言：“中国社会科学取得真正发展的基本条件乃在于建构起中国社会科学自己的学术传统和中国社会科学自己的学术传统和中国社会科学自己的学术评价体系”，“我们必须通过我们自己的知识实践活动以及由此生产和再生产出来的研究成果来切实地建构我们自己的中国社会科学学术传统，并通过我们的知识努力去丰富和推进整个人类的社会科学传统。”

越来越多的学者对中国社会科学的西化倾向表示不满，并在自己的研究中竭力克服这种倾向。葛兆光即不满于学界多年来形成的思想史著作模式，他认为，过去的中国哲学史和中国思想史研究，存在一个很大的弊病，那就是用某种来自西方的概念工具或者强烈的问题意识观念，将丰富的历史和思想资料脉络化，就好比编辫子，完全按照主观的想象、意识形态的观念和僵硬的逻辑，将所谓思想史拧成紧紧的一股[②]。因而其在写作中国思想史三卷本时，特别突出“中国意识”、突出“本土的问题，本土的眼光”、突出“本土意识、本土立场”。

葛兆光还不无辛辣地对当前的西方化倾向进行了嘲讽：“如今的中国，几乎已是欧美各种新理论的试验场”，“光看外面人的研究”，“‘新清史’来了，就关心满族问题了；现代性理论来了，就关心中国现代性的问题；

---

① 邓正来：《中国社会科学的当下使命》，《社会科学》，2008年第7期。

② 葛兆光、张瑞龙：《新思想史研究、历史教科书编纂及其他——葛兆光教授访谈录》，《历史教学》，2005年第2期。

区域研究兴盛了，就一窝蜂去做‘地方’”。现在学术界讨论热烈的“想象的共同体”“帝国”“超越民族国家的区域研究”“认同的政治”等问题，其实都来自西方，这些讨论的实质，不过是把中国历史整编到西方的一些时尚大论述中去①。

吴重庆也指出：当前中国社会科学的研究事实上存在着西方的话语霸权，这种话语霸权消解了中国问题本身的重要性，而凸现了西方社会关切的问题。“社会科学本土化”的关键在于确立“中国问题”的主位意识，而不是仅仅把精力花在寻找中国经验的独特性然后将之作为西方社会科学理论的注脚。“社会科学本土化”的含义应恰当地理解为中国的社会科学研究者不为西方社会科学的视野所迷惑，树立起中国问题的主位意识和相关分析概念，借鉴西方社会科学的方法论，发展出对中国人的行为及中国社会的组织运作具有确切解释力的社会科学理论②。

有学者已敏锐地观察到，随着本土化成为越来越多学者的共识，20世纪90年代以来，中国古代史研究的基本面貌，相对于前一时代有了一个显著的变化，人们开始直接面对自身民族的历史过程进行理论抽象，尝试用本民族的语言概念来阐述自己民族的历史，即开始了一个自觉摆脱用欧洲历史模式解读中国历史的思想进程。这与世界学术范围内的本土化趋向似乎有着惊人的一致性，但又的确与之不同，即此是发自中国学术自身的一种学术倾向。这标志着中国学人开始进入一个具有清醒的自我意识和批判精神的时代，一个具有真正意义上的独立思考的时代③。

学术本土化，并不单纯要作地理上的对抗，其目的实在于追求本土经验与理论建构之间的自洽。外来理论造成的认知混乱一直困扰着中国学界，

① 张明扬、丁雄飞采写：《葛兆光再谈“从周边看中国”》，《东方早报》，2013年12月8日。

② 吴重庆：《农村研究与社会科学本土化》，《浙江学刊》，2002年第3期。

③ 李振宏：《六十年中国古代史研究的思想进程》，载彭卫主编《历史学评论》（第一卷），北京：社会科学文献出版社，2013年版，第73页。

最典型的莫过于亚细亚生产方式的讨论，自20世纪30年代开始，中国学术界投入了大量人力，绵延数十年，却无法在这一问题上获得实质性进展，到最后才明白根本无法填补这个西方构造的概念与中国实际之间的鸿沟。有一个现象值得注意，就是越是贴近田野的学科，本土化要求越高。比如，无论是在台湾地区，还是在中国大陆，社会学的本土化要求都特别强烈。这主要是因为社会学直接面对最基层的社会，因而对西方理论和中国社会之间的脱节感受也最强烈。这种大规模的田野考察，直接促进了本土化意识的觉醒，所以，在台湾叶启政先生，在大陆郑杭生先生才会不遗余力推行社会学的中国化。

学术的本土化有着充分的学理依据。按照文化功能主义的观点，社会组织与文化机制都是人适应环境的成果，它们对人的现在与未来生存、生活具有工具性的功能。就社会科学理论的知识论的角度而言，社会科学理论永远是局部理论或“在地理论”，它不可能具有全球普适性[①]。中国的整个社会科学体系是由西方移植而来的，这一事实本身就蕴含着再创造再转化的要求。人体器官的移植会在客体和本体之间出现排异反应，同样的，学术体系的移植也会与母体文化出现种种不相容之处。而本土化，正是克服种种不相容之处的必由之路。只有本土化，才能释放人文社会科学研究的创造性，而跟在后面的亦步亦趋，这种创造性则必然宿命般的无由发挥。台湾社会科学的本土化转向证明，本土化主要还是学术发展本身的逻辑。

当前的本土化转向实质是对改革开放40年来人文社会科学发展的一个总结，暗含着范式的超越和升级的冲动。但需要强调的是，中国学术的本土化运动绝不意味着对西方学术的排斥，可能相反，我们需要比过去更加重视西方学术。必须承认，西方学者的知识面比国内学者更加广泛，也更加熟悉现代社会科学的分析范式和研究方法，但这种承认，不能以牺牲学术自主性为前提，更不能代表对理论殖民的臣服与认可。

---

① 吴重庆：《农村研究与社会科学本土化》，《浙江学刊》，2002年第3期。

1902年，梁启超在《论中国学术思想变迁之大势》中写道：中国“学术思想所磅礴郁积”绝非“彼崎岖山谷中之犷族，生息弹丸上之岛夷，所能梦见者！”无论是上古还是中古，“合世界史通观之”，皆“我中华第一也”。虽然近代以来中国学术令人汗颜地落后于世界，但中国学术定能“恢复乃祖乃宗所处最高尚最荣誉之位置，而更执牛耳于全世界之学术思想界者！”[①]梁氏所言，反映了百多年来中国学人的共同愿望，“执牛耳于全世界之学术思想界”这是大国学术应有的气度，这一理想，也将不断鼓舞着本土化学术砥砺前行。

［本文由郭震旦博士整理，原文发表于《济南大学学报》（社会科学版）2017年第1期，《新华文摘》2017年第8期全文转载］

① 梁启超撰，夏晓虹导读：《读中国学术思想变迁之大势》，上海：上海古籍出版社，2001年版，第5页。

学术旨归：古今之别与中西之异

何中华*

自晚清以来，特别是五四新文化运动以来，中国社会就面临并经历着古今中外文化的碰撞、冲突、融合、会通等一系列充满吊诡和辩证的运动，这成为中国近现代史上的一幅格外令人瞩目的景观。这一特定历史语境，使我们难以绕开对于学术旨归的深刻拷问：我们的学术研究所触及的究竟是古今之别还是中西之异，抑或是两者的纠缠？因为这个问题直接关涉到学术的文化归属与时代定位，所以不可不察。

一、"学有中西"，还是"学无中西"？

究竟是"学有中西"，抑或是"学无中西"？对此所作的回答之不同，其实折射着对于"学"的性质以及"中学"与"西学"关系的不同判定。因此，这个问题就带有前提性。

一种观点认为"学无中西"。譬如，王国维先生在《国学丛刊》"序"（1911年）中辨"学无中西"，写道："余正告天下曰：学无新旧也，无中

* 何中华，山东大学哲学与社会发展学院教授，博士生导师。

西也，无有用无用也。”[1]关于“学无中西”，他进一步解释说：“何以言学无中西也？世界学问，不出科学、史学、文学。故中国之学，西国类皆有之；西国之学，我国亦类皆有之。所异者，广狭疏密耳。”[2]在王国维看来，东西方的学问所异者，仅为程度罢了，而无关乎性质上的距离。毛泽东同志在《同音乐工作者的谈话》（1956年8月24日）中说：“‘学’是指基本理论，这是中外一致的，不应该分中西。”[3]何兆武先生也明确认为“学无中西”。他说：“‘学’有真假之分、高低之分、精粗之分，但没有中西之分。”因为“中学和西学其内容不同，这是历史的原因造成的。作为知识，作为人类的理性、思维能力来说，哪个民族和国家根本上都是一样的”[4]。李约瑟的观点要复杂一些。一方面，他承认：“西方人对自己的文化作出了普遍性和优越性的结论，这是很可引以自慰的。但是，这种结论是不正确的。”[5]另一方面，他又认为：“真正具有普遍性的是现代科学和现代技术，以及形成这种科学技术的哲学思想。而且还必须清楚地认识，欧洲所产生的并不是‘欧洲的’或者‘西方的’科学，而是普遍适用的世界科学。”[6]

另一种观点主张“学有中西”。譬如，张之洞在《劝学篇》中写道：“中学为内学，西学为外学；中学治身心，西学应世事”（张之洞：《劝学篇·会通第十三》）。这种差别，不仅是不少中国人的认知，也为某些西方人所承认，像罗素就在他的《中国问题》中指出：“可以说，我们的文明的显著长处在于科学的方法；中国文明的长处则在于对人生归宿的合理理解。”[7]这种旨趣上的分野，也一定会表现为欧洲和中国在学术上的根本差别。应该说，罗素的判断隐含着“学有中西”的结论。余英时先生也认为，

①② 姚淦铭、王燕编：《王国维文集》（第4卷），北京：中国文史出版社，1997年版，第365、366—367页。

③ 《毛泽东著作选读》（下册），北京：人民出版社，1986年版，第752页。

④ 何兆武：《中西文化与全球化》，载《文汇报》，2005年1月30日。

⑤⑥ ［英］李约瑟：《四海之内》，劳陇译，北京：生活·读书·新知三联书店，1987年版，第2、3页。

⑦ ［英］罗素：《中国问题》，秦悦译，上海：学林出版社，1996年版，第153页。

中国的文化“是走内在超越的路，和西方外在超越恰成一鲜明的对照”。

我认为，不能笼统地讲“学无中西”，也不能笼统地讲“学有中西”。对这个问题所作的任何抽象的追问和回答，都将使其沦为一个假问题。我们只有把它解析开来追问，才能使其成为一个真问题。我们只能问：究竟在何种意义上“学无中西”，又在何种意义上“学有中西”？

“学”所揭示的东西无疑具有普遍有效性，具有普适性，这没有任何问题。例如物理学的定律、数学的原理等等，不能说只是在西方才有效，到了东方就失效了。但是，“学”的内容固然是普遍适用和普遍有效的，但何以会产生这种“学”，却又是有东西方之别的。它总是同特定的文化背景和文化传统之间具有某种特殊的联系。因此，我认为，在这里需要适当地区分“能指”（signifiant）和“所指”（signifie）（借用语言学上的两个术语）。就“学”的“所指”而言，是无所谓中西的；但就“学”的“能指”而言，则是有中西之别的。让我们以“科学”为例，科学所揭示的自然律固然具有普遍必然性，亦即科学作为“所指”，是无所谓东西方差别的。然而，就科学这种把握世界的特定方式而言，亦即科学作为“能指”，它并不是文化中立的，而是隐含着特定的文化承诺。不然，为什么还会有“李约瑟难题”？爱因斯坦在回应这一难题时就说过，西方近代科学的产生需要依赖两个条件，即形式逻辑和实验方法[①]。这些都是西方文化的“土产”，也是它的“特产”。中国在历史上是没有逻辑学传统的，中国文化也不偏好把一切都变成“求真”把握和处理的对象。西方文化则不然。譬如，早在古希腊时代，就已经建立起来了古典逻辑三定律。而且，西方文化一定要把道德伦理变成“求真”处理和把握的对象，于是便产生了“伦理学”，它把“善”学问化了；也一定要把审美创造和艺术变成求真处理和把握的对象，于是

---

① 爱因斯坦在一封信中说：“西方科学的发展是以两个伟大的成就为基础，那就是：希腊哲学家发明形式逻辑体系（在欧几里得几何学中），以及通过系统的实验发现有可能找出因果关系（在文艺复兴时期）。”[《爱因斯坦文集》（第1卷），许良英、范岱年译，北京：商务印书馆，1976年版，第574页。]

便产生了“美学”，它把“美”学问化了；也一定要把思想变成求真处理和把握的对象，于是便产生了“逻辑学”，它把“真”也学问化了。与此不同，中国文化则大异其趣。有人把中国的《墨经》同古希腊的逻辑学和印度的因明学相提并论，把它们加以类比，其实这种做法是相当牵强的。因为《墨经》所提供的思想并没有被形式化和符号化，而且它是以“类”作为基本范畴的，“类”不过是“同”与“异”的混淆，因而完全异质于西方式的抽象，同“逻各斯”传统不存在什么可比性。中国文化虽然有着漫长而悠久的伦理道德传统，但就是没有一门“伦理学”；虽然有着漫长而悠久的审美创造史，但就是没有一门“美学”；虽然有着漫长而悠久的思想史传统，有着许多一流的思想家，但就是没有一门“逻辑学”。中国文化当然也没有做实验的习惯，因为它把握对象的方法主要是“黑箱方法”，即不打开对象，而仅仅是给予对象以一定刺激，看它做出怎样的反应，通过信息的输入和输出来猜测对象的内在结构。这同西方文化的白箱方法也具有某种异质性。西方人在探究对象时，往往要打开对象系统，看看它有着怎样的内在结构，以此来解释其功能。这样的方法只有通过做实验才能完成，而单靠朴素的观察是远远不够的。

说“学无中西”，其实仅仅是在强调学问所揭示的内容的普适性这个意义上成立的，而不是在东西方学问本身的可通约性的意义上成立的。作为文化的浓缩了的形式，学问和学术不过是一种文化的“全息元”，它无疑先行地分享了这种文化的基本原型，总是隐含着特定的文化承诺。从某种意义上说，强调“学无中西”，体现的是一种时代的眼光；强调“学有中西”，体现的则是一种民族的立场。孰是孰非？

二、“中学”与“西学”之关系应当有一种辩证的展开

随着“西学东渐”，随着东西方文明的相遇，“中学”与“西学”之间的博弈和互构，既是中国社会发展的一个镜像，也成为这种发展的内涵。从历史和未来的走势看，其演变的基本轨迹是或应该是：“中学”→“西

学”→向“中学”的复归(经过“西学”的否定环节之后回归本土化立场)。滞留在正题(追求纯而又纯的“中学”)不行，这种封闭的姿态将会窒息“中学”的新的可能性的诱发。滞留于反题，满足于“中学”的“西学”化，即把“中学”用“西学”模式加以格式化(同化)，同样是不行的，因为这不仅否定了“中学”的特点，妨碍了“中学”的主体性自觉，剥夺了“中学”的自主性，而且有可能使“西学”的遮蔽作用掩盖了它的开启作用，消极面压倒积极面，从而得不偿失，丧失掉原初的用心。

晚清以来，特别是五四新文化运动以来，完全固守“中学”已既不可能也不应该。在全球化的语境下，恪守“中学”而拒绝“西学”，只能是一种逃避的态度，显然是不现实的。所以，过分强调“中学”的纯正性，往往沦为一种消极的防御性的口号，成为拒绝开放、抵制外来文化的遁词或借口。

应该看到，“西学”与“中学”的相遇和会通，的确开启了一种新的阐释的可能性，开辟了一条新的意义生成的路径。“中学”和“西学”之间无疑存在着相互发明、互相诠释的建设性的对话关系。譬如，对于中国文化中的经典文本，西方汉学家就能够以他们所特有的视角，读出我们中国人自己反而读不出来的味道和含义，因为他们拥有一种为我们所没有的视野和“前见”。尽管他们对于中国语言和典籍的掌握，达不到中国人所熟悉的程度，但这并不妨碍他们恰恰因为这种陌生感和距离感而获得的独特体认。在这个意义上，甚至“郢书燕说”式的误读，也具有某种积极的意义和正面的价值。其实，我们反过来想也一样，中国人对西学的研究和阐释，即使在语言上了无障碍，也难以真正进入西方人所特有的语境，做出像西方人那样的解读。然而，这并不妨碍中国式解读的独立意义和价值。因为中国人所特有的文化背景和视野，同样会发现许多西方人看他们自己的文化和学问而无法看出来的意蕴。

“中学”的彻底“西学”化，固然应该避免。无论怎么援引“西学”模式来解读“中学”，都不能以牺牲“中学”的自主性为代价。这应该成为一条不可突破的“底线”。关键在于，这个“度”究竟在哪里？在学术研究中又如何恰当地拿捏这个“分寸”？什么才叫作“过度解释”？正确的态度应当是再由否定的环节过渡到否定之否定，即在“西学”化阐释的基础上向本土化复归。这种复归不是正题的简单重复，而是在经过了“西学”的否定环节之后的重新肯定。它既充分利用并借鉴了“西学”对“中学”的诱发和激荡，又进一步回归到“中学”的本位立场上来。这是扬弃了正题和反题之对立以后所开辟的第三条道路，或者说是昭示或达成了第三种可能性。一方面，在全球化背景下，追求原汁原味的本土化，已经是不可能的了。譬如，且不论其他，单就中国的学术语言来说，早已受到了“翻译体”的“污染”，存在着明显的改变和深刻的影响。我们现在所使用的表述方式，无论是书面语还是口头语，在很大程度上不过是西语的汉化形式。即使是立志恢复并捍卫中国文化之道统的现代新儒家，也不得不援引西学以弥补自身之不足，以因应时代变迁之所需。例如他们就强调在“老内圣”中开出“新外王”，而所谓“新外王”不外是民主和科学而已。牟宗三先生就首推“良知的自我坎陷”，以便嫁接上西方现代文明的因子。另一方面，一味地逗留在“中学”的西方化格局中而难以自拔，也是不恰当的。因为如此一来，中国的“存在感”、中国的文化自信、中国学术的自主性重建就无从谈起，更缺乏有力的保障。

当然，对“中学”的“西学”化也需要做一点具体分析，对它持绝对否定或绝对肯定的态度，恐怕都将有失偏颇。那么，“中学”的“西学”化，其积极的方面是什么？其消极的方面又是什么？“本土化”在何种意义上是恰当的（例如捍卫中国学术的“中国性”[①]）？在何种意义上又是不恰当的（例如蜕变为一种防御性的保守的口号）？

所谓“中学”的“西学”化，大体有这样几种可能的情形：一是用西

---

① 王学典：《把中国“中国化”——人文社会科学的转型之路》，《中华读书报》，2016年9月21日。

方学术范式来梳理并诠释中国学问；二是把中国思想研究变成一种西方式的知识论规训；三是借鉴“西学”的方法来处理并解决中国的现实问题。其实，它们并没有绝对的对错之分，同样的情形有成功的范例，也有失败的教训，关键在于如何恰当地把握。像清季马建忠撰写的《马氏文通》，用西方的拉丁语法体系来规范中国语言现象，对于汉语的赋义，的确彰显出汉语前所未见的意蕴。叶嘉莹先生援引西方文论对宋词的富有新意的解说，也是开启了空前的新路径，给人以耳目一新之感。黄仁宇先生的“大历史观”，其实也是东西学术融汇的产物，即用异于中国道德史观的历史尺度来反观中国历史的长时段走势，以此作为评判是非得失的标准，开史学领域过去未有之新局。熊伟先生对海德格尔与老庄的会通，也是一个成功的范例。他曾经慨叹道：“老子和海德格尔，前后两千年，相距两万里，然却无碍运思的人年逾古稀还不得不去译读那可望而不可及的中文，以求打破写诗的人的寂寞，岂不怪乎？！”[①]这难道不是一种通过彼此的敞开而共同照亮那东圣西圣都孜孜以求的终极之域吗？这里有的不再是遮蔽，而是通过祛蔽而成就的敞亮和开显。马克思主义的中国化，适应了中国社会历史性变迁之需要，深刻地改变并重构了中国历史的大格局，不仅诞生了一种全新的制度安排，而且形成了毛泽东思想和中国特色社会主义理论。这些无疑都具有敞显和建构的积极意义，体现出不同文化传统之间的“杂交优势”。

那么，中西学会通的可能性究竟何在？会通仅仅是在表面上的差异处看出同一性，还是一种相互发明，即意义的建构和生成？是对已先行存在的意义的再发现，还是对方成的意义的彰显呢？它究竟是再生性的还是创造性的呢？或许这种非此即彼式的追问，就是非法的。关键在于，对于中

---

① 熊伟：《恬然于不居所成——在北美海德格尔学会第十六届年会上的发言》，载“文化：中国与世界”编委会编：《文化：中国与世界》（第1辑），北京：生活·读书·新知三联书店，1987年版，第138页。

国学术而言，“中学”与“西学”的彼此重构，其边际条件在于不能牺牲中国学术的主体性。

其实，不同文化的相遇，从来都不是单向的、线性的，而总是呈现为双向互动的、非线性的关系和过程。当然，在文化地位不对等的前提下，这种互主体性的关系不甚明显，但绝非不存在。即使在西方启蒙时代，在现代性狂飙突进的时代，西方文化仍然受到过中国文化的深刻影响，以至于因此而发生某种改变。因此，也应该看到另一个方面，就是“西学东渐”之后，“西学”的本土化趋势，即“中学”对“西学”的改变作用。历史上的佛教东传，形成了本土化的形态，特别是以禅宗为代表的一脉尤其如此。经过中国人的“前见”过滤了的对“西学”的解读，在原教旨意义上当然是一种“误读”。但是，误读的意义也是双重的：有正面的即建设性的误读，作为“合法的偏见”，具有意义的建构作用；也有负面的、非建设性的误读，它带来的只能是遮蔽和扭曲。

我们今天面临的任务，就是如何在“中学”的“西学”化格局下，走向本土化的回归。这是一次辩证否定的完成，也是中国学术真正成熟的开始。

三、学术本土化诉求得以凸显的时代契机

一个时代有一个时代的学术；一个时代也有一个时代的文化价值取向。今天我们讨论“中学”和“西学”及其关系问题，也不能不注意到当下的特定历史语境和时代诉求，不能不注意到为时空坐标所规定的我们的“此在”性。

那么，学术本土化诉求的时代契机是什么呢？后发展国家的演化轨迹，一般都表征为在西方化与本土化的两极之间不断地摆动。如前所述，从某种意义上说，我们的学术研究在今天所面临的使命，恰恰处于从西方化向本土化复归的周期。这种复归之所以能够出现的历史契机，大致有如下几个方面值得一提：

首先，对现代性本身的批判性反思和怀疑性检讨。西方文化正在经历

着一个由现代性向后现代性蜕变的过程。在一定意义上，后现代的出现意味着西方人对现代性的绝望。从“上帝之死”（尼采语）到“人之死”（福柯语），这一哲学上的后现代谱系，意味着现代性的自我解构。它表明，现代性危机已不再是枝节性的问题，而是关乎整个西方文化基本预设本身的危机。当现代性让人作为主体伫立在作为客体的对象世界面前时，对象世界已然丧失了它的内在价值，而是沦为对主体来说的“为我关系”中的从属规定。但正如海德格尔所说的，“人不是存在者的主人。人是存在的看护者”[①]。这种“看护者”的角色，其实恰恰是中国文化传统所一直致力于建构并守望的身份。正是在这一背景下，越来越多的西方思想家和科学家，纷纷把自己的目光转向东方，试图从东方文化那里寻求拯救之道和智慧的启迪。这一趋势，促使作为中国人的我们，必须反思并重估“中学”的“西学”化命运。应该说，这是自“五四”新文化运动以来，在“全盘西化”语境下的中国学术发展的一次真正意义上的转折。毫无疑问，它必将极大地影响并重塑中国学术的自我形象，乃至表征为一次深刻的范式转移。

其次，中国人的文化自觉由文化自卑日益走向文化自信。晚清以降，随着东西方文化的相遇，中国文化有了一面折射自我形象的镜子，从而就有了自觉的文化自我意识。在中国，有些措辞虽然只是从近代才开始有的，诸如所谓“国学”“中医”“国画”等等，但这些词的所指我们古已有之，这些命名却是近代的事，它折射着东西方文化相遇这样一个特定的历史语境。但是，我们的文化自觉一开始是表征为文化自卑的，因为中国文化在近代同西方文化“遭遇”后，出现了“儒门淡泊，收拾不住”的危局，从而严重受挫。文化上的强烈失败感，使我们对自己的固有传统失去信心，从而陷入自卑的泥淖。随着东西方文化的深度对话和交流，西方话语霸权主宰的线性关系开始转向双向互动的非线性关系，由“西学东渐”转变为“东西互渐”。这一历史拐点，使我们作为后发展国家的自主性，变得日益自觉和

---

① 孙周兴选编：《海德格尔选集》（上卷），上海：上海三联书店，1996年版，第385页。

凸显。这种自主性，必将表征为一种学术上的自觉诉求。

再次，随着中国经验、中国问题、“中国故事”的独特性和个案性日益凸显，西学范式和框架的解释功能逐渐失效。譬如，市场经济的制度安排，如何同中国的社会主义相接榫，就是一个公认的世纪性和世界性的难题。对此，拿西方现有的经济学理论是很难做出恰当解释的。再如，马克思主义的中国化，经过了语言、理论、实践等多维度的创造性转换，这种转换在那种宗教激进主义者看来，乃是对马克思主义的一种不可容忍的背离。然而，毛泽东同志说得好，“中国革命斗争的胜利要靠中国同志了解中国情况”[①]。从中国的特有国情出发，乃是剪除一切形式的教条主义的重要原则。在革命实践中是这样，在学术研究中同样如此。这一切，都使得我们不得不直面中国本身。在对待西方学说的问题上，毛泽东坚决反对那种“言必称希腊”的态度，他批评道：“许多马克思列宁主义的学者也是言必称希腊，对于自己的祖宗，则对不住，忘记了。”[②]他强调：“不单是懂得希腊就行了，还要懂得中国”[③]；因为我们真正需要的，是“在理论上来思考中国的革命实践”[④]。这种态度对于学术的本土化诉求来说，也有其深刻的启迪意义。

第四，“西方中心论”的解构和颠覆。德国历史学家斯宾格勒，在其具有象征意味的《西方的没落——世界历史的透视》一书中，揭示出历史哲学领域中的一场“哥白尼式革命”。他认为，那种使“各大文化都把我们当作全部世界事变的假定中心，绕着我们旋转的流行的西欧历史体系的最恰当的名称可以叫做历史的托勒密体系”[⑤]。在斯宾格勒看来，“制造这样的‘世界历史’幻景，只是我们西欧人的自欺欺人，稍加怀疑，它就会烟消云

① 《毛泽东选集》(第1卷)，北京：人民出版社，1991年版，第115页。

②③④ 《毛泽东选集》(第3卷)，第797、801、814页。

⑤ [德]奥斯瓦尔德·斯宾格勒：《西方的没落——世界历史的透视》(上册)，齐世荣、田农、林传鼎等译，北京：商务印书馆，1963年版，第34页。

散的”[①]。因此，他试图通过其《西方的没落——世界历史的透视》一书，解构掉这种“历史的托勒密体系”，并把此一解构称之为“历史领域中的哥白尼发现”。斯宾格勒承认：“西方的思想家所缺少的正是我们期望能从他身上找到的这一点，就是：了解其作为某一存在且限于某一存在的表现的史实的历史相对性；懂得它们的有效性的必然限度；相信他的‘不可动摇的’真理和‘永恒的’见解只对他是真理，只对他的世界观是永恒的；他有责任在这以外去发现别种文化中人同样确切地得出的真理和见解。”[②]从某种意义上说，斯宾格勒的这种历史哲学观念的“革命”，不过是20世纪初前后人类历史—文化交往的大趋势发生深刻变迁、出现新的拐点，在反思层面上的反映或折射罢了。西方学者视野的东方转向，也为我们增强文化信心提供了某种外在参照。

“中学”的本土化的复兴，在文化的民族性维度上，有其必然性，也有其合法性。如果说，现代性语境是以文化的时代性维度为主导而建构起来的；那么，本土化语境则意味着文化的时代性维度的退隐和文化的民族性维度的凸显。

［原文发表于《济南大学学报》(社会科学版)2017年第1期］

---

①② ［德］奥斯瓦尔德·斯宾格勒：《西方的没落——世界历史的透视》(上册)，齐世荣、田农、林传鼎等译，第33、41—42页。

书写中国自己的文明史

——构建中国特色文史学科理论体系浅议之一

江林昌*

《济南大学学报》组织大家围绕王学典先生的《把中国“中国化”》一文而展开讨论，我认为很有意义。王先生的文章还有一个副标题：“人文社会科学转型之路”。转型就是由“西方话语”为中心转为以“中国话语”为中心。这对于广大人文社会科学工作者来说，是一个紧迫而重大的“时代课题”，无疑应该高度重视。在这之前，王学典先生还有一篇文章《儒学复兴，必须与自由主义对话》，发表在《中华读书报》2016年1月20日“文化周刊”版。这两篇文章在思想主题上是有关联的，应该结合起来讨论。我完全赞同王先生关于建立中国特色人文社会科学理论体系的观点。这里结合自己学习研究古代文明史的体会，谈点补充意见，算是对王先生文章的支持与回应。

* 江林昌，山东师范大学齐鲁文化研究院教授，院长。

本文系教育部人文社科重点研究基地齐鲁文化研究中心“十三五”规划“齐鲁文化与中华文明转化创新”项目，与山东省泰山学者、山东省委宣传部“儒家元典新证与中华民族伟大复兴”项目的阶段性成果。

一、用中国理论、中国概念全面书写中国自己的文明发展史

大家都以中国是世界上为数不多的几个独立起源的文明古国之一而自豪。实际上，中国古文明的独立起源方式与西方古文明大不相同，中国古文明的发展过程也与西方古文明有许多相异之处。不能套用西方的文明理论、史学理论来解释中国古代文明史，但可以作为参照系，通过比较，揭示中国的特色。

例如，西方学者通过对两河流域古文明、埃及古文明的研究，从考古学上提出了判断文明起源的四项物质标准，即文字、青铜器、城市和宗教礼仪建筑。中国古代文明多源并起，著名考古学家苏秉琦先生概括为六大文明起源区，遍及黄河上下、长江南北、长城内外[①]。以这四项标准对照中国六大文明起源区，黄河流域大致相合，其他区域则不能完全对应。我们不能因此而否定这些地区的文明起源。事实上，在长江下游的良渚文化与辽西地区的红山文化，其典型的宗教礼仪建筑与精美绝伦的玉器，足以表明当时的社会已分化成不同的阶层，氏族公共权力已高度集中，其文明程度不亚于中原地区。而且这些代表神权、族权、兵权的玉器，在中原地区和长江中上游其他文明区也都具备。这是中国文明起源的独有物质要素，为世界上其他独立起源的古文明所不可比拟。因此，牟永抗、曲石、吴汝祚、林华东、安志敏等考古学家在20世纪90年代即已提出了“中华文明起源于玉器时代”的新判断[②]，以区别于西方的古代文明。

其实，文献上早在东汉时期袁康的《越绝书》中记载风胡子论古史已提到了玉器时代：

---

① 苏秉琦：《中国文明起源新探》，沈阳：辽宁人民出版社，2009年版，第4章“条块说”，第5章“满天星斗”，第27—108页。

② 牟永抗、吴汝祚：《试谈玉器时代——中华文明起源的探索》，《中国文物报》，1990年11月1日；曲石：《中国玉器时代及社会性质的考古学观察》，《江汉考古》，1992年第1期；吴汝祚、牟永杭：《玉器时代说》，《中华文化论坛》，1994年第3期；林华东：《玉器时代管窥》，《浙江社会科学》，1996年第4期；安志敏：《关于玉器时代说的溯源》，《东南文化》，2000年第9期。

神农赫胥之时，以石为兵……至黄帝之时，以玉为兵……夫玉亦神物也，又遇圣主使然……禹穴之时，以铜为兵……当此之时，作铁兵……此亦铁兵之神，大王有圣德。

这“以石为兵”的神农赫胥之时，是原始时代。而“以玉为兵”的黄帝之时，正是五帝文明起源阶段。其“玉器”不是生产工具，而是礼器，往往制作成内圆外方以象征天地的玉琮，作为巫师沟通天地神灵的法器；或制作成斧斤形以象征权力的玉钺，作为酋长发号施令的凭证等。此即所谓“夫玉亦神物，又遇圣主使然”之意。“以铜为兵”的禹穴之时，指的是夏商周青铜时代，这是中国文明的早期发展阶段。而“以铁为兵”则是秦汉以后的铁器时代，是中国文明的成熟发展阶段。这石、玉、铜、铁四个发展阶段，与中国近百年来考古发掘所揭示的物质证据正相吻合。这应该就是中国古代社会由野蛮走向文明的历史事实。

这一历史事实，与西方古代社会相比，多出了一个“玉器时代”，而这又恰是中国文明起源的重要标志。因此，称中国文明起源于“玉器时代”，在概念上正可以与英国考古学家柴尔德《远古文化史》称西方古文明起源于“城市革命”相区别。这对构建中国自己的文明起源理论，是有积极意义的。正如著名考古学家张光直先生所指出：“西方考古学讲石器时代、铜器时代、铁器时代，比起中国来，中间缺了一个玉器时代。这是因为玉器在西方没有在中国那样的重要。玉器时代在中国正好代表从石器到铜器的转变，亦即从原始社会到国家城市社会中间的转变阶段。而这种转变在中国社会史上有它自己的特征。”①

以上是从考古学角度说明建立中国古代文明起源理论的必要性。我们再从社会学角度看，也同样需要建立自己的相关理论。恩格斯在《家庭、

① 张光直：《中国青铜时代》，北京：生活·读书·新知三联书店，1999年版，第304页。

私有制和国家的起源》一书中，通过对古希腊、古罗马等西方社会从原始时代进入文明时代的具体分析，总结出文明起源在社会形态上必然出现两个变化：其一是血缘管理变为地缘管理；其二是平等社会变成阶层社会，因而出现了管理阶层社会的公共权力。以这两点来对照中国文明起源后的社会状态，只出现了第二种情况公共权力，而第一种情况血缘管理变为地缘管理却没有发生。中国从五帝时代开始了文明起源，而原始氏族社会的血缘管理模式都依然延续下来了。直到夏商周早期文明发展阶段，还是血缘管理。从五帝文明起源到夏商周早期文明发展，前后经历了近三千年时间，占中国五千年文明史的五分之三。在这漫长的文明时期，公共权力一直在血缘管理的框架内发挥作用，而且还发挥得相当和谐有效。这不能不认为是中国古代文明的一大特点。中国的地缘管理是在战国时期出现、秦汉以后才实施的。所以我们称秦汉以后才是中国的成熟文明发展阶段。然而，虽然秦汉以后全国的王权统治是地缘的，但在中央政府的王权传承仍然表现为父子世袭的血缘制，所谓一朝即一姓，如汉代为刘姓王朝，唐代为李姓王朝，宋代为赵姓王朝，明代为朱姓王朝，等等。这种地缘管理与血缘管理的有机结合成为中国成熟文明绵延发展的重要原因之一。这也是中国文明区别于西方文明的特点所在。

根据中国文明起源后血缘管理依然延续的特点，著名历史学家侯外庐先生称这是中国文明起源“新陈纠葛”的路径。公共权力是“新”出现的。而血缘管理是原始氏族社会旧有的，是“陈”的，但在文明社会里保留下来了，与“新”的公共权力结合在一起了，所以说是“新陈纠葛”。这实际上是一种“维新的模式”。西方文明起源后，公共权力是“新”的，地缘管理也是“陈”的，而原来的平等社会、血缘管理都没有了。所以侯外庐先生称西方的文明起源是“新陈代谢”的路径，是一种“革新的模式”[①]。张光直先生则从考古学角度称中国文明起源的这种特点为“连续性的”，而西方的文

① 侯外庐：《中国古代社会史论》，石家庄：河北教育出版社，2000年版，第30页。

明起源则是“破裂性的”[①]。

必须指出的是，前面讨论的中国文明起源于“玉器时代”，是从石器时代到铜器时代中间的一个过渡阶段。但这个过渡阶段经历得特别长，整整占了中国的五帝文明起源一千年左右的时间，这恰好与社会形态上表现为“新陈纠葛”的“维新渐进”路径相一致。西方文明直接从石器时代进入铜器时代，经历时间短，因而表现为“新陈代谢”的“革新激进”的路径。中国文明在经历了一千年文明起源之后，又经历了夏商周早期文明发展二千年，这也是在西方文明史上所不曾有过的。而造成这种现象的根本原因还是在于中国延续了血缘管理。这一点很重要，它对中国文化产生了深远影响。由于血缘管理，结果造成了五帝至夏商周漫长的巫史传统，发达的原始宗教，以及世袭的王官之学。而春秋战国时期出现的以诸子学派的繁荣为代表的轴心文明，秦汉以后出现的以汉民族为主体、多民族相融合的绵延发展的成熟文明，也都是以此为基础的。

科学分析、全面总结、理论概括上述中国文明的自身特色现象，既是十分必要的，也是完全可能的。早在1946年，侯外庐先生在《中国古代社会史论》一书中提出东西方文明起源路径不同的卓见。张光直先生的《连续与破裂：一个文明起源新说的草稿》也于1986年发表在《九州学刊》上。牟永抗等先生的“玉器时代”说也是在20世纪90年代相继提出。中国文明走的是自己的道路，有自己的起源、发展规律，是世界上其他文明古国所不曾有过的。然而，这么重要而且明显的事实却不能通过教科书走进大学讲堂，更不用说在中小学教学中普及推广了，以至于大多数中国人对自己民族的文明发展特点浑然不知。这不能不说是对民族历史文化的极端不负责任，令人痛心。造成这种现象的原因是多方面的。首先，在观念上，我们还没有摆脱西方理论话语中心的束缚，对民族历史文化缺乏自觉自信。

① 张光直：《中国青铜时代》，北京：生活·读书·新知三联书店，1999年版，第484—496页。

其次，是管理体制上有问题。从教育部开始，各级各部门都在盲目鼓励编教材。从事前沿研究的一流专家最有资格编写教材，但他们没有时间。而实际编教材的人大多不是学科研究一线的专家，他们自己都还没有深入研究，哪能吸收前沿科研成果编出优秀的教材？

书写中国自己的文明史，还有许多深层次、系统性的工作要做。例如：为什么中国文明的起源会在物质上表现为玉器作为公共权力的象征，而在社会管理结构上又表现为血缘系统的延续、扩大？这应该从中国特殊的地理、气候、资源条件与特殊的农耕生产方式中寻找答案。又如，中华文明在五帝时代多源并起后，至夏商周三代为什么会向中原集中？这当中，东夷古文化、良渚古文化、红山古文化对中原王官礼制文化产生过多大的影响？又是如何影响的？按照西方的理论定义，“文字是语言的记录符号”，而中国的文字发明不是为了记录语言，而是为了与神灵的沟通，是神权、族权、政权的象征。因此，在中国文明起源及夏商周早期文明发展长达三千多年的历史长河中，文字一直与王权政治结合在一起。文字在中国多民族融合统一过程中，在中国文明的绵延发展过程中，都发挥了极其重要的作用。而埃及古文明的圣书体文字、两河流域古文明的楔形文字、印度古文明的印章文字、地中海克里特古文明的线形文字A和线性文字B，都因其文明的中断而中断了，只有中国的汉字随着文明的起源而产生，一直使用至今，这在世界文明史上也是独一无二的，特别值得总结。

情况还要复杂。摩尔根的《古代社会》以美洲的易洛魁人、阿兹特克人、欧洲的希腊人、罗马人为研究对象。恩格斯的《家庭、私有制和国家的起源》则在摩尔根基础上，增加了欧洲的克尔特人与德意志人的材料。但这些古典文化演进理论都没有涉及古代中国的材料。以前的中国史学论著都套用摩尔根、恩格斯的理论概念，现在看来都有些不妥。按照摩尔根、恩格斯的理论，“部落联盟”必须是同一民族、同一血缘。但中国五帝时代晚期的部落联盟，则是不同民族、不同血缘的联合，最典型的是东夷部落与中原华夏部落的联盟禅让政权。又按照摩尔根、恩格斯的理论，“民族”

是出现文明的前提，必须是不同氏族、不同血缘混同居住在同一领地。中国夏商周早期文明已有许多“民族”政权的特征，但各氏族、各血缘仍然是各自分居在不同领地。考虑到这些尴尬情况，有学者开始使用怀特《文化的进化》、塞维斯《原始社会组织》、弗里德《政治社会的进化》等新文化演进理论中的“酋邦”理论来解释中国的五帝文明起源时期。然而，“酋邦”理论虽然可以解决“部落联盟”“民族”等概念不能解决的问题，如“酋邦”理论强调社会组织的血缘性、阶层性、和谐性与酋长首领的权威性，等等，都可以解释五帝时代晚期的社会现象，但“酋邦”理论强调酋长职位的世袭性又与中国不合。“尧、舜、禹时期的二权政府，其各部落酋长以及联盟体中的二头首长，都是选举产生，所谓‘禅让制’而非世袭制。世袭制是从夏启以后才开始的。就这一点看，似乎应将我国的酋邦制的下限延伸到夏代乃至商代。但是也不行，因为夏代已开始使用军队、监狱、刑罚等暴力机器了。这是国家的特点，已超越酋邦的范围了。由此可见，酋邦理论也不能完全适用于中国文明起源的实际情况。”①

总之，没有任何一种西方的文明理论可以完全适用中国的古代文明。中国文明史的书写必须扎根于中国自己的传世文献与考古材料，作综合分析，哲学思考，然后总结出完全符合中国实际的文明理论、文明概念、文明术语，梳理出中国自己的文明发展史。而且，这个文明发展史应该放在世界文明史的背景下，以显示其独特性和先进性。

二、书写中国文明发展史要注意的几个问题

以上就书写中国文明史的必要性与可能性作了初步阐述，算是从一个案例对王学典先生观点的回应。书写中国文明史，是一项既伟大又艰巨的文化工程，涉及理论建构、观点梳理、材料判断、信息处理、文字表述等

① 江林昌：《既要借鉴国外理论，更应构建中国古代文明的理论体系》，《史学月刊》，2008年第4期。

众多问题。做好这项文化工程，既需要政府支持、体制保障，也需要人文科研工作者有崇高的传承民族文化的理想，严谨的学术考证功夫和高深的理论概括能力。以下试从观念方法方面，就如何书写好中国文明史谈几点建议。

（一）重新发现、重新估价传世文献中的重要历史信息

中国有重历史、重文献记载的优良传统。有关中国文明史的古代文献资料是相当丰富的。关键是需要从观念上超越传统思维，在方法上超越前人的束缚，能在常见资料中发现重要历史信息，从而作出新的判断和评价。许多重要的科研突破，往往是在对常见文献的重新发现中完成的。例如，《国语·楚语下》《山海经·大荒西经》《尚书·吕刑》中所载颛顼“绝地天通”的故事，过去，学术界只把它当作神话宗教资料看待。考古学家张光直先生则敏锐地看到了其中所透露的有关中国文明起源的信息：“神话中的绝天地之通并不是真正把天地完全隔绝。”“这个神话的实质是巫术与政治的结合，表明通天地的手段逐渐成为一种独占的现象。”“通天地的各种手段的独占”，“是获得和占取政治权力的重要基础，是中国古代财富与资源独占的重要条件”[①]。

又如《左传·宣公三年》记载了一个夏代初年“铸鼎象物”的神话故事。《墨子·耕柱》也有大致相同的记载。《史记·封禅书》《史记·武帝本纪》《汉书·郊祀志》等史书也有详述。这说明“铸鼎象物”在当时应该是一个重大历史事件，并非虚言。我们曾从语源分析入手，指出“铸鼎象物”的“物”不是现在的“事物”“物件”义，其原始本义是指神灵图腾。夏代初年，禹启父子通过各种斗争，已取得了中原地区部落联盟共主的地位。所谓“远方图物，贡金九牧，铸鼎象物，百物而为之备”，指的是夏族作为部落联盟共主，命令参加联盟的各氏族部落将其领地中的青铜材料与他们所崇奉的神灵图像一并贡纳给夏族共主。夏族共主就用这些各地贡奉上来

---

① 张光直：《考古学专题六讲》，北京：文物出版社，1986年版，第10—11页。

的青铜材料，铸造成九鼎，并将各联盟氏族提供的神灵图像也铸在九鼎上。这样九鼎便成了各族神权、族权、政权联合在一起的象征，而夏族又通过掌握九鼎而掌握了各族的神权、族权与政权，自然是联盟共主了。以前是各血缘族团自己祭祀自己的神灵图腾，现在则通过九鼎，由夏族盟主来主持共同祭祀联盟各族的神灵图腾了。此即《墨子·耕柱》所谓“昔者夏后开，使蜚廉折金于山川，而陶铸之于昆吾”。又使巫师翁难雉乙“卜于白若之龟”，结果“鼎成”，“以祭于昆吾之虚”。亦即《左传·宣公三年》所谓“用能协于上下，以承天休”①。

如果说，颛顼“绝地天通”神话反映了颛顼利用宗教巫术，实现了部族血缘内的神权、族权、政权的结合，完成了部族内公共权力的建立，象征了中国文明的起源；那么禹启“铸鼎象物”神话，反映了禹启利用宗教巫术，实现了以夏族为共主的各血缘部落联盟的神权、族权、政权的结合，完成了各血缘部落的联盟而以夏族为联盟共主的公共权力的建立，象征了中国早期文明发展阶段的开始。

颛顼“绝地天通”与禹启“铸鼎象物”两则神话故事，正是前述中国文明起源及其早期发展阶段以血缘管理的延续为特征，以表明中国文明起源发展“新陈纠葛”连续性路径的具体反映。以前，我们只把它们当作神话看待，实在是辜负了创作流传这两则神话的先民们的良苦用心。如今我们揭示了其中所隐含的文明史秘密，自然是重大突破，意义深远。类似的例子还有很多，此不赘述。

（二）充分利用考古新资料，印证甚至补充文明史的重大问题

自从19世纪末殷墟甲骨文和敦煌经卷遗书的发现，彻底改变了中国古代文史研究的传统观念与方法。1917年，王国维先生利用殷墟甲骨卜辞研究《史记·殷本纪》，发表《殷卜辞中所见先公先王考》，证明《殷本纪》

① 江林昌：《论原始宗教对中国古代文明起源发展的影响——以“绝地天通”“铸鼎象物”为例》，《东岳论丛》，2010年第10期。

所载商族先公先王世系大致可信，并补充纠正了其中个别世系。1925年，王国维还在此基础上在清华国学研究院开设“古史新证”课程，提出其著名的“二重证据法”，同年，他还发表《最近二三十年中中国新发见之学问》，认为“古来新学问，大多由于新发现”。时隔五年，清华国学研究院的另一位著名学者陈寅恪先生在《陈垣〈敦煌劫余录〉序》中提出了差不多同样的卓见：“一时代之学术，必有其新材料与新问题。取用此材料，以研求问题，则为此时代学术之新潮流。治学之士，得预于此潮流者，谓之预流。”

王国维、陈寅恪时代，史学界正盛行疑古思潮。王国维用甲骨卜辞证明商代的真实存在，继而又用叔夷钟等青铜铭文推断夏代也是可信的，其意义十分深远。时光又过去了90多年，新的考古材料不断问世。我们正处于考古大发现的时代。考古学已为我们建立了从五帝时代直至夏商周的考古学文化序列。环境考古、聚落考古、考古学文化区系类型分析等工作的展开，又为我们具体分析五帝文明起源到夏商周早期文明发展提供了实物图景。夏商周断代工程、中华古文明探源工程还为我们多学科综合探索中国文明史创造了条件。中国文明史的全新面貌都是考古学所带来的。可以说，离开考古学就无法书写新的中国文明史。

考古学不断为我们打开了认识中国文明史的一个又一个窗口，让我们不断有新的惊喜。例如青铜器与甲骨片上的数字卦，不仅仅是《周易》学、经学史问题，实际上为我们揭示了中华民族独有的一种精神思维，需要作特别总结。又如郭店楚简中许多与思想精神有关的字如“仁”“勇”“逊”“德”“畏”“喜”等等，都从“心”，这正好与春秋战国时期精神觉醒、强调内心修养的理性运动相一致。这就是李泽厚先生总结的儒家仁学“心理原则”，余英时先生总结的战国轴心文明的“内向超越”。如此等等，都需要作全面总结，以体现中华文明史丰富多彩、博大精深的内涵。

（三）认真总结中外学者研究中国文明史的成功经验和已有成果

近百年来，虽然中国文明史研究深受西方模式影响，存在许多套用西方理论、概念、术语的弊病，但毕竟还是有一批优秀学者，在思想上坚守民族精神，学养上精通中西，实践中能自觉活用西方理论的合理之处，具体分析中国实际，对中国文明史作出了新的阐述与理论概括。由于有了民族精神的灵魂，有了中国材料的基础，又有世界文明史的视野，因此，他们所取得的成果，既能避免西方学者研究中国的隔膜，又能超越中国传统学者的狭隘；既能展示中国的民族特色，又能体现世界的眼光。这种研究成果，虽不很多，也还没有成系统，但弥足珍贵，需要及时总结，作为我们全面书写中国文明史的标本范例。

例如，前述侯外庐先生从社会形态学角度，张光直先生从考古学角度总结中国文明起源的理论。又如，苏秉琦先生以考古类型学理论为基础，提出中华文明多源并起、相互影响的新见，以及“古文化——古城——古国——方国——帝国”这一由氏族社会到文明起源到早期发展再到成熟发展的阶段性演进的分析，邹衡先生的夏商周考古学文化体系，李伯谦先生的中国青铜文化结构体系，等等，都是构建中国古代文明史的优秀成果。

还有一些哲学家、历史学家的精深概括，也需要及时吸收。如李泽厚先生的系列著作中，关于中国古代文明史中的“巫史传统”“实用理性”“乐感文化”“儒法互补”的总结，以及关于中华民族文化心理结构的分析；余英时先生系列著作中关于中国文化的“内向超越”“四次突破”“士商互动”的概括，等等。这些都特别值得关注。

三、书写中国文明史是当今学者必须完成的时代课题

以上是就全面书写中国文明史的可能性及书写过程中应注意的问题作了简单说明。我们对建立中国自己文明史的学术体系、理论体系、话语中心充满信心。因为正如王学典先生所说，党的十八大之后，整个中国“正朝着更加本土化的方向发展”，建立中国特色人文社会科学的时代已经到来。

首先是党中央国务院的高度重视，尤其是2016年5月17日习近平总书记主持召开“全国哲学社会科学工作座谈会”，号召大家要“按照立足中

国、借鉴国外，挖掘历史、把握当代，关怀人类、面向未来的思路，着力构建中国特色哲学社会科学，在指导思想、学科体系、学术体系、话语体系等方面，充分体现中国特色、中国风格、中国气派。”习总书记的讲话，极大鼓舞了我们建立中国文明史的信心。中国经济强大了，国民的文化自觉、文化自信也增强了。可以说，从中央政府，到知识精英，再到民间大众，都在呼唤民族文化的复兴强大。我们一定不负人们期待，呼应社会关切，把握时代主题，弘扬民族文化，全面客观书写中国文明史，理性概括民族精神、自觉弘扬中国道路，为今天中国特色的社会主义现代化建设提供丰富的历史依据、增添深厚的文化支撑。

[原文发表于《济南大学学报》（社会科学版）2017年第2期，《新华文摘》2017年第11期全文转载]

从近百年学术演变脉络看中国学术本土化问题

翁有为*

什么是中国学术的本土化？本土化是与外来学术相对应的概念，是外来学术掩盖本土学术后所面临的问题。应该说，这一问题，早在近代尤其是五四时期采择西学时就已提出来了。近代以来，随着西方军事、经济、政治模式在全球的蔓延，西学也成为其他国家所采择的学术模式，而且是主动采择的结果。但是，文化学术是一个民族中积淀最深厚、最基本的元素，本土文化积累比较深厚的学者，往往对本土固有文化学术及东西学术所涉及的重大基本问题提出自己的观点和理论，如五四时期梁漱溟在采择西学最有力的北京大学，在“打倒孔家店”、全面与传统决裂的氛围中，大讲孔子之学，并逐步提出世界文化的三种路向理论。这实际上是在表示与强势的西学相抗衡。可以说，以梁漱溟为代表的文化本位派，其自觉不自觉地体现的正是中国本土学术和中国本土风格。然而，在那个时代，这种

* 翁有为，河南大学《史学月刊》编辑部教授，河南大学历史文化学院博士生导师。

本文为“河南省高等学校哲学社会科学研究优秀学者资助项目”（项目编号：2014-YXXZ-29）之阶段性成果。

声音太微弱了，甚至当梁漱溟的《东西文化及其哲学》出版后，胡适批判其为“也许他自己有时要说是‘实在闭眼瞎说’”“闭眼的笼统话”“荒谬不通”“玄之又玄”“整齐好玩的公式”①，真诚的学术探索成为带有嘲讽性评论的对象。因为，那个时代是一个一场大的社会变动和革命风暴即将到来的时代，而中国本土的思想文化已无法为新时代的变革提供巨大的思想资源，那样的时代需要的是一种新的思想和理论资源。

中国之所以将出现一场大的社会变动和革命风暴，是因为近代以来，中国几千年的以农业社会经济为基础的制度与器物在近代鸦片战争中遭到以西方现代工商业社会经济为基础的船坚炮利的较量与攻击后，陷于败北之局，中国的国家主权受到严重破坏，领土遭到强行租借、侵犯和割占，司法主权、关税主权被严重侵害，不仅被自己一向视为“野蛮”民族的西方国家战败、掠夺和羞辱，甚至在甲午之战中被世受中国之惠的东洋小邦、素被中国蔑称为“倭国”的日本战败，几千年一直走在世界历史前列的泱泱上国、文明之邦，顿成任人宰割的羔羊，沦入了殖民地半殖民的悲惨境地，中华民族遭受到空前的灾难与痛苦。因此，自鸦片战争后，为了挽救国家危局，中国展开了一系列自救运动，从林则徐提出“开眼看世界”到洋务运动追求“富国强兵”，从戊戌维新派的“开制度局、设议院”主张，到民主革命派的革除帝制、建立共和的理论与实践，中国经历了一浪高过一浪的从器物到制度乃至国体变革的学习西方运动。然而，这些运动一再受挫，不但洋务派和维新派先后遭到严重失败，就是革命派虽然经过持续的武装起义并通过辛亥革命武昌一役而得结束传统千年帝制、建立新式共和政体，但仍未能完成摆脱外人奴役、实现国家独立自主的历史任务。不唯如此，民国成立后由于未能形成新的国家政治中心力量，国家不仅未能实现“驾

① 胡适：《读梁漱溟先生的〈东西文化及其哲学〉》，《读书杂志》，第8期，1923年4月1日；欧阳哲生编：《胡适文集》（3），北京：北京大学出版社，1998年版，第189、190、190、191、192页。

乎列强之上”“驾乎欧美之上”的目标[①]，反而陷入军阀纷争、内乱的困局之中。这一困局，是近代以来中国内外交困、各种社会基础矛盾激化的反映，要解决这一困局，就必须动员社会最深层的基础力量参与到社会变革与革命中来。因此，这一次社会变革与革命，是超乎以前历次改革和革命运动范围、程度的改革和革命，只有这样，才能承担这一时代变革的历史任务。这就是五四时期思想家们推崇法国式大革命与俄国式十月革命的缘由和根据。而五四新文化巨人在推动这一时代革命的过程中，是按采择西学、思想启蒙、社会动员的先后顺序，进行思想文化和学术的国民性改造的，在他们看来，中国需要一场与近代以往的改革和革命全然不同的新式大变革，是一场彻底的大革命。在这场变革和革命中，在思想文化和学术上，必须进行彻底的革新。在胡适等人看来，这就是充分的世界化；在陈独秀和李大钊看来，这就是更新式的俄式社会主义革命。而要实现上述目标，就必须在思想文化和学术上全面采择西学或全面走俄国十月革命给我们送来的社会主义道路。而上述两条道路的选择，在当时的历史条件下和当事人看来，为避免以前改革、革命一再受挫和失败的覆辙，必须扫除改革和革命的思想障碍，与中国的传统思想文化和学术进行决裂，而拥抱新思想、新文化、新道德、新学术。由此，中国的传统文化和学术，即被视为旧思想、旧文化、旧道德、旧学术。在当时进行社会大变革的历史条件下，中西之争、新旧之争已不可能再以和风细雨的方式从学理上解决。陈独秀、胡适的意见很有代表性。在采择西学的学术领域，胡适是领袖人物。在胡适看来，中国的古代学术经典往往是靠不住的，他在北京大学哲学系讲授中国哲学，与以前哲学系其他先生从三皇五帝夏商开始依次讲起的做法不同，他认为，西周以前的从三皇五帝到夏商的历史是不可信的，因此，从在他看来属于信史的西周开始讲起。这明显地表现了他的疑古思想。钱玄同在

① 《孙中山全集》(第2卷)，北京：中华书局，1982年版，第533页；《孙中山全集》(第9卷)，北京：中华书局，1986年版，第314页。

给胡适的信中说："你说崔东壁是二千年来的一个了不得的疑古大家，我也是这样的意思。"[①]钱推崇胡说："这继起而干他们之蛊的，我以为足下颇具此资格。若足下做上几年'仿泰西新法，独出心裁的新国故党'，我敢预言必大有造于国故界也。"[②]以当时论之，胡适确是最有资格做"仿泰西新法"且为疑古派领袖的人物。

正是在胡适疑古思想的影响、引导和鼓励下，钱玄同等人对中国传统文化采取了激进的批判态度。在钱玄同看来，中国古籍文献充斥着"王道圣公"的妄语和"奇神鬼怪"的胡言，这些内容与现代文明格格不入，因此应将中国书籍一概束之高阁。他在《新青年》上发表了《中国今后之文字问题》，提出"欲废除孔学，不可不先废汉文；欲废除一般人之幼稚的野蛮的顽固的思想，尤不可不先废汉文"[③]。他还进一步宣称："我再大胆宣言道：欲使中国不亡，欲使中国民族为二十世纪文明之民族，必以废孔学，灭道教为根本之解决；而废记载孔门学说及道教妖言之汉文，尤为根本解决之根本解决。"[④]他还提出，作为废汉字的暂时过渡，用一种外国语作为国文的辅助，"用英文可也"，"法兰西为世界文明之先导，当用法文，我想这自然更好"，"而国文则限制字数，多则三千，少则二千"[⑤]。而"新学问之输入"，则"直用西文原书之故，而其观念当可正确矣"[⑥]。从钱氏把废除汉文提到关乎"欲使中国不亡"的高度来看，他提出这一问题并不是一时草率或故作警人之语，而是十分认真和真诚的，尽管有其偏激的一面，而其为国之心与忧国之情无疑是可察、可谅的。而且，他由废除汉字开始而后来走上汉字改革的道路。但是，他提出的废除汉文汉字主张又是客观的，是他当时对传统文化（孔学）持激进态度的客观反映。

在胡适疑古思想影响下，另一个从学术理路进行阐释和发扬的是顾颉

---

①② 耿云志、欧阳哲生编：《胡适书信集》上册，北京：北京大学出版社，1996年版，第269、269—270页。

③④⑤⑥ 钱玄同：《中国今后之文字问题》，《新青年》，第4卷第4号，1918年4月15日，第350、354页。

刚。与傅斯年一样，顾颉刚是胡适的得意弟子，他与胡适关系紧密，受胡适疑古思想影响是很自然的。他通过对古籍的整理与研究，提出了著名的古史层累说：第一，时代愈后，传说的古史期愈长；第二，时代愈后，传说中的中心人物愈放愈大；第三，在探索古史时，我们虽然不能知道某一件事的真确状况，但可以知道某一件事在传说中的最早状况。[①]而且他根据层累说与《说文》之“禹”字，推断禹属于“以虫而有足蹂地，大约是蜥蜴之类”，并说，“我以为禹或是九鼎上铸的一种动物”[②]。顾颉刚的疑古研究，一方面，通过怀疑和考证，推进了对于古史的研究和认知，其对学术探索的推动意义是巨大的；另一方面，由于以疑为先入，无疑与钱玄同相似，难免对中国历史得出某些质疑与否定性的认识。

鲁迅也是《新青年》杂志的重要作者，也是对传统文化持比较严厉批评态度的五四作家。他写于1918年4月的《狂人日记》，是他创作的第一个短篇日记体小说，以被迫害者“狂人”的自述手法，对中国文化中以礼教为主体对国民性的压抑、压迫和束缚进行了深刻批判。作者借“狂人”之口写道：“凡事总须研究，才会明白。古来时常吃人，我也还记得，可是不甚清楚。我翻开历史一查，这历史没有年代，歪歪斜斜的每叶上都写着‘仁义道德’几个字。我横竖睡不着，仔细看了半夜，才从字缝里看出字来，满本都写着两个字是‘吃人’！”[③]

上述对中国传统典籍、历史真实性和传统礼教对人的束缚的批判和剖析，是十分典型的，以这些批判为代表的思想言论，虽然在文献学上、古史考证上和文学史上有其独特的意义和价值，但这些文章的思想背景则远远超出了文章本身所限定的范围，成为具有时代性的推进社会变革的思想力量。《新潮》主编傅斯年在该杂志第2卷第1期对创办《新潮》的思想缘起有一个很明

①② 顾颉刚：《与钱玄同先生论古史书》，《古史辨》第1册，第60、63页。顾颉刚后来修正了这一看法，认为禹是传说中的神话人物。

③ 鲁迅：《狂人日记》(1918年4月2日)，《新青年》，第4卷第5号，1918年5月15日。《鲁迅全集》(第1卷)，北京：人民文学出版社，1981年版，第424—425页。

确的说明，他说："近两年里，为着昏乱政治的反响，种下了一个根本大改造的萌芽。"[①]在傅斯年那里，他看到和考虑的是对"昏乱政治""根本大改造"的社会和政治问题。《新青年》主编陈独秀说得更明白，他在《抵抗力》一文中说："吾国衰亡之现象，何止一端？而抵抗力之薄弱，为最深最大之病根。退缩苟安，铸为民性，腾笑万国……""吾人而不以根性薄弱之亡国贱奴自处也，计惟以热血荡涤此三因……"[②]陈独秀这里看到和思考的是挽救"吾国衰亡"和改造"退缩苟安"等国民性问题。陈独秀在《文学革命论》一文中又说："吾苟偷庸懦之国民，畏革命如蛇蝎，故政治界虽经三次革命，而黑暗未尝稍减。其原因之小部分，则为三次革命，皆虎头蛇尾，未能充分以鲜血洗净旧污；其大部分，则为盘踞吾人精神界根深蒂固之伦理、道德、文学、艺术诸端，莫不黑幕层张，垢污深积，并此虎头蛇尾之革命而未有焉。此单独政治革命所以于吾之社会，不生若何变化，不收若何效果也。"[③]也就是说，陈独秀进行新文学革命的目的是消除旧有的"黑幕层张""垢污深积"的"根深蒂固之伦理、道德、文学、艺术诸端"，为进行新的"以鲜血洗净旧污"的政治大革命作思想上和心理上的准备。正是为了挽救国家的"衰亡"和不甘居于"亡国贱奴"地位，五四新文化思想家们对当时仍占统治地位的传统思想文化和学术观念进行了猛烈批判，为五四时期包括马克思主义在内的各种新思想、新思潮的引入扫除了障碍，为中国共产党的成立和随后进行的国共合作的大革命奠定了思想基础。

历史往往是复杂的、多面相的。上述对传统文化的批判，尤其是那些经典性的批判话语，逐渐积淀到人们的意识之中，逐渐成为人们习以为常的无意识的占主导地位的标志性符号。毋庸讳言，它是以西学话语模式为

---

① 傅斯年：《新潮之回顾与前瞻》，《新潮》，第2卷第1号，1919年10月，第203页。

② 陈独秀：《抵抗力》，《新青年》，第1卷第3号，1915年11月15日。《陈独秀文章选编》（上），北京：生活·读书·新知三联书店，1984年版，第91、94页。

③ 陈独秀：《文学革命论》，《新青年》，第2卷第6号，1917年2月1日。《陈独秀文章选编》（上），第172页。

主导的认识模式和分析模式。这套话语模式的确立，不可避免地造成中国本位文化的边缘化甚至被“妖魔化”，如简单地贴上“封建文化”的标签。而部分坚守传统文化观或对传统文化持同情立场的学人，则长时期被贬斥为“文化保守派”。被称为近代新儒家的钱穆晚年回忆说：“每读报章杂志，及当时新著作，窃疑其谴责古人往事过偏过激。按之旧籍，知其不然。”他举例说：“所谓旧文学，又岂封建贵族官僚诸辞所能污蔑。厚污古人，武断已甚。”[①]在《国史大纲》一书中，钱穆把那种“视本国已往历史为无一点有价值，亦无一处使彼满意”的观念，称为“一种偏激的虚无主义”[②]。对本民族历史与文化的激烈批评甚至否定，确实也形成了如钱穆所批评的虚无主义倾向，把中国几千年的辉煌历史说得一团漆黑，造成了民族文化的“矮化”现象，把自己的祖先骂得一无是处，割裂了文化的传承。在主流学界，无论是自由主义学派还是马克思主义学派，都把中国传统文化长期置于被审判对象的地位，其文化活力难以得到应有的尊重、发掘和利用。

应该说，被“封”为“文化保守派”的诸学人，虽然被挤压，身处边缘，如梁漱溟、钱穆、吴宓等人，但仍固守其本位文化的立场，自信民族本位文化有发皇之机，自觉发掘民族文化生命的内在合理元素，如梁漱溟在五四时期出版《东西文化及其哲学》，后于20世纪二三十年代以本位文化实践家而致力于乡村建设乃至中国社会改造，“文革”时期在天下滔滔的批林批孔高潮中，他以舍我其谁的儒家担当信念，冒险为被定为开历史倒车、奴隶阶级代表人物的孔子辩诬，认为“孔子在中国四五千年文化史上为承前启后的关键性人物”。自春秋以来“两千年来中国对外居于世界各方之间，其文化显著异彩，卓然不群，而就它如此广大社会内部说，其文化竟尔高度统一者，前两千五百年的孔子实开之”，“尤其是以自己独创之文化绵延其

---

① 钱穆：《八十忆双亲·师友杂忆》，北京：生活·读书·新知三联书店，1998年版，第361—362页。

② 钱穆：《国史大纲（修订本）》（上册），北京：商务印书馆，1996年版，见卷首“凡读本书请先具下列诸信念”之三。

民族生命，在时间上历史悠久，举世莫比”。他指出，“时下流行的批孔言论，总是指斥孔孟代表着一种‘复辟’‘反动’‘倒退’的运动；这在表面上似乎是基于马克思主义的阶级观点而言，其实往往违反了马克思主义而不自知”，其结果“不是马克思主义而恰是反马克思主义”[①]。梁漱溟的本位文化立场经历了历史的考验，显示了他学术坚守的应有价值。吴宓则在五四西潮波涛汹涌之际，从哈佛大学留学回国后联合同道创办《学衡》杂志，以“论究学术，阐释真理，昌明国粹，融化新知”为宗旨，旗帜鲜明地反对新文化运动对传统激进一面，该刊至1933年停刊。停刊后，吴宓仍一直坚持儒家立场，抗战时期流转昆明，抗战胜利直到新中国成立后仍留在西南，但他的儒家本位文化立场始终未变。自学成才的钱穆，受西学影响较小，加之善于发现问题，勇于独立思考，因此能卓然自成一家，自觉坚守中国本位文化立场。其在抗战前所著《中国近三百年学术史》，就是为近三百年民族学术生命立传的扛鼎之作；抗战时期完成的《国史大纲》，则是弘扬中华民族魂的历史性篇章，其后他致力的中国传统文化系列研究，更是一部以阐释中华民族精神为职志的浩大工程，直至去世，他一直在延续这一事业。

应该说，五四以后的民国学术，基本上是英美自由派主导中国的学术研究，其间尽管国民政府出于政治需要一度提出要坚守中国固有文化，但仍无法与自由派学者的地位与影响力抗衡。而新中国成立后，直到“文革”结束，中国学术界基本上奉行苏联式的学术体制。改革开放以来，中国的学术话语仍是五四以来的延续，而且，随着与“国际接轨”的不断推进，西方学术话语与研究模式对中国学界的影响越来越深。如果说，五四及其后的民国时期拥抱西学是出于政治上的革命救国需要，新中国成立后采用苏联学术体制是为了新中国的发展需要，中国在通过长期革命于1949年完成对内统一、对外独立的历史任务后，在经过新中国成立后的一系列的社会主义改造运动对社会结构进行了新的整合、重构与曲折探索的历史基础上，经过

① 《梁漱溟全集》(第7卷)，济南：山东人民出版社，1993年版，第299、298、309页。

改革开放40年的社会发展，在新的21世纪到来的今天，蓦然回首，当代中国与五四时期的中国早已截然不同，已由原来内受纷争之困、外受列强宰割之痛的屈辱地位，初步实现了与欧美并驾齐驱的世界大国强国目标。在这样一种历史情境下，中国道路、中国模式、中国经验、中国文化为世界所瞩目。而中国在民族复兴的目标下，进一步提出了道路自信、理论自信、制度自信和文化自信。确然，一个世界大国必须拥有独特的本位学术，这使得中国学术本土化成为一个时代性的重要命题和使命。钱穆所预言的我民族的“发皇之机”已经到来，中国学术本土文化建设的序幕已经拉开。

我们所说的中国学术本位化，应该注意这样几个问题。

一是中国学术的本土化，并非排斥、拒绝吸收外来学术元素，而是在以我为主、为我所用的格局下，避免盲目照搬西方研究模式，强调中国问题、中国意识、中国风格，向国际学术界学习是为了形成或完善中国的思想理论和话语体系。长期以来，学界确实存在着比较严重的西方教条倾向，不加分别地照搬西方理论和研究模式，“跟风”现象相当严重，缺乏中国独立的研究理论和研究模式。学术本土化问题的提出，在某种程度上就是有针对性的解决办法。如果说，在以往那样一个学习阶段，发生左的或右的问题，是正常的，是难以避免的；但是，在经过一百多年的模仿学习后，在救亡期或补课期度过之后，甚至经过一定自我虚无偏激后，到现在，我们可以不再那么饥不择食地去食“洋”不化了，我们应该正视和珍视本土的历史文化了，我们应该根据中国本土的问题、经验，拿出在国际上具有权威性的成果和意见了。我们可以根据我们的需要，从容地在世界范围内通过正常的相互学习和学术交流，吸收我之所缺，可以分清其精华之处及其缺陷了。因此，我们的本土化是充分开放的本土化。

二是中国学术本土化，就是要形成中国问题意识、中国研究模式、中国风格和中国气派的学术研究，就是要形成具有国际共识和公认中国色彩的学术理论体系、话语解释体系，和在国际上具有重要辐射力的学术平台、研究成果和代表性人物。这就要求我们既要具有时代性意识，探讨这个时代既具有中国特色又具有时代影响和国际共识的重大课题，形成这个时代国际性的学术前沿高地。同时，这一过程又是在充分吸收国际学术精华、内外条件成熟的基础上逐步实现的。如果说，五四时代的学人是为了挽救“衰亡”和免于居于“奴役地位”采择西学，尽管其间出现了这样那样的问题，但救亡的任务确实完成了。并且通过采择西学，中国从传统社会逐步向现代转型，实现了政治、经济、科技、文化和学术现代化全面发展；而从学术角度看，他们的学术胸襟和代表性研究成果也都是具有那个时代高度的，他们无疑是成功的，是无愧于时代的。而今天，环境变了，由以往那样一个为挽救国难而采择西学，变为今天国家独立自主和平条件下的对外纯学术交流。但是，一个国家的强大要求必须有与之相应的学术做支撑。因此，在今天，历史赋予中国学界的责任，较之近代救亡时期，并没有减轻，甚至更为关键和重要。形成在国际学界具有重大影响和辐射力的本土化的中国学术，形成中国风格、中国气派、中国话语体系和理论体系的学术力量、研究成果，是时代赋予当今学界尤其是社科人文学界的重大历史使命。从以往的模仿借鉴，到形成中国本土化学术，从以往的“跟队”和偏离学术中心，到逐步引领国际学术潮流和成为重要国际学术辐射中心，从以往的比较“狭隘”的被西化派嘲讽的本土化，到超越早期本土文化派和西化派之争的具有新时代高度、本土文化和国际胸襟的本土化学术，既是中国学术的本土化，更是中国学术的国际化，这个任务是十分艰巨的。

近年来学界开始讨论本土化议题，表明中国学界已经有了这样一种自觉。我认为，这种自觉不是狂妄，而是一种自信，是一种清醒，是一种责任，还带有一定风险和挑战。中国学界准备好了吗？不过，这一过程不是短时期内所能完成的，可能需要几十年的时间和努力，还需要具有良好的国际国内学术环境。但现在已在酝酿，已在主张，甚或说已在启动之中。我们对此充满期待。

[原文发表于《济南大学学报》(社会科学版)2017年第4期]

共同体视野中的“三”

梁　枢*

一

“三”特指“庞朴之三”，其问题背景是“二”，斗争哲学的时代。庞朴在《中庸与三分》导语中说，“我本意是主张用一分为三来修正一分为二，从思维模式高度碰碰‘左’倾顽症。”形式上只是讨论哲学史，而不是去碰理论基石。“即使这样，好心的朋友还是为我捏了一把冷汗。”[①]同时，庞公也用“二”剑指“长期困扰西方学术的二元对立格局”[②]。比如，他在肯定亚里士多德对中道的思考的同时，指出亚氏“只从对立来考虑”[③]，“所注意的只是三者的互相对立的一面”[④]。“只看到了中间与两端的对立。”[⑤]关于波普世界理论，庞公亦认为作者“实际上是在沿着对立的思路，把对立的局面更为加深了”[⑥]。庞先生把“三”看作“二”的旨归与道理。没看到，或者说没有达到“三”，是没有想通，眼界没到位。由此，“三”也就暗含

---

* 梁枢，《光明日报》国学版主编，孟子研究院尼山学者。

①②③④⑤⑥ 《庞朴学术思想文选》，上海：上海古籍出版社，2013年版，第373、437、377、376、437、384页。

着这样的逻辑：把世界归结为“二”，一定会出问题。

而当代的儒学研究还有“一”的问题，执于一，实体化，一团道德，等等。对于这种“执于一”的实体化倾向，“庞朴之三”可以为我们提供一种前提性的反思，表现出一种深刻的批判力。

“庞朴之三”所指称的是一个以共同体为大传统的文化中国。让思想走出“一”或“二”困扰，回到共同体，重建共同体语境，是时代课题，也是逐渐显现的学术大势。在这一努力过程中，“庞朴之三”注定将彰显重要的方法论价值。

二

“庞朴之三”是作为一种假说提出来的。庞公说，“我在《中庸平议》之后则深深相信，中国文化体系有个密码，就是‘三’”[①]。这一假说是否立得住呢？下面试用庞公的“三”来解读一下殷周之际的“德”这一历代学者众说纷纭的学案。

天命神学乃殷周之际的基本语境。如果说春秋执政卿时代，所有的大事都与礼有关，那么在殷周之际，所有的大事都与天命有关。周人取得天下之初，大邑商为什么会败于小邦周的问题便被反复提出，占据了他们思想的“头条”。这个问题同时也就等于是在问：天为什么会“改厥元子”？正是缘于周人对于这一问题的反复思考，肇始了“天”的观念嬗变，并由此开启了文明进程的中国路径。借用“庞朴之三”，这一嬗变的过程可概括为：由一而二再而三。

“由一”：天是实体之天，天人合于一之天。商纣王的天命观即是执于一的实体之天：我生不有命在天。这是“一”。一是旧的，天命神学中原有的。“而二”：天命靡常，皇天无亲，天人相分为“二”。这“二”已是“新意思”。“再而三”：以德配天，唯德是辅。谁去配？尊。怎么配？惟天

① 《庞朴学术思想文选》，第384页。

惠民。尊要亲，亲是最大的德。失民即失德，失德即失天。“配”是个动词，有赖于主体能动的参与，能动地去“配”。与“配”相对应的是“从”。执于一的实体之天是不需要“从”的。而周人所言的“天从”“天视”“天听”，表明实体之天解构了。此为“三”。

余敦康先生认为，以德配天的思想至少自夏有之，并非周人首创，不是“新意思”。余先生对此作了很详细的论证。这与王国维先生观点相左。后者认为，“殷周之兴亡，乃有德与无德之兴亡”。孰是孰非？“庞朴之三”可以回答。天人相分确曾出现于夏商之际，天被疑，天被怨，情境与殷周之际很类似。不过可以肯定的是，从结果看，商人未能像周人那样突破实体之天的“引力”，商王朝建立起来以后，仍回到天命之天，由二而一了；而同样可以肯定的是，周人没有回到一，而是由二而三，并沿着三继续挺进。

这是一场真正的思想革命。其中，由一到二是革命所由发生，以及“德”进入周人“思想世界中心”的先决性条件。《说文》曰：“德，外得于人，内得于己也。”殷周之际，天命靡常，天人两分。在这个历史赐予的特殊语境中，周人意识到：皇天无亲。对于支撑天命神学的旧有逻辑，这一发现无异于釜底抽薪。得之于内的德，若还说是“天命”，只能说是天赐予周族的一种“资格”，可以去“得”的资格；但要想真正“得”到手，还要将这个“得”化于外。也就是说，还得有德行。这叫做得之于内而化于外。资格是天予的，而“德行”却是皇天无亲，得靠自己。于是，道德意识被唤醒了。

上天为什么要改厥元子？商人失德。得而复失曰失。换言之，失德是说，德本来是有的，后来没有了。周人在追述历史时，曾对商朝先王的德行给予“充分肯定”。换言之，商人先祖不但“有典有册”有资格，而且还有德行。《管子·国准》：“殷人之王，诸侯无牛马之牢，不利其器。……不利其器者，曰淫器而壹民心者也。”到了殷末，纣王的所作所为表明他只有资格而没有德行，所以资格被天剥夺了，《周书·泰誓上》云：

惟十有三年春，大会于孟津。

王曰："嗟！我友邦冢君越我御事庶士，明听誓。惟天地万物父母，惟人万物之灵。亶聪明，作元后，元后作民父母。今商王受，弗敬上天，降灾下民。沈湎冒色，敢行暴虐，罪人以族，官人以世，惟宫室、台榭、陂池、侈服，以残害于尔万姓。焚炙忠良，刳剔孕妇。"

纣王所失之德，从内容看，主要是尊不亲亲，由失民而失德。

再看《尚书·西伯戡黎》。有意思的是，如下这短短一段话中，有"一"有"二"也有"三"，呈现三种逻辑的对峙。以下分别察之。

西伯既勘黎，祖伊恐，奔告于王。曰："天子！天既讫我殷命。格人元龟，罔敢知吉。"（周文王战胜黎国之后，祖伊非常恐慌，急忙跑来告诉殷纣王。祖伊说："天子啊，上天恐怕要断绝我们殷商的国运了！那善知天命的人用大龟来占卜，觉察不到一点吉兆。"）

按：实体之天已变作天人两分。这是"二"了。一旦占卜不吉，便是天人两分的局面。区别只在于两分是局部的、具体的、个别的，还是全局性的。所以天命神学这一文化发生学源头上的传统，使得中国人从文明的一开始就不缺乏危机意识。商人的实体思维，吉与不吉都是天意，与德无碍。周人则要检视德之盛衰。商要亡了。这是为什么呢？接下来给出原因。

非先王不相我后人（这不是先王不力助我们这些后人）

按：即不是皇天无亲，而是皇天有亲，一直是得到先王力助的，一直是被"相"的。这是商之天命语境。也是由一而二的开始。为什么皇天有亲？皇天是先王，也就是商的先祖所在。"天"指明先祖之所在，前面所说的得之内之"得"则通过世袭与传承，使先祖与后人形成得与被得的关系，这种关系即为“皇天”有亲的关系。“亲”体现为对后人的庇护。这种庇护的内容主要是指天命于当下持有，在天人两分——德行两分的语境中体现为资格。

惟王淫戏用自绝。故天弃我（而是因为大王淫荡嬉戏自绝于天。因此，上天抛弃了我们）

按：天和德有关系。这已是“三”了。纣之自绝在于失德，失德而失天。淫荡嬉戏是一种行。这种行是失德之行。失德的后果就是失天。“行”就这样很自然地出现了！要行有德之行，不行不德之行。德在于与先王血脉相连，若要先王力助，这德就要化为行。

不有康食。（不让我们安居饮食）

按：指明怎么叫作失天。天和德有关系。这是“三”。

不虞天性，不迪率典。（大王不测度天性，不遵循常法）

按：这是自绝，也是不德之行的具体表现，反之即为有德之行。

今我民罔弗欲丧（现在我们的臣民没有谁不希望殷国灭亡）

按：尊不亲亲导致亲不尊尊的局面。简言之，失民。

曰：“‘天曷不降威？’大命不挚，今王其如台？”（他们说：“上天为什么还不降下威罚呢？”天命不再属于我们了。大王现在打算怎么办呢？）

按：天原来是属于我们，原本是皇天有亲的。

王曰："呜呼！我生不有命在天？"（纣王说："啊！我的命运难道不是早就由上天决定了吗？"）

按：这也就是在问怎么行、怎么做。但纣王的回答却没有行与做的影子，还是坚守皇天有亲的逻辑。还是"一"，还是实体之天。

祖伊反曰："呜呼！乃罪多，参在上，乃能责命于天。殷之即丧，指乃功，不无戮于尔邦！"（祖伊反问道："啊！您的过错太多，上天已有所知，难道还能祈求上天的福佑吗？殷商行将灭亡，从您的所作所为就看得出来，您的国家能不被周国消灭吗！"）

按：什么叫作行？所作所为。祖伊的观念已是天人两分，并由二而三了：皇天无亲，唯德是辅。

概而言之，尊德（德性）与德行二者都含有能动性，是道德的基本义。天人两分的语境出现于殷周之际，德之观念借此机缘被开发出来，通过尊德（德性）与德行两个通道，于周初成为思想世界的中心。关于"二"之特殊语境对于开发"德"的革命性意义的分析，关于内与外相互转化的关系的思考，关于周人天之观念嬗变的理解等等，无一不是借助"三"、运用"三"，无一不在体现"三"。"三"乃中国文化密码之说，可证也。

三

德的出场，形成了道德、信仰、制度三者的辩证互介。这一关系深刻而持久地影响着中国人的思维方式、文化气质与精神风貌，在漫长的历史发展中，它不断地建构着中国文化的独特性，不断地开拓着文明进程的中国路径。它是中国人最深层的精神追求，是中国人最牢固的文化基因。

准确地把握道德、信仰、制度三者之间的互介关系，须借助“庞朴之三”，因为这一关系的方方面面，无一不体现着“三”，无一不是以“三”作为“手筋”或要旨的。

道德（德）、信仰（天命）、制度（礼）互为中介关系的形成，经历了一个长期的演进过程。

《尚书·尧典》：“克明俊德，以亲九族。”九族是中国共同体的早期形态。按余敦康先生的解释，九族是指父系血缘关系可按纵向列为九族，也就是以自己为中心，往上推四代，包括父亲、祖父、曾祖、高祖，再往下推四代，包括儿子、孙子、曾孙、玄孙。这种九族制度用血缘亲属的网络结构把一些散漫的个体家庭凝聚成为组织严密的共同体。其所运用的资源或力量，不外乎道德、信仰、制度等因素。

共同体离不开信仰力量的护佑。九族制度在实现家国同构的同时，跨越阴阳两界，把去世的亲人、在世的亲人，以及还未出生的亲人联成一个整体，把过去、现实和未来融为一体。信仰在其中的作用是显而易见的。

基于血缘的共同体，慎终追远是其大传统。宗族、宗子、宗庙之于国家与社会生活构成三大支柱。其中，宗族是核心，源于一宗之宗系国家之合法性所在；宗子是宗族的首领，是宗的代表和象征，尊宗子也就是尊宗族，反之亦然；宗庙以祭祀而“祖”宗，《吕氏春秋·务本》：“安危荣辱之本在于主，主之本在于宗庙。”这三大支柱都离不开信仰力量的维护，它们以自己的存在彰显着信仰在社会生活中的作用。不仅如此，中国传统文化在很多方面都表现出独特性，如宗法、礼、孝、谱牒、家训等。它们承载着中国人的文化方式与价值理念，代表了文明进程的中国路径。而这些文化形态之所以至今仍然“活着”，并发挥着重要作用，同样离不开信仰力量的维护。

宗教的本质是信仰。所谓宗教社会，就是信仰实体化的社会。然而，在中国古代共同体的实践中，尽管出现过实体化的倾向，但信仰始终未能发展为一种独立的实体性力量，而是一种维护和发扬共同体的关系性因素。

这是中国文化独特性的一个重要表现。

天命神学乃殷代的基本语境。殷人迷信天命，以为天命不可移易，而与人事无关。德一出场，信仰自我发展的路便断了。周人从商亡的问题意识出发，改变了旧有的天人观念，把德引入了天命论之中，认为天命随着德的盛衰而转移。

这是第一次中介。它解决了信仰实体化的问题。周人赋予信仰以德，信仰被道德所中介，天由此变成了义理之天，也就是以德配天之天。

周公制礼作乐，第二次中介随即展开，其核心是将德以礼固之，德被落实于制度层面。礼与德的对称式建构，使德有了抓手，有了具体形态或体现。礼使德成为具体的要求，感性直观的规矩，看得见，摸得着。

第三次中介，孔子以仁释礼，阐发与弘扬礼所蕴含的道德，将仁与礼融为一体。

西周之礼如郭沫若所言，“是由德的客观方面的节文所蜕化下来的，古代有德者的一切正当行为的方式汇集下来便成为后来的礼”。相比之下，春秋执政卿话语中的礼，其含义显然丰富得多。你可以将他们言说的礼同时理解为德，或者理解为信仰，但你无法将其只理解为礼。经过三次中介，道德、信仰、礼三者你中有我，我中有他，形成了融为一体的格局。

我们把这种互介关系纳入“庞朴之三”再作分析，以期总结出这一关系的一些基本特点。

第一，中介不是革命。中介是介入，不是替代，不是推倒重来。中介者而非替代者这个身份，决定了谁也不退场，否则没有东西来让它介入，或者说介入没有凭借。中介而不是革命，本身就给出了中国文化的独特性。侯外庐先生说，古代中国文明路径是旧的拖住新的，死的拖住活的。为什么？新的、活的东西是从旧的、死的东西中开发出来的（由一而二再而三）。它一定是“新意思”。未开发之前，它潜在于原有的关系格局中，开发，是于原有关系中找到了新的、活的东西。借助这个新的、活的东西，形成新的关系格局。用辩证法的语言讲，找到了更本质的内在联系。用庞公的话讲，就是三。所以中介者都是“三”。这个“三”凝结着时代精神的精华，代表着时代风貌。

第二，“三”是化解矛盾之道。郭沫若指出，西周以来的文献如《诗》《书》都明白地显示着“天不可信、天命靡常”的意思；然而，矛盾的是，周人一面在怀疑天，一面又尊崇天，正符合“周人事鬼敬神而远之”的记载。天既然不可信，周人的思想便进了一步，提出了一个“德”字来。在《尚书》的周初篇什当中“敬德”思想就像一个母题一样，翻来覆去地重复着。我们来用“庞朴之三”解读一下郭氏这段话：周人矛盾，不信天又尊崇天，这是“二”；于是从不可信的天中提出一个德来，解决这个矛盾，这是用“三”将对立面联结，“二”变“三”。尊崇是天命论传统，语境使然；不信是问题意识；“三”是化解矛盾之策：有了德，天可以继续信了。接下来，有了礼，德可以被固化下来；再后来，有了仁，礼可以继续讲了。

“三”也将大学者们的思考联结为一个整体。侯外庐、郭沫若，以及余敦康、安乐哲这些原本属于不同时代、甚至不同国家的学者，一俟被带入“三”之语境，我们就不难发现，他们彼此之间是多么心有灵犀。若说有什么不同，只是话语方式不同而已。

第三，中介者也被中介。道德在中介信仰的同时，也被信仰所中介。周人之德对原有信仰关系的突破，只是互为中介的一个方面。与此同时，“旧的拖住新的”，信仰在被中介的过程中，对于德亦有“塑形”作用。

郑开的《德礼之间——前诸子时期的思想史》（三联书店，2009年版）注意到，姜亮夫、姜昆武认为早期文献中的德、明德中沉积了丰富的宗教意味，隐含了从宗教到哲学的历史结构与进程。日本学者也主张从古代宗教传统中“降（接）神”体验的角度分析、理解《诗》《书》与金文中的德。李泽厚推测说，德大概最先与献牺牲于祖先的巫术有关，是巫师所具有的神奇品质，继而转化为各氏族的习惯法规。再逐渐转化为君主行为、品格的含义，最终才变成个体心性道德的含义。吴龙辉认为德与天命有直接的关系，德是沟通天人的桥梁。从上述种种论说中，我们可以找到一个共识：

学者们对德含义的诸多分析，实际上都有信仰在场，信仰为他们或显或暗地提供由此及彼的连接线，逻辑的桥。也就是说，学者们的解读都已自觉不自觉地把三者互介作为考察德的基本场域了。他们的解读同时也就是展示进入互介中的德的不同侧面。德由德行向德性的所谓“内面化”发展，只是互介关系的展开，是德向信仰的融入，是信仰向德的敞开。没有信仰对德的中介，就没有德的内面化。德之所以落实于“生”“性”，之所以内化为“先天内在之善”，从而肇始性善论的传统，之所以同时被表述为所谓“根”“本”“魂”，都要从德与信仰互为中介的辩证关系中去寻找答案。

《庄子·天下》篇谓以天为宗，以德为本，“天”与“德”，“宗”与“本”，信仰与道德，你中有我，我中有你，一旦分开，便谁也不是谁了。周人所言的“唯德是辅”的人不是一般人，而是以天为宗的人。一个人成为尊，是以天为宗的结果，天命使然；同时又要“天工人其代之”，要化德为行，“大德者必受命”。没有以德为本，以天为宗会执于一，会走向“上帝”“敬主”。没有以天为宗，德便会抽象为实体。德者，得也。若单向度地在道德语境中理解这个“得”，意味着把“宗”与“本”分开了。这样被理解的德不是以天为宗之德，不是周人所讲的德。反之，若把这“得”与天命打通，视“得”为皇天有亲，是以德配天的尊天之命。于是，德作为周人执政的合法性，便以天命的方式表现出来。这才是周人讲的德。正如许多学者所言，德字具有类与族的含义，而在“宗”与“本”互为中介的情况下，便等于是在族和类的意义上讲以天为宗，以德为本。祖先的美德被族人“得”了，并成为有别于他人的标识。这样一来，德落实于“性”“生”，“神性”，具有“类”与“族”的含义，成为一种先天内在之善，就是必然的了。

第四，实体没有合法性。三者互介，意味着这三个东西不能分开，把它们看作三个东西，只是思维中的抽象。所谓实体化，其前提就是认为这三个东西能分开。在共同体早期发展中，三个中介者都曾出现实体化倾向（由三而二再而一）。每一种实体化倾向，都会危及基于血缘共同体的安全，都会伤害共同体这一中国人的根本利益与核心价值。在共同体语境中，只要有一方实体化，共同体即出问题。实体化问题总是代表一种问题倾向。问题的最终解决，又总是克服实体化的结果。从积极的方面看，实体化恰也从反面为新的中介者出现提供了准备。而实体化倾向也都由于新的中介者的出现被扼制或匡正。

天命神学语境中，天命即是“一”。周人从中读出了“三”。“三”是中国式的哲学突破。突破由德开始。孟子将解构“一”的德，用先天内在之善来表述，安放于每个人的心里。道德语境者却由此误读孟子，将先天内在之善理解为“一”，实体，主客二分，视作是道德语境化的合法性所在。这回到了突破之前，就哲学思维而言是一种倒退。共同体语境中，这个先天内在之善既非“一”，也非“二”，而是“三”。周人之德、孔子之仁、孟子之善，都是“三”。其本身与礼、信仰互为中介，形成“庞朴之三”。这是一个已经积淀为传统的文化，是一个既定的历史结果。它预设了讨论周人之德、孔子之仁，以及孟子之善的“游戏规则”。任何将道德与礼、信仰相剥离，使之实体化的努力都是错误的。礼、祭祀、国之本的家，尊亲结构等，这些个东西不是待过滤的杂质，不是道德的“对立面”。你可以带着德、仁、善向外走，走出亲亲为大，走到大千世界，你可以一直走到天边。但这些东西永远不是你需要超越、区隔的东西。互为中介意味着，当你试图将仁与礼等相剥离，这个仁便失去了生存条件。你由此所得到的一定不是孔孟之仁，而一定是个抽象的类本质。

实体后面有什么？余敦康先生说，有宗统将三代一以贯之，使之成为一个连续发展的文化序列；安乐哲先生说，“一”“多”不分；庞朴说，这实体其实是个“三”。而在道德实体化者看来，实体是本体，它是其他事物的原因，也是自己的原因。换言之，实体后面再没有东西了。这种实体观上的差异，直接预设了思想向度的丰富性。以仁为实体，与其相关的所有东西或言整个世界，都只是其定在或展开。哲学家的工作是为此进行逻辑梳理、调整和定位，是个整理者。而认为实体后面还有东西，哲学家的任务便不能停留在实体哲学家的局限之内，他要去寻找，去对话，去建立，找出与实体最内在的联系，找出“三”。

四

为什么德会成为“三”作为中国文化密码的重要标识和“典型案例”呢？

侯外庐先生下述这段话是大家熟知的：古代西方的文明路径“是从家族到私产再到国家，国家代替了家族”；古代中国的文明路径“是从家族到国家，国家混合在家族里面，叫做‘社稷’”。“前者是新陈代谢，新的冲破了旧的，这是革命的路线；后者却是新陈纠葛，旧的拖住了新的，这是维新的路线。前者是人惟求新，器亦求新；后者却是‘人惟求旧，器惟求新’。前者是市民的世界，后者是君子的世界。”[①]

旧的拖住新的。这个旧首先在于古代中国的文明路径是基于血缘的。血缘因素未能退出历史，而是被用来建构宗法共同体社会，共同体因此成为新与旧的统一：一方面，源于一宗，血统等差，这是旧；另一方面，以血统等差，容纳阶级之差，这却是“新意思”。旧的没有退场，新的被旧的拖住的局面由此形成了。一姓与万姓这一基本矛盾的格局也由此形成了。从这个意义上说，周人之德礼，就是代表血缘来应对阶级之差的具体方式，就是用血缘应对一姓与万姓矛盾的对策与途径。

新旧纠葛的状态就是三的状态，而尊亲结构则是将“三”结构化。基于血缘的共同体预设了中国人面对一姓与万姓矛盾所持的基本应对方式，只能是尊亲结构。尊与亲是一对矛盾。解决之道在于“三”：尊要亲亲，亲要尊尊。而其中，尊要亲亲是最大的德，是共同体长治久安的关键，是德之基本生态。就尊之德而言，一姓之德，得之于内，是旧有的，天生的。而尊要亲亲却是应对一姓与万姓这个矛盾的时代新要求。而正是因为强调了尊要亲亲，尊亲结构才由混然自在，而变为德的定在，尊要亲亲因此成为

① 转引自姜广辉主编：《中国经学思想史》，北京：中国社会科学出版社，2003年版，第85页。

最大的德。正如余先生所言，“从三代兴亡所提供的经验教训来看，通向外王的唯一合理的途径，就是使一姓之私利服从于万姓之公利”，二者整合成为“是一非二”。“故其所以祈天永命者，乃在德与民二字。”“且其所谓德者，又非徒仁民之谓，必天子自纳于德而使民则之。”[①]概言之，尊要亲亲。

尊亲结构也就是世代中国人不得不持续地凝思于“三”的基本场域。对于世代中国人而言，所面对的大量的问题是“三”的问题。不得不持续地在“三”上用心、运思。我们来看一下，对此庞公是如何论述的。

中庸——和——礼是一以贯之地、递进式地向“三”之纵深挺进的。第一，“整个儒家学说的体系，仁义礼乐那一套，正是按中庸原则架设起来的；许多重要的儒学范畴，如谦、和、参、极那一些，都是中庸观念的结晶品”[②]“中庸的‘庸’还有‘常’义。”“常是对变而言的不变，不变的也就是绝对的。儒家将用中的要求表现为中庸，想来是要以此表明，他们提倡的用中，不是他们主观设定的，而是本之于常的；因而是否用中，也就不容径情任性，而应作为常道来遵守。这是中庸的更深一层含义。”[③]“执用两中，用中为常道，中和可常行，这三层互相关联的意思，就是儒家典籍赋予‘中庸’的全部含义。”第二，中庸与和：“中是通过‘和’来达到的”[④]，和“是进于‘中庸至德’的唯一途径”[⑤]。第三，和与礼。“知和而和，不以礼节之，亦不可行也。”礼给予和以标准、坐标。“说得玄深一点，就是‘和’本身也必须是和的。”[⑥]

庞公说，“我在证明中国文化有其密码和运用这个密码来解读中国文化方面，游荡了好长时间，乐而忘返。直到古稀钟响，才恍然觉得应该停止这种漫步……尝试着对‘一分为三’给出理论上的说明，庶几能够执一御万，以简制繁”。“现在呈现在诸位面前的，只好说是一束三分学说史，

① 参见余敦康等著：《中国宗教与中国文化》，北京：中国社会科学出版社，2005年版。
②③④⑤⑥ 《庞朴学术思想文选》，第336、326、9、11、11、384页。

是历史上出现过的一分为三诸理论。”[1]在我看来，庞公完成了一种哲学叙述，而历史叙述则承担了为其提供证明的任务。在他那里，历史只是“三”之例子的提供者，而只有把“三”同时看作历史与文化的书写者，才有可能完成证明。而在前者意义的历史对面，“三”有时也难免会有实体化的面相。孔子之所以能够调皮地站在中间，而没有变成“执一”，是因为他所处的世界本身就是“三”。庞公发现了“三”这个文化密码，却没有能够完成对其的叙述。也就是说，没有把“三”作为中国文化与历史的书写者表述出来。“在过去的三年里，虽曾竭心尽力，数易其稿，始终也未找准一种满意的表达方式。”[2]

五

“三”所指称的是共同体。这是因为，三者互介、基于血缘和尊亲结构正是共同体的三个基本特征。

“三”是共同体语境，庞公以下这段话表明了这一点：“人之所以要规范自己，去与天调，与天合一，为的就是二生三；只有生了三，人的价值方才得到实现，天地的价值也由之得以生发。否则，人只是孤立无助的人，天地只是冷漠无声的天地，宇宙于是永远一片破裂，一片死寂。”[3]为什么说“三”是共同体语境？孤、冷、寂这三者相反的方面连接起来，就是“三”，即共同体。

共同体是“三”之家，“三”是共同体语境的表述方式。“不可执一”所列的各种场景，不是“三”就不对：“临民”不可“执一”，“事君”“修身”“治国”都不可执“一”。正确的做法是要执两用中。“‘中庸’或‘用中’的思想，是贯穿在孔子思想的各个方面的。……无不以‘允执其中’为核心；‘中庸’之在孔子的思想体系中，犹如轴之在轮”。“‘执一’

---

①②③ 《庞朴学术思想文选》，第385、384—385、410页。

也叫做‘固’，孔子最讨厌这个‘固’”[1]。而“三”所在之处，即为共同体。共同体是关系性的存在。庞公说，惟天惠民式的天人关系中，君王受命于天，天从民之所欲，民被君王宠爱，彼此都非绝对的强者，处于循环制约的关系之中[2]。所谓的绝对的强者即指实体，而在共同体中，实体没有合法性。

应该指出的是，庞公在“三”与共同体的关系问题上，是有思想局限的。他并没有能够将二者彻底打通。我们可以从庞公对中庸局限性的分析，清晰地看到这一点。

庞公指出，孔子的执两用中与我们的两点论是不一样的。“我们主张‘两点论’，是说要注意全面地看问题，‘不但要看到事物的正面，也要看到它的反面。在一定的条件下，坏的东西可以引出好的结果，好的东西也可以引出坏的结果’。孔子的‘执两用中’，则是从不承认转化的条件性而引申出来的结论。如果一端和他端的转化是无条件的，命定如此的，那么，对策只能有两个：一个是退处柔弱的那一端……这就是老子所采取的；另一个则是，不此不彼，不强不弱，站在中间，任它天旋地转，我自岿然不动，这就是孔子所采取的。其实，‘转化’不是一个独立自在的东西，而是整个发展过程的一个环节，特别是，它是有条件的。……调皮地站在中间，也将由于发展的结果而变成了新情况下的末端。中乎哉，不中也！”[3]

“中庸思想之否认转化的必然性与必要性，而使对立的展开限制在度的范围内，那样一种根本的缺点，我们已经一再说明了。”[4]

“中庸思想在论证如何达到平衡、保持平衡方面，有不少精辟的见地，成为文化遗产中的珍品，值得我们细致汲取。它的根本缺点，在于把平衡的地位和作用过分夸大了，以致到了否认转化、阻止转化的境地，并因此窒息了自己的合理内容，其流弊所及，就是一切生活领域中的因循保守、故步自封和阻碍变化、反对革命等现象的不时发生与普遍存在。

①②③④ 《庞朴学术思想文选》，第8、411、8、334页。

这是它的糟粕。”[①]

庞公的上述批评，引发了一个问题：孔子或中庸究竟“身”在何处？“调皮地站在中间”的孔子，其实始终是站在共同体中的。这是孔子终身坚守的基本立场。天不变，道亦不变。共同体便是天与道的统一。这便是孔子的“度”——共同体之度，也就是底线所在。此其一也。

对于沿着“三”前进的中国文化，平衡是最大的实践、工夫。所有的因素都不退场，通过一轮又一轮的辩证（互为中介）运动，结成新的关系，并从中获得继续参与、维护共同体的属性。其中几次大的旧邦新命式的维新，都是转化。几个重要的体现“三”的概念，都是转化的结晶，或“条件”。比如德。依据德，周人不但改厥元子，而且建立了新的天人关系，即以德作为信仰的“条件”：失德，便改厥元子。保德，便天人合一。从这个意义上说，“三”之思，也就是条件论，也就是转化论；而不是不讲条件，不讲转化的。此其二也。

“三”的凝思，也就是共同体建构之思。中国人在如何建构共同体问题上，沿着“三”，进行了连续的与时俱进的理论建构，形成了共同体思维。中国的文化与历史不仅是“三”之例子的提供者，中国的文化与历史是用“三”来书写的。今天我们所要作的，是要把共同体思维在新的时代发扬光大。用“三”来清除实体思维、二元对立思维对于儒学研究的消极影响，用“三”重写我们的文明史、思想史与哲学史。

［原文发表于《济南大学学报》（社会科学版）2018年第4期］

① 《庞朴学术思想文选》，第336页。

政治学·法学

加强实证研究，建构概念体系：试论中国政治学术话语的发展策略

张小劲*

中国改革已经经历了30多年的发展，并且进入了全面深化改革的全新阶段。概括言之，无可否认的事实就是，在“人类社会的既有历史进程中，从未有过如此庞大的人口共同体在如此之短的时间里实现市场化转型、推进工业化与城市化，也从未在如此规模的共同体内经历如此深刻的社会变迁和现代化转型。中国发展、转型与崛起的宏大历史进程，无疑为人类社会共同面对的诸多关键性挑战和议题，包括经济持续增长、科技造福人类、社会转型与现代化、城镇化等提供了有史以来的最大范围的、独一无二的社会实验场景”①。正是在这样的背景下，中国的发展引起了世界各国学者的关注和评析，更向中国学者提出了必须应对的知识挑战：基于中国社会变迁的实际进程，概括中国实现发展的独特经验，进而形成可以与世界经验相比对、与既有知识相对应的新概念、新理论与新方法，推进中国社会

* 张小劲，清华大学政治系主任，教授，博士生导师。

① 李强：《实验社会科学：以实验政治学的应用为例》，《清华大学学报》(哲学社会科学版)，2016年第4期。

科学研究从世界学术研究的边缘走向中心；同时，关注中国转型发展中的重大关键问题，为中国社会的不断前行提供新认知、新知识和新工具，为应对重大挑战提供理论解决方案。

在某种意义上可以讲，近年来有关中国学术话语问题的讨论和争论，实际上体现了中国学者面对这一重大知识挑战时所进行的研究尝试、所付出的学术努力，以及所取得的知识成果，同时，也体现了在这一学术发展进程中所弥散的内心焦虑。概括言之，中国社会科学形成和发展的迟滞和曲折，深刻造就了中国学者在推进中国社会科学知识发展中的困顿和尴尬：既有的知识框架、概念体系和理论成果，不能不制约着中国学者在思考学术问题时的前设范式，不能不约束着中国学者与国际学界进行交流和对话时的知识资源和方法技能；而中国发展在时间、空间以及国内和国际结构中所呈现出的集约化和极速化变迁，严重质疑、甚至几乎颠覆了已有社会发展的既有经验和知识概括，中国学者又不能不对之加以跟踪、追随和嵌入式的观察和分析，不能不首先在现象层次上加以认知、理解和描述。这样的双重困境在学者的个体层次上由于学术资源的限制和个人精力的配置不同而造成了学术取向的不同，加之价值观念的差异，更形成了严重的学术分歧和争议。于是，回到儒家传统价值的呼吁与反思西方话语支配的说法，创设普适知识的选择与遵从特色理论的努力，以错综繁复的方式交织在一起，形成极其庞杂的错位对话局面，其间误解、谬解、偏见与真正意义上的分歧和争论混杂一处，妨害了理性的交流与对话。

然而，与其说是条分缕析各种歧见之缘由和走向，毋宁以新的超越方式探寻摆出困境的出路。就此而论，加强对中国发展的实证研究，从中至少在事实发现和描述的意义上提出有长期知识积累和跨界对话能力的经验概念，从而建构足以概括和刻画中国经验的概念体系，无疑具有重要的意义。而这样的中国学术话语发展进程显然将涉及三个层次的策略问题。

第一个层次显然是与现实世界直接关联的、经验研究的问题，也是生成相对直观的描述性研究成果的问题。对于中国政治研究来说，目前注定是一个大有作为的时代。中国的成功崛起为世界政治发展提供了新的经验形式，同时，也为中国学者的研究工作留下了巨大的发挥空间。中国现实问题的实证研究，所强调的是立基于生活经验和可观察的事实，主张对现实发生的进程展开全面而系统的描述，并在此基础上进行经验概括和理论总结。对于中国现实问题的实证研究，其正当性首先源出于中国近几十年来社会变迁的独特性，源出于中国现实的发展不仅处在特定的情境之下、结构之中和基础之上，而且汇聚和呈现着中国特定的历史文化和政治传统的影响和制约；其次，其合理性又源出于中国的现实发展与世界社会和全球化的紧密关联，较之于欧美的早期发展，中国社会变迁的世界性意义无疑是极其突出的，因而经验材料的搜集整理并从中发现有异于他国经验的事实和逻辑显然具有关键的知识推进意义；最后，其急迫性和必要性还源自中国的改革进程充满着风险和挑战，其间的困难之巨和危险之大远非他国可比，因而分析和评估现实问题、寻找解决方案成为中国学者义不容辞的责任。正是在这个意义上讲，建构中国学术话语的努力，不能不从现实问题入手，不能不以现实问题为节点，不能不以实证研究为首选，亦不能不以实证研究为重点。

第二个层次则涉及中国社会变迁之经验现象的概括与命名问题，也就是构成为学术话语之基石的概念发展问题。应当说，在近十多年里已经充分发展起来的有关中国现实问题的实证研究中，产生了许多指称和概括中国现实的理论概念，并在相当程度上得到了学界的公认，成为进一步展开实证研究的基础性成果。总括而论，这样的概念大体上可以分成三类，第一类是引入国际社会科学的既有知识而补充了中国经验内容的理论概念，从现代化发展理论中的“中等收入陷阱”、大国关系领域的“修昔底德困境”到城市化发展的社会分层和“风险社会”以及政治过程中的审议民主以及宪法司法化等等；这些理论概念所包容的经验内涵提示着中国社会变迁的进程属性和可能风险，其理论内涵也启发着中国学者进一步发掘中国经验的独特性。第二类则是在特定意义上升华和延展了的本土概念，例如群众路线、协商民主、党内民主和党内监督、学习型政党以及国家治理和供给侧改革等等；其中，执政党的政治文件术语与学术研究之间形成了特定意义上的良性互动和对话：执政党的治国理政活动形塑了特定指向的政府行为和公共政策，并由此形成了特定的制度和机制，这不仅成为中国学者在理解和研究中国社会变迁时的脉络和线索，也成为学界进行概念命名时的依据。第三类则是更具尝试性和创新性的概念，其特点是根植于现实却又超越了已有的理论概括和官方话语，压力型体制、“政治锦标赛”、政策主导型改革、治理转型危机、依法抗争、政党调适、公司化地方政府、政治吸纳（行政吸纳政治）、增量民主以及项目治国乃至于更加宏观的“中国模式”等大体可归为此类。有意思的是，这类概念不仅比较恰当地描述了中国现实而且启发着中国学者用新的进路去理解和分析世界各国的发展经验和经验理论。这三类概念的相互碰撞和对话，实际上就是中国学术话语发展进程中的典型图景。

在上述基础上可以讨论的第三个层次的问题，则是概念发展策略的问题。如果说前面所分的三类概念也可以归结为“引进——变形”“套用——延展”以及“局部创新”三种路径，那么，从中还可以概括出所谓“中层理论”的发展策略[①]。在这里，“中层理论”是一种定义边界相对模糊、但内涵重点却相当清晰的提法；其模糊性在于，“中层理论”是相对于过度狭化的经验概念和过于宽泛的“宏大概念”而言的，也是区别前两者的问题而成型的，因为前者的狭化强调了独特性或单一性而否定了比较意义上的差异性[②]，进而限制了比较意义上的理解和跨国对话的空间，而后者的宏大却会过度强调整体性含义而忽略概念内涵的具体经验和精细指向，进而引

① 参见徐湘林：《从政治发展理论到政策过程理论——中国政治改革研究的中层理论建构探讨》，《中国社会科学》，2004年第3期。

② 参见Andrew J. Nathan, Is Chinese Culture Distinctive? -A Review Article, Journal of Asian Studies, 52:4(1993).

发价值立场上的肯定或否定式表态和所谓“集体歧义”的持续化[①]；相对而言，“中层理论”的清晰性则在于其强调既有较高的抽象、概括和普适性的内涵，又能够直接联系经验事实、为实证研究提供受检假说的理论建构工作。在具体的研究实践中，“中层理论”的概念建构策略，既要求立基于对现实问题的实证研究而非焦虑于理论争论和价值表态，又要求着眼于理论概括的“抽象阶梯”[②]而非归结于宏大叙事和思辨取向。在这个意义上讲，中层理论的概念发展策略，既可以容纳特定对象的具体属性，同时也可以兼顾可能生成的抽象比较，由此既可以建立起一定范围的针对性，又可以在给定的同类对象中进行更为具体的比较研究或确立特定意义上的参照框架；其中，既可以容纳时间维度上的比较如传统中国与现实改革的比较，又可以展开空间维度上的对照即与其他国家社会变迁和转型的比较。从中国学术话语的发展进程来看，“中层理论”无疑是可以串联起可靠的实证研究与扎实的理论思考的策略方法。

建构中国学术话语显然是一个宏伟的工程和漫长的进程，确切地说，本文所讨论的问题仅仅涉及概念建构的三个层次或维度问题。但可以期待的是，随着对中国现实问题研究的不断强化和学术成果的持续产出，我们对于学术话语的建构问题将会有更多更好的体验，并由此得到更多更丰富的认识。

［原文发表于《济南大学学报》（社会科学版）2017年第1期］

---

① Sartori, Giovanni, (1984) “Guidelines for Concept Analysis” in D. Collier and J. Gerring, eds. Concepts and Method in Social Science: The Tradition of Giovanni Sartori, Chap IV, London: Routledge 2009, 1984:111-113.

② Giovanni Sartori, (1970) Concept Misformation in Comparative Politics, American Political Science Review, December, pp.1040-1045.

“西方法学在中国”及中国法学学术转型

陈金钊*

中国文化传统以及学术研究在五四运动以后发生了很大的变化。在实现现代化的目标之下学术研究出现了全方位向西方学习的现象。西方的科学、技术、思想、制度、文化以及学术思潮逐步传入中国，来自西方的概念范畴逐步成为主流的学术话语，基本上已经主导了中国学术研究的方向。可以说，离开来自西方的概念术语，人们已经很难进行完整的思想表述。从思想的表达方式上来看，中国学者的学术语言表达方式，已经失去了自我、自主的“中国”，传统的语言范式已经离我们的学术研究很远。即使是据以张扬自我的中国经济的腾飞，显示自主的军事力量，或者据以骄傲的古老文明，为了能够与世界交流以获得理解，我们也都必须使用与世界接轨的概念术语。这种现象的出现，一方面方便了与西方学术的沟通交流，缩小了与西方学术的差距，另一方面也必然地导致本土的传统与特色的逐步消失。中国已经没有了建立在传统文化和自然经济基础上的自我发展，陷入了文化、制度、思维方式等各方面的矛盾与冲突。虽然传统的思维方

* 陈金钊，华东政法大学法律方法研究院教授，博士生导师。

式和价值观念依然保持着强大旺盛的生命力（即中国人的思维结构也没有发生根本的变化），但是在学术研究和学术表达方式上，独立自主发展的空间却越来越小。我们看到的景象是，学术研究随世界潮流而动的结果，就是我们放弃或牺牲了很多选择的权利。在很多方面，我们只能是被动地应战，而不是引领世界学术的潮流。这与我们所处的国际环境和自身发展的不足相适应。然而，在中国经济等创造了奇迹以后，人们已经不再满足这种一味消极学习、被动应战的现状。

在中国崛起的过程中，我们不仅需要政治、经济、军事等方面的强盛，还需要拿出中国气派的思想学术成果。然而，这需要一个比经济、军事等增长更长期的过程。没有几代学人的勤奋努力和精心准备所衍生的文化学术积淀，自主、自强、自立的中国学术难以出现。学术转型属于科学研究的基础工作，很难立竿见影。我们看到，中国的学术研究在国内大小平台上一片繁荣，但在国际学术舞台上还不够自信。在世界范围内，我们还没有足够的学术话语权，这使得中国的学人多少有些失落。因而，在创建中国话语，振兴中国学术、中国文化，解决中国问题的过程中，自主、自我的“中国”被突出出来，学术、文化研究的“本土化”等成为中国继现代化之后的战略性命题。然而，我们需要思考，“本土化”能否成为学术转型工具，能否完成学术转型的目标，事实上还存在着一个很大的问号。在笔者看来，所谓本土化不是对西方文化的排斥，而是对现在学术研究的批评。它不是要终结向西方的学习，仅仅是对中国问题的重视；不是向传统文化的回归，而是要实现中西文化学术的融贯。在本土化过程中现代化的旗帜不能丢弃。不管“本土化”命题未来的命运如何，这都是一个重要的令人值得深思的问题。在本土化与中国学术转型的大问题之下，我们需要思索中国法学研究的现状与未来。

就中国法学的研究现状来说，法学、法律、法治的现代化得到了长足的发展。西方各种流派的法学著述、观点、原理等知识系统大量引介到中国，西方式的法学研究和法学学科建设在中国蔚然成风。现代法律规范形成体系，法治观念、原理、规则也被学者们接受。只是笔者感觉到，我们基本上没有严格意义上的“中国法学”①，最明显的表现是法学研究中的“中国”没有被突出出来。大量中国法学学者的作品，其内容中所包含的中国元素太少，中国的问题意识不够突出。在中国，缺乏系统的能够解决中国问题的法学。现有的中国法学研究成果，基本可以概括为“西方法学在中国”。这是关于中国法学大格局的表述。这种概括之所以能够成立，就在于，我国历史文化传统之中没有专门、独立的法学研究。和今天相对应的法学观点，基本上被裹挟在整体文化之中。分门别类的学科研究是从西方传过来的。在被称为“中国法学”的研究中，法学的主流主要是西方法学知识的翻译与传播。在这一大背景下，虽然各种论著不乏对中国问题的关切，但基本是在西方法学原理之下的诠释。

迄今为止我们没有能够为世界贡献出具有独立“知识产权”的法学原理。如果说我们对中国法学有所贡献的话，那就是在翻译和传播过程中的“创造性”理解，比如法治是限制权力的政治方式，但我们更多的理解是法治需要为政治服务，从而使法治失去了限权的主旨。这样一些被称为特色法学与中国传统思想的结合所产生的独特理解，不是精心研究的法学成果，更多的是一种在固有文化基础上的各自理解，或称之为特色理解。这里面包含了本土固有的思维结构，塑造了中国法学与西方法学的不同，但这与现代法治所需要的法治理论相差甚远。还有一部分研究，是关于中国自身的历史法学研究，有部分与现代法学相近似的法律言辞被挖掘出来，但也基本是在西方法学思维笼罩下的解读，并不足以支撑中国法学学科的存在。目前的中国法学研究成果，无论是学术专著、还是学术论文，数量庞大蔚为大观，但所使用的学术语言、概念范畴、原理系统，甚至是逻辑架构基

① 关于此问题，王若磊认为，这里的法学究竟是指中国“独有的法学”，还是“针对中国的法学”的问题，而这一问题实际上是关于“中国法学派”的问题。参见王若磊：《不曾生，何谈死？中国法理学的死亡及其生的可能》，《济宁学院学报》，2016年第4期。我们现在没有独有的法学，正在形成针对中国的法学。

本上属于舶来品，从总体上看可以称之为汉字化的西方法学。在中国法学中，作为法学知识体系的来源，翻译发挥着很重要的作用。其知识构成主要是来自西方的法学体系。

我们看到，作为法学学科知识的法理学、宪法学、刑法学、民法学、经济法学、行政法学、诉讼法学、国际法学等，无不是舶来品，鲜有独立的"知识产权"。具有中国元素最多的就是中国法制史、中国法律思想史。然而，就是这样一个冠以中国名头的学科，其学科建构的指导思想依然是来自西方的某一主义。其所采摘的"中国"元素，多是和西方法学概念范畴的比较，是用中国的材料来证明某种观点、主义的正确性，而不是对中国法律历史真相和发展规律的揭示。在对一些中国法制史的阅读过程中，既看不到中国古代法律运行的真相，也看不到对未来中国法治发展的启示。传统文化意义上的中国，在现有的法学学科中很少能够看到。西方法学的大量引入促成了"西方法学在中国的格局"，证明了西方法学在世界的风靡。我们需要看到，"西方法学在中国"是"现代化"涌向世界潮流的表现。中国近代历史证明，古老的中国文化似乎难以阻挡这股潮流。然而，我们也需要看到，这种潮流冲击了或者说阻断了中国文化传统对中国法学研究的影响，使得中国法学缺少中国传统文化的滋润。当然，这不是历史选择的错误，而是世界文明交融的必然。没有西方法学在中国的蔓延，很难产生出与法治中国建设相适应的法治之理。

可以说，经过上百年的努力，西方法学成了中国法学的最重要组成部分。对这一现象中国法学界存在不同的认识。

一种观点认为，这是一件好事情。因为，它起码搭建了分门别类的法学体系，而这一体系对于被庸俗化了的整体性思维、实质性思维和辩证思维是一个很大的冲击，并且对中国传统文化的改造具有重要意义。西方法学原理、知识等，对中国法治现代化无疑是个福音。当然，我们需要看清，仅仅依靠来自西方的法学体系并不能完成法治现代化的任务。然而，现代法学、法律知识系统对改造传统的思维方式，构建与法治中国建设相适应的思维方式具有极其重要的意义。现代法学知识对于中国人转变思维方式，找到法治实现的方法，寻求正确的价值引领有积极、正面的作用。人们常说解决中国问题需要中西结合，需要把马克思主义的普遍原理与中国的现实结合起来。但是，这种结合是有前提的，即如果没有现代法学知识其实就不存在结合的问题，即使是像本土化这样的命题，如果没有现代化也就不存在本土化的问题。

我们需要看到，西方法学在中国的传播，为塑造法治中国建设所需要的法治之理提供了重要的知识、原理和方法论支撑。在古代的法律文化传统中，我们找不到解决中国问题、塑造法治中国的法治之理。这就意味着中国法治建设所需要的法治之理，诸如法治的原则、规则与方法需要借鉴西方法学原理。当然借鉴并不是照抄，这里面包括对一般原理、原则的恪守，法治所要的法律的一般性、一般优于个别等基本原理不能被随便丢弃。同时，借鉴还意味着和传统中国、文化中国和问题中国的对接。我们需要看到，没有中西法治文化的融贯，就不能建成现代法治、形式法治。只是我们需要注意，中西融贯不是机械的对立统一，而是以法治中国为目标的文化转型以及与法治相适应的思维方式的转变。我们很多人的思维结构主要是建立在辩证法基础上，然而对“对立统一”却经常进行机械的理解。在这种理解的“指导”之下，一些人的学术研究或文化接受表现为片面机械的“形而上学”，即对各种关系的理解，要么是对立的（如，把现代化和本土化对立起来），要么是统一的（或用现代化统一本土化，或用本土化统一现代化），而忽视了在对立统一之上的新生文化——法治中国所需要的法治之理的建构。所以，从这个角度看，法学的本土化是不是学术研究的目标，本身就是一个值得研究的问题，起码需要对本土化有一个正确的理解。我们需要看到，法治中国建设所需要的法治思维中，既需要辩证逻辑，也需要形式逻辑。并且我们需要强化对形式逻辑的重视，不能轻易用辩证逻辑否定根据形式逻辑得出的推论。法律思维最根本的就是根据法律进行思考。面对法治中国建设的现实任务，以实现法治为目标的学术转型和思维方式转变却是必须开展的工作。中国的法学学术需要有中国的问题意识，用法治思维和法治方式化解社会矛盾，需要塑造与法治中国建设相适应的法治之理①。

另一种观点认为，西方法学在中国所构建的法学体系是一种“沙质的城堡”②，属于没有中国文化根基的法学，因而提出了中国法理学或者说法学“死亡”的论断。从文章中对“死亡”加了引号来看，作者并不是希望或预示中国法理学的死亡，但起码是对法学未来的一种悲观主义的情绪化宣泄。笔者承认许爱国教授观点的合理性。然而，我认为，如果把中国法学的未来与法学研究的转型结合起来，也许多少会消解一些悲观主义的情绪。当然，这种悲观并不是没有任何道理，因为与“西方法学在中国”形成悖论的是，现代法治在中国的传播并没有产生真切的效果，来自西方的法治观念、原则、规则、理论与原理，面对中国文化却产生了不同的理解，法治理念、原则、甚至规则的变异经常出现③。莫非这种变异就是本土化与现代化冲突？如果是这两者已经构成了冲突，那么我们该如何面对这种冲突？人们基本的回答是，我们既不能照搬西方，也不会完全回到传统。可问题是我们到底该怎么办？人们一般回答就是要把两者结合起来。这一思路应该说没有错误。机械的融合统一并不能解决本土化和现代化的矛盾，甚至还可能引发出激烈的冲突。实际上，在当今法治中国的建设过程中，已经出现了严重对立，关于法治的各种争鸣中，特别是借助权势来表达的各种修辞中，“拿着不是当理说”已经成了常态。在这种情况下，我们需要恢复

① 关于法治之理的构建参见陈金钊：《法治之理的意义诠释》，《法学》，2015年第8期。陈金钊：《用法治之理打量中国》，《新疆师范大学学报》（哲学社会科学版），2015年第6期。陈金钊：《用“法治之理”塑造中国法理学》，《河南财经政法大学学报》，2015年第3期。陈金钊：《法治中国建设所需要的法治之理》，《西南民族大学学报》（人文社会科学版），2016年第9期。

② 参见许爱国：《论中国法理学的“死亡”》，《中国法律评论》，2016年第2期。

③ 参见陈金钊：《法治遭遇“中国”的变异及修复》，《扬州大学学报》（人文社会科学版），2013年第1期。

辩证法之真谛，在对立统一之后找出新衍生的、超越现代化与本土化的新生“事物”，这个新生事物就是法治中国建设所需要的法治之理。在法治之理中，既需要现代化的理念，也需要本土化的经验，更需要有解决中国问题的现实导向。

我们认为，对法治之理的探寻应该成为法学学术转型的目标，只有这样才能恰当处理“西方法学在中国”与法治在中国产生的变异之间的矛盾问题。不然的话，我们只能在要么对立你死我活，要么统一中左右徘徊。这种思路根本无助于问题的解决，只能在无谓的意气化的争论中内耗。法治之理关涉的是以法治中国的实现为目标，以现代法治为引领，结合中国需要解决社会政治经济问题来塑造法学、法治思维方式。为实现法治中国的目标，中国人的思维方式需要改变，以形式逻辑为基础的法治思维需要成为主流思维方式。可问题在于，如何实现这种改变？第一，改变本土化的整体、辩证思维，接纳根据法律进行思考的形式逻辑思维。第二，改变过于泛滥的实质主义思维，融进形式逻辑的思维。第三，我们是否可以考虑，充分利用本土化思维的整合优势，创建出适合中国法治建设的法学学术和法治之理。第四，我们该如何在法治之理的指引下拓展法治。这些问题的提出，着眼点在于，在全面推进法治中国建设的过程中，首先应该推动的是思维方式转变，如果思维方式不能转变，法治意识形态不能形成，法治建设、法学研究就可能缺乏问题意识。我们认为，中国法学学术转型不应该瓦解法治，而应该为法治目标的实现寻找理论基础和话语系统。把法治思维和法治方式的提升视为重要的基础性工作。法治思维和法治方式的形成不是政治学习的结果，需要建立在身后法学素养提高的基础之上。

［原文发表于《济南大学学报》（社会科学版）2017年第2期］

论发展政治学的“本土化”构建

包心鉴*

一

“政治的主要的和根本的问题”是国家问题。[①]“政治就是参与国家事务，给国家定方向，确定国家活动的形式、任务和内容。”[②]因此从根本意义上说，政治学就是关于国家的学说，是以国家职能、国家行为、国家建设、国家治理、国家演变等国家的基本问题为主要研究对象的社会科学。现代国家的核心问题是国家自身的发展及其国家与社会关系的调适，与此相适应，以研究国家发展和国家治理问题为重心的发展政治学应运而生，成为政治学学术研究和学科建设中的一门“显学”。

20世纪八十至九十年代，随着中国改革开放的兴起和市场经济的迅速发展，中国政治体制和政治生活出现了一系列巨大变化，国家职能的转化、

---

* 包心鉴，中国政治学会副会长，中国科学社会主义学会副会长，济南大学政法学院名誉院长，济南大学“民主法治建设与国家治理现代化研究中心”主任，教授、博士生导师。

① 《列宁选集》(第4卷)，北京：人民出版社，1992年版，第42页。

② 《列宁文稿》(第2卷)，北京：人民出版社，1978年版，第407页。

行为的矫正和国家自身治理问题愈益成为政治学关注的热点问题，与之相适应，发展政治学在中国蓬勃生长并带有鲜明的中国特色。我国政治学界比较早地提出了“政治现代化”发展坐标，政治参与、政治沟通、政治权利、政治责任、政治公开、政治意识、政治监督、政治认同等等一系列具有鲜明本土化特色的发展政治学范畴进入中国学术视野，成为当时政治学界关注和研究的热点问题。这一时期中国的发展政治学研究，尽管还略显稚嫩，但对于积极推进政治体制改革、探索社会主义民主政治之路，乃至调节政府与市场的关系、规范和促进市场经济健康发展，发挥了历史性的积极作用。

九十年代之后，随着国门大开，西方学术体系和话语体系传入中国，愈益成为中国政治学界的主流；一大批青年“海归”学成回国，成为大学课堂和研究机构的主力军，这在一定程度上加剧了中国政治学的“西化”趋向。在公共行政、公共政策、公共事务等领域，这种“西化”趋向愈益凸显。研究对象愈来愈生冷偏僻、话语体系愈来愈矫揉造作、表达方式愈来愈曲折复杂，研究成果却愈来愈远离中国现实。为数不少的以国家建设和国家治理为研究对象的文章，照搬西方话语体系和研究方法，堆砌概念、似是而非，雾里看花、晦涩难懂，读起来令人如坠入五里烟雾，不知所云。近一时期，许多学界仁人大声呼吁中国学术要走“本土化”道路，这显然是对学术问题反思的结果。中国政治学尤其是发展政治学，的确该向“本土化”方向转型了！

二

任何学术都离不开赖以生存的土壤和特定时代的需求。当代中国市场经济的深入发展、社会体制的深度转型、政治体制的深层变革、国家治理的深层推进，都迫切要求具有中国特色的发展政治学有一个凤凰涅槃式的发展。诚如习近平总书记在哲学社会科学工作座谈会讲话中指出：“当代中国正经历着我国历史上最为广泛而深刻的社会变革，也正在进行着人类历史上最为宏大而独特的实践创新。”“这是一个需要理论而且一定能够产生理论的时代，这是一个需要思想而且一定能够产生思想的时代。我们不能辜负了这个时代。”[①]一切具有敏锐时代意识和强烈社会责任感的政治学理论工作者，应当紧贴中国政治发展实际，深入回答中国政治发展问题，着力推进发展政治学“本土化”建设，为构建具有中国特色的发展政治学作出自己的学术贡献。

笔者认为，推进发展政治学“本土化”建设步伐，必须着重把握以下三个基本环节：

一是深入总结党的十八大以来中国政治发展的实践经验。

实践是产生理论的唯一源泉，是检验真理的唯一标准。党的十八大以来，以习近平同志为核心的党中央毫不动摇坚持和发展中国特色社会主义，坚持以人民为中心、以问题为导向、以创新为引领，在促进经济发展进入新常态同时，在政治领域提出了一系列重大改革战略，实施了一系列重大改革措施，注重从政治的高度提出、回答和解决当代中国面临的重大问题，在治国理政实践中形成了丰富的政治改革和政治发展思想。习近平治国理政的政治思想，既创造性地继承了中国传统政治文化，又批判性地借鉴了西方政治文化，融中西政治文化为一体，彰显了现代国家治理的深邃政治逻辑。无疑，这是构建中国特色发展政治学的宝贵政治资源，应当加以系统总结和深入提炼。比如，坚持党的领导、人民当家作主、依法治国有机统一，把政党治理与国家治理有机地统一起来，把全面从严治党作为推进国家治理现代化的根本前提，强固治国理政的民主政治架构；坚持国家治理与制度改革有机统一，把实现制度现代化作为推进国家治理现代化的核心任务和价值目标，把握治国理政的民主政治精髓；坚持发展民主与加强法治有机统一，正确处理法治与人治、

① 习近平：《在哲学社会科学工作座谈会上的讲话》（2016年5月17日），《人民日报》，2016年5月19日。

法治与民主、法治与德治的关系，全面推进民主治国和依法治国，夯实治国理政的民主政治基础；坚持选举民主与协商民主有机统一，放大协商民主的国家治理功能，促进社会主义协商民主广泛多层制度化发展，拓展治国理政的民主政治渠道；坚持惩治腐败与立规严治有机统一，把权力关进制度的笼子，确保权力运行制度化、规范化、清廉化，优化治国理政的民主政治生态。如此等等来自党的十八大以来中国政治发展实践的鲜活经验，对于促进发展政治学"本土化"、建构中国特色发展政治学，都无疑是极为宝贵的第一手政治资源。

二是深入回答当代中国政治发展中的重大问题。

马克思说："问题就是时代的口号"，是"公开的、无畏的、左右一切个人的时代声音"。[①]任何理论发展和理论创新，都只能从问题开始，必须以问题为导向。对于包括政治学在内的我国哲学社会科学创新发展来说，问题是理论创新的新起点，也是理论创新的动力源。构建中国特色发展政治学，顾名思义，其生长点只能定位在中国政治发展中的重大现实问题上，而绝不应该定位在西方发展政治学的某些概念引进上。在坚持问题导向、研究重大问题方面，当代中国政治学者具有得天独厚的条件，也承负着不可推卸的历史责任。在我国新时期经济和社会发展中，有一系列政治问题需要进行深入研究与阐发，有些问题虽然不是政治问题，但也需要从政治的高度加以深入研究并作出科学回答。因为政治是经济的集中表现，如果不从政治的高度正确地研究问题、认识问题和回答问题，就难以找到问题的症结，当然也就很难有效地化解矛盾和问题、能动地促进经济和社会发展。比如，如何把经济发展的"市场逻辑"与共产党执政的"政治逻辑"有机地统一起来，既确保我国市场经济的正确方向，又确保党具有坚强的领导水平和执政能力、确保党的肌体廉洁健康而又充满活力？如何从国家治理和制度优化层面探索民主的科学内涵和实现路径，跳出在民主问题上抽

① 《马克思恩格斯全集》(第40卷)，北京：人民出版社，1982年版，第289页。

象争论的误区和概念化片面化倾向，通过国家的力量真正确保人民民主权利的实现？如何厘清法治与人治、法治与党治、法治与民主的关系，把法治国家、法治政府、法治社会建设牢固建立在确保和实现人民民主权利基础之上？如何深刻揭示“以人民为中心的发展思想”的政治价值内涵和核心价值指向，把坚持以人民为中心作为当代中国政治变革和政治发展的根本指导思想？诸如此类问题，都是具有时代性和实践性的重大政治问题，都是推进当代中国政治学创新发展、构建中国特色发展政治学的重要契机和强大动力。总之，坚持问题导向、回答现实问题，是有责任的政治学者的应有品格，是马克思主义政治学的鲜明特点。只有聆听时代的声音，回应时代的呼唤，认真研究和回答时代提出的重大问题，才能真正把握住历史脉络，找到发展规律，推动理论创新。

三是深入整合有关政治发展的特色话语。

在学术话语建构上，长期以来存在一种偏见，认为政治学学术话语是西方人创造的，只有运用西方话语体系才能增强政治学研究的学术内涵，表达政治学研究的学术水平，而党的话语是政治话语、宣传话语而不是学术话语。这是近些年来发展政治学研究领域“西化”趋向严重的一个重要认识根源。固然，发展政治学源自西方，关注的是欠发达国家与发展中国家的政治发展问题。研究当代中国政治发展，构建中国特色发展政治学，需要借鉴某些西方的研究方法乃至话语表述，但这绝不意味着我们可以照搬西方，把西方发展政治学著作当成不可改变的圭臬。中国共产党在长期执政实践中形成了一系列有关政治发展和民主政治建设的理念、范畴、语汇，这是研究中国政治发展、构建中国特色发展政治学必须遵循和深入运用的话语体系。这既是政治话语，也是学术话语，是活生生的政治实践的学术表达。尤其是在党的十八大以来治国理政新实践中，习近平创造性地发掘和转化中国传统政治文化中“修齐治平”的政治智慧和至理名言，同时充分吸纳和提炼来自人民群众的带有浓郁乡土气息的大众话语，把政治话语、大众话语、学术话语有机地融为一体，形成了一系列朴实而鲜活、平凡而深邃、独具中国特色、中国风格和中国气派的政治语汇，为构建中国特色发展政治学话语体系提供了直接参照和丰富营养，也为我们如何推进发展政治学“本土化”、加快建构中国特色发展政治学，确立了价值标准，提供了深刻启迪。

三

政治学是关于国家建设、国家治理和权力运行的基础学科，具有很强的阶级性、政治性和导向性，因而促进当代中国发展政治学走向繁荣，尤其要强调以马克思主义为指导。当前我国政治学发展，不仅面临着以马克思主义根本立场和基本原理为指导促进学科体系、学术体系、话语体系建设的艰巨任务，而且面临着以马克思主义科学方法为指导推进研究方法论创新的迫切任务。如果说，学科体系、学术体系、话语体系建构是一座高峰，那么研究方法论的创新则是攀登高峰的捷径。在一定意义上说，方法论的创新比学科体系的构建更为重要，没有科学的研究方法，就不可能产生高水平的研究成果，更不可能建设高水平的学科体系和学术体系。

当前在政治学研究方法论创新上，尤其需要特别强调坚持以马克思主义科学方法论为指导。这是因为这些年在政治学研究方法上，也存在着比较严重的“西化”误区。一些学者运用所谓“现代”“后现代”的研究方法来观照中国的政治现象和政治发展，往往隔靴搔痒不得要领，甚至南辕北辙跑偏方向。一些青年政治学工作者基本不读马列、不懂马列，对马克思主义科学方法论非常隔膜，更谈不上向学生传授马克思主义的基本原理和科学方法了。这不啻是我国当前政治学建设领域的一道“软肋”，亟待弥补和强化。

马克思主义科学方法论尤其是政治学研究方法论，有哪些值得我们深入学习和运用，从而成为创新政治学研究、促进政治学繁荣的重要支撑和强大动力呢？这里仅举两个重要方法加以说明。

第一，整体透析法。

经济和社会发展是一种自然历史过程，具有内在的发展规律；社会政治生活和政治生态是一个有机联系的整体，深蕴着内在的政治逻辑。政治学研究必须注重整体、把握全面，而切忌零散式、碎片化的研究方法，防止只见树木不见森林、抓其一点不及其余。正是由于马克思对资本主义生产方式的整体性研究，发现了剩余价值秘密，从而创立了旨在实现人的解放和人的全面发展的科学社会主义学说。正是由于列宁对帝国主义五大特征的整体性研究，发现了帝国主义就是战争的秘密，从而创立了无产阶级革命理论。正是由于毛泽东对中国社会性质和阶级状况的整体性研究，找到了改变中国现状的主体力量，从而创立了新民主主义社会和新民主主义革命理论。如此种种范例表明，政治学研究是“宏大叙事”，需要综合性观察和整体性思维。当前政治学尤其是发展政治学研究的主要对象无疑是国家治理现代化。国家治理现代化是一项宏大工程，涉及政治制度、政治权力、政治行为、政治文化、政治生态、政治心理、政治认同等等诸多范畴以及国家治理的制度体系、能力体系等等诸多体系，必须运用整体性思维及其研究视角加以整体性透析，方能把握国家治理现代化规律，推进国家治理现代化进程。

第二，问题导入法。

问题是时代的口号、是实践的回声，任何理论发展和理论创新，只能从问题开始。坚持问题导向，抓住要害问题、本质问题，由浅入深、由表及里、由此及彼，是社会科学研究的最重要方法。没有问题意识，抓不住要害问题，从概念到概念，从抽象到抽象，这样的所谓研究只能是无的放矢、无病呻吟，产生不了大学问、真学问，更谈不上学科建设和学术繁荣。政治学研究尤其必须在坚持问题导向、研究重大问题上下功夫。当代中国发展，有一系列重大现实问题需要从政治的高度进行深入研究，需要从政治学的角度作出本质透析和科学回答，这是促进中国政治学学科体系、学术体系、话语体系创新发展的重要契机。比如权力腐败问题，这是现实政治生活和政治发展中的一大热点问题。从权力腐败问题导入，可以多角度地深化有关政治学范畴研究、建构政治学学科体系和学术体系。从国家层面研究权力腐败，可以深入建构国家治理理论；从制度层面研究权力腐败，可以深入建构制度制约理论和制度监督理论；从经济层面研究权力腐败，可以深入建构社会主义市场经济中防止权力寻租理论；从文化层面研究权力腐败，可以深入建构政治心理和政治文化理论；从社会层面研究权力腐败，可以深入建构政治生态和社会生态理论；如此等等。问题导入法，在以往政治学教材和论著中很少提及，应当引起足够重视。

除了整体透析法和问题导入法之外，还有实证分析法、本质提炼法、比较研究法等等，都是马克思主义政治学的重要研究方法，都需要我们深入总结和创新运用。马克思主义政治学研究方法论不是抽象的概念，而是深藏在、体现在马克思主义经典著作之中，深藏在、体现在中国共产党经典文献之中，深藏在、体现在习近平系列重要讲话和治国理政新思想新理论之中。这就需要认真研读经典、掌握经典、运用经典，尤其需要认真研读十八大以来中国共产党的重要文献。这一点恰恰是当代中国政治学研究中的一大“短板”，亟待“补课”“补齐”。

四

政治现代化，既是经济和社会现代化的必然要求和必然结果，又是经济和社会现代化的强大动力和根本保障。中国特色发展政治学构建，毫无疑问必须高度关注当代中国政治现代化的伟大进程。这就需要深入研究习近平治国理政新理念新思想新战略尤其是“四个全面”战略布局中蕴含的政治现代化思想。

现代化，是近代以来中国人民和中华民族梦寐以求的价值目标，无数仁人志士、英雄儿女为实现这一目标奔走呼号、上下求索、浴血奋战、抛洒热血，乃至付出生命的代价。以谋求中华民族伟大复兴为己任的中国共产党人，更是为实现中国现代化呕心沥血、久久探索、前赴后继、奋斗不息。以毛泽东为代表的中国共产党人，明确提出“四个现代化”的奋斗纲领，开启了依托社会主义制度实现中国现代化的新征程。以邓小平为代表的中国共产党人，明确提出“中国式的现代化”的奋斗目标，开辟了通过“三步走”战略和改革开放之路实现中国现代化的新纪元。党的十八大以来以习近平同志为核心的党中央承接起实现中国现代化的“接力棒”，在治国理政实践中，有力开辟了通过全面建成小康社会、全面深化改革、全面依法治国、全面从严治党实现社会主义现代化的新境界。

从社会主义现代化的特质和发展进程来看，当代中国的现代化，已经进展到这样一个重要历史节点上：既要继续完成工业现代化、农业现代化、科技现代化、国防现代化的历史任务，又要突出完成国家治理现代化、实现制度现代化的紧迫任务。制度现代化的实质是政治现代化。不着力推进政治现代化，其他方面的现代化不可能上升到新的水平，现阶段现代化进程中的问题不可能得以深入解决，甚至难以为继。“四个全面”战略布局的核心价值指向和深远价值意义，就是从根本上开辟了当代中国政治现代化新境界。这也为中国特色发展政治学的创新发展提供了重要的实践经验、政治资源和方法论基础。

——政治现代化的核心要素是人的现代化，全面建成小康社会开辟了实现人的现代化新境界。

现代化从其本意来说，就是实现和满足人的现代需要的行为和过程；因而现代化的最高指数和根本标准是人的现代素质提升和人的全面发展。通过60多年尤其是改革开放30多年的发展，我国现代化进程具备了比较厚实的经济基础和有利的社会条件，在全面建成小康社会决胜阶段，只有更加注重人的解放和现代素质的提升，把促进人的现代化放在更加核心的位置，才能为最终实现现代化和中华民族伟大复兴的中国梦奠定更加坚实的基础。

全面建成小康社会的出发点和落脚点是人，其核心价值取向是人的解放和人的自由全面发展。“民亦劳止，汔可小康。”小康，从一开始就蕴含着人的解放和人的发展的朴素政治意义，是中国百姓对安定幸福的守望，是中华民族对美好生活的向往。改革开放初期，邓小平从中国最广大人民利益出发，着眼于解决贫困、实现温饱、走向富裕、全面发展的人的现实需求和发展目标，将这一通俗易懂且寓意深刻的概念引入我国现代化视野，赋予其崭新的时代内涵。小康社会，犹如中国现代化征途上一面光辉耀眼的旗帜，鼓舞着、激励着亿万中华儿女为实现美好梦想而辛勤劳作、不懈奋斗。通过30多年的运用、丰富和发展，“小康”，这一中华民族的朴素愿望，已经上升为国家战略，形成建设富强民主文明和谐的现代化国家的重要基础，凝聚为全社会的政治共识，锻造成实现中华民族走向伟大复兴的重要政治支撑点。

全面建成小康社会的实质是“发展”。这个发展，核心内涵是人的发展。着力实现以人为中心的创新发展、协调发展、绿色发展、开放发展、共享发展，从而为人的全面自由发展奠定更加坚实的物质基础、营造更加健康的社会环境。

全面建成小康社会的关键是“全面”。这个全面，核心内涵是促进人的全面发展。突出体现在覆盖的人群是全面的，全面小康社会是包括每一个地域在内的全面发展社会，是不让一个人掉队的全面发展社会；还突出体现在涉及的领域是全面的，是以人的全面自由发展为核心的经济、政治、文化、社会、生态“五位一体”全面发展的现代文明社会。

——政治现代化的关键环节是制度现代化，全面深化改革开辟了实现制度现代化新境界。

制度现代化，是后现代化理论关注的焦点问题。社会主义现代化的关键在于制度现代化。制度是一种以规则或运作模式为主体的社会结构，包括经济制度、政治制度、文化制度、社会制度以及各种类型的具体制度，是对国家行为的规定与支撑，是对个体行为的规范与制约。在制度体系中，政治制度尤其居于统领全局、影响各方的位置。一定的政治制度，是一定国家性质和国家形式的集中体现；政治制度完善与成熟的程度，是国家和社会成熟与完善程度的集中体现。正是从这个意义上说，实现制度现代化，是推进国家治理现代化、实现政治现代化的最重要内容。全面深化改革重大而深远的价值意义就在于，通过推进国家治理体系和治理能力现代化，进一步促进制度现代化，从而为整个社会现代化建构起优质的制度架构，确保现代化大厦外形优美、内构永固。

制度现代化的本质特征是人民民主。马克思主义经典作家运用唯物史观拨开笼罩在民主之上的种种迷雾，深刻揭示了民主的实质与本质。这就是：人民在国家制度中的位置。马克思指出，民主发展的基本逻辑关系是："不是国家制度创造人民，而是人民创造国家制度。"[①]列宁运用马克思主义基本观点分析国家的产生与发展，进一步揭示了民主的实质："民主是国家形式，是国家形态的一种。""民主意味着在形式上承认公民一律平等，承认大家都有决定国家制度和管理国家的平等权利。"[②]从作为国体的国家形态，到作为政体的国家形式，确认公民平等的地位和管理国家的平等权利，这就是民主。从这个本质意义可以说，民主就是一种国家治理。党的十八大以来，以习近平同志为核心的党中央高举人民民主的光辉旗帜，着眼于从国家治理和社会治理层面不断拓展社会主义民主的建设路径，鲜明提出了"以人民为中心"的发展思想，并以此为价值取向推进国家治理和制度改革，为人民民主权利的实现提供了愈益完善的制度保障。

——政治现代化的根本保障是法治现代化，全面依法治国开辟了实现法治现代化新境界。

现代法治，是人类政治文明的重大成果，是现代国家治理的基本方式。正确处理法治与人治的关系、法治与民主的关系，实行以民主为基础的现代法治，是建设现代国家的关键环节。法治与社会主义发展更是有着内在的密切联系。一些社会主义国家所以出现挫折甚至内乱，归根到底是囿于人治思维与模式，未能走上依法治国现代化道路的结果，人存政举、人亡

① 《马克思恩格斯全集》（第1卷），北京：人民出版社，1972年版，第281页。

② 《列宁选集》（第3卷），北京：人民出版社，2012年版，第201页。

政息。在社会主义中国走过的历史征途上，既有法治彰显带来的政通人和，也有法治懈怠造成的严重挫折。正是在深入总结历史经验尤其是世界社会主义正反经验的基础上，以习近平同志为核心的党中央提出了全面推进依法治国的重大战略，开辟了法治国家、法治政府、法治社会建设一体化的新道路，开启了社会主义民主与法治建设的新时代。

民主是法治的灵魂。现代法治离不开现代民主。马克思指出："在民主制中，不是人为法律而存在，而是法律为人而存在。"这也就是说，法律要由人民来制定，法治要为实现人的权利和利益服务。马克思将此称之为"民主制的基本特点"[①]。十八届四中全会《决定》把"坚持人民主体地位"作为全面推进依法治国的一条基本原则，明确指出："人民是依法治国的主体和力量源泉"，"必须坚持法治建设为了人民、依靠人民、造福人民、保护人民，以保障人民根本权益为出发点和落脚点"。深刻揭示了人民民主在依法治国中的主体作用，是依靠民主的意志和力量全面推进制度现代化和法治现代化的根本指针。

——政治现代化的决定因素是政党现代化，全面从严治党开辟了党的建设现代化新境界。

现代政治从根本上说是政党政治。政党的性质、纲领、组织、能力，直接反映着乃至决定着一定国家和民族的政治状况和政治发展。中国共产党的执政地位和执政使命决定，当代中国的现代化尤其是政治现代化，关键决定于加强和改善党的领导。全面从严治党，是以习近平同志为核心的党中央直面新的形势、新的任务和新的挑战作出的重大战略，是优化治国理政新战略新举措的重要内容、也是突出亮点。正是这一重大战略的坚定实施和深入实践，使我们党在短短四年多时间里发生了凤凰涅槃式新变化。实践反复表明，能否全面建成小康社会、实现中华民族伟大复兴的中国梦，能否全面深化改革、推进国家治理现代化和制度现代化，能否全面依法治

① 《马克思恩格斯全集》(第1卷)，北京：人民出版社，1972年版，第281页。

国、建设社会主义法治国家，关键在党，关键在全面从严治党。

处于改革开放伟大时代、肩负现代化和民族复兴历史重任的中国共产党，正面临着实现自身现代化的艰巨任务。全面从严治党，其实质就是开辟党的建设现代化新境界，确保我们党经得起执政的考验、改革开放的考验、市场经济的考验、外部环境的考验，消除党内存在的体制、制度弊端和精神懈怠的危险、能力不足的危险、脱离群众的危险、消极腐败的危险，自觉增强自我净化、自我完善、自我革新、自我提高能力，使党始终走在现代化前列，始终成为引领中国现代化的坚强领导核心。党的十八大以来，以习近平同志为核心的党中央把全面从严治党提到更加突出的位置，把治党与治国有机结合起来，以“打铁还需自身硬”的高度政治自觉和自我担当精神，从严要求抓党建、从严管理抓干部，着力解决管党治党失之于宽、失之于松、失之于软的问题，取得了突出成效，赢得了党心民心。全面从严治党的生动实践和实际成效有力表明，民心是最大的政治，正义是最强的力量，保持坚强政治定力、坚持全面从严治党，是民心所向、正义所在，是在新的历史条件下推进中国现代化的重中之重。

“四个全面”相互联系、相互促进，具有内在的逻辑联系。“四个全面”的现代化价值指向即人的现代化、制度现代化、法治现代化、党的建设现代化，相互影响、相得益彰，共同构成了新的历史条件下政治现代化的主体内容，牢牢抓住了当代中国现代化的核心要素、关键环节和根本保障，鲜明昭示着通过政治现代化推进全面现代化、实现中华民族伟大复兴中国梦的光明前景！

［原文发表于《济南大学学报》(社会科学版)2017年第4期，《新华文摘》2017年第18期全文转载］

执政党治理的中国方案及其世界意义

韩　强*

在政党日益成为世界政治舞台主角的今天，如何管理好执政党成为一个各国普遍面临的世界难题，通过科学治理使执政党永葆政治本色并长久保持执政地位，是每一个执政党孜孜以求的目标。然而，执政也往往意味着各方面的考验，不少执政党没有经受住这一考验而迅速沉沦，甚至是一些执政多年的大党、老党不得不吞下失去执政地位的苦果，最终为人民所抛弃。相反，中国共产党作为一个在中国这样的发展中大国长期执政的马克思主义政党，执政近七十年来，经受住了各种内外部风险的考验，始终得到人民群众的广泛拥护，并取得了举世瞩目的成就，走出了一条执政党良性治理的成功之路。尽管不同政党有着意识形态上的本质区别，但是，

* 韩强，法学博士，北京联合大学马克思主义学院二级教授、硕士生导师，宁波诺丁汉大学亚太研究所访问学者，北京市哲学社会科学领军人才，北京市长城学者，北京高教学会中国近现代史纲要研究会副会长，主要从事党的建设、干部制度改革、海外中国共产党研究。

本文系作者主持的国家社科基金重点项目“保持党的纯洁性研究”（项目编号：12AZD024）、北京社科基金项目“党内法规体系建设研究”（项目编号：15KDB023）和北京师范大学“中国化马克思主义理论研究与教育宣传协同创新中心”的阶段成果。

中国共产党的执政党治理经验仍对世界执政党治理具有启发意义。

一、执政党治理是一个世界性难题

当前世界许多国家的执政党正陷于各种各样的困境，如美国民粹主义和种族骚乱给执政党带来危机，英国脱欧问题、极右势力发展使执政党应接不暇，欧洲难民危机给各国执政党造成压力等等，打铁还要自身硬，要解决这些问题，加强执政党治理是一个首要前提。

（一）长期执政难以为继

对于政党来说，执掌国家政权是其目的所在，而一旦成为执政党，则又面临着如何长期执政的问题。要实现长期执政的愿望，不仅需要取得良好的为民众所认可的执政业绩，同时还要在执政党的治理方面有所进步。由于执政党往往拥有一定的权力，在社会的影响力更大，党员干部数量较大，一旦出现负面问题，影响难以估量，再加上反对党的竞争与掣肘，因此执政党面临的困难会更大，稍有不慎，极易导致执政地位得而复失。在20世纪80年代末90年代初，一批长期执政的大党老党相继失去执政地位，其中既有苏联共产党这样的马克思主义政党，也有印度国大党、日本自民党、墨西哥革命制度党等这样的老党。这些执政党的失败原因是多方面的，但是均表明在党的治理方面出现了这样那样的问题，有的抛弃历史传统和立党根本，也有的陷于困境不能自拔，还有的因执政业绩不佳为人民抛弃，不管出于什么原因，内因总是主要的，是根本。因此，如何实现执政党的良性治理，使执政党清廉高效、长期持续地运转，无疑是一个困扰世界执政党的巨大难题。

（二）腐败缠身难以解决

腐败是权力的伴生物，只要有权力的地方难免会产生腐败，而绝对权力必然导致绝对腐败更是一句至理名言，执政党手中有权，必然不会成为腐败的禁区，如果管制不力，难免会被腐败腐蚀掉。对于一党制政权而言，由于缺乏有效监督，党内腐败在所难免，但是就多党制下的执政党来说，腐败现象也有愈演愈烈的趋势。如1929年成立的墨西哥革命制度党是拉美地区第一大党，连续执政71年，是世界上执政时间最长的政党之一，却在2000年7月大选中失败，失败的主要原因就是贪污腐败严重。如总统及亲属亲信和一些部长、州长、国家反毒局长等要员，都卷入重大贪污腐败案件。前总统本人为躲避受审，至今隐居国外。党内派别林立，争权夺利严重，直至发展到互相残杀。1994年大选前，总统候选人和总书记先后遭谋杀，震惊国内外。党内专制盛行，党主席、总书记是指名安排，因政见分歧，不少重要成员在党内受压，被迫脱党。上述种种弊端，使党逐步失去凝聚力、号召力。其他许多执政党下台也与党内频频出现腐败丑闻有着直接关系。可以说，腐败现象已经成为导致执政党失去执政地位的重要因素。

（三）民意支持难以把控

民意是政党兴衰的风向标。在民主体制下，一个政党要想成为执政党，离不开民众对政党的支持从而赢得大选。同样，在成为执政党以后，仍然离不开民众的支持，而民众支持与否、程度如何虽然最终表现为大选中获得的选票，但在大选之间则表现为民意支持率的调查与统计，这种权威组织实施并发布的政党支持统计率动态反映了政党支持率的变化趋势，不仅反映了政党民意支持的实际情况，而且具有社会导向性，对其他民众形成政治判断有重要影响。所以，执政党必须把民意支持率作为执政地位稳固与否的重要指标，根据民意作出重大决策，调整内政外交政策，以迎合民意，提高民意支持率。当然，执政党也要避免过分迁就民意，以免造成政策的短视甚至失误，给国家发展造成不利影响。对于执政党来说，影响甚至控制民意遇到了越来越多的困难，主要是民众诉求的差异化日益显著，政策的复杂程度难以想象，执行环节也更加烦琐，民众的不满往往呈现出众口难调的态势，使执政党面临困难。比如，新加坡人民行动党2011年5月的大选结果较之以往得票率下跌了6个百分点，致使李光耀总理选后宣布退出内阁，其中一个主要原因就是房屋供给不足，政府建设的组屋价格上升，让许多首次购买组屋的人“望屋兴叹”；另一个原因则是国人因为在公共交通工具如地铁和巴士车上，看到越来越多的陌生脸孔而感到不舒服，进而把过错归咎于政府。当然，行动党最终以60%的总得票率蝉联执政，但对于像美国总统特朗普、日本首相安倍等由于其执政基础、风格和政策引发的民意支持率的下跌也非常具有代表性，如果持续走低势必对政党的大选结果和总统连任造成危机。

（四）突发危机变幻莫测

对于执政党来说，总是会面临形形色色的内政与外交危机，如政权交接、军事政变、自然灾害、外部冲突、甚至国家战争等等，这些危机往往最为考验执政党的治理能力和水平，执政党能否形成统一意志并同心协力带领民众正确应对危机，是一个执政党是否得到人民支持的基本标志。一个拥有较高治理水平的执政党不仅能够成功应对突发危机，甚至会化危为机，使其成为巩固执政地位的有利契机，同时也会减少重大危机发生的概率。相反，如果执政党的治理水平低下，往往会陷入危机四伏的险境。最近美国弗吉尼亚州夏洛茨维尔市发生的骚乱具有典型性。这是一起由种族主义引发的大规模恶性群体事件，再度暴露了美国种族歧视问题和社会撕裂现象，相应地，美国特朗普总统在应对时虽然数次发表声明，谴责了种族主义、白人至上主义和新纳粹分子，但是并未得到各方认同，如果美国经济社会政策未能及时调整，美国种族关系恶化程度可能进一步加深①。特别是随着新政府“禁穆令”、修建边界隔离墙、移民政策改革等一系列排外措施出台，美国社会撕裂现象将会愈发凸显，对执政党共和党的冲击会更加严重。同时这一骚乱又是美国总统大选中出现的两党竞争难分伯仲、政策进退失序、特朗普执政风格随意性强等一系列问题的必然产物，值得执政党警惕。由于世界局势日益复杂多变，造成突发危机的因素逐渐增多，给各国执政党带来的危险也与日俱增，由此造成的挑战不容忽视。

① 《弗吉尼亚州骚乱折射美国社会撕裂》，新华网，2017年8月15日。

二、中国共产党提供了执政党治理的中国方案

中国共产党作为一个执政党，当然也遇到了同样的问题与危机，比如近年来，在内政方面我们面临内需不足、发展乏力、腐败严重、环境破坏、收入差距拉大、百姓就医难上学难住房难等问题，在外交方面遇到了美国亚太再平衡战略及其导致的中菲等南海危机、中日钓鱼岛危机、中韩萨德导弹危机、中印边境危机等一系列问题，但是我们党清醒地认识到这些问题存在的必然性，并保持清醒的头脑，要求全党时刻警惕“四个考验”“四个危险”，形成了以“七个执政”为代表的执政理论，提出了“创新、协调、绿色、开放、共享”发展新理念和“四个全面”战略布局，持续推进全面从严治党，从而成功化解了一系列危机，使我国发展的内外部环境有了持续改善，党的治理水平得到了进一步提升，也给世界执政党提供了一个执政党治理的成功范例。

（一）注重发挥治理理念的引导作用

治理是指各种国家机构或社会组织、社会群体共同处置公共事务的诸多方式的总和，它既包括有权迫使人们服从的正式制度和规则，也包括人们同意或认为符合其利益的各种非正式的制度安排。治理是对管理的升华，体现为法治、德治、共治、自治的统一，和作为其前身的统治、管制、管理相比，治理具有显著的优势，包括更能够发挥人类处置自身公共事务的正能量；更能调动全社会的积极性；更加科学、民主、有效率等等[①]。因此，党的十八届三中全会审时度势，首次从总体角度提出国家治理体系和治理能力现代化，并将它作为全面深化改革的总目标，从而使过去更为注重管理的中国共产党治理得到升华。习近平总书记特别强调：“国家治理体系和治理能力是一个国家制度和制度执行能力的集中体现。国家治理体系

---

① 参考许耀桐：《治理与国家治理的演进发展》，《中共福建省委党校学报》，2016年第9期。

是在党领导下管理国家的制度体系，包括经济、政治、文化、社会、生态文明和党的建设等各领域体制机制、法律法规安排，也就是一整套紧密相连、相互协调的国家制度；国家治理能力则是运用国家制度管理社会各方面事务的能力，包括改革发展稳定、内政外交国防、治党治国治军等各个方面。”[①]管党治党当然是国家治理能力和治理体系的重要组成部分，如何管党治党，必然也要走科学治理之路，走全面从严治党之路。把管党治党提高到治理的高度来认识，意味着治党理念的深刻变革，其中最根本的是走法治化道路，要完善党内法规制度体系，实现依规治党；同时也要弘扬党的优良作风和中华民族传统美德，把红色文化基因传承下去，把思想建党和制度治党有机结合起来；还要注重发扬党内民主，保障党员权利，激发广大党员干部积极参与党的建设的自觉性、积极性，真正使我们党顺应时代要求，确保成为中国特色社会主义事业的坚强领导核心。这些理念的变革，对保证我们党正确应对各种挑战发挥了重要作用。

（二）确定了执政党治理的基本目标

目标代表着方向，目标越远大，使命越光荣，任务也越艰巨。中国共产党历来是一个既脚踏实地又有着远大目标的马克思主义政党。中国共产党是最高纲领和最低纲领的统一论者，早在民主革命时期，我们党把最低纲领确定为推翻反动阶级统治，夺取政权，实现民族独立和人民解放，而最高纲领则是实现共产主义。虽然随着所处历史阶段的不同，党的最低纲领有所调整，但是最终目标始终没有动摇。与党的最低纲领和最高纲领的有机统一相适应，党确定了现阶段自身建设的目标，也是通过科学治理所要达到的目标，即通过加强党的思想建设、组织建设、作风建设、反腐倡廉建设和制度建设，不断增强党的自我净化、自我完善、自我革新、自我提高能力，始终保持党的先进性和纯洁性，把党建设成为中国特色社会主义事业的坚强领导核心。这一目标体现了党的建设对自身性质和历史使命

① 《习近平谈治国理政》（第1卷），北京：外文出版社，2014年版，第91页。

的深刻认知，也体现了对自身优势的高度自信，有了这样的目标就不会被暂时的纷扰所左右，就能够义无反顾、一往无前地朝着伟大目标前进。与西方政党仅仅考虑四年一次的大选、缺乏长远目标相比，中国共产党的奋斗目标和自身建设的目标凸显出马克思主义先进政党的本质，这种先进性是资产阶级政党所难以比拟的。

（三）以提高执政党的治理能力为主线

执政党的治理能力决定着执政党的兴衰。执政党的治理能力首先表现为管党治党的能力，党必须按照党的纪律管好党员和干部，管好党的各级组织，管好党内各种权力的运行，使之体现党的性质和宗旨，促进党的领导任务的完成。党在自身的治理上把加强党的建设放在突出位置，形成了“一条主线、五大建设”的总体布局，把全面从严治党纳入“四个全面”战略布局，经过持续开展党的建设，党自身的先进性、纯洁性得到增强，凝聚力、战斗力进一步提升。

内部治理好坏会在党的执政能力上反映出来。党的执政能力是党提出和运用正确的理论、路线、方针、政策和策略，领导制定和实施宪法和法律，采取科学的领导制度和领导方式，动员和组织人民依法管理国家和社会事务、经济和文化事业，有效治党治国治军，建设社会主义现代化国家的本领。执政能力建设是党执政后的一项根本建设，从根据地时期的部分执政到执掌全国政权，我们党一直把提高执政能力作为重要任务，并特别强调提高领导经济工作的能力，使国家各方面建设都取得了长足进步。尤其是改革开放以来，我们党对提高执政能力有了更深切的感受，反复强调全党要紧紧围绕提高领导水平和执政水平、提高拒腐防变和抵御风险的能力这两大历史性课题，各级党委和领导干部按照提高科学判断形势、驾驭市场经济、应对复杂局面、依法执政、总揽全局的能力。在党的十六届四中全会上，我们党作出了《中共中央关于加强党的执政能力建设的决定》，明确了加强党的执政能力建设的总体目标是通过全党共同努力，使党始终成为立党为公、执政为民的执政党，成为科学执政、民主执政、依法执政的执政党，成为求真务实、开拓创新、勤政高效、清正廉洁的执政党，归根到底成为始终做到“三个代表”、永远保持先进性、经得住各种风浪考验的马克思主义执政党，带领全国各族人民实现国家富强、民族振兴、社会和谐、人民幸福。同时进一步明确了当前和今后一个时期加强党的执政能力建设的主要任务，即按照推动社会主义物质文明、政治文明、精神文明协调发展的要求，不断提高驾驭社会主义市场经济的能力、发展社会主义民主政治的能力、建设社会主义先进文化的能力、构建社会主义和谐社会的能力、应对国际局势和处理国际事务的能力。要求全党要紧紧围绕上述任务，立足现实、着眼长远，抓住重点、整体推进，不断研究新情况、解决新问题、创建新机制、增长新本领，全面加强和改进党的建设，使党的执政方略更加完善、执政体制更加健全、执政方式更加科学、执政基础更加巩固。这一《决定》成为提高党的执政能力建设的重要指针，也使科学执政、民主执政、依法执政成为全党的基本遵循，从各个方面促进了党的治理能力的提高。

（四）以改进执政党的治理方式为依托

从法治、德治、共治、自治相统一的角度看，法治在执政党治理中具有基础性、先导性地位。在党的建设已有经验的基础上，我们党深刻地认识到制度更具有根本性、全局性、稳定性和长期性，因而把制度建设融入党的建设的基本内涵，形成了科学管党治党的基本制度体系框架。党的十八大以来，党的建设进入全面从严治党的新阶段，我们党在加强党内法规制度建设方面又取得了长足的进步。形成了坚持依法治国与制度治党、依规治党统筹推进、一体建设，把思想建党与制度治党统一起来等推进党内法规制度建设的新思路。对党内法规制度进行了科学的顶层设计和长远规划。2013年首次发布《中国共产党党内法规制定条例》《中国共产党党内法规和规范性文件备案规定》等党内“立法法”，迈出用制度约束权力的重要一步。2013年11月，首次发布《中央党内法规制定工作五年规划纲要（2013—2017年）》。2014年10月，完成中央党内法规和规范性文件集中清理工作，标志着党内法规制度建设已经迈入新的历史阶段。十八届四中全会历史性地将“形成完善的党内法规体系”确立为全面推进依法治国总目标的重要内容，把党内法规制度体系列入国家法治体系，提出要构建以党章为根本、若干配套党内法规为支撑的党内法规制度体系，强调体系建设要坚持宏观思考、总体规划，要立治有体、施治有序，注重前后衔接、左右联动、上下配套、系统集成。2017年制定的《中共中央关于加强党内法规制度建设的意见》对加强党内法规制度建设作出了全面部署。通过民主、科学、依规制定了大量党内法规制度，其体系化水平显著提高。党的十八大以来，我们党陆续制定和修订出台了《中国共产党廉洁自律准则》《中国共产党纪律处分条例》等一批重要党内法规，形成了包括一部党章、两部准则、34部条例，以及一系列规则、规定、办法、细则等比较完备的党内法规体系，为管党治党、执政治国提供了重要制度保障。以抓铁有痕、踏石留印的精神狠抓党内法规制度的落实，党内法规制度落实有了新气象。广泛开展“两学一做”学习教育，党员干部学习、遵守党章和党内法规的自觉性得到进一步提高。所有这些，都标志着执政党治理的法治化显著进展，同时也为德治、共治、自治提供了法治支撑，拓展了治理的空间。

三、执政党治理中国方案的世界意义

中国革命和建设尤其是改革开放以来取得的巨大成就表明，中国特色社会主义具有旺盛的生机和活力，中国共产党不愧为中国特色社会主义事业的领导核心，同时也表明在执政党的建设和治理方面我们的方向是正确的，做法是有效的。可以说，在金融危机以来世界各国经济、政治发展和治理模式普遍面临困境的今天，中国特色社会主义道路、理论和制度的优越性正在逐步显现出来，特别是我们提出的“一带一路”、世界命运共同体等主张赢得了广泛的世界认同，世界对“中国模式”“中国发展道路”更为关注，中国在政治建设、经济建设、文化建设等方面的做法对世界发展的

示范意义显著增强，尤其是对广大第三世界发展中国家更具有吸引力。同样，在执政党治理方面，中国共产党提供的中国方案也值得世界政党借鉴。正如有学者指出的："当前中国对国际关系影响力非同一般，过去是参与者、合作者，现在是倡议者、指导者、引领者，必须积极参与全球合作和全球治理，推动完善和重构全球秩序。"①

（一）为执政党治理理念的与时俱进提供了新的启示

以多党竞选、轮流执政为主要形式的西方政党制度目前在世界上具有普遍性，这一制度经过长期运行，在执政党治理方面也积累了许多经验，比如因竞选上台从而面临反对党和社会的巨大压力，监督的有效性较强；由于立法、司法和行政的三权分立，使执政党难以任意行事，而必须取得立法和司法权的认可，形成有效的权力制衡；由于有文官制度作保障，执政党又是竞选型政党，因而不需要供养大量的党的干部，从而减轻了政党财政负担等等。但是，西方的执政党治理也存在许多难以克服的困难，如执政党受到其他权力的制约较强，难以尽快做出并实施党的决策；党内缺乏严格的纪律，导致党内难以形成统一意志；党内由于缺乏大量的干部，致使党内利益和意愿表达不够充分，社会影响力和动员力有所欠缺；新媒体时代西方执政党的发声往往不够统一，影响党的团结等等。这表明在执政党治理方面，西方国家的执政党面临着许多难以克服的困难，需要放眼世界政党，根据实际创新治理的理念，克服自身的不足。而中国共产党在法治化治理方面走在了各国政党前列，就党内法规制度的体系化、规范化、完善化程度来说，都值得其他国家政党学习。此外，中国共产党注重长远的治理理念为西方执政党所不及。由于选举政治的局限性，西方执政党往往把目光瞄准四年一届的大选，而对政党更长远的目标则缺乏关注和规划，致使西方国家政党建设和国家发展存在短视化这一顽疾，而中国共产党从长期执政的信念出发，往往能够超越这一局限，不断制定长远发展规划，

① 朱琳：《陈凤英：达沃斯关注全球治理新理念》，中国新闻网，2017年1月17日。

如“三步走”战略、“两个一百年”奋斗目标等等，从而能够激发全党的积极性，也起到了动员民众的作用，收到了较好的效果。当然，中国共产党长期形成的民主集中制、协商民主制度等等也是优势所在，是非常值得借鉴的治理经验。

（二）为执政党过好权力关提供了可行的经验

执政党最显著的标志是掌握国家政权，拥有权力是执政党的最大优势，因而各国政党都以掌握国家权力为最终目标。但是，上台执政易，长期执政难，世界上能够长期执政的政党少之又少，往往是你方唱罢我登场，各领风骚三五年，原因何在，就是这些执政党没有过好权力关。一个政党一旦掌握了权力，上升为执政党，必然面临着如何运用权力的问题，如果权力用来为民众谋福利，得到人民群众的拥护，则执政地位必然巩固，如果用以谋取私利，腐败丛生，必然会失去执政地位。总体来讲，能否用好权力是对执政党的最大考验，而腐败则是执政党面临的最大困难。中国共产党在强调运用好权力方面积累了丰富的经验，在全国胜利前夕召开的党的七届二中全会上，毛泽东在报告中即号召全党同志在胜利面前，必须警惕骄傲自满情绪，必须警惕资产阶级“糖衣炮弹”的进攻。全党务必继续地保持谦虚、谨慎、不骄、不躁的作风，务必继续地保持艰苦奋斗的作风。此后同腐败现象进行了坚决的斗争。改革开放以来，随着市场经济的深入，权钱交易、以权谋私、贪污腐化现象有所加剧，但我们党同腐败现象的斗争一刻没有停止。特别是党的十八大以来，以习近平同志为核心的党中央进一步加大了反腐败斗争的力度，坚持既打“老虎”又拍“苍蝇”，查处了一大批大案要案，同时强调把权力装进制度的笼子里，认为“没有健全的制度，权力没有关进制度的笼子里，腐败现象就控制不住”[①]。同时着力构建教育、预防、惩治腐败体系，教育干部要树立正确的权力关，自觉接受群

① 中共中央纪律检查委员会、中共中央文献研究室编：《习近平关于党风廉政建设和反腐败斗争论述摘编》，北京：中央文献出版社、中国方正出版社，2015年版，第125页。

众监督。虽然腐败现象的消除仍然是一个长期的历史过程，但是我们党正逐步通过加强自身建设，完善党内治理体系，一步一步地祛除腐败的土壤，建立起风清气正的党内环境。随着反腐败斗争成效的显现，中国共产党党内治理的优越性必将更加充分地体现出来。

（三）为执政党践行为民宗旨提供了有益的借鉴

执政党上台要靠民众，长期执政也要靠民众，没有任何一个政党敢于明目张胆地站在民众的对立面，但是，如何才能为民执政，许多国家的执政党却难以交出让人满意的答卷。有的执政党一味迁就民众，迎和民众，最终却不得不吞下民粹主义、政治分裂的苦果；有的则置民众的诉求于不顾，为本国大资产阶级谋取利益，沦为大资本家的工具，同样难以摆脱失败的命运。执政为民并非一句口号，而是一套由指导思想、执政方略、执政业绩等构成的理论体系。资产阶级政党虽然从本质上难以把执政为民作为立党和执政的根本，但是表面上仍然要把为民宣扬为其执政合法性的来源。在这个问题上，中国共产党的成功之处就在于，坚持马克思主义的历史唯物主义，把人民群众当作历史的创造者和历史的主人，认定人民群众是中国共产党的力量之源，甘当人民的小学生，把全心全意为人民服务作为党的根本宗旨，并建立起一整套站在人民立场、以人民为中心的政治制度、决策体系、执行体系、评估体系和治理体系，使为人民服务成为从思想、理念到政策、实效的有机统一体，使执政党和人民群众融为一体，使执政党成为人民群众利益和意愿的代表者、实现者和维护者。这样的境界虽然只有无产阶级政党才能真正达到，但是，在不同政治体制和社会环境中，执政党必须最大限度地使自己的政策和人民群众的诉求结合起来，把自己的权力运行和人民群众的愿望结合起来，尽管结合的程度有高低，实现人民群众利益意志和愿望的水平有差异，但是仍然可以比较、学习和借鉴。对于世界各国的执政党而言，中国共产党加强自身建设的经验虽然不可照搬，但是却具有参考和借鉴价值。

总之，面对执政党治理这一重大现实政治问题，中国共产党在成功开辟中国特色社会主义事业的同时，也走出了一条在改革开放和社会主义市场经济条件下有效治国理政、管党治党的正确道路，这一道路作为中国特色社会主义理论体系的重要组成部分，同时也为这一事业的深入开展提供了有力的保障。这是中国共产党人的创新，更对世界各国的执政党治理具有积极的启迪意义。

［原文发表于《济南大学学报》（社会科学版）2017年第5期］

大国治理的政治智慧

——新时代协商民主推进国家治理功能新境界

包心鉴*

党的十八大以来，以习近平同志为核心的党中央领导全国各族人民创造性地把中国特色社会主义推进到新时代。新时代中国特色社会主义在如何治理国家上的一个重大政治智慧，就是在总结和吸纳民主协商政治传统的基础上，从推进国家治理现代化高度赋予协商民主以深刻的时代内涵和强大的政治功能，从而有效开辟了一条把民主的制度程序和参与实践有机融合起来的中国特色社会主义政治发展道路。十八大以来我国协商民主广泛多层制度化发展的新理论新实践有力表明，社会主义协商民主，既是对中华民族“天下为公、同舟共济、兼容并蓄、求同存异”优秀政治文化和中国共产党与各民主党派“长期共存、互相监督、肝胆相照、荣辱与共”优良政治传统的创造性继承，又是适应中国特色社会主义新发展、探索“用制

---

* 包心鉴，济南大学政法学院名誉院长，教授，博士生导师，中国政治学会副会长，中国科学社会主义学会副会长。

本文系国家社会科学基金重点项目“当前我国化解社会矛盾中公民有序政治参与机制研究”（项目编号：13AZZ003）的阶段性研究成果。

度体系保证人民当家作主”[①]政治发展新实践的伟大政治创造。党的十九大报告进一步指出：“有事好商量，众人的事情由众人商量，是人民民主的真谛。协商民主是实现党的领导的重要方式，是我国社会主义民主政治的特有形式和独特优势。要推动协商民主广泛、多层、制度化发展，统筹推进政党协商、人大协商、政府协商、政协协商、人民团体协商、基层协商以及社会组织协商。加强协商民主制度建设，形成完整的制度程序和参与实践，保证人民在日常政治生活中有广泛持续深入参与的权利。”[②]正是在把协商民主纳入党领导人民共同治理国家、不断拓展协商民主推进国家治理功能的政治发展逻辑中，愈益彰显了大党治理大国的高超政治智慧。

一、协商民主是人类社会政治发展史上源远流长的政治传统

政治协商，是人类政治文明的重要成果，具有源远流长的政治传统。在传统政治文化中，不论东方还是西方，都产生过明确的政治协商理念，甚至出现过丰富的政治协商实践。

在东方，我国早在三皇五帝时期就出现了带有政治协商性质的原始民主。《诗经·大雅》中记载：“先民有言，询于刍荛”。中国历史上不同时期都曾有过会盟行动，其中就包括不同政治实体相互之间协商合作的内容。《史记·廉颇蔺相如列传》中的“渑池会盟”，讲的就是秦赵两国进行的政治协商活动。在西方，古希腊的民主理论与实践，为近现代西方政治制度奠定了最初基础，并衍生出对各种类型民主概念、民主模式的试验和探索。那时，在选举竞争之外，协商合作是一种重要的民主形式。雅典城邦的民主政治制度，就出现过一定意义上的政治协商，比如“公民大会”，是古希腊城邦的最高权力机关，“五百人议事会”，是古希腊城邦民主政体的核

---

①② 习近平：《决胜全面建成小康社会，夺取新时代中国特色社会主义伟大胜利——在中国共产党第十九次全国代表大会上的报告》，北京：人民出版社，2017年版，第36、38页。

心。古罗马元老院建立伊始，就作为咨询议会，实际上是一个协商性的审议团体，在罗马帝国政府中扮演着极其重要的角色。古希腊柏拉图的《理想国》、亚里士多德的《政治学》和《雅典政制》、古罗马时代波里比乌斯的《通史》、西塞罗的《论共和国》等经典著作，对古代协商民主都有详细记载。古希腊、古罗马的民主思想通过众多古代学者的著作流传下来，经中世纪到文艺复兴再到近代，对西方政治理念和政治制度乃至东方近现代政治实践和政治理论产生了重大影响。

20世纪80年代以来，西方学术界兴起协商民主的研究，这是对选举民主过于强调自由而忽视平等倾向的一种补充或纠正。1980年，西方学者约塞夫·毕赛特在《协商民主：共和政府的多数原则》一文中首次从政治学意义上使用"协商民主"这一概念。此后，在罗尔斯、哈贝马斯、詹姆斯等著名政治哲学家推动下，协商民主被当作不同于选举民主的一种相对独立的民主形式，逐渐赢得越来越多人的认同，成为当代西方民主理论研究的一大热点问题。"在过去20—30年中，协商民主是西方政治思想最重要的成果之一，……即使从现实政治角度看，协商民主也是当代西方国家最重要的政治发展之一。"[①]一些西方学者甚至断言："民主的本质是协商，而不是投票、利益聚合与宪法权利，甚或自治。"[②]哈贝马斯则把协商民主分为国家制度内和公民社会内两个领域，即"双规模式的协商"，从而赋予协商民主更加宽泛的政治社会意义[③]。澳大利亚学者约翰·德雷泽克则认为协商民主可以发生在三个层面的不同领域，即国家制度、普通公民或政治鼓吹者发起的特设论坛以及公共领域[④]。西方学者对协商民主的政治热衷和探讨兴趣，

① ［美］詹姆斯·博曼：《公共协商：多元主义、复杂性与民主》，北京：中央编译出版社，2006年版，总序第1页。

② ［澳］约翰·德雷泽克：《协商民主及其超越：自由与批判的视角》，北京：中央编译出版社，2006年版，第1页。

③ 哈马贝斯：《在事实与规范之间》，北京：三联书店，2003年版。

④ 德雷泽克：《不同领域的协商民主》，《浙江大学学报》（人文社会科学版），2005年第3期。

从一个层面反映了协商民主在当代政治发展中的必要性和合理性。

在中国共产党领导人民实现和推进民主政治实践中，也包含着丰富的协商民主政治传统。1927年大革命失败后，毛泽东领导党组织在农村建立革命根据地，开始了建立与国民党政权相抗衡的工农武装割据的局部政权尝试。抗日战争爆发后，我们党积极倡导建立抗日民族统一战线，力促与国民党的协商合作。抗日战争转入相持阶段后，国共两党较量不仅表现在抗日的态度上，而且表现在民主政权的建构上。毛泽东强调，我们反对国民党的一党专政，也不搞共产党的一党专政。在我们党领导的抗日根据地政权建设中，吸取土地革命时期政权建设中只有工农两大阶级的教训，努力探索包容各阶级、阶层的统一战线民主政权。1940年3月，毛泽东为中共中央起草的对党内指示《抗日根据地的政权问题》中，明确规定抗日民族统一战线政权在人员分配上的“三三制”原则：“共产党员占三分之一，非党的左派进步分子占三分之一，不左不右中间派占三分之一。”在当时党中央所在地陕甘宁边区推行了“三三制”的民主政权建设实践，使陕甘宁边区政权成为与国民党一党专制政权形成鲜明对比的民主政权模范，吸引大批进步青年和民主人士汇聚于此。与此同时，在国统区，我们党在国民参政会等机构中，同各民主党派密切合作，加强协商沟通，组织和依靠抗日进步势力，积极争取中间势力，分化瓦解顽固势力，为推动全民族抗战发挥了重要作用。我们党在抗日民主政权建设中的协商民主实践和以协商民主为特征的新民主主义议事精神，可以说是今天发展社会主义协商民主的“源头活水”。

新民主主义革命即将在全国取得胜利前夕，经过认真组织和筹备，1949年9月在北京召开了中国人民政治协商会议第一届全体会议。这次大会代行全国人民代表大会职权，主题是协商建国，标志着协商民主这种新型的社会主义民主形式在全国范围开展。这次大会讨论通过了具有临时宪法作用的《中国人民政治协商会议共同纲领》以及《中国人民政治协商会议组织法》《中华人民共和国中央人民政府组织法》，这三个重要文献，为新中国的诞生奠定了理论和组织基础。这次大会选举产生了中华人民共和国中央人民政府委员会，并赋予其行使国家权力的职责。这次大会作出了关于中华人民共和国国都、国旗、国歌、纪年4个重要决议，对社会主义新中国的长治久安发挥了根本性保证作用。在此后几年内，国家的大政方针、重要法案，都经全国政协协商，然后由中央人民政府委员会或政务院通过并公布实施。特别是1954年正式制定的过渡时期总路线，即："逐步实现国家的社会主义工业化，并逐步实现国家对农业、对手工业和对资本主义工商业的社会主义改造"，从党的最高决策层反复酝酿，到在党内展开充分讨论，再到与党外人士充分协商，同时在全民中开展普遍学习宣传，最后形成党的决议并将其载入宪法，形成为国家意志，组织全体人员贯彻执行，体现了鲜明的协商民主精神。这一民主协商过程，主题鲜明、步骤清晰、环节完整、衔接紧密，不啻是新中国建立后我们党领导和开展社会主义协商民主的一次成功实践。

改革开放以来，中国共产党在传承我国历史上协商对话优良传统和推进政治协商成功经验的基础上，积极借鉴西方现代协商民主理论，将协商民主作为社会主义民主的一种重要形式引进我国政治生活领域，并在实践中不断扩大和推进，为中国特色社会主义协商民主制度的形成进行了有益的探索。

1987年党的十三大明确提出要建立社会协商对话制度。十三大报告将中国共产党领导的多党合作制度和政治协商制度并提为"中国共产党领导的多党合作和政治协商制度"，同时提出"建立社会协商对话制度"的政治构想，强调要"正确处理和协调各种不同的社会利益和矛盾"，要发扬"从群众中来，到群众中去"的优良传统，"及时地、畅通地、准确地做到下情上达，上情下达，彼此沟通，互相理解"，建立国家、地方和基层协商对话制度。1991年3月，江泽民在全国"两会"中共党员负责人会议上的讲话中首次明确提出："人民通过选举、投票行使权利与人民内部各方面在选举、投票之前进行充分协商，尽可能就共同性问题取得一致意见，是我国社会主义民主的两种重要形式。这是西方民主无可比拟的，也是他们所无法理解的。两种形式比一种形式好，更能真实地体现社会主义社会里人民当家作主的权利。”[①]2006年2月《中共中央关于加强人民政协工作的意见》进一步明确界定：“人民通过选举、投票行使权利和人民内部各方面在重大决策之前进行充分协商，尽可能就共同性问题取得一致意见，是我国社会主义民主的两种重要实现形式。”2007年11月国务院新闻办公室发布的《中国的政党制度》白皮书明确强调：“选举民主与协商民主相结合，是中国社会主义民主的一大特点。”这些重要论断，是对中国特色社会主义政治发展理论的创造性贡献。在中国共产党协商民主理念、方针指导下，我国社会各领域民主协商机制及实践不断丰富发展，效果和影响不断提升扩大，愈益成为中国特色社会主义政治发展不可忽视的制度形态和重要环节。

二、在坚持人民当家作主基点上赋予协商民主推进国家治理现代化的特殊含义

尽管在人类政治发展史上协商民主具有源远流长的政治传统，在中国共产党领导民主政治建设史上也有过协商民主的成功实践，但是把协商民主转化为人民民主的制度化实践和推进国家治理现代化的制度化安排，则是在党的十八大以来中国特色社会主义新发展的理论与实践中。而实现协商民主制度化提升的根本基点则是坚持人民当家作主的政治制度。古代东方协商民主传统，固然有许多可传承之处，但那种协商民主有一个根本性缺陷，就是参与协商的主体不可能是普通民众，各种类型的政治协商不过是统治阶级的政治权术和政治谋略罢了。现代西方协商民主理论，固然有许多可借鉴之处，但是各种协商民主主张，都只是囿于公共政策讨论和制定的领域，很难涉及国家治理的制度层面。与古代协商民主传统及西方协

① 《江泽民论有中国特色社会主义（专题摘编）》，北京：中央文献出版社，2002年版，第374页。

商民主理论不同，在中国共产党领导人民开辟中国特色社会主义新境界、推进中国特色社会主义进入新时代伟大实践中逐步形成的社会主义协商民主，其主体是人民群众，其基点是人民当家作主，其功能是参与国家治理。新时代我国协商民主的本质特征和创新之处在于，它是党领导人民共同治理国家的一种独特的政治形式，是把人民当家作主“具体地、现实地体现到中国共产党执政和国家治理上来”[①]的一种有效的制度安排，是“健全民主制度，丰富民主形式，拓宽民主渠道，保证人民当家作主落实到国家政治生活和社会生活之中”[②]的一种内涵丰富、特色鲜明的政治创造。

在习近平新时代中国特色社会主义思想中，蕴含着丰富的社会主义协商民主理论，着重从三个维度深刻揭示了协商民主在推进国家治理现代化中的特殊含义。

第一，社会主义协商民主，是中国特色社会主义民主政治的特有形式，是中国共产党领导人民有效治理国家和社会的重要路径，是实现党的领导的重要方式。

中国特色社会主义制度是以人民当家作主为本质特征和价值取向的先进制度。中国共产党人领导人民发展人民民主，不断拓展中国特色社会主义政治发展道路，根本目的就是保证和支持人民当家作主。保证和支持人民当家作主，落实到国家政治生活和社会生活的各个层面和全部过程，其中最重要也是最根本的，就是保证人民依法参与国家和社会治理，名副其实地行使管理国家事务、管理经济和文化事业、管理社会事务的权利。要达到这一目的，就需要健全民主制度、丰富民主形式、拓宽民主渠道，使各项政治制度“体现人民意志、保障人民权益、激发人

① 习近平：《在庆祝中国人民政治协商会议成立65周年大会上的讲话》，《人民日报》，2014年9月22日。

② 习近平：《决胜全面建成小康社会，夺取新时代中国特色社会主义伟大胜利——在中国共产党第十九次全国代表大会上的报告》，第22页。

民创造活力，用制度体系保证人民当家作主。”[①]以选举民主为核心内容和根本形式的人民代表大会制度和以协商民主为核心内容和根本形式的中国共产党领导的多党合作和政治协商制度，就是保证和实现人民当家作主的两种基本的制度安排，是党领导人民共同治理国家和社会的两种有效的制度选择。习近平深刻指出：“人民是否享有民主的权利，要看人民是否在选举中有投票的权利，也要看人民在日常政治生活中是否有持续参与的权力；要看人民有没有进行民主选举的权利，也要看人民有没有民主决策、民主管理、民主监督的权利。社会主义民主不仅需要完整的制度程序，而且需要完整的参与实践。人民当家作主必须具体地、现实地体现到中国共产党执政和国家治理上来，具体地、现实地体现到中国共产党和国家机关各个方面、各个层级的工作上来，具体地、现实地体现到人民对自身利益的实现和发展上来。”[②]

从推进国家治理现代化的角度，选举民主和协商民主具有相互支撑、相得益彰、不可相互取代的重大意义。选举民主是人类政治文明的重要成果，是现代国家治理的重要形式，从一定意义上说，没有选举民主，人民没有选择权和决定权，当然也就无民主可言，人民当家作主和参与国家治理也就成了一句空话。同时我们又必须清醒地看到，选举民主对于国家治理并不是唯一的完美无缺的选择，甚至存在着某些自身难以弥补的缺陷。这是由于，选举民主是一个“二者择一”的过程，要么赞成、要么反对，要么通过、要么否决，容不得中性选择和中性结果。从一定意义上说，选举民主是一个“你上我下”的对决过程，失利者一方尽管是少数，但因其民主诉求得不到实现而有可能引起不满乃至对抗，而获胜的多数也很容易滋生“胜者为王”的心态，极端情况下甚至会导致“多数人暴政”。这样一种短

① 习近平：《决胜全面建成小康社会，夺取新时代中国特色社会主义伟大胜利——在中国共产党第十九次全国代表大会上的报告》，第36页。

② 习近平：《在庆祝中国人民政治协商会议成立65周年大会上的讲话》，《人民日报》，2014年9月22日。

缺，正是协商民主的优长。协商民主以尊重多数、照顾少数和求同存异为原则，不仅注重民主的结果而且注重民主的过程，既强调决策前也注重执行中各种利益的博弈和融合，可以最大限度地凝聚社会各界和广大民众的智慧，形成最大公约数。习近平深刻指出："在我们这个人口众多、幅员辽阔的社会主义国家里，关系国计民生的重大问题，在中国共产党领导下进行广泛协商，体现了民主和集中的统一；人民通过选举、投票行使权利和人民内部各方面在重大决策之前进行充分协商，尽可能就共同性问题取得一致意见，是中国社会主义民主的两种重要形式。在中国，这两种民主形式不是相互替代、相互否定的，而是相互补充、相得益彰的，共同构成了中国社会主义民主政治的制度特点和优势。"[①]从动员和组织人民群众广泛性经常性参与国家治理来说，协商民主尤其具有特殊的功能和意义。

第二，社会主义协商民主，是中国共产党的群众路线在政治领域的重要体现，是党治国理政智慧与能力的重要源泉。

中国共产党是执政党，是中国特色社会主义事业的领导核心。推进国家治理现代化，发展社会主义现代化，实现中华民族的伟大复兴，关键在党，关键在提升党的执政能力和治理水平。党的执政能力和治理水平从哪里来？归根到底来自人民的支持和拥护，来自人民的智慧和力量。习近平深刻指出："中国共产党来自人民、服务人民，这就决定了中国共产党领导人民建立的中华人民共和国必须紧紧依靠人民治国理政、管理社会。中国共产党在自己的工作中实行群众路线，坚持一切为了群众，一切依靠群众，从群众中来，到群众中去，把自己的正确主张变为群众的自觉行动。中华人民共和国宪法规定，国家的一切权力属于人民，一切国家机关和国家工作人员必须依靠人民的支持，经常保持同人民的密切联系，倾听人民的意见和建议，接受人民的监督，努力为人民服务。无论是中国共产党执

① 习近平：《在庆祝中国人民政治协商会议成立65周年大会上的讲话》，《人民日报》，2014年9月22日。

政，还是国家机关施政，都必须坚持贯彻群众路线，紧紧依靠人民。”①这一重要论述，从推进国家治理现代化的内在逻辑出发，深刻揭示了党的群众路线的真谛，进而赋予社会主义协商民主以更深刻的国家治理意义。新时代推进国家治理现代化的过程，从根本意义上说也就是贯彻执行党的群众路线的过程；从群众中来、到群众中去，一切为了群众、一切依靠群众，这样一种群众路线的实践过程，本身就是民主协商、凝聚共识的过程。在中国共产党统一领导下，通过多种形式的民主协商，广泛听取意见和建议，广泛接受批评和监督，可以广泛达成决策和工作的最大共识，有效克服不同党派和利益集团为了自己的利益而相互竞争甚至相互倾轧的弊端；可以广泛畅通各种利益要求和诉求进入决策程序和渠道，有效克服不同政治力量为了维护和争取自身的利益而固执己见甚至排除异己的弊端；可以广泛形成发现和改正失误、错误的机制，有效克服决策中情况不明和自以为是的弊端；可以广泛形成人民群众参与国家和社会各层次管理和治理的机制，有效克服人民群众在国家政治生活和社会治理中无话语权更难以实际参与的弊端；可以广泛凝聚全社会推进改革发展的智慧和力量，有效克服各项政策和工作共识度不高因而难以落实的弊端。总之，中国共产党的群众路线与社会主义协商民主，无论是在本质内涵上还是在具体过程中都是有机地契合在一起的，协商民主使党的群众路线实施过程更加丰富多彩、更加切实有效，这是社会主义协商民主的独特优势，也是强大生命力所在。

第三，社会主义协商民主，是调动一切积极因素、凝聚各方资源共同治理国家和社会的有效制度安排，具有广泛的社会基础和充沛的政治潜能。

人民是真正的英雄，是创造历史的主人，是现代国家治理的主体。马克思主义唯物史观的这一基本原理，是我国社会主义协商民主深蕴国家治

① 习近平：《在庆祝中国人民政治协商会议成立65周年大会上的讲话》，《人民日报》，2014年9月22日。

理含义的最有力逻辑证明。国家运行的政治逻辑决定，“中国共产党的一切执政活动，中华人民共和国的一切治理活动，都要尊重人民主体地位，尊重人民首创精神，拜人民为师，把政治智慧的增长、治国理政本领的增强深深扎根于人民的创造性实践之中，使各方面提出的真知灼见都能运用于治国理政。”[①]历史经验反复证明，国家的强盛不仅在于国家机构自身的力量，而且在于社会力量的广泛参与和坚实支持。只有不断增强社会成员对国家发展目标和运行机制的认同，同时顺应社会发展趋势和人民大众诉求适时调整国家发展战略及其具体方针政策，才能调动一切积极因素，整合一切社会资源，凝聚成推进国家治理现代化的巨大正能量。

在优化治国理政、推进新时代中国特色社会主义新发展的伟大实践中，习近平对人民群众的主体力量和伟大精神给予了高度重视、进行了深刻凝练，精辟指出：“人民是历史的创造者，人民是真正的英雄。波澜壮阔的中华民族发展史是中国人民书写的！博大精深的中华文明是中国人民创造的！历久弥新的中华民族精神是中国人民培育的！中华民族迎来了从站起来、富起来到强起来的伟大飞跃是中国人民奋斗出来的！”习近平对中国人民的伟大民族精神进行了高屋建瓴、鞭辟入里的总结与提炼，这就是：伟大创造精神、伟大奋斗精神、伟大团结精神、伟大梦想精神。习近平满怀信心地指出：“有这样伟大的人民，有这样伟大的民族，有这样伟大民族精神，是我们的骄傲，是我们坚定中国特色社会主义道路自信、理论自信、制度自信、文化自信的底气，也是我们风雨无阻、高歌行进的根本力量！”[②]这一重要讲话，彰显着唯物史观的巨大真理力量，为我们充分认识人民群众在国家和社会治理中的政治智慧和政治作用，更加自觉地发展和完善社会主义协商民主，进一步指明了方向。

---

① 习近平：《在庆祝中国人民政治协商会议成立65周年大会上的讲话》，《人民日报》，2014年9月22日。

② 习近平：《在第十三届全国人民代表大会第一次会议上的讲话》，《人民日报》，2018年3月21日。

社会主义协商民主动员和凝聚人民群众力量参与国家和社会治理，突出体现在“有事好商量，众人的事情由众人商量”这一“人民民主的真谛”上[①]。协商即商量。发展社会主义民主，保证人民当家作主权利，使人民群众能够经常广泛并真实地参与对国家和社会事务的治理，一个最有效最便捷的方法就是同人民多商量。涉及国家整体治理的事情，涉及全国各族人民利益的事情，要在全体人民和全社会中广泛商量；涉及国家局部治理的事情，涉及某个地域人民群众利益的事情，要在这个局部和地域的群众中广泛商量；涉及某些具体国家事务治理的事情，涉及一部分群众利益和特定群众利益的事情，要在这部分群众中广泛商量；涉及基层社会治理的事情，涉及基层群众利益的事情，要在相应基层范围群众中广泛商量。总之，“在人民内部各方面广泛商量的过程，就是发扬民主、集思广益的过程，就是统一思想、凝聚共识的过程，就是科学决策、民主决策的过程，就是实现人民当家作主的过程。这样做起来，国家治理和社会治理才能具有深厚基础，也才能凝聚起强大力量。”[②]

三、适应新时代人民对美好政治生活的需要，进一步开辟协商民主政治参与功能新境界

中国特色社会主义进入新时代，对中国民主政治建设提出了新要求。作为中国特色社会主义民主政治的特有形式和独特优势，作为实现党对一切工作领导的重要方式，作为党领导人民共同治理国家和社会的制度化渠道，社会主义协商民主必将在新时代新征程中更加充分地彰显推进国家治理现代化的特殊功能。而在新时代进一步开辟协商民主国家治理功能新境界，根本依据和价值指向首当其冲的是我国社会主要矛盾的新变化。

---

① 习近平：《决胜全面建成小康社会，夺取新时代中国特色社会主义伟大胜利——在中国共产党第十九次全国代表大会上的报告》，第37—38页。

② 习近平：《在庆祝中国人民政治协商会议成立65周年大会上的讲话》，《人民日报》，2014年9月22日。

党的十九大报告明确指出："中国特色社会主义进入新时代，我国社会主要矛盾已经转化为人民日益增长的美好生活需要和不平衡不充分的发展之间的矛盾。"[①]这是一个全新的战略判断，是中国特色社会主义进入新时代所要着力解决的主要问题。人民日益增长的美好生活需要是全方位的、多层次的，不仅对物质文化生活提出了更高要求，而且在民主、法治、公平、正义、安全、环境等方面的要求日益增长，期待从社会全面发展中获得更多的幸福感、权利感、安全感。坚持以人民为中心，不断满足人民日益增长的美好生活需要，是新时代中国特色社会主义的根本出发点和落脚点。新时代新发展，必须着力解决好不平衡的发展和不充分的发展的突出问题。所谓不平衡的发展，主要表现为经济发展结构不平衡、地域发展不平衡、城乡发展不平衡、贫富发展不平衡等等；所谓不充分的发展，主要表现为制度优势还未得到充分发挥、社会活力还未得到充分释放、国家治理和社会治理现代化功能还未得到充分整合、公平正义和社会安全保障体系还未得到充分巩固等等。由不平衡到平衡、由不充分到充分，是在新时代优化治国理政、推进改革发展所要着力完成的主要任务。

在新时代，人民日益增长的民主、法治、公平、正义、安全、环境等方面的需要，归结到一点就是对美好政治生活的需要。人天生是政治的动物。人民美好政治生活需要的不断增长，既是社会变革和社会发展一般规律的时代呈现，更是中国特色社会主义民主政治发展的本质体现。马克思主义经典作家一再强调，无产阶级政党必须善于从政治的高度看待问题、解决矛盾，把握人民对社会发展的需求。恩格斯指出，马克思十分注重政治在社会变革中所起的"特殊作用"，"如果政治权力在经济上是无能为力的，那么我们何必要为无产阶级的政治专政而斗争呢？"[②]列宁强调："一

① 习近平：《决胜全面建成小康社会，夺取新时代中国特色社会主义伟大胜利——在中国共产党第十九次全国代表大会上的报告》，第11页。

② 《马克思恩格斯文集》（第10卷），北京：人民出版社，2009年版，第601页。

个阶级如果不从政治上正确地看问题，就不能维持它的统治，因而也就不能完成它的生产任务。”[①]中国特色社会主义政治发展道路，是近代以来中国人民长期奋斗历史逻辑、理论逻辑、实践逻辑的必然结果，是中国共产党领导人民当家作主的必然选择，是坚持党的本质属性、践行党的根本宗旨的必然要求。发展新时代中国特色社会主义，就是要立足于不断满足人民日益增长的美好政治生活需要，通过民主政治建设的不断推进，更加“体现人民意志、保障人民权益、激发人民创造活力，用制度体系保证人民当家作主。”[②]

新时代人民日益增长的美好政治生活需要，突出体现在人民政治参与意识的不断增强，希望有更多机会参与对国家和社会生活的治理。

“民主”的原意是“人民的权力”或“人民进行统治”。在世界政治发展历史长河中，不同阶级的思想家和政治家，对民主作出不同的解释和定位。处于不同社会地位的政治群体和社会成员，对民主也持有不同的理解和认知。马克思主义经典作家运用唯物史观拨开笼罩在民主之上的种种迷雾，深刻揭示了民主的实质和本质，即人民在国家制度和国家治理中的位置。马克思指出：民主发展的基本逻辑关系是——“不是国家制度创造人民，而是人民创造国家制度。”[③]列宁进一步揭示：“民主是国家形式，是国家形态的一种。”“民主意味着在形式上承认公平一律平等，承认大家都有决定国家制度和管理国家的平等权利。”[④]从作为国体的国家形态，到作为政体的国家形式，确认公民平等的政治地位和参与权利，这就是民主。从这个本质意义上可以说，民主就是参与国家治理。

---

① 《列宁专题文集（论辩证唯物主义和历史唯物主义）》，北京：人民出版社，2009年版，第302—303页。

② 习近平：《决胜全面建成小康社会，夺取新时代中国特色社会主义伟大胜利——在中国共产党第十九次全国代表大会上的报告》，第36页。

③ 《马克思恩格斯全集》（第1卷），北京：人民出版社，1972年版，第281页。

④ 《列宁选集》（第3卷），北京：人民出版社，2012年版，第201页。

现代民主理论及实践开辟了两种人民参与国家治理的基本形式：一是竞争式民主亦即选举民主；二是参与式民主亦即协商民主。人民通过公平竞争和依法选举，将管理国家的权利委托给少数公职人员行使，从而实现由“权利”向“权力”转移、“权力”代行“权利”职责，这是维系国家运行、推进国家治理的一种必要选择。对于社会主义国家治理来说，选举民主依然是十分重要的，是一种最基本的国家治理方式。我国宪法规定：“中华人民共和国的一切权力属于人民。”“人民依照法律规定，通过各种途径和形式，管理国家事务，管理经济和文化事业，管理社会事务。”人民是国家和社会治理的主体，但是不可能做到人人都去专司国家治理事务，而只能实行权力委托式治理。全国人民代表大会和地方各级人民代表大会是代表人民行使国家权力、参与国家治理的权力机关和政治载体；选民是否具有平等的选举权和被选举权，候选人是否具有公平的民主竞争权利和竞争机会，直接关系到能否选择好真正代表人民利益和意愿的国家政治架构和权力委托人。同时我们也必须清醒地看到，竞争式民主亦即选举民主不是万能的，“票决”更不可能完全解决国家治理中大量的直接涉及人民群众切身利益的问题。对于绝大多数公民来说，假如只有投票的权利而没有广泛参与的权利，人民只有在投票时被唤醒、投票后即进入“休眠”状态，人民代表只有在集中开会时行使表决权、会议结束后即处于被闲置状态，这样的民主显然是形式主义的，解决不了国家治理中大量的日常性事务。因此，社会主义民主不仅需要完整的选举制度程序，而且需要广泛的民主参与实践。人民群众通过各种制度化的协商平台，广泛地持续地参与民主决策、民主管理、民主监督，这样，才能既促进选举民主更好地代表民声、表达民意，又能使人民群众对国家治理中的重大问题和涉及自身利益的实际问题有直接表达意见与愿望的机会，同时还能有效地防止和克服由于民主参与渠道不畅而导致的某些非制度化参与现象和过激化参与作为。这就是参与式民主亦即协商民主所承负的不可或缺的国家治理功能。

协商民主本身就是政治参与，民主协商的过程就是吸引社会各界和广大群众广泛参与国家治理的过程。通过经常性、制度化的政党协商、人大协商、政府协商、政协协商、人民团体协商、社会基层协商，尤其充分发挥政党协商的导向、示范和推进作用，建构起社会各界和人民群众知情明政机制和参政议政平台，使人民群众有机会经常性地参与到国家和社会治理的具体实践中来。协商民主在给人们提供广阔参与空间和机会的同时，也内在地要求人们提升参政议政水平，把实现自身利益和维护国家利益有机地统一起来，从而形成一种多元主体共同参与的良性互动过程，使各种政治资源和社会资源都能有效地整合到推进国家治理现代化上来。正是从这样一种政治运行逻辑来说，协商民主蕴含着丰富的广泛性、常态化的大众参与国家治理的政治功能。

四、适应新时代提升国家治理能力现代化水平的需要，进一步开辟协商民主决策修补功能新境界

现代国家治理就是决策的科学制定和正确实施。国家治理决策体现为具体的政策和策略。毛泽东曾说过，政策和策略是党的生命。同样我们可以说，政策和策略是国家的生命。能否制定并实施正确的政策和策略，直接关系着国家机构能否代表人民和服务人民，直接关系着能否实现国家繁荣昌盛和人民幸福安康。党的十八届三中全会确定的推进国家治理现代化的“全面深化改革总目标”，包括“治理体系”和“治理能力”两个方面。治理体系主要是指制度架构和体制机制，治理能力则主要是指决策能力和执行能力。习近平一再强调：“国家治理体系和治理能力是一个国家的制度和制度执行能力的集中体现，两者相辅相成，单靠哪一个治理国家都不行。治理国家，制度是起根本性、全局性、长远性作用的。然而，没有有效的治理能力，再好的制度也难以发挥作用。同时，还要看到，国家治理体系和治理能力虽然有紧密联系，但又不是一码事，不是国家治理体系越完善，国家治理能力自然而然就越强。纵观世界，各国各有其治理体系，而各国治理能力由于客观情况和主观努力的差异又有或大或小的差异，甚至同一个国家在同一种治理体系下不同历史时期的治理能力也有很大差异。正是考虑到这一点，我们才把国家治理体系和治理能力现代化结合在一起提。”[①]这一重要论述，突出强调了治理能力对于推进国家治理现代化的特殊意义。

在我国现行国家治理实践中，进一步改革体制和制度、完善国家治理体系是十分重要的，但在某些领域、某些层面，进一步提升国家治理能力尤其是重大决策能力，尤为迫切和重要。能否适应新时代新征程新发展的需要，紧紧围绕改革发展稳定的重大问题和涉及人民群众切身利益的实际问题，科学制定和适时调整重大决策和相关政策、措施，直接关系到能否实现国家长治久安和人民幸福安康。任何一项决策制定的偏颇或决策实施过程中的疏漏，都有可能带来社会不安定甚至造成对人民生命财产的损害，这是为许多事实所证明了的教训。习近平总书记在十九大报告中明确提出“全面增强执政本领”，强调“领导十三亿多人的社会主义大国，我们党既要政治过硬，也要本领高强。”[②]这一要求意义重大而深远。担负着国家治理重任和人民幸福期待的决策制定者和执行者，尤其应当清醒意识到自己的政治责任和政治担当，深入探索国家治理规律，努力提升国家治理能力，以科学的决策能力和坚定的执行能力释放国家治理体系的政治功能和社会效能。

决策权力和决策能力相辅相成，但又不完全是一回事情，拥有决策权力不可能自然而然地产生科学决策能力，更不意味着决策权力越大决策能力就越强。对于任何一级决策集体和任何一个决策者而言，决策能力都不是决策权力所自然生发的，更不是一蹴而就、一劳永逸的。尤其在中国特

① 《习近平关于全面深化改革论述摘编》，北京：中央文献出版社，2014年版，第27—28页。

② 习近平：《决胜全面建成小康社会，夺取新时代中国特色社会主义伟大胜利——在中国共产党第十九次全国代表大会上的报告》，第68页。

色社会主义进入新时代，在当前全面建成小康社会的决胜期和全面深化改革的攻坚期，我们面对着许多前所未有的新情况新问题，需要着力化解许多前所未有的新矛盾新风险，这就要求各级决策者和执行者更深入地把握社会发展规律，更谙熟地掌握治国理政本领。习近平总书记在新进中央委员会委员、候补委员和省部级主要领导干部学习贯彻党的十九大精神研讨班上的重要讲话中深刻指出："当前，我国正处于一个大有可为的历史机遇期，发展形势总的是好的，但前进道路上不可能一帆风顺，越是取得成绩的时候，越是要有如履薄冰的谨慎，越是要有居安思危的忧患，绝不能犯战略性、颠覆性错误。面对波谲云诡的国际形势、复杂敏感的周边环境、艰巨繁重的改革发展稳定任务，我们既要有防范风险的先手，也要有应对和化解风险挑战的高招；既要打好防范和抵御风险的有准备之战，也要打好化险为夷、转危为安的战略主动战。我们要继续进行具有许多新的历史特点的伟大斗争，准备战胜一切艰难险阻，朝着我们党确立的伟大目标奋勇前进。"[①]这一科学判断和精辟分析，为在新时代进一步提升领导水平和国家治理能力，指明了正确方向、提供了根本遵循。

科学的决策能力和正确的执行能力从哪里来？只能来自虚心学习，向人民群众学习、向社会实践学习，广听民意、广集民智、广开言路、广谋良策。社会主义协商民主，正是在提升决策能力、促进科学决策方面彰显了不可或缺的国家治理功能。社会主义协商民主的一个鲜明特点是在决策形成之前和决策实施过程之中开展广泛协商，把民主协商贯穿于、渗透于决策制定和决策实施的全过程，努力形成有利于减少决策失误、弥补决策疏漏的民主共识。任何重大决策都是一种不断完善的过程，都不可能天然完美无缺，因此从一定意义上说，民主协商的过程，也就是决策修补的过程。这是社会主义协商民主在决策问题上的突出优势和特有功能，这一优

---

① 习近平：《在学习贯彻党的十九大精神研讨班开班式上的重要讲话》，《人民日报》，2018年1月6日。

势和功能显然是选举民主所不可能具备的。选举民主往往侧重于结果的评判，根据决策实施效果，通过投票的方式决定对有关决策者的信任度。显然，如果某项决策含有纰漏并已经在执行过程中产生了负面效应，那么即使选举民主程序再周密，也挽救不了决策过失带来的损失。

五、适应新时代打造共建共治共享社会治理新格局的需要，进一步开辟协商民主多元共治功能新境界

传统治理与现代治理的本质区别在于是“统治”还是“共治”、是“一元”还是“多元”。中国特色社会主义进入新时代，我国社会治理进入“多元共治”新阶段，这是推进国家治理现代化的深层动因和重要基础。党的十九大报告明确提出“打造共建共治共享的社会治理格局”，强调“加强社会治理制度建设，完善党委领导、政府负责、社会协同、公众参与、法治保障的社会治理体制，提高社会治理社会化、法治化、智能化、专业化水平。”[①]在当前全面建成小康社会的决胜时期和全面深化改革的攻坚阶段，社会成员政治价值诉求和政治参与行为愈益呈现多元化态势，对国家发展和社会事务，人们会作出多样性的价值评判，也希望更广泛更深入地参与对国家和社会事务的治理，以期更充分地表达自己的民主企望和民主权利。这样一种多元政治价值诉求和政治参与行为，是发展社会主义民主政治的宝贵政治资源，是推进国家治理现代化不可或缺的民心基础和民意参照。党的十八大以来，社会主义协商民主所以被提到更加凸显的位置并赋予新的时代内涵，其深层社会动因正在于此。在各类民主协商平台上，各种意见、建议、愿望、诉求得以充分合理表达，政治权力和行政权力趋于“软化”，权力的运作需要经过充分协商、多元共议的过程才能具有合法性和有效性。这样一种民主协商过程，无疑一方面可以使民愿民意顺利进入决

① 习近平：《决胜全面建成小康社会，夺取新时代中国特色社会主义伟大胜利——在中国共产党第十九次全国代表大会上的报告》，第49页。

策层，最大限度地发挥在国家和社会治理中的基础性作用；一方面可以有力促进党政机构顺应民意改进工作，最大限度地减少决策制定中的失误和决策执行中的疏漏，不断提升国家和社会治理能力现代化水平。这样一种民主协商、多元共治过程，其真谛就是习近平所深刻揭示的："在人民内部各方面广泛商量的过程，就是统一思想、凝聚共识的过程，就是科学决策、民主决策的过程，就是实现人民当家作主的过程。这样做起来，国家治理和社会治理才能具有深厚基础，也才能凝聚起强大力量。"①

多元共治的基本前提和必要条件，一是平等，二是包容。这也是社会主义协商民主的鲜明特质。平等是民主的精髓，民主即意味着人人享有平等的地位和平等的权利，在国家治理、社会事务、法律地位面前人人平等。没有平等的地位和平等的权利，人民民主无从谈起，国家治理无所依托。在全面建成小康社会决胜期，社会成员多元化政治价值诉求突出表现为平等性政治价值期待——人们不仅期待结果平等，希望从国家现代化和社会民主进程中享有更多更加平等的民主权益，不断增强民主获得感和安全感；而且期待过程平等，希望有更多平等的机会参与公共治理，充分表达自己的民意诉求。社会主义协商民主的一个本质特征就是平等对话、平等商量。参与协商各方以平等的身份、平等的姿态就共同性话题进行平等协商、寻求共识。在协商民主平台上，没有我说你听、我拍板你照办现象，更没有高低尊卑之分。执政党、参政党、国家权力机构、政府组织、社会团体、社会各界人士以及普通民众在共同协商平台上进行平等交流和坦诚对话，无疑可以极大地增进政治发展共识，激发人民的参与积极性和创造活力，最大限度地确保人们平等期待的表达和平等权利的实现，从而形成推进国家治理和社会治理的强大合力。

社会主义民主是绝大多数人的民主。在人民当家作主这一共同政治价

---

① 习近平：《在庆祝中国人民政治协商会议成立65周年大会上的讲话》，《人民日报》，2014年9月22日。

值目标下，最广泛地凝聚一切政治团体和社会力量，形成最广泛的爱国统一战线，促进政党关系、民族关系、宗教关系、阶层关系、海内外同胞关系的和谐，是中国式民主的内在优势和本质体现，是推进国家治理现代化的重要基础。实现和巩固这样一种生动活泼的政治局面，就要正确处理一致性和多样性的关系，充分释放社会主义民主的包容性功能。社会主义协商民主从其实现路径和表现形态来说就是包容性民主。我国协商民主的主体涵盖各党派、各团体、各民族、各阶层、各界别和各方面人士，通过广泛多层制度化的民主协商，围绕治国理政、国计民生重大问题以及人民群众关注的热点难点问题进行广泛充分商量，有事多商量，遇事多商量，做事多商量，众人的事情由众人商量，最大限度地兼容各方面利益，最大限度地包容各方面诉求，最大限度地汇融各方面建议，无疑可以形成为各方面均可接受与采纳的公共政策和公共措施，找到符合全社会意愿和要求的最大公约数，共同推进政治民主、社会和谐和国家繁荣。

六、适应新时代对公共权力监督全覆盖的需要，进一步开辟协商民主民主监督功能新境界

加强对公共权力的监督与制约，防止权力被滥用而产生权力腐败，既是现代国家治理题中应有之义，又是推进国家治理现代化最要害的环节。权力腐败，是自有国家以来就一直存在的现象，古今中外，概莫能外。国家是凌驾于社会之上的公共权力，任何公共权力都有脱离社会的可能，都时刻面临被腐蚀的危险。如果权力失去制约和监督，就必然导致以权谋私、恃权腐败。权力腐败，是寄生在国家机构上的最大毒瘤，腐败不除，国家治理现代化无从谈起。

反对和根治权力腐败的利器是民主监督。当年黄炎培访问延安向毛泽东提出如何防止“政怠宦成”“人亡政息”现象重演，跳出“其兴也勃焉，其亡也忽焉”的“周期率”问题时，毛泽东明确回答，我们已经找到了新路，我们能够跳出这种周期率。这条新路，就是民主监督。只有让人民来

监督政府，政府才不敢松懈；只有人人起来负责，才不会人亡政息[①]。对于社会主义国家治理来说，民主监督的实质是政治监督，核心是权力监督。有权必有责、有责要担当、用权受监督、失责必追究，这是公共权力的本质特征和运行原则。民主监督是否有用、有效，关键取决于我们的政治制度和政治架构是否有利于将权力置于人民监督之下，取决于人民是否拥有真正的民主监督权利。人民对公共权力的监督，不仅表现在选举权上，即在民主选举时通过对候选人的投票表达自己的信任度和监督权；而且更重要的是在日常政治生活中，即拥有广泛而经常的知情权、参与权，通过参与民主决策和民主管理充分表达自己的监督权利。这就是选举民主和协商民主在民主监督权上的各自功能及其实现。对于人民依法有序监督国家权力来说，选举民主是重要的、有效的，然而能否确保国家权力按照人民的意志、符合人民的利益健康运行，关键还在于人民是否拥有经常广泛的政治参与机会，能否在政治参与中充分表达自己的民主监督意愿、行使自己的民主监督权利。

加强社会主义监督体系建设，构建以把权力关进制度的笼子、让权力在阳光下运行为目的多元监管体系，是党的十八大以来全面从严治党的突出内容，是推进国家治理现代化的关键环节。习近平深刻指出："强化党内监督是为了保证党立党为公、执政为民，强化国家监察是为了保证国家机器依法履职、秉公用权，强化群众监督是为了保证权力来自人民、服务人民。要把党内监督同国家监察、群众监督结合起来，同法律监督、民主监督、审计监督、司法监督、舆论监督等协调起来，形成监督合力，推进国家治理体系和治理能力现代化。"[②]党的十九大报告进一步强调：要"实现对所有行使公权力的公职人员监察全覆盖。""构建党统一指挥、全面覆盖、

① 黄炎培：《八十年来》，北京：文史资料出版社，1982年版，第148—149页。

② 习近平：《在第十八届中央纪律检查委员会第六次全体会议上的讲话》，北京：人民出版社，2016年版，第24页。

权威高效的监督体系，把党内监督同国家机关监督、民主监督、司法监督、群众监督、舆论监督贯通起来，增强监督合力。”①社会主义协商民主，则在更广泛的社会层面开辟了人民持续参与国家治理从而有效监督国家权力的民主监督伟大实践。

社会主义协商民主具有民主参与的过程性，通过全过程的民主协商，确保重大决策不发生偏漏，更好地顺乎民意、合乎实际。人民是协商民主的主体，社会主义协商民主的基础在人民，重点也在人民。所谓民主协商，说到底就是要全过程地听取民意，协商于决策之前和决策之中，根据人民群众的意见和建议来决定和适时调整党和国家的决策和工作，包括及时修正某些决策及其实施过程中的不完善、不准确之处，从制度上保障协商成果进入决策、落到实处，使各级党政机关的工作更好地顺乎民意、为民谋利。显然，这样一种民主参与的过程，也就是一种权力监督的过程。

社会主义协商民主具有民主参与的直接性，通过面对面的民主协商，使党和国家机关工作人员直接倾听人民群众的批评意见。在国家政治生活和广泛社会生活的各个层面大力发展协商民主，就经济社会发展的重大问题和涉及人民群众利益的实际问题及时地经常地开展民主协商，让公民与官员之间开展面对面的对话和讨论，无疑这既是对民意民智的最好反映，又是对政治权力的最好监督，可以有力督促党政机关改进工作作风，树立良好形象，及时防止脱离人民群众现象的发生。

社会主义协商民主具有民主参与的平等性，通过平等参与和平等对话，使公共权力自觉置于人民群众监督之下。平等是民主监督的前提。参与协商各方以平等的身份、平等的姿态就共同性话题进行平等协商、坦诚对话，有事多商量，遇事多商量，做事多商量，众人的事情由众人商量，无疑可以有效地消除公共权力与社会成员之间的某些误解和隔阂，极大地

① 习近平：《决胜全面建成小康社会，夺取新时代中国特色社会主义伟大胜利——在中国共产党第十九次全国代表大会上的报告》，第68页。

增进政治发展共识，找到有利于协同治理和合作治理的最大公约数。正是从这个意义上说，建立在平等基础上的协商民主本身就是一种有效的民主监督。

［原文发表于《济南大学学报》（社会科学版）2018年第3期］

政治生态学呼唤有机政治与有机共同体

刘京希*

马克思主义认为，人类社会是由“社会体系的各个环节”构成的，是“一切关系在其中同时存在而又互相依存的社会有机体”[①]。马克思最早论及社会有机体是在1842年，他分析了“国家生活的有机体”，“我们要求人们不要突然离开现实的、有机的国家生活，而重新陷入不现实的、机械的、从属的、非国家的生活领域。我们要求国家不要在应当成为它内部统一的最高行为的行为中解体。”[②]认为“国家生活的有机体”的不同部分是相互联系、共同作用的，是一个统一体。这与黑格尔关于有机体的比喻——离开人体的手不再是人手——有异曲同工之妙。在此意义上，作为社会系统之有机组成部分的政治体系，以及其与社会环境的联系，同样应当是有机的。良好的政治应当是有机政治。有机政治的运作，无不包含整体、关联、

* 刘京希，山东大学《文史哲》编辑部教授，山东大学政党研究所研究员，主要研究方向为政治生态理论与政党政治。

本文为国家社科基金规划重点项目“建国以来中国共产党与社会关系变迁研究”（项目批准号：13AZZ002）的阶段性成果。

①② 《马克思恩格斯全集》（第1卷），北京：人民出版社，1995年版，第143、334页。

互动、制约的生态学意味。相应地，良好的政治学应当是有机政治学。就此意义而言，政治生态学①就是探讨和谋求有机政治及其构成机理与运行机制的学问。

虽然，类“有机政治”概念，如“社会有机体”②“国家生活的有机体”“有机的国家生活”，早为经典作家所提及，但学界一直缺乏深入细致的专门性研究。“有机政治”概念在国内学界也有提及，但并未引起人们足够的注意与重视③。鉴此，本文不揣浅陋，以政治生态学为视角，就有机政治、有机共同体建设及其机制问题予以初步探讨，以就教方家。

一、何谓有机政治?

E. 弗洛姆有言：“一个人是否精神健全，从根本上讲，并不是个人的私事，而是取决于他所处社会的结构。”④如果是一条鱼病了，那是鱼的问题；如果是很多条鱼都病了，那就可能是水的问题了。在一社会之中某一个体精神出现认知障碍，就如一条鱼生病了，表面看来，只是“鱼生病了”，是一种个体性“病象”。其实，隐藏在个体“病象”和表象下面的病根，往往是“水的问题”。换句话说，是整个生态体系出现问题。显然，如同作为生态要素之个体的鱼与水体生态系统的关系，健全的社会与政治结构，塑造健全的人格；反之，不健全的社会与政治结构，则塑造不健全的人格。那么，如何理解和定义“健全的社会结构与政治结构”？质言之，健全的社会与政治，就是有机的社会与政治；健全的社会与政治结构，就是有机的

---

① 参见刘京希：《政治生态论——政治发展的生态学考察》，济南：山东大学出版社，2007年版。

② 参见刘京希：《有机社会：国家与社会关系生态化建构的基石》，《烟台大学学报》（哲社版），2014年第3期。

③ 郑长忠：《有机政治建设的政党使命——未来十年中国共产党发展的本质规定》，《当代世界与社会主义》，2013年第6期。

④ ［美］E. 弗洛姆：《健全的社会》，孙恺祥译，贵阳：贵州人民出版社，1994年版，第57页。

社会与政治结构。有机社会及其结构，其有机性的典型表现，是建构在社会构成成分多样化、差异化基础上的有机团结。而谋求社会结构的有机性，至为关键之处，就是谋求政治结构的有机性。换言之，也就是有机政治[①]。因为，自人类社会诞生以来，政治结构无不处于社会结构的核心位置，发挥组织整个社会的核心作用。密尔在《代议制政府》中曾提到政治制度缘于历史基础的有机性问题。他认为，一个国家的“政治制度是从该国人民的特性和生活中成长起来的一种有机的产物”。因此，“制度必须有历史的基础，制度必须和民族惯例和性格和谐一致。当一项制度，或一套制度，具有民族的舆论、爱好和习惯为它铺平道路时，人民就不仅更易于接受，而且更容易学会，并从一开始就更倾向于去做需要他们做的事情，以维护这种制度，和把它付诸实施”[②]。那么，何谓有机政治？

“社会学主要是根据生物学家的定义运用功能概念的。基点是把有机组织的概念同社会组织的概念融合在一起。这两种组织都被看到是一些整体，它们的各个组成部分是协调一致和互为依存的，对来自环境的刺激做出整体反应，并努力维持整体的生存和平衡。”[③]“有机政治”概念来源于生物学的“生物有机理论”。所谓有机政治，即体现社会最大多数人之共同利益和共同意志要求的公共政治[④]。在这里，共同利益和共同意志的满足，是有机政治的两大基石。社会共同利益和共同意志的满足的程度，决定着政治制度及其体系有机化的程度。凡是以损折某个或某些阶层的利益为代价，

① 有机社会由相应的有机经济、有机政治、有机文化、有机社会（狭义的社会概念）所共同构成。限于论题，此处只论述有机政治的相关问题。参见刘京希：《有机社会：国家与社会关系生态化建构的基石》，《烟台大学学报》（哲社版），2014年第3期。

② ［美］J. S.密尔：《代议制政府》，汪瑄译，北京：商务印书馆，2009年版，第7页。

③ ［法］莫里斯·迪韦尔热：《政治社会学——政治学要素》，杨祖功等译，北京：华夏出版社，1987年版，第184页。

④ 有学者对于“有机政治”作如是观：“政治结构有机化是政治形态成熟和完善的基本标志，对于现代政治来说，就是政党、国家和社会之间形成一种有机互动关系。”郑长忠：《有机政治建设的政党使命——未来十年中国共产党发展的本质规定》，《当代世界与社会主义》，2013年第6期。

而助益于其他阶层或利益集团的利益的政治，即非有机政治，而是它的对立面——无机政治。比起以等级性、封闭性、同质性和自足性为特征的无机政治，有机政治的典型特征则表现为平等性、开放性、差异性和多元性、交互主体性①、主体间性、动态平衡、生态共同体②。

首先，满足社会共同利益的普遍性要求的政治，方为有机政治。所谓共同利益，在笔者看来，即以主体性存在的社会个体的普遍利益为基础而形成的总括性利益。如生命权、生存权、财产权、人格权、人身自由权等等，偏重于人的生存与发展需要的基本权利，皆属于社会普遍利益的范畴，为作为主体性存在的个体的一致性诉求。在这里，有机政治的要旨，在于尊重和服务于社会个体作为主体性存在与发展的利益诉求，而这种利益诉求对于社会个体的人格尊严又至为重要，以至于失去它，人将不人——失去这些基本权利，社会个体或被迫依附于某一强势权力，或被迫依附于某个集体性存在，而成为失去自我人格与尊严的附庸。

在现实社会政治生活场域，时常出现以“公共利益”替代“共同利益”的说法。“公共利益”与“共同利益”，一字之差，内涵却差之千里，必须予以明辨。“公共利益”是一个充满“正能量”的词汇，有多少貌似“正义之举”假汝之名而行。比如“正是有了整体性的公利和公益，才有了每个人的私利、私益”③的说辞。确实，“从最终的意义上讲，‘公共利益’通过提升共同体的利益，进而对个人利益肯定有所增益。但‘公共利益’又是一个

---

① 交互性，是现代社会公共生活的理想性特征，是多元利益主体间的平等、尊重和相互确认，以及围绕共同的价值目标所进行的互动与合作。交互主体性使得关系体之间保持均衡与平等的结构状态，从而帮助人们排除一体独大，排除对权力的垄断，排除绝对权力的出现和因此而对人们的公共生活与私人领域的宰制，为人们的政治选择保留多选空间。

② “我对多样性和复杂性的强调基于一个更广泛的背景。在我看来，物种的多样性是极端重要的，因为它开辟了生命进化的新道路。有着更多物种的生态共同体通常是复杂的，它们往往导致新的、更加主体性的和富有灵活性的生命形式产生，并提供了更大的进化可能性。”［美］默里·布克金：《自由生态学：等级制的出现与消解》，郇庆治译，济南：山东大学出版社，2008年版，1991年版导言，第52页。

③ 胡鞍钢：《人民社会为何优于公民社会》，《人民日报》，2013年7月19日。

否定性的主张，它是抑制某些个人权利的正当性理由。‘公共利益’的受益者是不确定的，而通过‘公共利益’抑制的个人权利则是确定的。因此，援引‘公共利益’实施某种政府行为时，必然对一部分人有利，对另一部分人不利。也正是在这一点上，‘公共利益’与‘共同利益’是有区别的：‘共同利益’对每个人的利益都有提升作用，不需要个别人牺牲自己的权利，‘共同利益’的功能总是肯定性的”[①]。

其次，满足社会共同意志的普遍性要求的政治，方为有机政治。所谓共同意志，即以主体性存在的社会个体的普遍性意志为基础而形成的总括性意志诉求。比起以个体的生存性欲求为主旨的共同利益，共同意志的诉求属于更高层次的社会共同需要。社会公正方面的保障，如人格平等、性别平等；公民政治参与方面的保障，如言论自由、结社自由、信仰自由，皆属于超越人的基本生存需要的、精神层面的发展欲求。1941年1月6日，美国总统罗斯福致国会的国情咨文，提出四项“人类的基本自由”——表达意见的自由、信仰的自由、免于匮乏的自由、免除恐惧的自由，随之成为《世界人权宣言》的思想资源和宗旨，说明政治自由之于公民权利的极端重要性，同时也意味着这些自由权利之于政治有机性的指标意义。

公民在社会公正与政治参与两个方面的发展与保障欲求，作为诉诸政治国家的普遍性共同意志，比起基于基本生存权保障的共同利益诉求，无疑对于政治国家的有机性提出了更加严苛的要求。社会公正与政治参与两个方面的发展与保障的程度，共同标示着政治肌体有机化的程度。

那么，何种样态的政治体系才符合有机政治的要求，换言之，才是有机政治？

已如上述，充分体现与满足社会最大多数人之共同利益和共同意志要求的公共政治，即可称之为有机政治——它能够同时满足社会整体的共同利益和共同意志两大要求的政治制度，为社会之不同界别、群体与个人，

① 刘连泰：《“公共利益”的解释困境及其突围》，《文史哲》，2006年第2期。

在客观效果而不仅仅是主观意图上，谋取最大满足程度的美好生活，从而占据政治正义与政治合法性的制高点，为社会绝大多数公众所推崇并自觉追随。但问题是，怎样保证一种政治制度形态，如其宣称和标榜的那样，在事实上是以公共政治为取向的有机政治，或谓一以贯之地是有机政治，而不是忽而有机忽而无机?

二、有机政治之政体类型要求

毫无疑问，一国之政府形式或政体，构成政治体系及其运作的内核。由古及今，人类自凝聚为社会并出现树立其上的政治国家以来，已经和正在经历的基本政体，概而言之，主要有三种典型形态，即君主政体，贵族政体，民主共和政体。

按照政治学鼻祖亚里士多德的分类，“政体（政府）的以一人为统治者，凡能照顾全邦人民利益的，通常就称为‘王制（君主政体）’。凡是政体的以少数人，虽不止一人而又不是多数人，为统治者，则称‘贵族（贤能）政体’。……以群众为统治者而能够照顾到全邦人民公益的，人们称它为‘共和政体’”①。当然，亚氏时处奴隶社会，他对于政体的分类，自然是由奴隶社会的政治现实而来。不过，由于政体的基本类型就是那么几种，所以，即使是此后的封建社会、资本主义社会乃至社会主义社会，可供选择的政体类型，总不外这几个基本类型及其变种。“封建制国家采取的政体有贵族君主制、等级君主制、君主专制制和封建共和制，资本主义国家的政体有君主立宪制和民主共和制，社会主义国家都采取民主共和制政体。”②总的趋势是，自古及今，随着社会形态的不断演进，民主共和制取代前两种政体形式，成为越来越被普遍采用的政体类型，则无疑是一个规

---

① ［古希腊］亚里士多德：《政治学》，吴寿彭译，北京：商务印书馆，1965年版，第133页。

② 张友渔：《中国大百科全书·政治学卷》，北京：中国大百科全书出版社，1992年版，第481页。

律性政治现象[①]。

对于政体演进的这样一个总体规律，古今中外无数学者已经从不同学科和视角，以不同的眼光作出了海量探讨。但是，从政治生态学的角度，把政治共同体视作一个系统，以有机体的标准予以观照和衡量，还是有其方法论上的独特性和新颖性。

正如前述，涉及政治制度的旨归，有机政治大不同于无机政治，它以体现和满足社会最大多数人之共同利益和共同意志为标的。那么，怎样的制度设计与安排，方可使得政治体系内部诸组成部分之间，形成一种整体性有机联系，既相互动，又相制约，型构为一个有机共同体，从而在事实上得以制度化地输出满足社会最大多数人之共同利益和共同意志要求的正能量?

按照这样的标准来分析与研判，迄今为止人类社会所经历的三种典型政体形态即君主政体、贵族政体、民主共和政体，无疑，只有民主共和政体与此标准性要求最为切近与符合。甚至说，这样的看法已经不是一个学术话题，而是已经成为人们的一种政治常识。虽然，如亚里士多德所言，无论是君主政体、贵族政体还是共和政体，无不声言自己“能照顾全邦人民利益”，“对于城邦及其人民怀抱着最好的宗旨”，“能照顾到全邦人民公益”[②]。吊诡的是，这一常识往往停滞于认知层面或口头话语，若是把它落实为政治实践，却是千辛万难的事情。

我们只是说，比较而言，民主共和政体最切近于公共政治目标的满足，而在某些环节，君主政体、贵族政体自有其优长。比如在满足某种功利性

① 法国大革命的思想先驱卢梭也曾专门讨论过政体的分类问题，他认为排除掉混合政体，政体的基本类型无外乎国君制、贵族制与民主制。而关于这几种政体形式的优劣，并无绝对的判别标准，它们之中的每一种形式在一定的情况下都可以是最好的，但在另一种情况下又可以是最坏的。参见［法］卢梭:《社会契约论》，何兆武译，北京：商务印书馆，1980年版，第85—87页。

② ［古希腊］亚里士多德:《政治学》，吴寿彭译，北京：商务印书馆，1965年版，第133页。

效率目标比如一时的经济增长的追求上，君主政体就占据着比较优势。因为它属于典型的一统体制，雷厉风行，令行禁止，自然不乏效率。但我们也不应因此而忽视君主政体的另一潜在“效率”及其后果——缘于重大决策失误所造成的社会整体利益受损的“高效性”。而对于社会及其个体的一统性压制，对于人们的思想观念的一体性强制，总之对于人的个性与自由的压抑和限制，更不待言。再比如就决策的合理性与公共性而言，贵族政体显然要优于君主政体，但涉及社会最大多数人之共同利益和共同意志的满足这一本质性要求，与君主政体一样，贵族政体也不能令社会大众满意，因为它不过是贵族阶层之私利的政治反映形式。

就此话题，顾准先生曾有深刻而睿智的思考：“在早期文明的历史中，文明的创始和繁荣大都起于林立小邦的局面下的某些邦之中。然而要使这些珍贵的人类精神财产大规模地传播开去，军事征服，以及军事领袖的独裁政制——亦即君主政制是不可缺少的。事情的‘矛盾’还在于：没有大一统，兴起于一隅的文明不可能大规模传播。然而一旦大一统，原来促使文明萌发起来的那种个人创造性，在军事独裁下也就被压抑下去，那种蓬勃奋发的精神状态就逐渐被‘内向’、‘精神安宁’以至‘天国来世’的观念所代替掉了。”①顾准先生有关政治制度形态的困惑，质言之，就是之于政治文明形态选择的感慨。其实，这一困惑或者说一统与分散、集中与民主的矛盾，早已被以政治自由与民主为内核的、不同形式的现代政治制度所化解。这些个本质相同、形式有异的政治制度形态与模式，它们共同的气质，是既不乏统一意志，又充满内在竞争活力，此即为政治生态学所称许的有机政治共同体。

判断一种政治形态的文明与有机程度，还有一个间接性判断指标可资参考，即看生活于该文明形态下的人们在物质与精神生活两个领域及其中间形态——制度层面——的丰裕与自由程度，且主要是看后面二者而不是

① 顾准：《顾准文集》，贵阳：贵州人民出版社，1994年版，第288页。

前者，正是制度与精神层面的丰裕与自由，赋予人们的生活以人格内涵和价值意义。就此而言，物质层面的满足不过是制度与精神层面满足的垫脚石。如果只是注重国家富强的物质主义的单一目标，这种文明就是低层次的、不健全的，甚至是病态的，就像纳粹文明所呈现的那样："它确是注重民族生存和民族力量，似乎文明很高，但是我们再去看纳粹是不是能使大多数人民过着有意义的生活，我们就知道在纳粹支配下的人民，都被一些英雄主义者所支配，完全丧失了他们的人生意义，这种情形，它的文明自然不能算得高。"[①]"美国消费者既是买主也是老板。离开美国的商店时，你会看见一个横幅：'感谢光临，欢迎再来。'但是你走进一个极权国家——不论是今天的苏联还是希特勒统治下的德国——的商店时，店员会告诉你："你得感谢伟大领袖给了你这个。"[②]

就政治体系自身而言，有机政治的实现，赖于有机共同体的制度化建构。换言之，有机共同体的制度化建构，乃是达成有机政治的制度与机制性基石。

已如前述，之于社会最大多数人的共同利益和共同意志的达成，也就是之于公共政治的实现程度，君主政体不及贵族政体，贵族政体不及民主共和政体。原因何在？当然，根本原因还是在于主权的属性。就主权性质而言，我们首先要看它究竟是在"私"还是在"公"[③]，属官还是属民。设若完全在私，对于主权者而言，其主观意图当然是希望能够一言九鼎，而不需要任何的制度性制衡与监督；设若部分在私，对于主权受托者而言，就要面对那些主权共享者与治权委托者的制约与监督；设若整体在公而属民，主权受托者即应直面整个社会及其个体的监督与制约。因此，主权的

① 傅斯年：《傅斯年谈"中西文明的估价"，未曾公开发表的演讲记录》，澎湃新闻网，2017年12月1日。

② ［美］米塞斯：《社会主义》，彭定鼎译，米塞斯1959年在阿根廷布宜诺斯艾利斯的六次演讲之一。www.ChinaEconomist.org网络首发。

③ 这里所指称的"私"与"公"，并非就其绝对意义而言，而是具有相对性。如就"私"而言，有个人之私，有利益集团或阶级阶层之私。

属性不同，反映在政治体制层面，即会呈现出相异的政体组织形态。换言之，社会各阶级阶层在国家政治经济生活中的地位，决定了一个国家采取何种政体类型，主权属性决定了政体的形式与样态。主权整体在私、在君，如在君主政体之下，“朕即国家”，普天之下莫非王土，普天之下莫非王臣，则君主享有绝对权威，其政治制度设计就会呈现出高度的集权性和专断性特征；主权部分在私，掌握于一个或几个集团与阶层之手，如在贵族政体之下，主权者的权威则会部分受限，其政治制度设计自会呈现出相对集中并受到一定程度制约的特征；主权整体在公而属民，归属于社会绝大多数民众，即常言所说“主权在民”，主权带有普遍的公共属性[①]，执政权呈现出最为典型的受托性、代理性，因此，对于它的行使，也就受到另外两种政体形式所未有之的、来自民众的最大限度的公共制约和监督——如此，主权的公共属性才可得以长久保持而不至于发生异变。

由此可见，从公共政治的视角分析，在诸般政体类型之中，民主共和政体是最具有机性的政体。其有机性的典型表现，是它对于政治体系的构设，大不同于作为其对立面的君主政体。比之君主制政体的三大基本特征——任命制、终身制和集权制，共和制政体的三大基本特征——选举制、轮换制、分权制，注定了其政治体系内部构成上的生态有机性，使得民主共和政体成为一种公共政治为目标指向的有机政治。这也正是在当下时代，民主共和政体日益成为最具普遍性的政体形式的根本原因所在。而当年卢梭有关民主政治只“适宜于小国”的判断[②]，也已经为规模不同的国家的民主政治实践所否定。

那么，比起以君主制政体为代表的无机政治，以民主共和制政体为代

---

① 公共政治也被有的学者称为“社会政治”，它体现为“五个转变”：社会的主要矛盾从阶级矛盾向社会矛盾的转变；阶级关系向社会关系的转变；社会阶级向社会阶层的转变；政治革命向社会发展的转变；阶级国家向社会国家的转变。参见刘德厚：《关于“社会政治”与“走向社会政治”（上）》，《政治学研究》，2002年第3期。

② ［法］卢梭：《社会契约论》，何兆武译，北京：商务印书馆，1980年版，第87页。

表的有机政治，其实现方式是怎样的呢？换言之，就政治体系来说，民主共和制的有机性是如何获得制度性保障的呢？

三、有机共同体：有机政治的实现方式

笔者以为，以民主共和制政体为典型形式的有机政治，其主权的公共性也即人民属性，决定了该政体制度设计及相应的制度关系构设，必须以对公权力的强力制约使之不至于蜕化为私有权力作为根本原则。否则，权力的人民性就无从体现。人类权力发展史已然无数次地证明且将继续证明着，绝对的权力导致绝对腐败；不受制约的权力从无边界可言。从政治生态学的角度分析，民主共和制政体就是一种有机政治，而保障有机政治得以实现的内在机制及其相互制约关系的践履，构成有机共同体。

所谓有机共同体，即指共同体各组成部分，基于差异性和多样化的互动和互补而形成的、具有平衡态的统一性整体。共同体各组成部分的交互主体性与互动制约性，是共同体的有机性得以保持的决定性因素。也就是说，有机共同体的构成以各组成部分之间的差异性和多样性为根本，有差异才谈得上互补，有多样性才谈得上生态有机性。有机政治的运作，无不包含整体、多样、关联、互动、和谐与制约的生态学意味。英国保守主义的创始人埃德蒙·柏克推崇与强调国家与社会的有机特性。柏克批评法国大革命的激进行为，提醒人们敬畏既定制度的智慧，尊重宗教和传统，重视社会的复杂性和连续性。同时，柏克还严厉批评“法国大革命”对于既有司法机构在社会政治生活中所起平衡作用的破坏，它“打断了法律的进程和一致性，减少了人们对它们的尊重，并且最终从整体上摧毁了它们”。正是以柏克为分界，自由主义与保守主义两大思想传统正式分野的时代自此开启。自由与保守，作为西方社会政治意识形态的一体两面，一个强调自由、进步和发展，一个强调权威、稳定和秩序，既相互冲突，又彼此支撑，对于维持西方社会和文化的繁荣进步发挥着各自独特的功能与作用。而19世纪自由主义的主要代表约翰·斯图亚特·密尔，也认同政治发展的生态

有机理念。比如他对于言论自由的看法，认为如果对于言论的禁止以极端、暴力的方式进行，甚至以权力和法律为依托，那么那些正确的思想和言论不仅不会得到保护，反而会因为缺乏竞争和对抗而丧失生机和活力[①]。

那种靠高压控制手段强求一律所形成的所谓“共同体”，显然与我们所指称的有机共同体无缘。在这一方面，新中国的政治发展也曾有惨痛的教训值得记取。在1957年西安干部会议上，邓小平明确指出：“党要受监督，党员要受监督。”“毛主席说，要唱对台戏，唱对台戏比单干好。我们党是执政的党，威信很高。我们大量的干部居于领导地位。在中国来说，谁有资格犯大错误？就是中国共产党。犯了错误影响也最大。因此，我们党应该特别警惕。”[②]所谓“唱对台戏”，就是指作为执政党的共产党，要虚心接受作为参政党的各民主党派的监督，在重大决策上通过政治协商的形式，听取他们的不同意见。但不幸的是，这台“对台戏”很快就偃旗息鼓了。刚刚形成的共产党领导的多党合作的有机政治局面，由于严重缺乏民主制度作为制度支撑，一遇风吹草动，就变为万马齐喑的沉闷局面了。

已如前述，有机共同体是指共同体各组成部分，基于差异性和多样化的互动和互补而形成的、以平衡态呈现的统一性整体。那么，就民主共和制这一典型有机政体而言，其有机共同体又是如何建构和实现的呢？它所遵从的，是怎样的有机政治原则？

作为有机政治的实现形式，民主共和制政体产生自西方文明并非偶然。我们知道，以古希腊城邦政治为代表，西方政治文明有着悠久的民主共和传统。正是独特的半岛地理环境和相应的生活方式——人们以商业贸易为主且生活相对独立自由，塑造出小国寡民式城邦国家，为实行民主政体提供了先天条件。只是，由于古希腊时代的城邦国家地域狭小，人口稀少，且在实行民主政体的城邦国家如雅典，具有政治权利的公民数量更是极为

① 参见庞金友：《19世纪后期自由主义的嬗变与传播：一个中英对比的视角》，未刊稿。

② 《邓小平文选》（第1卷），北京：人民出版社，1994年版，第271页。

有限，因此在政治生活之中，直接民主成为典型的民主政治实现形式。

直接民主制的优点，在于它实现了由公民直接组织和管理政府的美好主权愿望，公民直接参与政治生活，决定公共事务，“凡是人民所需要做的事情，都由人民自己来做”，这是真正的公民自由赖以实现的政治前提[①]。但是，直接民主制的缺陷，就如其优点一样显明。首先，直接民主制有可能受民粹主义鼓噪而存在导致“多数暴政”的极大可能。即是说，直接民主存在多数派以合法的民主形式对少数派或少数人实行暴虐政策的制度空间[②]，如同雅典城邦政治曾经发生的那样[③]。其次，直接民主制治理地域及人口的有限性，决定了主权者可亲自行使政治权力，因而并无实行“主权委托—代理机制”的现实必要，也缺乏权力分立与监督的机制性内在冲动，故而，其分权与监督机制发育得极不充分。再次，在小国寡民式国家如雅典城邦运用自如的直接民主，难以被复制到拥有广阔的领土与众多人口的现代民族国家。

正因如此，区别于古典直接民主，现代民主共和制政体普遍采用间接民主的制度形式。这一制度形式的优长，是更加注重政治制度及相应的机制建设，以避免多数人的暴政。“间接民主在认可多数决定的民主政治核心原则的同时，特别要对多数的权力加以控制。”[④]具体言之，是更加重视程序设计和程序正义，特别注重体系内分权与制衡；同时，把法治的力量引入政治领域，以宪制为本，依法设权，依法限权，依法督权。这是适应现代民族国家的地域和人口规模、排除掉直接民主的幼稚成分之后的必然性

① ［法］卢梭：《社会契约论》，何兆武译，北京：商务印书馆，1980年版，第123—128页。

② 参见李强：《论两种类型的民主》，载刘军宁等编：《直接民主与间接民主》，北京：生活·读书·新知三联书店，1998年版，第4页。

③ “陶片放逐法”作为直接民主的一种制度形式，虽然充分地体现了古代雅典民主政治对于民意的尊重，但依此法作出的判决，在相当程度上取决于公民的情绪，公民的情绪则常常因受一些政治家的鼓动而波动不定，甚至为居心叵测的政治家所操纵。也因此，一些个正直的政治家被无端放逐。

④ 李强：《论两种类型的民主》，载刘军宁等编：《直接民主与间接民主》，北京：生活·读书·新知三联书店，1998年版，第48页。

政治制度抉择。举凡近现代以来的民主政治制度模式，从总统制到议会制，以及作为中间形态的君主立宪制，一个共同的制度设计取向，是把分权式生态制约理念贯穿于政治体系内部机制的构设，以图形成以选举制度、代议制度、政党制度、分权制度与司法独立为主体架构与纽带的有机共同体，并通过相应的运作机制，谋求与践行政治参与、政治竞争、政治制衡、政治约束，并以此实现对于人民主权的保障与落实。

贯穿人类民主共和政治实践始终的一条主线，就是如何维持政治共同体的内在有机性，剔除无机成分，从而杜绝对于政治权力的独占。比如以《大宪章》为准则的英国的代议制，由代表不同阶层利益的上下两院共同执掌立法权，以实现对于权力的分解与制约。再比如1787年《美利坚合众国宪法》的起草，即以分权和制衡为出发点，从而将国家最为根本的权力配置原则、法律秩序原则以成文法典的形式固定下来，以之作为一切公共权力产生的最终根据，一切行为合法性的最终判别标准。以《大宪章》《美利坚合众国宪法》为准则而进行的宪制建构，使得人民得以把自己的主权意愿加之于政府的政治机制设计与运行，这样政府就成了人民的仆人而不是凌驾于人民的主人[①]。

也正是因此，凡是那些企图将人民主权据为己有者，首先要做的一件事，就是从根本大法入手，撕开宪制原则的一角，涣散法治秩序，以之为突破口，进而图谋打破有机共同体的平衡机制，使其权力制约机制失衡失效，实现践踏民主共和政体的企图，由此可见宪制秩序之于民主制度的极端重要性[②]。当然，“人民主权”如果被非理性的人民所掌握，从而变成为民粹主义式的狂热鼓噪，也是与践踏法治秩序同样可怕的事情，当引起人们的高度警惕。不过，这属于另一个有待讨论的话题了。

---

① 齐延平：《自由大宪章研究》，北京：中国政法大学出版社，2007年版，第237—243页。

② 希特勒对于魏玛共和国的民主制度的破坏，就是从肆意践踏“魏玛宪法”开始的。

四、余论

一定的政治体制是一定的政治生态关系的制度表现；反过来，一定的政治体制又会形塑一定的政治生态关系。人民主权的社会政治关系决定了对于有机政治的政治伦理诉求，而有机政治的落实，则有赖于有机政治共同体的制度化构设。

就前者而言是说，既定的政治生态关系，比如政治文化传统、政治与社会的关系状态以及公众的社会政治心理状态等等，构成一定的政治体制赖以产生的基础。进而，由于这种政治体制携带有既定政治生态关系的基因密码，因此，它会通过制度的形式，进一步强固这种政治生态关系，甚至会把这些关系状态纳入制度化的范畴。

就后者而言是说，体制并不是僵死的东西，体制一旦被制定出来，并得到贯彻和实施，它就会形成并作为一种结构体系运转起来，持续地产生和输出制度能量，影响社会环境，形成一定的政治生态关系。在这里，体制无疑具有先决性的意义。即是说，有什么样的政治体制就有什么样的政治生态关系。20世纪90年代冒出了一个名为“绿党”的政党，其背景是德国环保主义思潮盛行一时。追根溯源，绿党这些人主要是以前的激进分子。欧洲有一个“六八运动”，也就是1968年爆发了大规模的学生运动。那个运动冒出了一帮学生领袖，其中有一个后来当了德国外交部部长，他就是绿党领导人费舍尔。即是说，体制会把这种暴力慢慢化解，所以体制能做好事也会做坏事[①]。体制能够改造并形塑人格，不同的体制塑造不同的人格；在好的体制之下坏人也能变成好人，在坏的体制下好人也可以变成坏人。就像“无政府主义是对官僚主义的惩罚”的政治谶语所揭示，官僚主义的体制所塑造出的，要么是森严的等级秩序和蛮横的权力运作，要么是极化的无政府主义的政治关系生态。

① 杨佩昌:《德国为什么民富国强？》，燕山大讲堂第119期，凤凰网“凤凰博报”。

总而言之，由政治生态学视角观察，有机政治及其共同体建构，在制度角度是指制度设计的多元分殊和相互制衡，在此基础上所达成的统一性，才会是生态有机与动态平衡的[①]。也只有在此背景和条件下，诸如立法机构、行政机构和司法机构的分工并存才符合其设立与存在的本意，它们的设立与存在才有其功能上的价值——维持政治体系的有机统一："一种体系的各个部分都要对整个体系履行一种功能。任何体系都是功能的统一体，体系的每个部分都具有一种功能，所有功能对体系都是有用的。"[②]否则，它们的分立与存在就失去实质意义了。

中国特色社会主义是在坚持自身制度特色、同时吸收人类文明有益成果的基础上，通过构建系统完备、科学规范、运行有效的制度体系而形成。党的十九大报告指出，要完善以宪法为核心的中国特色社会主义法律体系，建设中国特色社会主义法治体系，建设社会主义法治国家，发展中国特色社会主义法治理论。具体言之，就是制定国家监察法，深化国家监察体制改革，组建国家、省、市、县监察委员会，实现对所有行使公权力的公职人员监察全覆盖。其实，这就是对于人类政治文明发展的共同成果的大胆借鉴。从政治生态学的角度研判之，这也应当是试图以宪法为最高权威，通过对于政治权力的异体监督，构建有机政治共同体，进而形成中国特色社会主义有机政治的有益尝试。我们期待这一制度化尝试的早日成功。

[原文发表于《济南大学学报》(社会科学版)2018年第3期]

① 刘京希：《论政治多样性及其限度——以政治生态学为视角》，《学术界》，2015年第4期。

② [法]莫里斯·迪韦尔热：《政治社会学——政治学要素》，杨祖功等译，北京：华夏出版社，1987年版，第186页。

以人民为中心：中国政治生态的独特性及其优化路径

王彩云*

一、中国政治生态的独特性及其表征

不同的国家由于民族历史文化与现实发展的不同，政治生态也会不同。西方国家坚持以个人为中心，形成了自由民主的政治生态；阿拉伯国家坚持“真主”至上，形成了政教合一的政治生态；中国是一个民族众多、历史悠久的文明古国，在中国共产党领导下经历了革命、建设和改革开放的伟大历程，探索选择了中国特色社会主义道路，并致力于实现中华民族伟大复兴的中国梦，这样的历史和现实状况，决定了中国的政治生态具有与众不同的独特性。中国政治生态的要旨，就在于中国的全部政治生活都是在坚持和实现以人民为中心的价值理念中展开的。换言之，坚持以人民为中心的政治理念，构成了中国政治生态的核心和灵魂。

---

* 王彩云，济南大学政法学院教授，硕士生导师。

本文系国家社会科学基金项目“公共理性视域下建构中国国家认同研究”（项目编号：17BZZ012）、山东省社科规划重点项目“公共理性视野下中国执政党能力建设研究”（项目编号：16BDJJ01）阶段性成果。

（一）中国政治生态独特性的含义及其思想根源

政治生态是政治系统内部各要素之间相互联系、相互作用、相互影响所形成的政治运行现状及政治发展环境。具体来说，政治生态就是由政治理念、政治制度与政治行为等要素在相互联系、相互作用过程中所形成的“气候”“环境”“氛围”或“风气”。其中，政治理念是政治生态系统的价值规范和理性信念，为政治生态系统提供“应如何”的价值取向和“必如此”的精神信念，是政治生态系统的道德价值基础；政治制度是组织和行使政权的一套相互联系的机构和规范，是实现政治理念的载体和形式；政治行为是政治组织及其人员提供政治产品和公共服务的活动和过程，是承载和实践政治理念与政治制度的中介。在由政治理念、政治制度和政治行为构成的政治生态系统中，政治理念是决定政治生态状况的底层代码。以人民为中心的政治理念秉承人民至上性，坚持人民主体性，把人民主权作为制度安排的基本原则，把为人民服务作为政治行为的根本宗旨和基本规范，为政治生态系统注入了道德灵魂，奠定了正当性道义基石。以人民为中心的政治理念赋予政治以德性，赋予制度以良心，赋予行为以责任，使政治生态系统呈现出政治正义性和价值合理性。把人民利益作为最根本的政治追求，把人民愿望奉为最根本的奋斗目标，把人民满意作为最根本的工作标准，把人民主体作为最根本的依靠力量，是中国政治生态所展现出的一种大气候、主旋律、正能量，也是中国政治运行和政治发展的主要氛围和基本状态。这就是中国独有的具有中国特性的政治生态。以人民为中心的中国政治生态的独特性，植根于中国政治文化的独特性。

1. 以人民为中心的政治生态根植于中国传统的民本思想

民本思想是中国传统政治文化的重要内容。源远流长的民本思想是形成以人民为中心的政治生态的深厚文化沃土和重要思想资源。早在殷商及西周时期，我国就产生了“敬德保民”“民为邦本，本固邦宁”的民本思想，这种思想在历史长河中不断得到丰富和发展。姜尚的“天下者非一人之天下，惟有道者处之”的治国理念，孔子“为政以仁”“足民足食，民信之矣”的政治主张，管仲“政之所兴在顺民心，政之所废在逆民心”的思想，荀子“水可载舟，亦可覆舟”的告诫，孟子“民为贵，社稷次之，君为轻”“得民心者得天下”的论断，贾谊“民者，万世之本”的观点，朱熹“国以民为本，社稷亦为民立”的结论，黄宗羲“天下为主君为客”的观念等，不仅包含着尊民、重民、恤民、贵民、信民等思想，包含着节制君权、伸张民意、评判政治合法性的主张，而且更重要的是，形成了与人民主体相会通的“民有”和“民享”的思想内涵[①]。正如金耀基所言：“中国自孔孟以迄黄梨洲、谭嗣同，一直都有一极强的民本思想贯穿着。任何一位大儒，都几乎是民本思想的鼓吹者，‘天下非一人之天下，天下人之天下’，肯定了民有的观念；‘民之所好好之，民之所恶恶之’，肯定了民享的思想。”[②]正因此，传统的民本思想虽然属于君本位范畴，与以人民为中心的现代民主思想相差甚远，但是，它所蕴藏的人民主体的文化基因使其成为现代以人民为中心的政治理念的文化基础。以人民为中心的中国政治生态深刻地承接着民本思想的精神命脉，并展现出“以民为本”的价值取向。

2. 以人民为中心的政治生态根植于马克思主义的人民观

马克思主义唯物史观主张，人民群众是历史的创造者，实现人民利益是社会发展的首要目标。马克思恩格斯指出：“历史上的活动和思想都是‘群众’的思想和活动”[③]；“无产阶级的运动是绝大多数人的，为绝大多数人谋利益的独立的运动。”[④]列宁也指出：“生气勃勃的创造性的社会主义是由人民群众自己创立的”[⑤]。中国共产党人是马克思主义人民观的忠实继承者。毛泽东指出：“人民，只有人民，才是创造世界历史的动力。”[⑥]“共产党人

① 王彩云：《审思与警鉴：自由民主的理论缺陷分析》，《济南大学学报》（社会科学版），2017年第6期。

② 金耀基：《从传统到现代》，北京：中国人民大学出版社，1999年版，第21页。

③ 《马克思恩格斯文集》（第1卷），北京：人民出版社，2009年版，第286页。

④ 《马克思恩格斯选集》（第1卷），北京：人民出版社，2012年版，第411页。

⑤ 《列宁全集》（第33卷），北京：人民出版社，1985年版，第53页。

⑥ 《毛泽东选集》（第3卷），北京：人民出版社，1991年版，第1031页。

的一切言论行动，必须以合乎最广大人民群众的最大利益，为最广大人民群众所拥护为最高标准”[①]。习近平也指出：“人民是历史的创造者，人民是真正的英雄”，“我们必须始终坚持人民立场，坚持人民主体地位，虚心向人民学习，倾听人民呼声，汲取人民智慧，把人民拥护不拥护、赞成不赞成、高兴不高兴、答应不答应作为衡量一切工作得失的根本标准”[②]。以马克思主义人民观为基础，中国共产党确立了全心全意为人民服务的宗旨意识，并使之成为中国现代政治文化的核心精髓，成为支撑中国革命、建设和改革发展的精神力量。毛泽东说：“全心全意地为人民服务，一刻也不脱离群众”[③]；邓小平也指出：“中国共产党员的含意或任务，如果用概括的语言来说，只有两句话：全心全意为人民服务，一切以人民利益作为每一个党员的最高准绳。”[④]习近平也再次强调：“中国共产党人的初心和使命，就是为中国人民谋幸福，为中华民族谋复兴”，“践行全心全意为人民服务的根本宗旨”[⑤]。也正是在此基础上，习近平提出了发展为了人民、发展依靠人民、发展成果由人民共享的以人民为中心的价值理念。这一理念因其承继着马克思主义人民观，渗透着全心全意为人民服务的精神，成为当代中国政治生态的价值基础和灵魂。中国共产党立党为公、执政为民的执政理念，情为民所系、利为民所谋、权为民所用的政治情怀，体察民情、听取民意、汲取民智、顺遂民心的工作作风，攻坚脱贫、改善民生、增进福祉、促进人的全面发展和全体人民共同富裕的发展目的，都是在新的历史条件下坚持以人民为中心政治理念的生动反映，也是我国健康而独特的政治生态的集中展现。

---

① 《毛泽东选集》(第3卷)，北京：人民出版社，1991年版，第1096页。

② 习近平：《在第十三届全国人民代表大会第一次会议上的讲话》，《人民日报》，2018年3月21日。

③ 《毛泽东选集》(第3卷)，北京：人民出版社，1991年版，第1094页。

④ 《邓小平文选》(第1卷)，北京：人民出版社，1994年版，第257页。

⑤ 习近平：《决胜全面建成小康社会　夺取新时代中国特色社会主义伟大胜利——在中国共产党第十九次全国代表大会上的报告》，《人民日报》，2017年10月28日。

（二）中国政治生态独特性的表现

以人民为中心的中国政治生态的独特性，凝练为中国政治制度的独特性，体现为党和国家决策行为的独特性。

1. 凝练为中国政治制度的独特性

政治制度是指“在特定社会中，统治阶级通过组织政权以实现其政治统治的原则和方式的总和”[①]。换言之，政治制度是指能够体现一定的政治理念和政治原则并保障其实现的组织机构和规范体系的总称。“政治制度的优劣，直接决定了政治生态的面貌。”[②]中国政治生态的变化一直与我国政治制度的发展密切相关。20世纪中叶以前，由于中国缺乏正当性、合理性和规范性的政治制度，中国政治生态一直处于混乱无序的状态；中国共产党领导中国人民，经过艰苦探索，建立了与其他国家的多党制或两党制、总统制或议会制等根本不同的独特的政治制度，即中国特色社会主义民主政治制度，中国政治生态才在制度化的轨道上良性发展。人民代表大会制度、中国共产党领导的多党合作和政治协商制度、民族区域自治制度和基层群众自治制度，构成了中国特色社会主义民主政治的骨骼与框架。这套制度是党和人民政治智慧的结晶，其设计和安排凸显了以人民为中心的政治理念与实现人民当家做主的目的追求，是一套适合中国国情、顺应人民意愿的具有政治效率和政治合力的制度。

人民代表大会制度是我国根本的政治制度，是人民当家作主原则在制度上的直接体现，人民代表大会制度以民主集中制为根本组织原则和活动方式，既能够在充分民主的基础上集中各方意见，反映人民意愿，又有利于形成全体人民的统一意志，动员全体人民以国家主人翁的身份投身于国家建设，集中力量办大事，“人民代表大会制度是符合中国国情和实际、体

① 中国大百科全书编辑委员会《政治学》编辑委员会：《中国大百科全书·政治学》，北京：中国大百科全书出版社，1992年版，第514页。

② 胡鞍钢等：《中国政治生态的独特性及四大制度要素》，《学术前沿》，2013年第2期。

现社会主义国家性质、保证人民当家作主、保障实现中华民族伟大复兴的好制度”①。中国共产党领导的多党合作与政治协商制度，是一种区别于西方国家的具有独特优势的政党制度，反映出共产党和各民主党派之间肝胆相照、荣辱与共的崭新的合作型政党关系，这种政党制度“既避免了多党竞争、相互倾轧造成的政治动荡，又避免了一党专制、缺少监督导致的种种弊端”②；政治协商制度通过人民政协的组织和制度形式，有效回应社会各界的要求，能够使各民族、界别、阶层、宗教、地区等多样化的利益诉求吸纳到决策过程中，既体现了共产党领导的政治原则，也体现了人民当家作主的民主实质；党的十九大报告认为“人民政协是具有中国特色的制度安排”，协商民主“是我国社会主义民主政治的特有形式和独特优势”③。民族区域自治制度是根据我国多民族国家实际情况及其历史文化发展特点作出的制度安排，对于保护少数民族的民主自治权利，对于发展平等、团结、互助、和谐的民族关系具有重要意义。基层民主自治制度是人民当家作主的直接形式，是人民群众实现自我管理、自我服务、自我教育、自我监督的最有效途径。从制度设计上来看，我国社会主义民主制度包含着人民当家作主的实质内容，体现了以人民为中心的价值理念和原则，具有制度合理性和正义性。政治制度的完善不断推进中国特色社会主义民主政治的发展，使中国政治生活按照制度规则有序运行，使中国政治生态在制度化、规范化、程序化的健康轨道上优化和发展。

2. 体现为中国政治行为的独特性

政治行为是“政治行为主体为实现既定的政治目标而进行的各种政治

---

① 习近平：《在庆祝全国人民代表大会成立60周年大会上的讲话》，《人民日报》，2014年9月6日。

② 《江泽民文选》（第3卷），北京：人民出版社，2006年版，第144页。

③ 习近平：《决胜全面建成小康社会　夺取新时代中国特色社会主义伟大胜利——在中国共产党第十九次全国代表大会上的报告》，《人民日报》，2017年10月28日。

实践活动的总称”[①]。任何政治主体的行为都要受到政治文化的牵引和支配，从某种意义上说，政治行为往往是政治文化尤其是政治理念的外化表现。纵观我们党和国家发展的历史，尽管在不同时期，由于国内外局势不同而使国家面临的主要任务有所不同，但是，无论是革命、建设还是改革开放时期，以人民为中心的价值理念犹如一条红线，始终贯穿于党和国家的政治决策及其实施活动中，引领着国家稳步前进，使中国人民一步步地站起来、富起来、强起来。

近代中国陷入半殖民地半封建社会，国家内忧外患、民不聊生。人民的最大期盼就是推翻帝国主义、封建主义与官僚资本主义“三座大山”的压迫，能够伸直腰杆站起来。中国共产党领导团结各族人民，历经国民大革命、土地革命战争、抗日战争、人民解放战争以及渡江战役等新民主主义革命，推翻了“三座大山”，建立了人民当家作主的新中国，使中国人民站了起来。

社会主义建设时期，人民的最大愿望就是能够过上富裕的生活。于是，党和国家通过“一化三改”、“大跃进”、五年计划、经济重建等重大决策的实施，把人力、物力、财力集中起来，办了许多大事，建立了基本完善的工业和交通体系，进行了大规模的水利和农田基本建设，大幅提高了人民的健康水平和教育水平，为中国人民富起来打下了雄厚基础。经过40年改革开放政策的实施，使普遍处于贫穷状态的中国人民过上了富足的生活。有数据表明，1979年，我国人均GDP为1000美元，人民处于“温饱阶段”；2002年人均GDP达到4000美元，进入“小康阶段”；预计至2020年在我们这个拥有13亿多人口的大国，人均GDP将达到10000美元。数字能够表明中国人民已走上富裕之路，生活水平在稳步提高；然而，冰冷的数字却无法反映出党和国家的富民惠民政策所蕴含的热切的人民情怀。2006年国家废止《农业税条例》，自此，我国自古至今已经沿袭2600多年并被看作是天经地义的“皇

① 张国胜:《中国特色社会主义政治行为论》,《理论探讨》，1996年第2期。

粮国税”宣告终结，这是一件开天辟地从未有的事情！没有坚定的人民立场，没有以人民为中心的价值理念，这样的事情是不可能实现的。2015年党中央庄重承诺，到2020年确保我国现行标准下农村贫困人口实现脱贫，贫困县全部摘帽，建设包括就业、教育、医疗、文化、住房在内的农村基本保障体系，编织一张兜住困难群众基本生活的安全网，使13亿中国人民全部进入全面小康。这又是一件亘古未有之大事！消除贫困，实现共同富裕，是数千年来中国仁人志士的政治抱负，也是中国人民长期渴望的美好理想，如今它即将实现！遍寻世界各国政党，也只有以人民为中心的中国共产党才能以决战的勇气和必胜的信心解决脱贫致富这个世界难题。

十八大以来，以习近平同志为核心的党中央不忘初心，牢记使命，把以人民为中心的政治理念贯穿于治国理政实践中，使中国改革开放事业进入了新历程，使中国人民迎来了强起来的新时代。第一，以人民为中心协调推进“四个全面”战略布局。“全面建成小康社会”承载着人民群众对美好生活的期待和憧憬；“全面深化改革”必须紧紧依靠人民，“没有人民支持和参与，任何改革都不可能取得成功”[①]。“全面依法治国”必须坚持人民主体地位，“法治建设为了人民、依靠人民、造福人民、保护人民”[②]。“全面从严治党”，确保党坚强有力，为实现国家富强、民族复兴、人民幸福的中国梦提供根本保证。第二，坚持以人民为中心实施一系列利民惠民安民举措和民生工程。如推进国家治理体系和治理能力现代化以满足人民期待；依法执政、依法行政以保障人民根本权益；加强食品监管以确保人民饮食安全；促进教育公平以保障人民发展权利；加强环境治理为人民提供绿色福利和生态福祉；健全公共安全体系为人民提供工作、学习、生活稳定环境和秩序；改革收入分配制度让改革红利惠及全体人民；打赢脱贫攻坚战实现人民共同富

① 《习近平谈治国理政》，北京：外文出版社，2014年版，第97页。

② 《中共中央关于全面推进依法治国若干重大问题的决定》，《人民日报》，2014年10月29日。

裕；等等。这一系列政策增强了人民的安全感、获得感和幸福感。第三，以人民为中心全面实现社会主义现代化。以习近平同志为核心的党中央高瞻远瞩，谋篇布局，对21世纪上半叶社会主义现代化建设做出了战略部署，2020年全面建成小康社会；2035年基本实现社会主义现代化，此时，人民平等参与、平等发展权利得到充分保障，人民生活更为宽裕，生活环境更为美好，基本公共服务均等化基本实现，全体人民共同富裕迈出坚实步伐；2050年则全面实现社会主义现代化，将建成富强民主文明和谐美丽的社会主义现代化强国，全体人民共同富裕基本实现，人民将享有更加幸福安康的生活①。可见，社会主义现代化是以人民为中心的全面发展的现代化，既是人的全面发展，更是十几亿人民的全面发展的现代化②。

二、中国政治生态存在的问题及其原因

以人民为中心的政治理念是包括政治制度和政治行为在内的中国政治生态系统的道德基础，也是良好政治生态的活水源头。政治生态的平衡和质量取决于政治制度和政治行为是否能够坚持以人民为中心并在此基础上良性互动、协调发展。如前所述，中国政治生态总体上是健康的，无论是我国的政治制度建设，还是党和国家的政治决策行为，从根本上来说都坚持了以人民为中心的政治理念，在既定的历史条件下最大限度地满足了人民的愿望。但是，不可否认的是，我国政治体制的某些方面还存在不完善的地方，离人民的期待还有一定的距离；某些领导干部的个体行为还存在着偏离甚至背离人民群众的现象，这种因政治生态要素自身不完善、功能退化或发生变异而导致的政治生态紊乱或恶化，是目前我国政治生态存在的主要问题。

① 习近平：《决胜全面建成小康社会　夺取新时代中国特色社会主义伟大胜利——在中国共产党第十九次全国代表大会上的报告》，《人民日报》，2017年10月28日。

② 胡鞍钢等：《2050中国：以人民为中心的社会主义全面现代化》，《国家行政学院学报》，2017年第5期。

(一)权力监督体制不完善导致政治生态紊乱

权力是政治制度运行和政治行为实施的中介和载体。权力运行状况直接决定着政治生态状况。然而，目前我国政治体制改革的薄弱环节恰恰是权力监督体制。总的来看，我国建立了一套以实现人民当家作主为目的的优越的政治制度，也建立了党的纪委、国家监察委等专司监督职能的机构，同时，我国《宪法》和《监督法》还赋予权力机关对“一府两院”及宪法实施的监督权，此外还有党际监督、社会监督等。应该说，我国已形成了相对完善的监督制度。但现实中监督乏力甚至监督失灵的情况却大量存在，如前些年各种权力的滥用和腐败现象的大范围存在即是证明。这严重影响了我国政治制度与政治行为的良性互动与正向协调，从而造成政治生态的紊乱。

在我国相当丰厚的监督资源中，作为国家权力机关，人民代表大会监督权的重要性、广泛性及其监督的权威性无疑是最高最大的。在此，仅以人民代表大会为例做一说明。宪法赋予了各级人大对具体政治行为的监督权，赋予全国人大与全国人大常委会对宪法实施的监督权。但客观来看，无论是哪一种监督，大都乏善可陈。第一，人大对具体政治行为的监督存在着“漏监”“虚监”等监督不到位、不彻底等现象。比如，作为各级人大监督对象的“一府两院”及其所属部门、官员算起来是个天文数字，但作为监督重要形式的质询案数十年来仅发生过寥寥数次[①]，监督程度可见一斑。第二，全国人大和人大常委会的宪法监督权使用不到位。我国宪法规定全国人大、全国人大常委会“监督宪法的实施”，全国人大可以“改变或者撤销全国人民代表大会常务委员会不适当的决定”，全国人大常委会可以“撤销国务院制定的同宪法、法律相抵触的行政法规、决定和命令”，“撤销省、自治区、直辖市国家权力机关制定的同宪法、法律和行政法规相抵触的地方性法规和决议”，全国人大和全国人大常委会具有特定问题调查

---

① 程竹汝:《监督权：人大权力总量的百分之五十》,《上海人大》，2010年第11期。

权，等等[①]。但是，到目前为止，全国人大和全国人大常委会的这些权力几乎还没有正式启用过。究其原因，就在于人大监督体制还存在诸多不合理、不完善之处。如人大的会议制度和组织制度不利于提出监督议案。人大会议一年仅召开一次，会期短，会议议程和议题都由人大常委会事先确定，时间安排紧凑而严密，同时由于人大代表的职业素质和能力所限等，所以，在开会期间人大代表几乎没有提出质询等监督议案的可能。再如人大监督的组织建制问题。人大监督权的行使需要专门的组织载体，全国人大常委会的司法审查权之所以长期没有使用，主要是它缺乏专任的、常设的宪法监督机构。组织建制短缺，导致监督无“门”。

制度体制供给不足导致人大监督权虚置，由此造成人大、人大常委会和人大代表在监督上的不作为、难作为。这种不作为、难作为对我国政治生态造成了十分严重的影响。第一，使权力运行缺乏有效监控，导致权力滥用和腐败现象的发生，极大地败坏了党风政风。第二，导致与宪法相违背的行政法规和地方性法规横行于世，侵害人民的权利，影响社会的公平正义，败坏社会风气。第三，造成权利与权力的失衡。人大是人民的委托机关，人大对“一府两院”和宪法实施的监督权是人民当家作主、管理国家事务权利的直接体现。人大监督乏力所削弱的是人民的权利，伤害的是以人民为中心的价值理念。事实上，包括人大监督在内的我国权力监督体制机制还存在不少问题，如监督机构缺乏应有的权威性和独立性；公民监督缺乏有效的配套程序；在监督方式上，以自上而下的监督代替平行与自下而上的监督；偏重事后监督，疏于事前和事中监督；等等。这种状况说明，我国的监督体制改革还不能满足人民的期待，在一定程度上影响着以人民为中心的价值理念的落实，由此造成政治生态的污染、失衡和紊乱。

① 《中华人民共和国宪法》，第六十二条、第六十七条、第七十二条，中国人大网，http://www.npc.gov.cn/npc/xinwen/2018-03/22/content_2052621.htm，2018年3月22日。

（二）政治行为不正当导致政治生态污浊

作为政治行为主体，党和国家在革命、建设和改革中以人民为中心制定和实施的政治决策使中国人民站起来、富起来并迈向强起来的新时代，也形成了中国独特而健康的政治生态。但是，作为政治主体个体，某些官员或党的领导干部的政治行为却偏离甚至背离了以人民为中心的价值理念，导致政治生态乱象丛生。一是官本位倾向严重。所谓官本位，“就是把官当做人生价值的最高体现，把官职当做衡量人生是否成功的标准”[①]。官本位的价值取向给整个政治生活带来了负面导向，这就是一切围绕官帽转。为了晋升官职，或者劳民伤财，大搞形象工程；或者跑官要官，拉关系、找后台、抱大腿；或者买官卖官、行贿受贿。这种以官为中心的官本位价值取向，丢掉了“以民为本”的优秀传统，背离了以人民为中心的理念，由此造成了带病提拔、任人唯亲、官官勾结、权钱交易等政治生态乱象。二是人身依附关系固化。在政治生活中，正常的同志关系和上下级关系被帮派化、私人化，形成了“老板与佣工”“主人与仆人”“主子与家臣”式的人身依附关系。人身依附的实质是权力依附，结帮抱团的目的是帮派利益。这种以权力为中心、以私利为纽带的关系，导致公共权力私有化。它从根本上背离了权力的人民性，丢弃了以人民为中心的理念，造成集团性、群体性、地域性“窝案”或“塌方式”腐败。三是为官不作为现象日益普遍。随着国家治理体系现代化的推进和反腐压力的持续递增，有些官员产生了“为官难做”的怨言。在工作中，有的官员患得患失、只求自保，为保证少惹事、不出事，宁愿少干事、不干事。有些官员对党和国家政策消极抵抗，对本职工作被动应付，当一天和尚撞一天钟，慵懒、懈怠、颓废，尸位素餐；有的官员是选择性执行，对自己有利的事情就干，无利的就推诿回避；在不能做乘机获利之事的情况下，该办的事情也久拖不决，甚至玩忽职守；有些官员畏难惧险，缺乏改革创新、干事创业、攻

① 王长江：《民主是良好政治生态的要件》，《探索与争鸣》，2015年第6期。

坚克难的勇气和能力，使问题成堆，积重难返。为官不作为的根本错误，在于其偏离了以人民为中心的价值取向，考虑问题的出发点不是人民利益而是个人利益，已经丧失了向人民负责、为人民服务的责任意识和担当精神。这种为官不作为现象已成为破坏政治生态的新的污染源。如果“干和不干一个样”“干多干少一个样”成为一种风气，那么，不作为将会被官员视作缓解政治风险和压力的成本最低的选择，并且会相互传染而引发政治生态的不良反应。四是腐败现象仍不时发生。在前段时间“老虎”“苍蝇”“狐狸”一起打的强力反腐下，反腐效果显著，形成了使掌权者不敢腐的高压态势；但是，由于使掌权者不能腐、不想腐的机制尚不完善，腐败现象仍不时发生。腐败的本质是公共权力的异化和变质，以权谋私、滥用权力是腐败的基本特征。“腐败分子往往集政治蜕变、经济贪婪、生活腐化、作风专横于一身”[①]，无视党纪国法，吞噬人民利益，践踏人民权利，侵蚀政府公信力，败坏党风、政风和社会风气，对政治生态所造成的是全方位的破坏。五是“四风”问题改头换面。随着中央八项规定、六项禁令的颁布执行和党的群众路线教育实践活动的开展，“四风”问题得到有效整肃。但是，在新形势下“四风”问题却出现改头换面、“转型升级”、以新的形态出现的势头。如看起来忙忙碌碌，实际上不干正事；形式上轰轰烈烈，实质上空洞无物；口头上豪言壮语，现实中却畏首畏尾；表面上积极主动，私底下却偷奸耍滑；程序上规规矩矩，实质上却独断专行；表面上勤俭节约，事实上却挥霍无度；等等。官场上大量存在的这种“双面人”的现象，实际上都是“四风”新的表现形式。“四风”问题的实质是脱离群众，它直接败坏政治风气和社会风气，污染政治生态。

① 习近平：《在庆祝中国共产党成立95周年大会上的讲话》，《人民日报》，2016年7月2日。

三、优化中国政治生态的现实路径

优化中国政治生态的目的是更好地坚持以人民为中心的价值理念，更好地彰显中国政治生态的鲜明特性。要坚持和落实以人民为中心的理念，形成“干部清正、政府清廉、政治清明”的良好政治生态，必须坚持党的领导，着力净化党内政治生态；完善监督机制，把权力运行规范到为人民服务的轨道上；构建领导干部践行群众路线的压力和动力机制，保障其“利为民所谋、权为民所用”。

（一）坚持党的领导，着力净化党内政治生态

中国共产党是执政党和领导党，中国政治生态的优劣取决于党内政治生态状况。以人民为中心着力改善政治生态，必须坚持党的领导，净化党内政治生态。党的十八大以来，党中央以整顿吏治和作风建设为突破口，严厉整治“四风”行动，以高压态势惩治腐败，使党内政治生态得到明显改善。但是，治理被污染的政治生态并非一日之功，要彻底净化党内政治生态，保持党的纯洁性、先进性和战斗力，还需要着力做好以下根本性的工作。

1. 发展党内民主，实现党内政治生态平衡

党内民主的核心要义之一就是“强调党员在党内主体地位”[①]。从党内权力体系和制度设计来看，由特定的少数党员和党组织来行使权力，由广大党员行使选举和监督的权利。权力与权利相制衡，是党内政治生态平衡的目标。虽然党章党规规定了党员的各项权利，但是，由于其落地的程序、机制、技术和方法还比较缺乏，直接导致了党员的选举权、监督权等基本权利的虚置，使党内权力过分集中，造成党内政治生态的失衡。因此，必须强调党员主体地位，发展党内民主，一是要认真对待党员的权利，尤其

① 汪玉凯：《十八大以来民主集中制的再发展》，《济南大学学报》（社会科学版），2017年第3期。

是党员的选举权，严格执行和落实党章规定的民主选举制度，建立党内民主授权机制，实现干部制度的民主化和科学化，探索一条中国特色的“组织提名、群众选择、差额选举”的“民主新路”[①]。二是要建立相应的制度机制，改变过去只是对党员权力进行笼统规定、原则要求的状况，要明确、细化党员的权力，对其作出细致的程序安排，比如对领导干部的质询、审计、罢免等作出关于人员、时间、地点、步骤、结果等一系列可操作的程序性规定，在党内活动中真正体现出“党员—领导”的委托代理关系。三是要合理配置党内权力，健全党内集体领导制度。严格遵守党章的规定，真正实现党的代表大会与委员会之间的授权与受权、领导与被领导、监督与被监督的关系，形成党的委员会成员之间分工合作、集体领导的关系。

2. 抓住“关键少数”，实现党内政治生态的个体净化

党内“关键少数”尤其是一把手往往决定着一个地方或单位党内政治生态的优劣。要营造良好政治生态，一是要选好用好“关键少数”。选人用人是政治生态的风向标，“用一贤人则群贤毕至，见贤思齐就蔚然成风”[②]，“一把手”的率先垂范是营造良好政治生态的前提。因此习近平总书记要求各级党委及组织部门，要“坚持正确用人导向，真正让那些忠诚、干净、担当的干部得到褒奖和重用，让那些阳奉阴违、阿谀逢迎、弄虚作假、不干实事、会跑会要的干部没市场、受惩戒，倡导清清爽爽的同志关系，规规矩矩的上下级关系”[③]。二是要实现“关键少数”的主体约束和个人净化。习近平总书记对此做出了全面而严格的要求：“领导干部要坚守正道、弘扬正气，坚持以信念、人格、实干立身；要襟怀坦白、光明磊落，对上对下

① 刘红凛：《“对上负责”与“对下负责”何以兼得》，《人民论坛·学术前沿》，2013年第1期（下）。

② 盛若蔚：《习近平在全国组织工作会议上强调建设一支宏大高素质干部队伍确保党始终成为坚强领导核心》，《人民日报》，2013年6月30日。

③ 习近平：《在第十八届中央纪律检查委员会第六次全体会议上的讲话》，《人民日报》，2016年5月3日。

讲真话、实话；要坚持原则、恪守规矩，严格按党纪国法办事；要严肃纲纪、疾恶如仇，对一切不正之风敢于亮剑；要艰苦奋斗、清正廉洁，正确行使权力，在各种诱惑面前经得起考验。”[①]

3. 全面从严治党，形成干事创业的良好氛围

全面从严治党就是对政党系统内各要素的建设以及对系统内部各要素之间关系结构的改善，而在这一过程中所形成的良好环境和风气及其对党员干部的正向导向作用，就是在净化和改善党内的政治生态[②]。因此，全面从严治党是改善党内政治生态的根本途径。为此，一要严肃党内政治生活。严格执行党章规定的关于党内政治生活的各项规定，积极开展批评与自我批评，改变党内政治生活庸俗化、随意化和平淡化现象，增强党内政治生活的政治性、原则性、时代性和战斗性，使党内政治生活成为党员干部之间相互监督、相互批评的有效平台。二要严明党的纪律和规矩。首先，党内法规条文要科学严谨，组织纪律要严明；其次，党规党纪的执行要严格，对于违反党章党规、违反组织纪律的党员和行为，措施要严厉，要出真招、动真格；再次，政党精神文化和价值追求要严肃而崇高，要坚持实事求是精神、民主集中制原则、法治精神、全心全意为人民服务的价值目标等。通过全面从严治党，形成严于律己、走正道、谋正业的好风气，形成勇于担当、敢于创新的大环境，形成公正为民、风清气正的大气候，形成“三严三实”、干事创业的好氛围，使党内政治生态得到切实有效的改善。

（二）完善监督机制，把权力运行规范到为人民服务的轨道上

权力滥用、腐败蔓延、“四风”猖獗、为官不为、人格依附等政治乱象及其所引发的政治生态危机，从本质上来说是权力运作失控、失范、失信的结果。能否把政治权力规范到为人民服务的轨道上，统一到以人民为中

---

① 《习近平在中共中央政治局第十六次集体学习时强调，坚持从严治党落实管党治党责任，把作风建设要求融入党的制度建设》，《人民日报》，2014年7月1日。

② 王彩云：《以净化党内政治生态为途径推进全面从严治党》，《中共浙江省委党校学报》，2017年第1期。

心的要求上，是治理政治生态的关键。因此，必须加强权力监督，在开发利用现有制度资源的基础上，进一步构建和完善权力监督的长效机制，为保持以人民为中心的政治生态的独特优势提供制度机制保障。

1. 以法律规制权力，形成权由法授、依法用权的习惯

政治生态恶化的根源在于权力失范。治理政治生态，就要用法律规制权力，把权力关进制度的笼子里，形成权由法授、依法用权的法治思维和法治方式。第一，用法律划清权力边界。推进权力清单和责任清单的立法工作，使政治主体职能法定化，形成“法定职责必须为、法无授权不可为”的边界意识。第二，用法律规范权力运行。推进行政程序立法，规范行政行为的实施方式、步骤和时限；依法规范决策机制，“把公众参与、专家论证、风险评估、合法性审查、集体讨论决定确定为重大行政决策法定程序”①，并使其纳入组织法体系。第三，用法律惩戒擅权怠权行为。一方面，法无授权不可为。公共管理人员尤其是党的领导干部要依照权力清单、在法定权限内使用权力，谨防越权、擅权、乱作为；建立严格的问责制度，对权力失范行为依规依法进行严肃处理和责任追究。另一方面，法有授权不可怠。公职人员必须切实履行法定职责，克服懒政怠政思想，切勿为官不为。加强监督问责，对失职失责行为要依规依法严肃处理，营造勇于负责、敢于担当、真抓实干的政治生态。

2. 强化人大监督，促使权力阳光运行

我国人大可以监督“一府两院”，可以监督立法，其监督范围之广、内容之多在世界各国议会中都不多见。这是我国人大制度的优越性所在。我们应充分利用这种制度优势，发挥人大的监督作用。一是充分发挥人大的宪法监督功能。党的十九大第一次将“推进合宪性审查工作”纳入党的重要文件，对人大的宪法监督工作提出了新要求。2018年3月中共中央印发《深

① 《中共中央关于全面推进依法治国若干重大问题的决定》,《人民日报》，2014年10月29日。

化党和国家机构改革方案》，将“全国人大法律委员会”更名为“全国人大宪法和法律委员会”，并规定在其继续承担统一审议法律草案工作的基础上，增加“推动宪法实施、开展宪法解释、推进合宪性审查、加强宪法监督、配合宪法宣传等职责”，专门赋予了其合宪性审查的职责。应该说，这是人大组织建制中设立的专司宪法监督的专门委员会。在获取授权的基础上，全国人大宪法和法律委员会应尽快完善并启动宪法监督的机制和程序，通过追究违反宪法的行为，撤销与宪法相抵触的法律法规，以捍卫宪法的神圣性和权威性。二是修改完善相应法律，赋予人大现有的专门委员会以调查监督权，如有权监督政府各项活动，要求政府提供资料、接受调查；可以运用听取汇报、直接参加有关部门的会议、举行听证会、向相关政府部门官员提出质询等多种方式进行调查监督等，从法律上赋予人大专门委员会监督职能，以改变现在人大专门委员会只是研究、审议和拟定议案的现状。三是建立健全人大监督程序。把宪法和地方组织法赋予各级人大及其常委会的监督权力，如质询权、罢免权和特定问题调查权等，逐一逐项地细化，为每项监督权的行使制定出具体的便于操作的实施细则。四是改革人大的组织制度和会议制度。我国人大代表是兼职代表、数量多、专业素养较低、人大会期短等都是人大监督功能的制约因素。目前在推行人大代表专职化改革遭遇理论和法律瓶颈的情况下，建议扩大各级人大常委会的数量，增强人大常委会的实质性职权[①]，如强化其财政控制权、审计监督权等；减少全国人大代表人数，在减少数量的同时提高人大代表的质量，即注重人大代表履行职责的素质和能力；酌情延长人大会期，从程序上安排监督议案的提出和审议等；由此增强人大的监督职能。

3. 疏通社会监督通道，构建有效的外部监督机制

2018年3月，根据中共中央印发的《深化党和国家机构改革方案》及新

---

① 何俊志：《作为一种政府形式的中国人大制度》，上海：上海人民出版社，2013年版，第173页。

修订的宪法，国家将监察部、国家预防腐败局、最高检的相关反腐败职责进行整合，组建了国家监察委员会，同中央纪律检查委员会合署办公，实现了党内监督和国家机关监督、党的纪律检查和国家监察的有机统一。整合监督职能，增强监督合力，是我国监督体制机制改革的主要方向。所以，在整合内部监督部门及职责的同时，还应该疏通现存社会监督资源的制度通道，充分发挥社会监督的作用：一是加强媒体舆论监督，制定相关法律，以法律的形式把媒体的监督权固定下来，使大众传媒对政治权力及其运作行为进行监督；二是建立定期的民主评议官员制度，增强公民对单位领导或当地干部人事安排的评议权和话语权；三是有效利用网络平台打造网络化的监督体系，使多元监督主体纳入共同的监督网络之中，便于即时沟通、掌握相关信息并快速行使监督权力，便于实现事前监督和事中监督。

（三）构建领导干部践行群众路线的压力机制，形成“利为民谋、权为民用”的氛围

我国政治生态恶化的主要表现就是脱离群众。群众路线是党及其领导干部密切联系群众的法宝，是党在长期革命斗争中形成的一笔重要政治财富。对于改善政治生态而言，群众路线这一既有宝贵资源的创造性转化和创新性发展具有重要作用。采用践行群众路线的新方法新技术，构建践行群众路线的压力和动力机制，是保障决策和选人用人的人民性，形成“利为民谋、权为民用”工作作风的必要途径。

1. 创新践行群众路线的方式方法，保障决策的人民性

践行群众路线是优化决策制定和决策实施，保障决策的人民性的根本途径，也是避免公共政策脱离或悖逆民意的必要手段。而要尊重、顺遂民意，就必须深入群众，了解民意。这就要求党员干部下基层、进农户，与群众打成一片，与群众形成同呼吸、同命运、共患难的血肉联系，并在这一过程中倾听群众的呼声，体察民情、问询民需、了解民意。可以肯定地说，群众路线的这种原则要求与传统做法是十分正确的，而且，在我国社会结构单一化、均质化和整体化的情况下，这种直接朴素的方法也发挥了

极为突出和良好的作用，成为汇集民情民意、密切干群关系的极有效率的手段。然而，在当代中国，经过40年的改革开放，社会结构发生了重大变化，社会分化和分层明显，不同群体间的利益矛盾日益突出，非均衡利益格局已经形成。在这种条件下，要想真实、全面、客观地了解和掌握民意，就必须在坚持群众路线价值原则的前提下，既使用老办法，又要创造新方法，采用新技术，创建新机制，以保证决策的公正性、人民性，保障“利为民所谋”。第一，要根据不同地区、不同阶段的重点任务，因地制宜、因时制宜，充分发挥原有方式方法的作用。在目前全面建成小康社会的关键时期，深入群众，了解民情民意，需要重点联系贫困地区和困难群众，打好脱贫攻坚战。如建立领导干部联系点制度，领导干部定点联系贫困地区，帮助群众解决问题，带领群众脱贫致富；选派驻村第一书记实施精准扶贫，切实帮扶贫困村走上富裕之路；党员干部与本地区贫困户“结对子”，帮扶困难群众尽快脱贫；各级领导干部定期下基层调查研究；等等。这些践行群众路线的既有方法在新形势下仍发挥着巨大作用。第二，建立并发挥专业调查中心或民意调查机构的作用，运用专业队伍、科学方法对国情社情民情进行调查。党和国家要依托党务政务部门、学校、科研院所、社会组织所成立的调研中心、民意调查机构、智库等，采用科学方法和专业技术，设计调查问卷和访谈提纲、选取样本、培训调查员、深入基层、入户调查，并进行数据录入、数据分析工作，以掌握经济社会综合发展或某一方面发展状况的一手数据，客观、精准把握国情社情民情，依靠智力支持进行决策。第三，建立健全制度化的利益表达与利益综合机制。在目前群众主体多元化、诉求多样化以及维权意识不断提高的情况下，要保障公共政策的人民性，就必须建立和完善能够容纳包括基层社会组织、地方各级党政组织、民主党派与政治社会团体、大众传媒、人大代表和公民个人等各种利益表达主体在内的机构和机制，搭建形式多样的协商、交流平台，为不同偏好的表达、不同声音的传输、不同意见的综合提供多样化的制度通道，完善利益表达与利益综合的制度和机制，形成利益表达与决策中枢之间的互动格局。

2. 构建践行群众路线的压力机制，保证选人用权的人民性

践行群众路线的重要性毋庸置疑。但关键问题是如何才能保证党的领导干部能持续践行群众路线。在革命战争年代，由于外部残酷斗争的压力，中国共产党与人民群众结成了血肉相连、生死相依的关系，走群众路线是我党生存和发展的常态。但是，随着外部斗争压力的消失，随着党的执政地位的巩固，尤其是随着市场化的不断推进和社会转型期的接踵而至，一些领导干部的群众观念逐渐淡薄，出现了严重脱离群众、大搞特权、公权私用、权钱勾结的腐败问题，直接损害了人民利益，严重污染了政治生态。要避免这种情况，必须增强领导干部践行群众路线的压力和动力。第一，加强思想政治教育。要加强党员干部对政治思想理论、党章党规和习近平新时代中国特色社会主义思想的学习和实践活动，以坚定理想信念，提高党性修养，强化党员干部践行群众路线的自觉性。这是一条有效途径，十八大以来开展党的群众路线教育实践活动、“三严三实”专题教育、“两学一做”学习教育活动所取得的成效即是明证。第二，推进干部人事制度的民主化改革。要建立“党管干部”与“民选干部”的统一机制，在选人用人上实现党的领导与人民当家作主的统一。首先，由党向人民提供可供选择的德才兼备的领导干部人选，即各级党组织负责培养、考核、选拔干部，根据组织原则把好选人用人关，把“信念坚定、为民服务、勤政务实、敢于担当、清正廉洁”[①]的人选拔出来并推荐给人民。其次，由人民直接或间接（通过人大）行使选举权，把权力授予自己信任的人。这种机制的合理性在于，它既坚持了党的领导，又尊重了人民的选择权。一方面，共产党把忠于党的纲领和目标的政治精英推荐给人民，实现了党对国家和社会的领导，体现了“党管干部”；另一方面，人民把自己满意的、能够为自己服务的人选举到各级领导岗位上，由他们代表人民决定和管理国家事务，也

① 《习近平谈治国理政》，北京：外文出版社，2014年版，第412页。

体现了“民选干部”[①]。这一机制为领导干部践行群众路线增加了双重压力，从根本上保证了选人用权的人民性，在“权为民所授”的压力下迫使其必须做到“权为民所用”，同时也有助于改变“对上负责、不对下负责”“上谄下骄”“媚上欺下”的官场恶习。

［原文发表于《济南大学学报》（社会科学版）2018年第3期，人大复印报刊资料《中国特色社会主义理论》2018年第8期全文转载］

① 王彩云：《国家治理现代化目标框架下干部人事制度改革研究》，《理论探讨》，2015年第2期。

“法律逻辑”的本土化探究

吕玉赞　焦宝乾*

一、法律逻辑的本土化需要建构一种新型法律逻辑

随着时代的变化不断地进行国际化和本土化，是法律诞生、发展和演变的一个基本规律。在形式逻辑的意义上，法律逻辑作为一种一般性的思维模式，肯定没有中西之分，更没有所谓的中国法律逻辑，但如果将法律逻辑理解为基于非形式逻辑的应用逻辑或论证逻辑，那么从西方法律思维和法律论证中生长出来的法律逻辑未必适合中国法律实践，所以就需要西方法律逻辑在中国落地生根，即进行法律逻辑的本土化和实践化转向，从而建立能够描述和指引中国法律实践的法律逻辑。倡导法律逻辑的本土化，首先需要对法律逻辑进行准确定位。法律逻辑本身并不是一个能够完全从逻辑的角度来加

---

* 吕玉赞，法学博士，华东政法大学法律方法研究院讲师；焦宝乾，浙江大学光华法学院教授，博士生导师。

本文系国家社科基金重大项目“马克思主义法学方法论研究”（项目编号：11&ZD077）阶段性成果；上海市哲学社科规划项目一般项目“《法律解释法》的意义、思路与框架研究”（项目编号：2017BFX008）阶段性成果。

以界定的概念。正如存在不同的逻辑系统，它们本身并没有优劣之分，所以不同法律逻辑学者对于法律逻辑也存在不同的理解。有学者甚至认为，根本没有什么“原本的”法律逻辑，究竟如何界定法律逻辑只是个合目的性和适当性的问题[①]。倘若如此的话，法律逻辑的本土化注定将是一个根本无法证成的虚假命题。因为，法律逻辑的本土化意味着，要对移植于西方的特定“法律逻辑”以中国法律实践和法学研究为问题导向进行创新和再造。

如果法律逻辑只是“逻辑原理加案例”，在传统逻辑的框架中套入法律规范予以适用，那么，法律逻辑就是“适用于法律科学的普通逻辑”，或“适用于法律发现框架之形式逻辑规则的理论”[②]。如此一来，所谓的“法律逻辑”其实不过是给传统逻辑学披上了一层法律的外衣，其结果就使得法律逻辑成了传统逻辑的附庸，而并非一门真正独立的学科。无论如何标榜对这种法律逻辑进行巧妙的“本土化”，充其量也只是将国外案例置换成中国案例，所生成的也只是普遍逻辑的特殊部分。这也就意味着，法律逻辑根本不具有在中国落地生根的可能性，更不可能从中国法律实践中挖掘出对中国具有特殊解释力的法律逻辑系统。

因此，法律逻辑的本土化要求我们首先必须证成“一种不同于普通逻辑的法律逻辑是可能的”这一前提。只有如此，我们才能真正地推行法律逻辑的本土化和实践化，建构一套能够切实刻画和指引中国法律实践的特定法律逻辑系统。

为了从更大的范围上证成法律逻辑的可能性，我们需要以新兴学科为基础，借鉴、整合古典逻辑、形式逻辑、实质逻辑、应用逻辑、现代逻辑、道义逻辑、规范逻辑、实践逻辑和非形式逻辑等多元逻辑工具，创建一种能同时涵盖立法、司法和法教义学的特殊的新型法律逻辑。这种新型法律

---

① 雷磊：《法律逻辑研究什么？》，《清华法学》，2017年第4期。

② ［德］乌尔里希·克卢格：《法律逻辑》，雷磊译，北京：法律出版社，2016年版，第7—9页。

逻辑包括彼此关联的三个逻辑层次：立法逻辑、司法逻辑和法学逻辑。

立法逻辑着重阐述科学立法的逻辑准则和基本方法，以揭示逻辑在立法领域中应有的地位与作用。立法的最终目的是要将法律规范命题适用于真实个案并解决实际法律纠纷。因此，科学立法首先要逻辑立法，而逻辑立法必须做到法律词项的明晰性、法律命题的恰当性以及法律体系的一致性、完备性和可判定性。同时，“逻辑立法”之“逻辑”，并不必然是指形式逻辑，它还可以是非形式逻辑或论证理论①。尽管命题逻辑、谓词逻辑、类逻辑、组合学、模态逻辑、量子逻辑、道义逻辑、关系逻辑以及模糊逻辑都可以作为法律规范的适用条件、立法概念、法律规范（体系性）结构与性质以及法律关系等问题之“形式分析”的逻辑手段，不过道义逻辑一直被认为是其中最常用、最有效的研究工具。借助道义逻辑，不仅可以建构一种特殊的规范逻辑和立法逻辑，而且还可以探索法律概念的逻辑分类，揭示法律规范命题的可废止性，分析法律规则之间的文本关系或句法关系②。除此之外，人工智能推理中的非单调逻辑不可以用以刻画法律规范的动态性，非单调逻辑中的偏好模型加上模态算子的恰当引入，能够很好地解决规范的不一致性以及规范标准的建构问题。

司法逻辑是目前法律逻辑最主要的研究对象，其主要任务在于解决证据发现、法律获取、裁判结论的证成问题。司法逻辑是处于法律思维核心的法律认识论范畴。它所反映和处理的是人与人之间复杂的权利和义务关系，比其他法律逻辑更需要通过辩论、证明或论证，以达到弄清事实真相、做出公正判决的目的。司法逻辑具有思维与实践相统一的辩证特点，它是特定主体在法律实践中，从已知的前提材料合乎逻辑地推想和论证新法律结论的思维活动，其本质特征是特定主体在法律实践中所进行的具有实践

① 熊明辉、杜文静：《科学立法的逻辑》，《法学论坛》，2017年第1期。

② See Giovanni Sartor, Legal Reasoning: A Cognitive Approach to the Law, The Netherlands, Springer, 2005, p.208.

性、创造性的思维活动[①]。司法逻辑主要研究两种推理类型：事实推理和法律推理。事实推理，是围绕事实争点和证据争点所展开的推理，旨在确认证据事实，并基于证据事实确认案件事实，以此作为裁判小前提，从而为司法判决准备事实上的根据和理由。对于如何理解事实推理以及其中的相关性概念，沃尔顿作出了重要贡献。他将事实推理作为一种动态的、受规则约束的、目的取向型会话，并增添了对于回溯法和似真推论的分析，从而为我们理解事实推理各步骤之间的关系提供了重要的洞见[②]。

法律推理，是围绕法律争点所展开的推理，其包括两种不同类型的推理：一类是“有关法律的推理”，即确定什么是可适用的法律规范的推理；另一类是“根据法律的推理”，即根据寻找到的法律规范推导裁判结论的推理。前一种推理又称为法律获取推理，它不是为了产生逻辑上精确的判断，而是为了得出合理的判断。因此，这种推理主要是一种“探索型”推理，具有非形式逻辑或论题逻辑的特点，它的推理图式主要包括“类比推理”“反面推理”“正面推理”“归谬论证”等“准逻辑论证”。后一种推理又称为法律适用推理，其主要任务是将确认的案件事实和法律规范结构化为各种论据，并运用不同论证型式推导、证成法律适用结论。因此，它主要是一种“论证型”推理。

同时，法律适用推理还可以被划分为两种彼此关联的逻辑活动：一是从大小前提推导法律适用结论的逻辑结构以及这种推导的逻辑有效性；二是运用法律解释、利益衡量、法教义学等法律论辩方法证成前提本身的可接受性。前者被称为“一阶推理”，后者被称为“二阶推理”。命题逻辑、谓词逻辑、现代符号逻辑公式、真值函项运算等形式逻辑可放在“一阶推理”中使用，从而完成法律适用推理的形式化或系统化。修辞学、语用学、

---

① 参见张保生：《论法律推理的本质特征》，《吉林大学社会科学学报》，1999年第3期。

② ［美］道格拉斯·沃尔顿：《法律论证与证据》，梁庆寅等译，北京：中国政法大学出版社，2010年版，引论VIII–XIII页。

辩证法、论题学、言语行为理论、人工智能、商谈理论等非形式逻辑可安置在“二阶推理”，负责法律适用推理的合理化。

法学逻辑是法教义学中所运用的旨在于法律知识之体系化的一种法律逻辑。“和其他任何一门科学一样，法学的任务也是理解它的研究对象，找出其中的法则，创造出概念，厘清不同现象之间的渊源关系和相互关联，最终将这些认识归结为一个简单的体系。”[①]逻辑自身是与体系化相关的：它决定了某一系统语形与语义的特点，并且，人们要在这一框架之内描述论证的合理性程度[②]。因此，在任何逻辑系统中都能够发现这三种构成要素：一是要有一个形式上特定的语言；二是要有关于这种语言的解释，即它的形式语义，其中每个合式公式都指定了它为真的含义；三是要有一个超越该语言而定义的推理装置，一般而言，这个装置打算只用来证成哪些根据语义有效的推论[③]。法律逻辑本身是否隐含着领域或视角的限制，法律逻辑是一种法学逻辑、司法逻辑还是两者的统一？有学者区分了法学与司法，认为法学领域的逻辑化能获得部分成功，法学比司法更有可能实现逻辑形式化[④]。笔者认为，虽然逻辑对于法教义学和法律实践都发挥着根本作用，但在具体的逻辑操作上，两个领域进行的并非同类型的思维运算。如果说司法逻辑可以归为法律逻辑的第三种构成，那么，法学逻辑便属于它的第一种和第二种构成。法教义学的基本构造是一个基于“否定禁令”的前提以及一套以此为基础的推理和检验体系[⑤]。法教义学一方面，通过命题逻辑、

① ［德］J. H·冯·基尔希曼：《作为科学的法学的无价值性——在柏林法学会的演讲》，赵阳译，《比较法研究》，2004年第1期。

② ［以］约瑟夫·霍尔维茨：《法律与逻辑：法律论证的批判性说明》，陈锐译，北京：中国政法大学出版社，2015年版，第13页。

③ ［荷兰］亨利·帕肯：《建模法律论证的逻辑工具：法律可废止性推理研究》，熊明辉译，北京：中国政法大学出版社，2015年版，第11页。

④ 雷磊：《什么是法律逻辑——乌尔里希·克卢格〈法律逻辑〉介评，《政法论坛》，2016年第1期。

⑤ 陈辉：《德国法教义学的结构与演变》，《环球法律评论》，2017年第1期。

谓词逻辑、道义逻辑、模态逻辑、关系逻辑、人工智能等“逻辑媒介”，即借助一个内在体系的逻辑操作和奠基，将纯粹实证的原材料组织为相互关联的知识整体；另一方面，塑造一种受法律教义的一般权威约束的特定法学逻辑，从而为立法逻辑和司法逻辑提供形式上特定的形式语义以及关于这种语言的解释。

法学逻辑虽然也涵盖立法活动和司法裁判，但它的研究立场与立法逻辑和司法逻辑存在明显的对立。立法逻辑对法律规范之体系结构与逻辑关系等问题的分析是为了更好地制定法律，虽然在整体上不能与宪法等既有法律体系相冲突，但本身并不分享法学逻辑的法律实证主义立场。法学逻辑虽然也会以法律命题（教义学语句）的形式为疑难案件提供建议，但法教义学并不关注具体案件中的法律推理，法律方法也并非法教义学的操作方式。因此，法学逻辑、立法逻辑和司法逻辑尽管存在研究对象上的重合，但它们探讨的是不同面相的逻辑问题，所建构的也是完全不同的法律逻辑系统。

二、法律逻辑为何需要本土化

新型法律逻辑不仅对法律逻辑在立法、司法和法教义学领域的实践转向予以了集中回应，而且证成了一种有别于普通逻辑的特殊而自洽的法律逻辑的可能性。法律实践是一个远比纯粹地在理论上“独白式地”建构法律系统的逻辑问题更加复杂的论证领域。法律逻辑自身的实践理性特征决定了，法律逻辑只有立基于中国法律实践，才能顺应法律逻辑的“实践转向”，创建一套中国所特有的法律逻辑系统。同时，法治中国建设，所推出的“加强裁判文书释法说理”“智慧法院建设”“法律统一适用”等一系列法治改革，也亟须法律逻辑的本土化。

首先，法律逻辑本土化是顺应法律逻辑“实践转向”的必然选择。作为一种实践理性，法律逻辑的知识兴趣在于寻求法律实践一法律裁决领域中的“法理”，此种“法理”是一种有“案件关联性”（Fallbezogenheit）的“法理”，有语境限定的“法理”，而不是（像逻辑或哲学那样）在一般意义或者在非语境意义上探讨终极意义上的“法理”或“法理”的（理论）逻辑[①]。法律逻辑的发展历程表明，机械的演绎逻辑观终将被抛弃，取而代之的是一种不断适应法律开放属性的动态的和发展的逻辑观。20世纪70年代以来，非形式逻辑、修辞学、语用学、人工智能、社会心理学、认知科学、概率论、谬误理论、话语和会话分析等新兴学科，充分揭示了法律推理的语用性、不确定性和可废止性，从而在整体上推动了法律逻辑的“实践转向”（practical turn）。“只有将逻辑理论在真实的论证实践中进行检验，而不是仅仅照搬某些哲学家的理想理论，我们才能最终建构起一幅新的逻辑学图景。”[②]当代法律逻辑已不再单向度地追求法律推理的形式刻画，而是“一种既包括微观推理形式，又涵盖宏观论证结构，既兼顾语义、语形维度，而又更强调语用维度，并整合了逻辑、修辞、论辩三要素的广义逻辑”[③]。

这种广义的法律逻辑是逻辑学不断以新的形态适应法律实践要求的具体体现，而这也恰是法律逻辑的旨趣和归宿。法律逻辑的最终目的是给广大的法律工作者提供一种强有力的智力工具。法律逻辑的实践理性特征决定了，中国语境下的法律逻辑研究，不管是主动还是被动，都必须从中国的法律实践出发，寻找一套能够切实表达、刻画和指引中国立法、司法和法学研究的逻辑工具。只有如此，中国的法律逻辑研究才能重构一种符合中国法律实践的法律逻辑，才能顺应法律逻辑研究的“实践转向”，而不仅仅是“西方法律逻辑在中国”或者“普通逻辑在中国”。

法律逻辑并非纯理论性的学科，而是一门理论与实践相结合的工具性学科。虽然我国学者还未明确提出法律逻辑本土化的命题，但是并不意味着他们忽视了法律逻辑本土化的必要性。越来越多的中国学者开始认识到，

① 舒国滢：《逻辑何以解法律论证之困？》，《中国政法大学学报》，2018年第2期。

② Toulmin, S. E., The Use of Argument, Cambridge University Press, 1958, p.10.

③ 陈曦：《何种法律逻辑——一种实践论视角的解释》，《中国政法大学学报》，2014年第5期。

法律逻辑是逻辑思维与法律思维相互融贯形成的一种特殊学问，法律逻辑是研究法律思维主体在法律领域运用逻辑方法分析、解决法律问题的一门独立科学，具有与普通逻辑学不同的特征和功能。法律逻辑不仅仅是思维规律的科学，不仅仅是从形式方面去研究概念、判断和推理，而主要是研究其实质内容。法律逻辑的宗旨在于，紧密联系法律实践、法律运行和法律适用，推进和实现逻辑学与法学尤其是与法理学和法学方法论之间的对接与融合，突出法律思维的逻辑形式与方法的特殊性。因此，人们应当从法律思维领域出发寻求对法律逻辑的研究对象以及基本体系这些重大理论问题的理解与回答①。不过，相较于西方法律逻辑自20世纪70年代就已经开始的“非形式逻辑运动”，我国法律逻辑的实践化还存在诸多迫切需要通过法律逻辑的本土化予以弥补。

在西方法律逻辑的刺激下，近年来我国开启了从语用学、言语行为理论、论辩学、商谈理论、修辞学、非形式逻辑、人工智能、对话理论等学科视角研究法律逻辑的新思路，但二者之间存在相当程度的“两张皮”现象，没有产生所期待的跨学科研究的创新效应。有些研究只是将法律逻辑作为例子去诠释或说明某一逻辑观念，而没有从具体的法律实践问题出发，深入阐述这些新兴学科对于法律逻辑研究有何具体意义。因此，需要通过法律逻辑的本土化转向，经由新兴学科与法律逻辑以及法律方法论的跨学科交叉研究，深入法律思维的内部，建构一种镶嵌于我国法律实践的融贯而自洽的新型法律逻辑。

在法律逻辑研究上，我国不仅存在着两种完全不同意义的“法律逻辑学”，即教材体系意义上的法律逻辑和学科意义上的法律逻辑，而且还出现了法理学和逻辑学两种不同的研究导向。教材体系意义上的法律逻辑，通常做法是在普通逻辑的基础上加上一些法律案件，此种意义上的“法律逻辑”不过是给逻辑披上了法律的外衣，所以还算不上是真正意义上的“法律

① 王洪:《法律逻辑研究的主要趋向》,《哲学动态》，2009年第3期。

逻辑”。学科意义上的法律逻辑，是一门交叉法学和逻辑学的新兴学科，也就是“真正意义上的法律逻辑”。以法理学为导向的法律逻辑，将法律逻辑作为一种法律方法来研究，偏向于研究法律逻辑的法律化或非形式化，而逻辑学导向的法律逻辑，将法律逻辑放在形式逻辑或非形式逻辑的框架下来研究，偏向于研究法律逻辑的形式化或系统化。尽管近年来学科意义上的法律逻辑获得了巨大的发展，但是我国的法学教育和法官沿用的仍是教材意义上的法律逻辑，这致使法律逻辑处于“一种看似重要，实易空转的相对边缘地位”①。法律逻辑的形式化与非形式化研究虽然已经呈现出交叉融合的趋势，在未来非形式逻辑和形式论证理论交叉融合的背景下，法律逻辑将更加理解和适应法律的理性特质，其理论的革新和深入也必将引领和启发法律逻辑新的研究方向②，但如何将这些不同的研究方法整合在一起，从而塑造一种多功能的法律逻辑形态，实现语义、语形、语用以及逻辑、修辞、论辩在法律逻辑中的统一，而这只有借助法律逻辑的本土化才能找到具体方案。

我国学者对法律逻辑在法律规范分析、法律解释以及法律论证中的运用已经做了一些初步探讨，但依然奉行的是从逻辑到逻辑的抽象化研究，法律逻辑缺乏对诸如法律获取、法律解释、法律续造、法律论证、法律修辞等法律适用的有效介入，从而影响了法律逻辑对法律思维规则的挖掘和塑造。通过法律逻辑的本土化，法律逻辑可以深入到法律发现、法律解释、法律续造、法律推理、法律论证等法律方法的内部，从而塑造一种独特的法律逻辑思维，并且能够改变法律方法论形式主义的研究进路，提升它们的逻辑理性和可接受性。

其次，法律逻辑本土化有助于回应法治中国建设。智慧司法在互联网、

① 陈曦:《何种法律逻辑——一种实践论视角的解释》,《中国政法大学学报》，2014年第5期。

② 魏斌:《法律逻辑的再思考——基于“论证逻辑”的研究视角》,《湖北社会科学》，2016年第3期。

大数据异军突起的形势下被我们所关注，并成为当前司法改革的焦点问题。计算机本身并没有任何智慧，只有从计算机一端输入海量的司法案件资源和定型化的法律论证图式，从而生成计算器法律专家系统，才能支撑法律人工智能的运作。人工智能在我国司法实践中还属于一种辅助性、参考性工具，仍属于一种统计型、材料准备型、文字模板型的人工智能。只有当司法数据的质与量都有了充分保障，司法人工智能才可能迎来飞跃性发展。运用人工智能技术的重要前提是数据具备可识别的特征。这就需要通过人工方式事先对众多案卷材料中有法律意义的语言进行筛选分析，对属于法律上同一概念的语言进行归类整理，形成法律知识图谱，促进司法数据的结构化[①]。人类智能所面对的现实世界应用域纷繁复杂，要刻画复杂的应用域就需要有相对应的复杂逻辑系统[②]。立法逻辑和法学逻辑能够为体量庞大的司法数据提供一种融贯的体系化结构，消除司法数据之间的矛盾和重复，避免出现数据孤岛和数据壁垒，确立司法数据选择的冲突规则和优先规则。同时，司法逻辑还能够为司法数据与类案检索彼此之间的连接建构一种推理关系，协助完成案例推理、解释推理和法律证据推理的形式建模。

[原文发表于《济南大学学报》(社会科学版)2018年第6期]

① 左为民:《司法人工智能尚需实践探索》,《中国司法》，2018年第8期。
② 黄志鑫:《逻辑与人工智能》,《哲学动态》，2005年第4期。

实质法律解释的逻辑规制

戴津伟*

一、实质解释之问题本质

法律解释，顾名思义，是对法律含义的阐释与说明。既谓之解释，肯定需要对法律条文的实质内容展开阐释，在疑难案件中，还需要对多种观点予以比较、权衡与选择，得出适合当前案情之解释结论。法律解释不可能不触及实质内容，单纯从字面含义看，所有的法律解释都可谓之实质解释，绝不存在纯粹的形式解释。然而，在法律解释领域，形式解释与实质解释都已成为专用名词。形式解释与实质解释一直是法律解释领域的重要学术争论，这在刑法学界体现得尤为明显，这一争议已经在学理依据、解释立场、解释方法和解释结论等方面达到了相当精致程度。随着争论不断深入，二者分歧越发精深和隐蔽。本文无意于对这场旷日持久的争论做出

---

* 戴津伟，华东政法大学法律方法研究院讲师，主要研究方向为法律方法论。

本文为国家社会科学基金项目“体系解释的原理、方法及运用”（项目编号：17BFX165）阶段性成果。

评判，但力图透过这一争论，概括实质解释存在的隐患，揭示法律解释片面实质化的危害，结合案例，阐释实质解释之问题表现，进而从逻辑层面提出相关规制措施。

（一）实质解释的核心问题在于解释的片面实质化

自从“实质解释”出现以来，一直都是拥护与批判立场并存，支持实质解释论者主张形式解释过于强调构成要件的符合性，没有展开必要的价值判断与利益衡量，不能自如地回应当前形势下的社会需求。批判实质解释论的一方则认为实质解释片面强调合理社会效果，忽视逻辑规则，很可能以正当功能名义突破文义和体系等合法性因素的制约，容易导致恣意擅断，法外司法。

在当前司法实践中，片面诉诸目的解释与后果导向，突破文义、体系与法律原则，一味追求合理社会效果之实质解释仍然存在。时至今日，实质解释也在与形式解释的对垒中逐步精细化，大量的实质解释都是在遵循法规范体系，在法条的文义范围内，依据法律原则展开的。学界越发意识到刑法解释中的形式解释与实质解释之间并不存在根本观点分歧，这种旷日持久的论战更像是一种标签化情形下的相互误解[①]。作为刑法解释的两大阵营，二者的共同点远大于分歧，在刑法解释的任务和解释的具体方法等方面都能达成诸多共识。

刑法学界持久的形式解释与实质解释之争，砥砺辩驳，逐渐使争论的核心要点越辩越明，我们也能从中认清实质解释之“实质”问题。实质解释存在的问题并不在于粗暴地拒绝文义、体系和法律原则等合法性因素的制约，而是面临实质合理性诉求与合法性约束的冲突时，很可能会忽视这些约束，片面追求实质合理性，以正当功能与合理效果之名义，诉诸目的解

① 参见高仕银：《形式与实质：刑法解释论的进路考察及选择》，《当代法学》，2011年第6期；周详：《刑法形式解释论与实质解释论之争》，《法学研究》，2010年第3期；杨兴培：《刑法实质解释论与形式解释论的透析和批评》，《法学家》，2013年第1期。

释，倒推出一个具备实质正当性，但却合法性阙如之解释结论。

实质解释的批判者一度认为实质解释无视法条之文义，突破法条字面含义，以解释之名，行创造之实。然而，既谓之解释，必然得从法条的文字表述着手，实质解释绝非绕开文义，展开天马行空般的创造。在对实质解释论的批判中，张明楷教授对“冒充军警抢劫”的解释一直被广泛引用。张教授认为非警察的普通公民实施抢劫，按照冒充军警抢劫处理，而真正的警察以警察之名义实施抢劫，却只构成一般抢劫，但后者危害性显然更大，有悖罪刑相适应原则。怎样将真警察以警察名义实施抢劫纳入“冒充”之范畴，张教授主张可以将“冒充”分解为“假冒”和“充当”，这种情形明显不属于“假冒”，但仍然可视为“充当”。可见，实质解释论者并不是无视文义，而是按照其所理解的实质合理诉求，在法条的可能文义范围内做能动扩张解释。“实质解释论者往往是能动地看待刑法条文‘可能性语义’。然而，这样的一种能动却导致刑法实务部门在面对‘可能性语义’时，优先考虑的是惩罚必要性而非规范稳定性，从而导致在实践中解释权力的过分张扬，出现一些破坏罪刑法定原则的解释结论。”[①]即使仍然在法条的可能文义范围之内，我们也还得考虑罪刑法定原则，在存疑时做出有利于被告之解释，尽管实质解释论者观念中也有这些合法性因素，但在解释实践中很可能出现不自觉的忽视。“只要没有超出刑法用语可能具有的含义，只要行为具有处罚的合理性与必要性，即使是不利于被告人的扩大解释结论也是可以采纳的”[②]。

如何平衡实质合理性诉求与合法性保障，在二者发生冲突时，怎样对待文义和体系等合法性要素之制约，是形式解释与实质解释之争的核心问题。在刑法领域，则体现为如何理解罪刑法定原则的作用形态，围绕法益保护为中心的社会危害性与刑事违法性之间何者优先问题。“形式解释论与

① 左坚卫、王帅：《实质解释论的应用风险与应对》，《江西社会科学》，2015年第5期。
② 张明楷：《实质解释的再提倡》，《中国法学》，2010年第4期。

实质解释论更深层次的理论争锋在于：在刑事司法中如何理解刑事违法性与社会危害性的关系，究竟是坚持刑事违法性优先还是社会危害性优先这一立场选择的问题，而非解释方法的差异。坚持社会危害性理论优先的实质解释论者倾向于通过在词语的最大语义范围内探讨法条的真实含义，以结果导向引导法条的解释范围；而坚持刑事违法性优先的形式解释论者则专注于对词语的常用语义的坚守，将行为的构成要件符合性视为入罪的前提条件，并以此指导刑法的解释范围”①。

形式解释论者自觉尊重文义和体系等合法性控制因素，恪守法律原则，以规范方式遵守罪刑法定原则，发展出一系列实证化的教义学说和解释准则，据以规范刑法解释。“形式解释论与实质解释论发展到现在已经不再是是否需要进行价值判断的问题了，而是对语义范围持什么样的扩张态度的问题。无论是坚持从目的理性角度出发进行解释，还是固守封闭逻辑演绎体系进行解释，其结论都需要与罪刑法定原则相符合。正如有学者总结的那样，当前我国两种解释论之间的争论不只是在对构成要件进行解释这一层面上的争论，更准确地说是对罪刑法定原则符合性的理解之争。”②相形之下，实质解释论者会以更超然的姿态，简单地将罪刑法定原则作为价值层面之指引，在社会危害性与刑事违法性、合理性诉求与合法性约束之间不自觉地偏向前者。

（二）实质解释的危害

实质解释本身就是一把双刃剑，一方面，法律解释离不开实质合理性考量，剔除合理诉求的法律解释势必缺乏正当性，也很难被社会公众接受。另一方面，任何实质解释都具有能动性，解释主体诉诸政策导向与正当功能，通过目的解释，以自己的创造性理解与诠释，回应现实需求，推动法律变迁。正是因为实质解释本身的能动性，一旦失去严谨的规制，很可能

---

① 何萍、李腾：《形式解释与实质解释之争及其出路》，《法学》，2017年第11期。

② 罗世龙：《形式解释论与实质解释论之争的出路》，《政治与法律》，2018年第10期。

蜕变为规避法律，恣意造法，甚至法外司法。目的解释是实质解释最常见的功能形态，而实现一定的正当功能则是实质解释之价值追求，实质解释也因此经常被等同于功能主义解释，本部分将从目的解释与功能主义解释两个层面，探讨实质解释的危害问题。

实质解释容易脱离文义和体系等合法性要素的制约，向片面实质化蜕变，这与目的解释本身的能动性密不可分。在目的解释中，从目的之界定、依据目的阐释法条的含义、再到目的解释观点之证成，都具有浓烈的主观能动色彩。法律的规范目的是一种理性的建构，由解释者基于一般性的立法意图和当前社会形势，构建出个别法条之正当目的。“目的是制定文本意在实现的价值、目标、利益与政策等，是制定文本所要达到的功能。文本的目标是一个规范性概念，是一种法律上的建构，这一点与权利和法律人格相似，是由解释者构建出来的。（法律）目的并非心理学和形而上学概念，也并非事实。作者创造出文本，但却是由解释者构建出其目的。”[①]目的解释并不是以知识考古方式阐释静态的立法原意，而是在立法意图的基础上，以今人之观念构建出合理的规范目的，这样的规范目的必然会融入法官的主观价值判断，同一法律规则之目的很可能因为审理法院不同，社会形势之变化，得到不同的阐释，具有流变性与差异性。“目的则是动态的，随情境的变化而发展，目的并不总是原初的目的，并不总是颁布法律的立法机构的偏好，而是具有明显的建构性特征，目的的建构‘更少史实性根基而更多功能主义取向’。”[②]法官的自由裁量很大程度上就是基于对法律的规范目的之解读与重构得以展开的，目的解释所需的规范目的之重构，本身就为实质解释的扩张打开了空间，也内含了实质解释滥用之可能性。

实质解释主张法律解释应当在政策指引下，合理回应当前形势下的社

① See Vepa P. Sarathi, The Interpretation of Statutes, Eastern Book Company, 1981, p.89.

② 刘翀：《论目的主义的制定法解释方法——以美国的法律过程学派的目的主义版本为中心的分析》，《法律科学》，2013年第2期。

会诉求，实现合目的性追求，属于功能主义解释。“当前德日刑法学中的形式解释与实质解释之争有其他的内涵，这种争论事实上涉及刑法学体系由存在论（或者说本体主义）向规范论（或者说功能主义）的转型：当代的实质解释论要求以刑事政策上的目标设定来指导与制约对构成要件的解释，其中所谓的实质指的是合目的理性，而非二元论意义上的、与事实相对的价值判断；相应地，当代的形式解释论是说构成要件的解释是体系演绎的结果，不应受刑事政策价值选择的影响。”[①]完全不顾社会变迁与形势需求，片面强调法规范意义之于政策的独立性，既不合理，也不具有现实的可能性，法律解释必须秉持一定的功能主义倾向。

然而，在这一层面上，问题的实质并不在于我们是否应该认可功能主义解释，允许能动的实质解释，而在于如何紧扣法教义学，做出规范的功能主义解释。即使某一政策的确是为了回应当前的现实需求，但该政策是否契合法规范精神，是诉诸严谨的法律方法融入法律的解释中，还是直接以政策的名义歪曲法律应用，这些实质问题都值得我们深思。我国素来有追求实质合理性之司法传统，过度的政策导向与片面实质合理性诉求尤其值得我们警惕。

在法学界，学者们对功能主义解释的理解存在很大的差异。有的学者主张功能主义解释是以一定的政策为导向，通过目的论解释，诉诸价值判断，积极追求社会功能之解释形态。“在一个目的理性的刑法体系之内，刑事政策经通过影响其间的价值判断或利益衡量而对刑法规范的适用与解释产生影响。这样的刑法解释论由于是以实用性与功能性作为自身的价值追求，不妨称为功能主义的刑法解释论。”[②]有的学者则将功能主义解释视为极端实质解释之代名词，虽然实质解释也体现出了实质功能诉求，但毕竟还是遵循文义与体系等合法性因素的制约，而功能主义解释则完全着眼于

① 劳东燕：《刑法解释中的形式论与实质论之争》，《法学研究》，2013年第3期。
② 劳东燕：《能动司法与功能主义的刑法解释论》，《法学家》，2016年第6期。

回应社会需求，不自觉地架空了法律解释的合法性诉求，是一种能动的实用主义解释形态。“实质解释是为了克服形式解释带来的僵化和滞后，但不否认形式逻辑的重要性，并强调形式解释在规范诠释中的主导作用。不过，在功能主义解释观范畴，其已经超出刑法实质解释的诉求，将形式逻辑视为价值判断的补充，主张全面对接社会需求，充分体现规范解读的功利性与实用性。”[①]我们不否认，法律应当在规范目的指引下，有合理的功能指向，但绝不能基于片面的功能导向，忽视逻辑规则，漠视合法诉求，在“正当功能”的指引下，通过“法律解释”将法律冲淡甚至驱逐出去。简言之，我们需要通过实质解释追求法律的正当功能，但绝不能一味以功能为导向，以正当目的与合理功能之名义，稀释法律，解构法律。

（三）实质解释之定位偏差

实质解释的核心问题，在于忽略法规范的约束，忽视文义和体系等合法性控制因素，片面追求实质合理性，将法律解释视为法律领域的合理性论证问题，以合理诉求名义展开恣意解释。“司法中所谓‘解释’，就其根本来看不是一个解释的问题，而是一个判断的问题。司法的根本目的并不在于搞清文字的含义是什么，而在于判定什么样的决定是比较好的，是社会可以接受的。”[②]从思维进路看，法律解释的确是一种正当性论证，文义解释、体系解释、目的解释等方法，实质上是提示我们可以从文义、体系、目的等层面着手，寻找解释论点，进而论证解释论点的正当性，从这一角度看，法律解释的确就是解释观点的寻找与证成，法律解释之外在表述，也经常是通过价值判断与利益衡量，诉诸目的论证，来证成某一解释观点的合理性与可接受性。

法律解释之所以区别于其他文本解释，在于尊崇文义、体系和基本

① 赵运锋：《功能主义刑法解释论的评析与反思》，《江西社会科学》，2018年第2期。

② 苏力：《解释的难题：对几种法律解释文本方法的追问》，《中国社会科学》，1997年第4期。

原则等合法性制约，恪守法律的规范精神，反对恣意解释。即使我们将法律解释视为解释观点的发现与正当性证成，也是一种依据法律展开的论证，而非纯粹的合理性证成。然而，实质解释论者却容易不自觉地将法律解释完全等同于实质合理性论证问题，只要一个解释观点是合理的，经过论辩能被普遍接受的，也就自然具有正当性。"'正确性'意味着合理的、由好的理由所支持的可接受性。"[①]实质解释论者认为，解释的重要作用正是在于发现法律之不足，进而通过合理解释弥补这一缺陷。"发现法律的缺陷并不是什么成就，将有缺陷的法条解释得没有缺陷才是智慧。"[②]不可否认，我们需要通过法律解释弥补法律漏洞，救济法律不足。然而，受法律语言和立法技术等因素的影响，有的法律缺陷是不可避免的，既然要尊崇规则，恪守法治，也得遵守这些有缺陷的规则，哪怕这些缺陷经过正当解释仍然会带来个案不正义，这是法治应当承受的代价。实质解释论者通过细致解释实现了合理诉求，但也在刻意的解释中把法律稀释掉了，片面的实质合理诉求，能动的解释姿态，致使法律解释缺乏规范意识，也严重消解了法律的规范功能。"法律人思维中的法律规范隐退，意味着主体性张扬和自主性强化。在张扬解释的主体性与自主性因素的时候，法律不见了踪影，法治成了纯粹的修辞，掩盖着打着实质主义旗帜的专断和任意。在法律隐退中，法律运用的灵活性反复运用，在一些被称之为典型案件中，严格按照法律办事的处理方式被讥为'机械司法'从而成了批判的对象。在更多的案件中，法律思维中的法律隐退直接导致了任意裁判的盛行。"[③]实质解释简单地将法律解释视为一种实质合理性论证，要有效规制实质解释，我们必须在阐明其问题表现基础上，系统探讨法律解释中的合法性判断标准，探讨让实质解释接受文

---

① 哈贝马斯：《在事实与规范之间——关于法律和民主法治国的商谈理论》，童世俊译，上海：三联书店，2003年版，第278页。

② 张明楷：《刑法格言的展开》(第3版)，北京：北京大学出版社，2013年版，第8页。

③ 陈金钊：《法律人思维中的规范隐退》，《中国法学》，2012年第1期。

义、体系与解释规则制约之有效进路。

二、实质解释问题的具体表现

在司法实践中，实质解释问题呈现出多样化形态。有的以实质合理诉求名义，突破法律条文的字面含义，法外司法；有的片面突出政策的导向功能，以解释之名，行造法之实；有的在目的解释过程中，恣意构建规范目的，对目的解释论点未加论证，直接作为法律解释结论。本部分将从方法论层面，对片面实质解释的表现与危害性展开系统探讨。

（一）突破法条的字面含义

语言文字是法律条文的载体，不管我们秉持何种解释立场，都无法否认法律解释必须从文字含义着手，紧扣法条语义做出解释。语义是法律解释最基本的切入点，语义射程构成法条含义的边界。“形式解释论对法条的解释较为严格，其解释结论往往在词语的核心语意周围徘徊，可谓是一种尽量不犯错的解释理念。因此，就解释方法而言，形式解释论势必更加靠近扩张解释一侧，而实质解释论则更加靠近类推适用；就解释结论而言，形式解释的结论往往更为大家所接受，而实质解释的结论则更容易突破言词所可能具有的含义，成为众矢之的。”[①]法律解释应当在法律规定的语义范围内展开，一旦超越，或者延伸为法律续造，或者因为欠缺合法事由，成为对制定法的篡改和规避。

以实质可罚性为理由，忽略法条文义，突破法定构成要件，扩大处罚范围，是刑法领域实质解释的常见现象。以“当然解释”之名义，举轻以明重，成为一种被普遍认可的法学观点。“刑法规定了拐卖儿童罪，那么与骗走儿童相比，盗窃、抢夺、抢劫儿童的行为更具有可罚性，就性质相同的行为进行举轻以明重的解释，是实现刑法的协调进而实现刑法的正义的

① 马龙：《实质解释论的推崇与限制》，《时代法学》，2018年第4期。

有效解释方法。”[①]盗窃、抢夺、抢劫儿童比拐卖儿童具有更严重的社会危害性，但以当然解释的进路，通过指出这些行为比拐卖儿童具有更大的社会危害性，侵害法益相似，就简单地类推适用拐卖儿童罪，明显过于轻率，背离了罪刑法定原则。我们不否认，较之拐卖儿童，盗窃、抢夺和抢劫儿童手段更恶劣，社会危害性很可能更强，但如果随意突破法律概念的文义界限，单纯地以实质危害性为处罚事由，刑法对定罪的规范功能将受到极大冲击。文义既是法律解释的着眼点，也是法律解释之意义边界，对法律解释结论起到检验与控制作用，有效地维护法律应用的安定性与一致性。突破文义范围，主张依据实质事由对法条含义做出随意伸缩，是片面实质解释的常见表现。

（二）后果导向与功能主义解释的泛化

法律作为一种应然性的社会规范，其目的当然具有应然属性，当我们说法律是基于某一目的制定时，意味着这一目的所包含的价值宗旨和实体目标具有正当性，是该法理应追求的正当功能。作为一组应然性概念，法律的规范目的、法律应当实现的正当功能和法律追求的合理社会效果之间的界限并不清晰，彼此之间常有交叉和重合之处。然而，从方法论的角度看，三者之间在面向与属性上却有着明显的差别，法律功能是从法社会学角度，探讨法律实施或者司法裁判理应发挥的正当功用，其正当性侧重社会效果层面的合理性。规范目的则将“目的”作为一种内在于法律的正当理念，尽管必须实质合理，但也应当考量这样的目的诉求是否能在当前法秩序体系中得以实现的。法律后果层次非常复杂，既有合法性层面的推理结论，也指向法律实施或司法裁判之社会效果。

在司法实践中，有些法官并没有区分规范目的、法律功能与合理后果，只要是法律应追求的合理后果，应当实现的正当功能，都诉诸目的解

① 张明楷：《刑法分则的解释原理》（上），北京：中国人民大学出版社，2004年版，第107页。

释予以实现，使目的解释呈现出不断扩张态势。“根据功能主义刑法解释观，目的解释是最重要的解释方法，其把刑法目的解释置于解释方法最重要的位置。目的解释与其他解释因素（按传统的说法是解释方法）之间便不是并列关系，它相对于后者而言完全处于支配的地位。”[①]其中最为典型的是后果取向论证对目的解释的过度侵蚀。在展开后果取向解释时，后果考量更多的是基于裁判结论及其社会效果的合理性，只要预期的有益后果大于不利后果，就可能倾向该解释结论，忽视了法条之间的分工，无视法律的体系性特征。事实上，后果取向论者经常着眼于整部法律追求的社会效果，当面对需要解释的某一法条时，却未必能顺畅地解读出相应后果所期待的规范含义。“在解读罪刑规范的目的时，不能孤立地考虑某一具体的规范，更不能仅仅基于该规范而做出界定。既然刑法体系本身构成一个合目的意义上的统一体，既然单个规范的目的与其他规范的目的一道服务于刑法的整体目的，对单一规范的目的的界定，理应同时顾及其他相关条文的目的与作为整体的刑法所追求的目的。”[②]从解释方法看，后果取向解释一般诉诸合理后果倒推出法律的正当目的，再以正当目的之名义，解释当前法律规范。

虽然所有的法律都意在实现一定的正当功能，但这并不意味着遇到疑难案件，我们必须采取功能主义或后果导向解释。后果导向解释方法的适用本身应当遵循一定条件，通常是在通过文义解释和体系解释得出的答案存疑的情况下诉诸合理后果予以化解。动辄诉诸“正当目的”与“合理后果”，无视法条文义与体系的制约，很可能导致法律被道德绑架，法律解释沦为一种偏执的功能主义解释。

（三）以规范目的名义歪曲法律解释

从作用的角度看，目的解释属于功能解释的一种，目的解释意在诉

① 劳东燕：《能动司法与功能主义的刑法解释论》，《法学家》，2016年第6期。

② 劳东燕：《刑法中目的解释的方法论反思》，《政法论坛》，2014年第3期。

诸规范目的证成解释观点及法律实施效果之正当性。“功能解释赋予文本意义，该意义可以使文本实现人们对其所赋予的功能。功能解释的一个种类便是目的论解释，它建立在立法者所追求的目的基础之上。”[①]然而，并非所有的正当功能都能通过法律得以实现，就法律领域的目的解释而言，除了考虑目的本身的正当性之外，还必须考虑当前的法律规定是否提供了实现该目的之手段，依照法条字面含义，我们能否对当前案件做出相应的预期。否则，即使某一目的具有合理性，也不能一意孤行，为了实现该目的而歪曲、规避甚至突破法律规定。“一个对法律目的如此的‘客观’确定，必须要经过三重检验。1.必须确认所要追求的目的本身是正义的、理性的，以及有益的。2.对于完整实现这个目的而言，规范必须是一个适当的手段。实现这个规范目的不得引起超乎规范目的价值的不利附属后果。”[②]规范目的必须经过法律体系之内部检验，即合法性审视，也必须承受法律实施后所引发社会效果之合理检验。“就刑法而言，作为罪刑规范的目的必须通过三重检验（即外部批判、内部批判与后果考察）予以客观的确定。外部批评要求目的的正义、理性与有益，本身就意味着引入一种法外的判断标准，而实证法自身显然无法完全提供这样的正当根据。”[③]当我们探讨规范目的本身的理性与正义时，既要经受法律体系检验，还得诉诸法律以外的平等、公正和自由等价值理念，考量目的正当性之实质标准。

然而，在当前我国司法实践中，片面强调“正当目的”，忽视法律规范意义，突破法定构成要件的目的解释情形并不少见。2012年12月23日，被告人林某某在无机动车驾驶证情况下，驾驶一辆粤JV2538号轿车由圣堂

---

① ［法］米歇尔·托贝：《法律哲学：一种现实主义的理论》，张平、崔文倩译，北京：中国政法大学出版社，2012年版，第88页。

② ［德］英格博格·普珀：《法学思维小学堂：法律人的6堂思维训练课》，蔡圣伟译，北京：北京大学出版社，2011年版，第69—70页。

③ 参见劳东燕：《刑法中目的解释的方法论反思》，《政法论坛》，2014年第3期。

往江州方向行驶，突然与前方左侧往右侧横过公路由被害人郑某某驾驶的粤JB150B号二轮摩托车发生碰撞，造成被害人郑某某受伤的交通事故。肇事后被告人林某某弃车逃逸。经交警部门认定，林某某承担事故全部责任。经法医鉴定被害人郑某某所受损伤属重伤。本案作为交通肇事罪案件提起公诉，郑某某作为原告提起附带民事诉讼。

附带民事诉讼被告人平安保险恩平支公司辩称：肇事车辆粤JV2538小车是在平安保险恩平支公司购买了交强险，事故发生在保险期限内，但被告人林某某未取得驾驶资格而驾驶机动车辆。平安保险恩平支公司辩称被告人林某某未取得驾驶资格而驾驶机动车发生交通事故，属于交强险免赔范围，保险公司无须依据交强险赔偿责任限额范围承担原告人郑某某的损失。法院认为郑某某请求平安保险恩平支公司在交强险责任限额内赔偿医疗费和伤残赔偿金共120000元，证据和理由充分，亦应予支持。因为交强险是我国的法定强制保险，交强险的立法意图以人为本，救死扶伤，国家通过交强险制度强制机动车所有人或管理人购买交强险，目的在于让受害人获得及时、有效的经济救济和医疗救治。交强险制度的出台是为了最大限度及时救助被害人，但就具体个案而言，必须遵循具体法律规则，在本案中，既然驾驶人没有驾驶证，依据交通强制险规定，保险公司只需承担符合规定的抢救费用，而不能简单地以一般性立法目的为依据，强制保险公司承担全额赔偿，其间明显是以抽象的立法目的突破法条的明文规定，以价值立场代替具体的法条，法外司法。

（四）片面强调政策的解释导向作用

政策作为导向性准则，在司法裁判中发挥重要的价值指引作用，但政策导向一般都具有很强的功能主义倾向，可能使法律解释偏离立法原意，加之政策导向往往通过目的解释体现出来，规范目的本身的建构属性，使得政策的解释导向具有很强的能动意味。“解释者虽然以历史上的立法者所确定之目的为出发点，对此等目的的推论结果却必须深思熟虑，使个别法律规定均取向于确定的目的，因此，解释者事实上已经超越了历史事实上的‘立法者的意志’，而以法律固有的合理性来理解法律。”[①]在疑难案件中，法官很可能会以政策为导向，诉诸目的解释，将政策融入对法条的解读与应用中，积极回应当前形势下的社会需求。政策属于司法裁判的价值导向因素，但政策首先得以规范化的方式融入对法律条文的解读之中，才能发挥其正当化导向功能。“假如规则背后的要点或目的并不明显，那么法官在这类处于阴影地带的案件中对裁量权的运用就十分接近立法者的行为，因为他会考虑政策因素，而这正是我们期待立法者去做的事情。”[②]如何以规范化的方式，将政策严谨地融入对法规范意义中，是政策司法应用必须着力解决的问题。

职业打假型案例是体现目的解释之政策导向性的重要领域，《消费者权益保护法》第五十五条规定：经营者提供商品或者服务有欺诈行为的，应当按照消费者的要求增加赔偿其受到的损失，增加赔偿的金额为消费者购买商品的价款或者接受服务的费用的三倍。近年来，知假买假并通过诉讼主张惩罚性赔偿的案例越来越多，这种以牟利为目的的购买行为是否属于《消费者权益保护法》中的“消费”，能否主张惩罚性赔偿成为争议焦点。

《消费者权益保护法》第二条规定：“消费者为生活消费需要购买、使用产品或者接受服务，其权益受本法保护。”按照这一规定，要构成消法中的“消费者”，必须基于生活消费需要，使消费者成为与生产者和经营者对应的概念，购买商品之后再以营利为目的的转卖行为显然不属于消费。知假买假者的行为既不属于单纯的生活消费需要，也不是转卖性质的营利行为，而是通过以诉讼手段获取高额赔偿为目的之“牟利”行为，从内涵看，属于“消费者”这一概念的灰色地带。

最高人民法院在《关于审理食品药品纠纷案件适用法律若干问题的规

---

① ［德］卡尔·拉伦茨：《法学方法论》，陈爱娥译，北京：商务印书馆，2003年版，第210页。

② ［美］弗里德里克·肖尔：《像法律人那样思考——法律推理新论》，雷磊译，北京：中国法制出版社，2016年版，第168页。

定》新闻发布会上明确指出，知假买假行为不影响消费者维护自身权益，确认其具有消费者主体资格，对于打击无良商家、维护消费者权益具有积极意义，有利于净化食品、药品市场环境，政策导向性已经非常明确。在孙银山诉南京欧尚超市有限公司江宁店产品质量纠纷案一案中，法官认为对知假买假行为的支持，有利于打击制假售假，保护消费者权益，净化消费环境。食品安全的维护，既要强调政府自上而下的打击，也要强调社会力量自下而上的推动。民间自发的监督力量有时比政府的市场管理、督查更为经济和高效。法院对职业打假人消费者身份之界定，并非基于保护消费者合法权益这一规范目的，而是出于更好地打击制假售假，净化市场环境之政策需求，基于上述政策考虑，笼统倒推出应当支持知假打假者的高额赔偿请求，缺乏细腻的法规分析。

《关于审理食品药品纠纷案件适用法律若干问题的规定》第三条明确指出："因食品、药品质量问题发生纠纷，购买者向生产者、销售者主张权利，生产者、销售者以购买者明知食品、药品存在质量问题而仍然购买为由进行抗辩的，人民法院不予支持。"基于食品和药品事关民众身体健康和生命安全，因而需要加强保护的力度，即使购买者知假买假，经营者也不能以"明知"为理由主张抗辩。从该规定中，我们可以反推，对其他商品而言，知假买假行为不能像单纯的消费者这样主张高额的惩罚性赔偿，前述对知道假买假者属于"消费者"之解释明显有以政策导向之名，违背法规范含义之嫌疑。

诉诸政策，解读法律目的，进而对法条展开合理解读，这一思维进路本身并无不当，但我们必须反思，法官所诉诸的政策，是某一部门法本身的价值倾向，还是国家某一时期强调的政策导向。进一步而言，要以某一政策为导向解释法律，必须考虑这一政策的价值倾向与相应的法律规范是否契合，一个具体法条之文义能否兼容某一政策的价值导向，绝不能以政策之名，恣意扭曲法律应用。

三、逻辑规制措施

法律解释的片面实质化，容易扰乱解释方法的适用顺序，扭曲立法原意，导向纯粹的实质合理裁判，法官很可能以他所理解的正当目的规避法律，歪曲法律适用，从而危害到法的安定性与统一性。要矫正法律解释的片面实质化倾向，我们可以诉诸论证方法、法律解释规则和体系性因素，强化对实质解释的逻辑规制，切实规范法律解释方法的实践应用。

（一）诉诸论证方法，规范解释论点的发现与证成

从论证视角来看，法律解释的确是一种正当性论证，体系、文义和历史等法律解释方法，都能告知我们从什么角度着手，寻找解释论点，构建解释观点，进而对其予以正当性证成。“论证理论的重要认识之一，在由Savigny不断谈论且直到今日都无法超越之解释学，依该学说仅有四项‘要素’（论证之模态）：即文理的、逻辑的、历史的、体系的（实证论者要求限于四种解释），经证明洵非正确。”[①]文义和体系等作为打开解释之门的把手，构成寻找解释论点，发现解释理由的大体方向，要想通过论证方法规范法律解释，我们可以从如下两方面着手：一是细化解释进路，提升解释的精细化程度。在每一种解释方向之下，我们可以对每一种解释方法的具体进路予以细化，拓宽获取解释观点之路径[②]。比如文义解释，我们可以通过考察一个词语的日常语言用法，明确其通用含义，也可以研究一个概念的法律语言用法获取其专业含义，在没有现成含义基础上，我们还可诉诸日常合理观念，来推断词语应当具有的含义。文义论点和体系论点越精细、越丰富，对实质解释能起到的约束力自然就越强。第二、强化解释论点之合法性论证。实质解释很强调解释论点之正当性证成，但更多的是将正当

---

① ［德］亚图·考夫曼：《法律哲学》，刘幸义等译，台北：五南图书出版有限公司，2000年版，第47页。

② 关于常见解释方法之论据来源，可参见张志铭：《法律解释学》，北京：中国人民法学出版社，2015年版，第69—81页。

性理解为合理性与可接受性。要规范实质解释，必须强化解释论证点之合法性证成，综合文义、体系和立法意图，对实质解释论点进行有意识的检验与反思。

（二）发挥法律解释规则的调整功能

近年来，法律解释规则研究逐步升温，成为法律解释领域的一大学术增长点。法律解释规则既是据以发现解释论点之指导规则，也是能够用来检验解释论点之准则[①]。法律解释规则的来源非常丰富，是逻辑规则、制度规则和语言规则都可能据以指引和检验法律解释，上升为法律解释规则。一个解释论点必须能经受法律解释规则的检验，才获得相应层面的正当性，进而被认可，成为规范化的法律解释结论。“法律解释规则在司法实务中有四项功能：一是帮助法律人恰当、准确地理解、解释和运用法律。二是作为支撑法律判断的根据、论据和理由。三是对解释的结果提供正当化的基础。四是检验结果是否正确，避免错误。”[②]我们需要在现有基础上，展开系统的法律解释规则研究，为法律实质解释论点提供更为细致和规范的检验标准。此外，我们不仅需要探明有哪些解释规则，这些规则从何而来，更重要的是要阐明各种解释规则的应用场景、应用方法和评价标准，实质解释本身就是一种能动的合理性解释，灵活多变，只有明确解释规则怎么用，才能以动态的方法论切实规制法律解释之片面实质化。

（三）强化法律体系的制约作用

体系性因素对法律解释的制约，主要通过评价标准之体系脉络，或者说体系性目的来实现。法律解释必须考虑到体系性之目的，包括一部法律的价值宗旨，这一法律的基本原则，不同部分在评价标准上的衔接与合作。

---

① 国内已有一些学者对法律解释规则的功能展开系统探讨，参见陈金钊：《法律解释规则及其运用》（上），《政法论丛》，2013年第3期；陈金钊：《法学话语中的法律解释规则》，《北方法学》，2014年第1期；耿林：《中国民法典中法律行为解释规则的构建》，《云南社会科学》，2018年第1期。

② 吴庚：《宪法的解释与适用》，台北：三民书局，2004年版，第552页。

普珀教授认为，目的论解释应当接受三个层次批判，即接受外部批判、内部批判和合理后果之检验。在这三个层次的反思批判中，依据法律的规范意旨展开的内部批判是一种依托法教义学，依据法秩序体系展开的批判，最具权威，具有最高效力。“规范意旨是目的论解释的基础，一贯地实现这个规范意旨，是目的论解释唯一的质量检验标准。这个标准独立于个人的价值决定以及个人的偏好，在这种意义上，它是客观的。因此，对于一个目的论法律解释所为之内部批判，往往具有较外部批判更高的效力。”[①]探究规范目的，必须紧扣体系，从法秩序体系寻求法律规则应当秉持的客观目的。“目的论的解释意指：依可得认识的规整目的及根本思想而为之解释。在个别规定可能的字义，并且与法律之意义脉络一致范围内，应以最能配合法律规整之目的及其阶层关系的方式，解释个别规定。”[②]拉伦茨所说的根本思想，明确指向一部法律的整体价值宗旨，而这必须通过考察整体法秩序来探究。

将法律规则放到所在的整个体系中，按照法教义学秩序做出阐释，这样一个具体法条的含义往往就是法教义学体系的一个价值节点或者制度环节，体系因素在法律解释中发挥着至关重要的制约作用。“解释的重头戏自然是体系解释。它涉及通过将有待解释的特定法条与法律理由相协调来查明其意义，即涉及对目的论体系的引入。”[③]法律解释的重心正在于诉诸体系要素，考察法条背后的目的论体系，寻求体系化的规范评价标准，展开规范的阐释与解读，目的是体系性目的，而体系则是作为法规范价值支撑的目的论体系，在此，体系因素与目的论因素通过解释得以融贯运用。

---

① ［德］英格博格·普珀：《法学思维小学堂：法律人的6堂思维训练课》，蔡圣伟译，北京：北京大学出版社，2011年版，第73—74页。

② ［德］卡尔·拉伦茨：《法学方法论》，陈爱娥译，北京：商务印书馆，2003年版，第210页。

③ ［德］乌尔里希·克卢格：《法律逻辑》，雷磊译，北京：法律出版社，2016年版，第207页。

（四）区分目的层次，阐明具体法条之目的

法律解释的片面实质化之所以会愈演愈烈，很大程度就在于直接以整部法律的宏观目的代替个别法条的具体目的，以价值目的取代微观的机能目的，没有在价值目的的指引下，与法律规则相结合，细化出适用于个案的规范目的与利益调整方案，以宏大的价值判断代替规范的法条分析。尽管一部法律的整体目的尤其是价值宗旨能对法律解释起到指引与约束作用，但法律的适用还是得以具体的法律概念、个别法条为着眼点，在目的解释的过程中，我们必须结合具体案件的需求，紧扣整部法律的宗旨以及意义体系，探究个别法条的含义。周永坤教授也认为目的解释之“目的”，最终得落实到具体法条之目的，以这样的微观目的做指引，确定个别法条的含义，据以决定疑难案件的裁断。“目的解释方法指以法条的目的为根据阐明法律疑义的解释方法。”[①]一旦具体到个别法条，我们对目的的考虑就不再局限于抽象的价值目的，而必须从法律规定着手，从制度出发，由表及里地探究个别法条的规范目的，而对目的的考察也更为微观细致，不仅着眼于目的本身，还会有意识地探讨当前的法律规定是否提供了实现该目的之现实手段。“立法目的还必须说明，应当以哪种方式，在哪个范围内（效力范围内）实现该规范目的。只有在例外的情况下，才可以做出与法律条文字面含义相左的目的解释。”[②]依法裁判，从目的解释的层面看不仅意味着必须遵循立法目的，还必须按照法律规定的方法实现该目的，目的解释最终得落实到具体规则的理解与适用，切忌直接套用整部法律的宏观目的，以其代替具体规则的解释与适用，或者以规范目的名义，规避法律，扭曲法律适用，“简化”说理论证，法外司法。

① 周永坤：《法理学——全球视野》，北京：法律出版社，2010年版，第323页。

② ［德］N.霍恩：《法律科学与法哲学导论》，罗莉译，北京：法律出版社，2004年版，第137页。

四、结语

实质解释是一把双刃剑，我们需要依据规范目的，阐释法条的实质内容，据以展开价值判断与利益衡量，寻求妥当的个案解决方案。然而，实质解释作为一种有明显实用倾向的功能主义解释形态，本身就具有扩张倾向，实质解释据以实现的目的解释与后果导向论证都具有很强的能动性，不加规范，很可能蜕变为法律解释的片面实质化。实质解释的核心问题就在于出现合法性控制与合理性诉求的冲突时，倾向于越过文义、体系和基本原则等合法性因素的限制，片面追求实质合理结果。我们可以通过严谨的论证方法、系统的法律解释规则和清晰的体系脉络，对实质解释予以有效规制，使其既能发挥合理性探索功能，又不会对法律解释之合法性造成冲去。

［原文发表于《济南大学学报》（社会科学版）2018年第6期］

法律逻辑的问题意识及实践面向

杨知文　黄泽敏*

当下有关法律逻辑的讨论时常见诸法学教育和研究者的话题之中，可以说，重视法律逻辑成为人们在商谈法律与逻辑关系方面的一种共识。根据把逻辑当作规范思维工具的看法，人们认为法律逻辑是关涉法律思维的形式、方法和技术的规则或准则[①]，其反映了法律人思考和解决法律问题时所应遵循的基本逻辑规律。然而，也应当看到的是，人们对法律逻辑的理解仍有一些分歧或疑问，例如法律逻辑是否就是法律与逻辑的交叉或逻辑在法律中的运用，法律逻辑的核心问题又是什么，法律逻辑是否需要以及怎样处理法律思考中的非逻辑因素，等等。对这些问题的争论其实关系到法律逻辑的自身属性与实践操作，对它们的回答也厘定着法律逻辑在当下

* 杨知文，华东政法大学法律方法研究院副教授，法学博士、博士后，研究方向为法理学、法律方法；黄泽敏，中南财经政法大学法学院讲师，法学博士，研究方向为法学方法论。

本文系2016年度国家社会科学基金青年项目“法律适用视角下的指导性案例编撰方法研究”（项目编号：16CFX005）的阶段性成果。

① 参见张晓光主编：《法律专业逻辑学教程》，上海：复旦大学出版社，2007年版，第2页。

中国的发展方向和现实作用，具有重要的理论和实践价值。就此，笔者认为，我们需要在一种微观的意义上围绕法律运行的实际场域，对法律逻辑的问题意识和实践面向进行分析，尤其对法律逻辑在中国法律活动中的运用而言，更有必要展示其应有的问题情境与实践结构。基于这种立场，本文的主张包含三方面的要点，即法律逻辑是围绕法律规范与案件事实而展开的推理和论证，法律逻辑应当致力于提供法律判断形成的思维规则，法律逻辑需要解决各类实践因素在法律推理结构中的恰当安置问题。

一、法律逻辑以构建规范与事实之间的推理为核心

一般来说，法律逻辑是法律与逻辑相结合的产物，但法律逻辑又并非普通逻辑在法律领域的直接应用。当然，对法律问题的思考乃至整个法律领域的思维都需要遵循普通逻辑学的一般原理和要求，例如，使用概念要明确，作出判断要恰当，开展推理要正确，逻辑规律要遵循，进行归纳要科学，实施类比要精当，从事论证要纯粹，逻辑谬误要能够识别，等等。具体来说，从形式逻辑上看，概念是最简单的思维形式，概念就是反映思维对象特有属性的思维形式，逻辑学对人们思维最首要的要求就是使用概念要明确，而限制与概括、定义、划分是明确概念的三种逻辑方法，这既是逻辑学对人们思维的一般要求，其对于法律工作者处理法律问题而言同样适用。再以逻辑规律的遵循为例，形式逻辑学为了实现人们思维的确定性和正确性，提出了把同一律、矛盾律和排中律作为逻辑的基本规律，把偷换概念、转移论题、自相矛盾、“两不可”等作为违反逻辑规律的思维错误，它们对人们在法律领域相关思维的确定性和正确性无疑也起到保障作用，也告诉人们在法律论辩中识别诡辩和谬误。在此方面，应当说，普通逻辑尤其是传统形式逻辑在法律领域的运用及其对法律思维的规制已经发挥了重要的作用。

诚然，这种把普通逻辑运用到法律领域问题的处理还不能就被理解为法律逻辑，它们至多或只不过是普通逻辑原理在法律领域的贯彻和具体展

现。法律逻辑与普通逻辑的主要区别在于，法律逻辑是一种关于涉法思维的逻辑，而涉法思维也并非只是涉及法律的思维，其毋宁是指关涉法律问题之解决的思维。就此来说，法律逻辑是一种法律活动中所具有的、以法律应用为目的的特殊思维形式与思维方法，并且，法律推理是法律逻辑的核心内容。从一定意义上也可以说，法律逻辑是一种关于法律思维的形式、方法和规律性的特别逻辑，其致力于解决法律推理的有效性和正确性问题。就法律推理而言，它也并非科学推理在法律领域的直接应用，而是以把法律适用于案件纠纷的解决为主旨的一种推理形态。

从推理结构上看，任何形态的推理都是从前提推导得出结论，且任何形态的推理机制都必然蕴含于前提命题与结论命题的内在逻辑联系之中，但对于法律推理来说，它是以有关法律规范和案件事实的判断作为前提的推理，作为推理结论的法律判断也正是从法律规范和案件事实的逻辑联系中被演绎出来。换言之，法律推理作为一种特别的推理形态，它聚焦于处理法律规范与案件事实之间的逻辑关系，相应地，法律逻辑正是一种以处理法律规范与案件事实之间推理关系为内容的思维形式和方法。

由于法律推理主要就是以法律规范和案件事实之间的推导关系来展开的，法律逻辑也可以说就是一种围绕法律规范与案件事实而为的推理和论证。由此也可以说，“法律思维在根本上发生在事实与规范之间，如作为法律者我们不外要思考损害与赔偿、杀人与刑罚的关系，这是其他思维所不及之场域，也借此生成与其他思维的联系和区别。”[①]抛开法律规范与案件事实的因素讨论法律思维，就无所谓真正的法律思维，更无所谓真正的法律逻辑。因此，法律逻辑是“法律人的逻辑”[②]，以有关法律规范和案件事实的判断为前提的法律推理是法律逻辑的核心内容。就此而言，如何获得

① 郑永流：《法律方法阶梯》（第3版），北京：北京大学出版社，2015年版，第29页。

② 还有人提出法律逻辑是“法学家的逻辑”，据芬兰逻辑哲学家亚科·欣蒂卡（jaakko hintikka）考证，“法学家的逻辑”最早于1588年就提出了。

有效、正确的法律推理是法律逻辑所要致力于解决的中心问题，这也正是法律逻辑的问题意识。在此方面，把法律推理视为一般推理的特殊形态就具有了明确的具体指向，由此法律逻辑可被视为一般逻辑的特殊领域。

法律逻辑其实就是围绕法律规范和案件事实来建构相应的思维形式和方法。这正如克鲁格所认为的，在法律的系统发展过程中，逻辑起着决定性的作用，它涉及如何得出结论并进行证明的问题，但是人们通常并不认为法律逻辑的范围包括了所有领域，而是习惯于将逻辑的范围限定在裁判领域，即为了得出一个判决结论或宣判，将法律应用于具体案件，“法律逻辑是形式逻辑规则应用于裁判领域的理论。”[①]把法律逻辑定位为以围绕法律规范与案件事实而推理和论证为要义，法律推理就展现为以三段论推理为基础样式的结构。麦考密克也指出，法律三段论这种形式的推理是法律推理的真正核心[②]。在此语境下，我们常说，法律推理的基本模式也就是以认定的案件事实和相关的法律规范为前提，根据二者之间的内在联系合乎逻辑地演绎出法律效果的演绎论证模式。

二、法律逻辑致力于提供法律判断形成的思维规则

从以上论述可以看出，法律逻辑的问题意识在于如何围绕法律规范和案件事实来获得具有逻辑有效性和正确性的法律推理。基于此种定位，法律逻辑的任务就可以表述为致力于为法律人提供法律判断形成的思维规则。逻辑在一定层面上就是指思维的规则和规律，法律逻辑作为法律思维的规则和规律，则是一种有关法律判断形成的思维规则和规律。作为法律人在建构法律规范并将规范应用于具体案件事实并作出判断时的精神活动方式，

---

① 参见［以］约瑟夫·霍尔维茨：《法律与逻辑：法律论证的批判性说明》，陈锐译，北京：中国政法大学出版社，2015年版，第10页。

② 参见［英］尼尔·麦考密克：《修辞与法治：一种法律推理理论》，程朝阳、孙光宁译，北京：北京大学出版社，2014年版，第43页。

法律思维的特点是判断性[①]，其核心的目标追求是要形成正确的、可取的法律判断结论。法律思维是“依循法律逻辑，以价值取向的思考、合理的论证，解释适用法律。”[②]法律思维发生于法律规范与案件事实的逻辑关系之中，法律逻辑就是在规范与事实的逻辑关系中为法律判断的有效形成构建出相应的思维规则。法律思维要回答法律人在处理法律问题时进行思考的要求和特点，而法律逻辑则体现和保证了法律思维在逻辑上所应具有的理性品质。

从知识构成的角度看，法律逻辑致力于提供法律判断形成的思维规则，也需要借助于对各种基本思维形式的运用，这些基本思维形式是构建法律推理的基础和工具，其也表现为与普通逻辑中所使用的基本思维形式不一样的、法律上的专业性特点。相较于一般逻辑运用概念、判断和推理等思维形式对事物及其属性进行把握，法律逻辑是运用法律概念、具有法律属性的判断和法律推理等思维形式对法律问题及其解决进行把握，法律逻辑所使用的法律概念、法律判断、法律推理等思维形式自然也有其特殊性。

具体地说，首先，概念是最简单的思维形式，是反映思维对象的特有属性的思维形式，而法律概念的内涵和外延则是自然性和法律性的结合，是具有法律意志性的概念。法律概念作为反映法律上事物特有属性的一种思维单位，构成了法律逻辑的基石。其次，在一般逻辑中，判断是对思维对象有所断定的思维形式，有所断定（肯定或否定）和断定有真有假是判断的基本逻辑特征，而法律判断是具有特殊性的判断，这不仅表现在其是以合法/非法或正当/不正当为衡量维度的思维形式，而且以法律规范判断为样式形成的命题本身就是一种具有应然性的命题，其与科学意义上的事实命题相区别。再次，从推理结构来看，一般的科学三段论推理是以作为事

① 参见郑永流：《法律方法阶梯》（第3版），第29页。

② 王泽鉴：《民法思维：请求权基础理论体系》，北京：北京大学出版社，2009年版，第1页。

实命题的两个判断为前提，通过涵摄的方式推导得出结论，与之不同的是，以法律三段论为结构的法律推理把作为规范命题的法律规范判断和作为事实命题的事实判断当作前提，并从中推导得出具有规范命题性质的法律结论。法律三段论与一般科学三段论之间可谓大有不同，例如，在科学三段论中，由于它的大小前提和结论都是事实命题，人们只能用“真或假”这两个形容词来评价它们，在形式有效的前提下，只要证明了大小前提的真实性，前提的真实性就可以完全地传递到结论命题之上，但是，在法律三段论中，“真”或“假”就仅仅只能作为小前提的评价标准，而不能同时作为大前提和结论的评价标准，人们经常用“正当不正当”（妥当不妥当、合理不合理、有效无效）等语词来评价其大前提，以“公正不公正”等语词来评价结论，以“合法不合法”（违法不违法）等语词来评价大小前提之间关系①。更有甚者，法律思维是一种具有明显的价值取向的思维形态，价值判断在法律推理中占据着重要的地位②，这也使得法律推理过程的思维形式要比一般科学推理复杂得多。法律逻辑正是在运用以上这些作为要素的思维形式致力于对法律推理有效性和正确性的保证，法律逻辑以此提供法律人形成法律判断进而解决法律问题的思维规则。

法律逻辑提供法律判断形成的思维规则，是通过发挥法律逻辑自身的塑造、评判和检验等功能来实现的，它以怎样引导人们恰当地处理法律规范和案件事实二者之间的推理关系为基本内容。从法律判断的思维步骤来看，按照有关研究的说法，法律人要追求正确可取的法律判断结论，不仅要处理事实和提出案件问题、寻找规范，还要分析事实构成，而且要在这些其中不时地往返流转才能够为法律推理建构出适当的大前提和小前提，然后再通过涵摄的过程做出相应的结论③。法律逻辑也就是要为这个思维过

---

① 此处观点得益于张继成教授的讲授，特别致谢。

② 参见张继成：《从案件事实之“是”到当事人之“应当”——法律推理机制及其正当理由的逻辑研究》，《法学研究》，2003年第1期。

③ 参见郑永流：《法律方法阶梯》（第3版），第35页。

程设定出相应的思维规则，探求法律推理有效成立所必需的大前提和小前提的构建规则及其方法。从这一点也可以看出，法律逻辑也是规范法律方法运用的思维工具，它为法律方法的操作给定了相应的思维规则（逻辑规则），要求法律方法发挥作用的场合需要遵守逻辑规律，法律的表达和论辩应当满足或符合有关的逻辑规律要求。就此而言，如果说法律方法强调技术、技艺和操作路径，那么法律逻辑作为法律方法的基础和支撑，解决的是推理、解释和论证中的思维有效性问题。

三、法律逻辑需要解决实践因素的恰当安置问题

法律逻辑是围绕规范与事实而展开推理和论证的一种逻辑，同时法律逻辑也是一种最具实践面向的逻辑。法律逻辑并非纯粹的形式主义机械推理的展开，毋宁是一种关涉实践理性得以应用的逻辑。关于实践理性，麦考密克认为，“所谓实践理性，亦即人们运用理性决定在特定情形下如何行动才算正当。”[1]在此方面，“事实上，法律推理确有自己的逻辑，并且这种逻辑指向的是与内容相关的实践推理。”[2]就此而言，法律逻辑所倡导的推理和论证可以被看作实践理性论辩的一个特殊分支，作为法律逻辑核心要素的法律推理是实践推理的一种情形，而这种实践推理就是一种直接针对某一特定目标的推理，它追求在一定范围内具有实践意义的结论，且为某种特定行动或要求提供具有正当性的理由。

于此视域中，法律推理以形成一定的法律判断结论为目标，强调在处理规范与事实关系的过程中对法律理由与正当理由的运用，表现出明显的实践理性的应用特性。哈赫曾提出“理由逻辑”的概念来阐释受实践理性支配的这种逻辑，认为“理由逻辑”能够探讨一些特殊的推理，而理解“理

---

① ［英］尼尔·麦考密克：《法律推理与法律理论》，姜峰译，北京：法律出版社，2005年版，第1页。

② 熊明辉、丁利：《总序》，载［荷兰］雅普·哈赫：《法律逻辑研究》，谢耘译，北京：中国政法大学出版社，2015年版，第4页。

由逻辑”的一种方式，是将其看作一种专用于实践推理（法律与道德推理）的逻辑，这一逻辑特别关注在实践推理中起着显著作用的因素，比如规则和原则[①]。有的观点甚至认为，法律人并不从一般原则和推理开始“向着”某种还不知道的但不可避免的结论前行，而是从一个结论或主张——委托人的目标开始，然后设计达到那个目标的辩护策略，通过相似于“逆向工程”的过程，进行逆向推理[②]。据此也可以看出，在法律实践论语境下，法律逻辑可依照形式和非形式两维度发展，而且，重视法律理性的逻辑诉求，重构一种符合法律实践的逻辑实属必要[③]。

笔者认为，法律逻辑的实践特性表明，法律逻辑固然要围绕规范和事实的关系来构建推理和论证的思维规则，也必然需要解决多种实践因素在法律推理中的恰当安置问题。尤其在中国语境下，法律逻辑必须更好地面对、识别、回应和解决法律运作现实中的各类实践因素在法律推理中的恰当作用与合理适用问题。我们知道，在法律适用的现实中，也并非只有法律的因素成为法律判断的根据，来自各种路径的、具有事实影响力的多类法外（理性与非理性）因素也时常渗入法律推理的结构，甚至充斥于法律结论的形成过程之中。特别是在现代社会复杂缘由的施压下，在法律适用的很多场合，法律人思维中的法律因素越来越少，在法律思维过程中决定法律人判断的法律外因素在增多，在法律因素与其他因素的较量中，法律规范作用在减弱，“不仅政治修辞、道德意识常常压抑着法律意义的释放，而且常理、常识、人情等，堂而皇之地成为了解释法律依据。”[④]针对这种情境，法律逻辑既不能把这些因素作为当然的依据（否则也不再是法律逻辑），也不能视这些因素为无物，具有实践蕴意的法律逻辑应该是可以而且

---

① 参见［荷兰］雅普·哈赫：《法律逻辑研究》，第79—80页。

② 参见武宏志：《美国语境中的“法律人思维”》，《法学家》，2009年第3期。

③ 参见陈曦：《何种法律逻辑——一种实践论视角的解释》，《中国政法大学学报》，2014年第5期。

④ 参见陈金钊：《法律人思维中的规范隐退》，《中国法学》，2012年第1期。

能够审慎地提供对这些实践因素的妥当安置方案。

至于如何恰当安置各类实践因素在法律推理结构中的位置，并保证法律推理在处理规范与事实关系方面的逻辑推论性质，法律逻辑可以发展出多种有意义的可取形式。例如，德国学者阿列克西的法律论证理论认为，法律论证应被看作普遍实践论辩的特殊形式，虽然理性法律论辩不可能保证作为结论的法律决定的百分之百的正确性，但是当法律论证符合理性论辩的规则和形式时由它达到的结论就可以被称为是“正确的”[①]。他就此提出了法律结论证立的内部证成与外部证成，内部证成解决的是所欲证立的法律结论是否从为了证立而引述的前提中逻辑地推导出来，它直接涉及从既定法律论证前提中推导出作为结论的法律命题的逻辑有效性问题，而外部证成解决的是内部证成前提本身的正确性或可靠性问题[②]。在这其中，逻辑适用于内部证成，它要求法律论证的前提必须连贯即无矛盾，论证的前提中必须至少包含一条普遍性的规范和一个充分描述具体案件事实的命题，具体案件事实的描述与法律规范的构成要件之间的落差必须合乎逻辑地连接起来；同时，逻辑在外部证成的层面也有所作为，在对外部证成的对象（即作为内部证成之前提的实在法规范、经验性命题以及既非经验性命题又非实在法规范的前提）采用不同的证立方法时，逻辑法则的要求也必须发挥作用[③]。

从现实来看，各类实践因素在运用法律推理获取法律结论的场合往往表现为不同的具体样式，甚至可以说是具象无数，怎样在法律推理中恰当地安置它们——特别是那些既定法秩序外的因素，并使之成为法律判断形成理由的正当根据，是法律逻辑需要深入拓展的领地。这可以说对处理中国法律运作现实中的相关问题具有重要的意义。以法律人对“情”和“法”

①② 参见［德］罗伯特·阿列克西：《法律论证理论——作为法律证立理论的理性论辩理论》，舒国滢译，北京：中国法制出版社，2002年版，第361页，第274页及当页注释。

③ 参见雷磊：《法律逻辑研究什么》，《清华法学》，2017年第4期。

的处理为例，这正如有研究所论，法律人在“情”和“法”两个要素之间进行抉择，会有一套法律方法来解决它，法治会要求法律人作出清楚的选择——在法律范围内对“情”做权衡，而非法律人会把案件中纠缠着的各种“情”混淆起来，在法律判断上就复杂了[①]。因此，必须看到的是，在法律人思维的语境中，从一般法律规范和认定的案件事实出发推导得出法律结论的演绎性证明是法律推理的核心所在，而主张根据法外的现实因素进行推理也要能够经得起法律逻辑上的审视，且对后者不是排斥而是施行借由法律推理形式和逻辑思维规则的规制是发展法律逻辑明智且切合实际的选择。对于法律逻辑来说，现实中的各类因素所对法律推理的作用机制大概也应该在上述的这种框架内获得建构。

四、结语

总之，法律逻辑是法律人思维在逻辑层面的表达和实现，它是法律人思考和解决法律问题之思维形式、方法和技术的准则和规律。法律逻辑不应当被简单地等同于普通逻辑在法律领域的直接运用，更不是把形式逻辑应用于法律概念、法律分类、法律定义以及法律推理之中就形成了法律逻辑。法律逻辑实际上是一种应用逻辑（或称专门逻辑），法律推理就表现为实践理性在法律判断形成过程中的应用，是理性实践论辩和实践推理的一种特殊情形。可以说，法律逻辑是“实践逻辑的一个例子”[②]，它“提供给我们的是在法律纠纷中适用的一般或特殊类型的论证。”[③]针对法律逻辑在现实中面临的诸多争议，从一种微观的意义上分析来说，围绕法律运

① 参见孙笑侠：《生活逻辑与法律思维的差异》，《北京日报》，2013年8月5日，第17版。

② 此为克鲁格的观点，参见［以］约瑟夫·霍尔维茨：《法律与逻辑：法律论证的批判性说明》，陈锐译，北京：中国政法大学出版社，2015年版，第10页。

③ 参见佩雷尔曼：《什么是法律逻辑？》，熊明辉译，载熊明辉、谢耘主编：《法律论证与修辞》，北京：法律出版社，2014年版，第27—32页。

行的实际场域讨论法律逻辑的问题意识和实践面向，本文具有倾向性的认识就在于，法律逻辑是一种在处理法律规范与案件事实的对接关系中而展开的推理和论证，其应当致力于为法律实践领域提供法律判断形成的思维规则，也需要而且能够解决各类实践因素在法律推理结构中的恰当安置问题。正是在对这些事项的实现中，法律逻辑发挥着推导、检验、识别和批判等功能。

[原文发表于《济南大学学报》(社会科学版)2018年第6期]

体系解释的中国运用

宋保振*

自近代以来，法学知识的体系化一直被视为人类科学和理性的重要标志。与之相随，体系解释也就同文义解释一样作为形式性的解释方法备受关注。但是从我国现实司法实践来看，体系解释的运用现状却并不乐观，其运用难题主要展现为以下两点：一方面，它既不能像文义解释那样因直接围绕法律规范而具有解释的权威性，又不能像目的解释那样因契合我们的实质思维而更容易被接受。相对于其他解释方法，体系解释至今仍贴有“西化”的标签，其内容理解和运用也仅限于“联系上下文”，这就使得有关体系解释的研究一直是法律方法研究上的一个短板；另一方面，在现实主义法学、社科法学和法经济学的冲击下，当下法学研究的“知识体系化”正在遭受“知识碎片化”的冲击，法律的逻辑思维在萌芽阶段就被强大的辩证思考所侵蚀，这继而导致在解释和运用法律时，体系解释方法就会面临

* 宋保振，上海对外经贸大学法学院讲师，法学博士、硕士生导师，主要研究方向为法学理论、法学方法论。

本文为上海对外经贸大学思政教育教学改革课程建设项目阶段性成果。

一种合理性诘难。此时，裁判者能否以一种规范的思考和开放的姿态来理解体系解释，在中国独特语境下掌握其理论实质和操作技术，发掘具有指导性的体系解释规则，必将对依法治国和法治中国建设具有重要意义。

一、文义穷尽时的体系解释选择

通常而言，体系解释是在文义解释出现复数情况或谬误的情况下所选择的解释方法。作为狭义法律解释的重要内容，体系解释以法律的外在体系和内在结构为依据，并尽可能实现解释的规范和价值两方面要求。但是，该解释方法更多地还是从文本的字面含义和体系结构来进行解释，也因此与文义解释具有密不可分的联系。在英美法系，体系解释和文义解释多相辅相成，在我国也有学者将体系解释划入到文义解释的范围，强调不能就条文孤立地理解条文[①]。但与文义解释不同，体系解释是在特定的法律条文语境中进行，追求一种内在法律价值的统一，具有更强的逻辑性要求。也就是说，单纯从文义解释出发必然存在缺陷已然成为一个基本事实。但是在多种解释方法之中，为什么体系解释方法又是最优的选择？对此疑问我们可以从以下两方面予以澄清：

第一，最优的选择来源于最先的位序。由于体系解释主要强调逻辑要素的运用，因此它和文义解释具有一种天然的联系。在大多数简单案件中，由于某个法律语词只具有一种含义，因此只要澄清了该语词的通常含义或专业含义就能得出裁判的结果。但是，从语义学来看，法律语词除了具有核心内涵外，还具有概念的外延，此时，我们也就无法通过语言使用规则来明确相关事项是否属于该特定概念的范围，而只能诉诸逻辑性的体系推理[②]。正如在英美法系的法律解释规则理解上，法律解释的语言规则就

① 参见陈金钊等：《法律解释学》，北京：中国政法大学出版社，2006年版，第181页。

② 参见［德］英格伯格·普珀：《法学思维小学堂》，蔡圣伟译，台北：元照出版公司，2010年版，第53—55页。

包含文义性规则和体系性规则两个方面。也就是说，相对于文义解释方法或文义解释要素，体系解释处于一种帮助性地位。当法律语词存在多种理解或界定模糊时，解释者就可以诉诸体系解释来实现法律解释的可操作性目的。

第二，体系要素所蕴含的价值使之优于目的解释等其他解释方法。每一种解释方法的背后都有一定的价值支撑或价值诉求，这种价值也是方法选择的重要原因。具体到体系解释上，其最核心的价值就是实现法律的统一。能否将法律各个部分和各个章节之间的“关联关系”予以清晰阐释，不仅是立法者的目的追求，而且也是体系解释发挥作用的前提。相对于目的解释在裁判者的主观引导下对特定诉求的“刻意”保护或剥夺，以及历史解释通过立法资料和立法史来探求法律制定当初的含义，体系解释在维护法秩序的统一性方面发挥的作用无可替代。该解释方法不仅作为文义解释的重要补充，在法律语词含义不明时予以澄清，而且还能在形式法治的要求之下维护法律的权威和法治的信仰。

这两方面也很好地诠释了有关法解释的一条西方古老法谚：穷尽文义方可适用体系解释。其具体内容是指，在依据法律语词的语义无法获得唯一的解释结论或得出的多种解释结论之间存在冲突时，必须诉诸体系解释标准，根据法律条文之间所固有之逻辑关系来辅助法律文本含义的确定。而且，这种逻辑关系绝非简单地“联系上下文”，而是立足整个法律渊源和法律体系来把握。也正是因为秉持此完整性体系理解，同类解释规则、相邻规则、整体文本解释规则以及例示性解释规则等具体的体系解释方法运用标准才逐步形成并有效运用在司法裁判中。

二、用体系思维改造中国传统思维中的逻辑缺位

一个完整的体系解释包括逻辑和价值两项基本要素，前者体现为“在各自具体思想关联中的法律概念意义”和“一个法律规范在制定法中的外在地位”，而后者体现为“借生在具体法律条文中的一系列法律思想，这些法

律思想与整个法律体系的其他组成部分存在着各式各样的关系”[①]。以此两项基本要素为基础，体系解释就具有了“外在体系”和“内在体系”的划分。

所谓外在体系，也称为逻辑体系，是指抽象概念式的体系，具体表现为“依形式逻辑的规则建构之抽象、一般概念式的体系”[②]。这是传统概念法学的法律体系观，其目的是建构一个概念严谨、逻辑清晰、结构科学的法律运用系统，并用以指导法官的法律适用。所谓内在体系，又称为目的体系，是指法秩序内在的意义关联——其涉及的是一般法律思想的发现、避免评价矛盾以及将法律原则具体落实为法律规则等内容。司法裁判中，“法律不仅‘逻辑地’同时也‘目的地’蔚成一个体系。……价值标准或目的，透过体系化已被纳进体系中。”[③]此观点认为法律科学除了需要概念法学所主张的逻辑体系之建构，还需要目的法学所主张的价值体系之建构。正如卡尔·拉伦茨所言，法律科学的任务不仅仅在于以方便“综览”的方式，“纲举目张”地说明法律规范，而且还必须协助法官发现法律规定与规定之间以及法律规定与统领法律秩序的法律原则之间的“意旨关联”，以使“各该规定所立基之价值判断”，能获得“同一个法思想”的肯定，从而尽可能地消除“价值判断矛盾”[④]。

也就是说，尽管逻辑和价值两项要素共同构成一个完整的体系解释，但是作为不同的裁判标准，它们毕竟具有不同的侧重点和任务目标，其运用上就自然具有一个大体的先后关系。也正是这种运用上的先后关系，作为体系解释运用时所应满足的条件。具体表现就是，当解释出现冲突时，基于逻辑要素的体系解释优先基于价值要素的体系解释。在前者，梁慧星

① ［德］卡尔·恩吉施：《法律思维导论》，郑永流译，北京：法律出版社，2004年版，第91页。

② ［德］卡尔·拉伦茨：《法学方法论》，陈爱娥译，北京：商务印书馆，2003年版，第316页。

③④ 黄茂荣：《法学方法与现代民法》，北京：中国政法大学出版社，2001年版，第276、472页。

教授认为体系解释中的标准主要是应关注法律条文在法律体系上的位置，以确定它的意义、内容、适用范围、构成要件和法律效果[①]。此规则理解主要是基于逻辑性的“外在体系”解释，而和内在的价值要素并无太大关系。而王利明教授更是在西方英美法系法律解释的语言学规则基础之上，从体系的逻辑架构出发，将上下文规则、整体规则、同类规则及明示其一、排斥其他规则列为体系解释的规则内容，它们也是法官进行体系解释所应着重考虑的内容[②]；在后者，所谓的解释规则还只是存在于理论层面的规则意识，避免在体系解释过程中就条文孤立地理解条文，而忽略了该概念和条文在法律体系中的位阶和价值序列，进而无法作出协调一致的解释[③]。基于该理解，此标准也可作为在协调体系解释和目的解释之运用关系时，体系解释所应满足的条件要求。

由此可知，体系解释不是简单地联系上下文，而是裁判者的体系性思维通过法律方法的直观展现。此时，体系解释就包括“外部体系”和“内部体系”两个方面，外部体系为法律推理和法律论证提供逻辑规范指引，内部体系保证推理之前提的判断亦符合法治的要求。通过这两种体系的运作，将形式逻辑和价值判断进行结合，改造中国传统整体思维、辩证思维中的逻辑缺位问题，进而构建我国法治建设所需要的法治思维。法治思维必须是一种体系思维，各种逻辑思维规则就是其中的重要构成要素。此时体系解释正是在开放法律体系之中寻求各要素的逻辑一致性，以缓解机械“依法裁判”所引发的法律与社会、法律规范与其他社会规范之间的紧张关系。在当下裁判中，结合论、统一论之所以成了不用论证的“正确”思维，很大程度上是因为司法者混淆了认识论和方法论之间的关系，错把认识论当作方法论。为了保证法律效果和社会效果的有机统一，法律实施必须把统一

---

① 参见梁慧星：《裁判的方法》，北京：法律出版社，2003年版，第89页。

② 王利明：《法律解释学》，北京：中国人民大学出版社，2011年版，第101—104页。

③ 姜福东：《反思法律方法中的体系解释》，《哈尔滨工业大学学报》（社会科学版），2013年第3期。

论、结合论与法律方法论融为一体。这种统一的背后就是将裁判时所秉持的整体性思维改变为体系性思维，根据体系思维适度打开内在法律体系的封闭性，在运用法律论证、体系解释、价值衡量等方法的基础上寻求整体的法律意义[①]。这也是新时代法治思维的核心内容。

三、体系解释的具体运用规则

学界对体系解释的具体运用规则早已开展相关研究，其中最有代表性的就是英格伯格·普珀教授提出的体系解释的无矛盾、不赘言、完整性、体系性要求，这也被诸多国家视为法律解释的基本原则。但对此我们也要看到，当以此四方面要求来建构体系解释规则时，我们仍是陷于普通逻辑桎梏所建立的外部体系解释标准，不仅狭义理解了体系解释，而且未能和我国具体的司法解释实践紧密结合，这就导致所建构的体系解释规则虽然具有理论上的普适性，但是在我国司法实践中很难发挥作用。裁判者需要更具有现实可操作的指引规则，从而将传统辩证思维和规范法律思维予以结合。这些内容秉持法教义学立场，在内部体系思维指引下合理运用解释中的逻辑要素，所意图解决的也是形式化的解释标准问题。对此我们可总结为如下四点：

（一）立足整个法律体系理解某一上下文规范

此解释要求是文理解释的基本内容。所谓文理规则（nositur a sosiis），又称相辅相成规则。该解释规则作为体系理解的方式或标准，是自古罗马时期就产生的、有关法律解释的重要法则或格言。其核心意旨是强调当法律文字的含义表达不明时，解释者应该从不确定法律概念的前后文中来理解。具体到司法实践中，该文理规则也被称为“上下文解释规则”（canons of word association）、“相邻规则”（noscitui a sociis canon）或“语境规则”，

---

① 陈金钊：《用体系思维改进结合论、统一论——完善法治思维的战略措施》，《东方法学》，2018年第1期。

并作为具体的适用标准。它们尽管称谓有所不同，但在本质上都是强调对语境的理解和把握，且主要应用于列举式的各种人、物、事务、行为或情形的含义判断，以及某法律语词一般性含义与特殊性含义的判断和选择场合。因为在裁判过程中，法官不能因为通过文义解释仍对文本的理解存在质疑就直接进行漏洞填补或利益衡量，体系解释是其中必不可少的一个环节。只有通过体系解释方法运用仍不能确定法律文义之时，才可以对既有制定法进行漏洞填补或寻求其他法律解释方法。此时，在体系解释的运用上，上下文解释规则就是首要的标准。而且长期以来，此解释规则已被广泛适用。在我国，“欲寻词句意，应观上下文”一直作为我们理解和解释问题的基本准则。而在英美法国家的制定法解释中，该规则更是作为一条重要的适用标准，并大量充斥在United States v. Monia等裁判案例中。特别是在英国，三大解释规则中的“除弊规则”和“黄金规则”都有涉及“根据上下文进行解释”的标准。

（二）基于特定语境把握法律文本的整体与部分

此解释要求是“整体文本规则”的基本内容。整体文本规则（whole text canon）是体系解释的另一条重点操作规则，一定程度上与文理规则相类似。只不过文理规则是将理解不确定法律概念的语境限定在上下文之间，而整体文本规则的理解语境则是限定到整部法律规范。因为上下文规则虽然在明确一些列举性法条的含义时较为有效，但是它也具有特定的适用条件：第一，假定立法者是理性的，他们在创制法律的过程中追求整体上的和谐统一；第二，法律概念上的统一，即立法者在同一意义上使用同一语词；第三，不同的语境之间相互协调[①]。在此意义上，法律解释的文理规则的适用必须以法律文本中已然具有的内在关联为前提，表现出来就是对“整体文本规则”和“同一规则”的依赖。此时，整体和部分之间的关系理论就构

① 参见张志铭：《法律解释的操作分析》，北京：中国政法大学出版社，1998年版，第110页。

成“客观把握法律文本的整体与部分”解释规则要求运行的基础。对此，王利明教授曾作出较为详细的阐述[①]。而且在适用过程中，也形成了以下三条具体的实施细则：第一，根据法律条文的具体位置确定其适用位序。一般而言，位置在前的条款多为一般规定，也因此具有适用上的优先性；第二，根据条文的具体位置确定其适用范围。一般而言，位置在前的条款多抽象而位置在后的条款多具体；第三，根据整体与部分的关系理解法律规范的含义。

（三）“同词同义”并不排除“同词异义”

此解释要求为同一解释规则的基本内容。作为一项基本的法律解释规则，同一解释规则（consistent meaning canon）又称为“同一词语、同一含义”，是一条来源于立法的法律解释规则要求。由于语言的多义性，立法者在起草法律文本时，所遵循的一条标准就是“同一概念尽量使用相同词汇”。体现在司法适用上，该解释标准也常被认为是解释过程中的语言规则或要求。也正因此，在此规则的归属上就存在了分歧。如王利明教授从语言表达的角度出发，认为该规则是文义解释规则的具体内容；而梁根林教授和致远法官则从该规则的实际运行出发，将其归纳为体系解释规则的内容[②]。本文认为，确定该同一解释规则到底属于文义解释规则还是体系解释规则的内容，根本的是看它运行的基础是语义还是逻辑要素。具体到该解释规则，尽管看似是语义要素的处理规则，但在其运行中，语义内容只是作为载体，更多的是程序上的要求。从其基础来看，形式逻辑中的同一律就意味着在同一思维过程中必须保持概念和论题的同一，避免“混淆概念”“偷换概念”或者“转移论题”“偷换论题”的错误。但是，该同一解释规则也并非一条绝对标准。在有些情况下，仍会允许“同词异义”的存在，

① 王利明：《法律解释学》，北京：中国人民大学出版社，2011年版，第101页。

② 参见梁根林：《刑法适用解释规则论》（下），《法学》，2003年第12期；致远：《系统解释法的理论与应用》，《法律适用》，2002年第3期。

甚至还可能是裁判者的刻意为之。这种“同词异义”的情形主要存在于以下两种情形：第一，尽管是同一法律语词，但是在不同部门法中的含义可能不一样。比如民法和刑法对“占有”的不同理解。第二，当考虑特定利益诉求或裁判语境时，常常存在目的对文义的突破，此时也会出现“同词异义”的现象。如《消费者权益保护法》中对“消费者”的扩张解释，以及动物侵权中对“动物”的限缩解释等。

（四）每一法律语词均应存在有效解释

此解释要求为无赘言规则的基本内容。无赘言规则（no surplusage canon）属于体系解释排他性规则的范畴。排他性规则来源于逻辑上的“排他律”，通常意义上，普通逻辑上的排他并不存在规律。但是当从法律逻辑角度来考虑时，为了满足法律的规范性要求，在法律解释和适用过程中，必须具有一定的行为标准。这种标准性要求也就涉及英国制定法解释的两项古老的解释规则，即确保制定法中每一语词均为有效的“无赘言规则”和处理并列存在的法律事项关系的“明示其一即排斥其他规则”并以前者为主。所谓无赘言，就是法律不说多余的话，这也是体系解释的规范性要求之一。但是，尽管无赘言规则是维护法律权威性的重要标准，但是其效力也并非绝对。一方面，由于法律采取了文本语言的表达方式，因此语义和语法上天然存在的一些问题和矛盾就自然会展现在法律文本中。而立法活动也毕竟是一个主观性的过程，立法者不可能是理想的“理性人”；另一方面，法律作为社会的产物和阶级统治的工具，又必然会带有历史演进的痕迹，并受到政治政策的号召及利益倾向的引导，这些因素都有可能转变为文本的形式写入法条。

四、结语

在此过程中我们需要注意，当从“外部体系”和“内部体系”两个方面定位体系解释，并试图探究一种有关整个法律体系解释方法的运用规则时，体系解释就不能局限于体系解释方法进行狭义的理解，而应该将视域扩大到“基于体系要素”解释活动中所具有的规则和要求性内容。此时，合宪性解释、法律规范冲突协调及例示性规定解释都应该成为体系解释的重要内容。而且这种归类也并非凭空产生，因为在体系解释的理解上一直存在广义和狭义的划分，合宪性解释等内容正是存在于广义体系解释的理解中。具体到解释规则上，简单说来，狭义的体系解释规则主要指存在于体系解释方法运用中的基于逻辑要素的解释规则和标准，如上面的整体文本规则、同一解释规则等内容；而广义体系解释规则除了包含狭义体系解释规则外，还包括不同法律规范甚至某一部门法与宪法之间的“逻辑——价值”关系。它们区别的根源在于对体系解释概念外延的不同认识。有关此内容的具体分析就构成接下来体系解释研究的重点内容。

[原文发表于《济南大学学报》(社会科学版)2018年第6期]

理性证明过程的本土化

蔡会明　杜文静*

一、导言

法律三段论通常被认为是司法实践中所运用的法律推理基本结构。其背后的逻辑基础无论是直言三段论、假言三段论、谓词三段论抑或道义三段论，这种推理形式都是以规范命题和事实命题为核心。就推理进程而言，三段论通过人为构建的形式语言与演算系统，根据推理有效性，由前提能够必然导出结论。然而，这种“演绎论证”的通用模式却没有显现出证据在诉讼证明过程中发挥的作用。证据在司法领域中很重要，并且不能把证据材料与案件事实相混淆。以著名的二十世纪大审判——辛普森杀妻案为例，这个案件中的证据“血证如山”，例如，通过血证基本能认定辛普森是杀人犯。还有皮手套证据，即被害人戈德曼脚下有一只左手套，而在辛普森的住宅，警察又发现了右手套，且两只手套是配对的。然而，当所有证据指

* 蔡会明，上海对外经贸大学工商管理学院副教授，管理学博士，主要从事人工智能模型研究；杜文静，华东政法大学文伯书院副教授，哲学博士，主要从事法律逻辑研究。

向辛普森有罪的情形下，判决结果却是其无罪释放。所以，证据材料本身并不等于事实。为此有必要在法律推理模式中彰显一下证据与事实之间的推理关系[①]，这就是理性证明过程。

刑事语境下的理性证明过程，是通过证据推理得出合理结论的过程。本文关涉的证据推理是基于贝克斯的混合理论，其把建立在论证和故事基础之上的方法相结合，将混合理论建模成形式对话博弈。通过结合我国司法实践的现状与问题，该等对话可以为我国刑事案件事实认定提供标准模型的借鉴，减少司法的恣意，从而确保公正司法，提升司法的公信力。

二、理性证明过程的分析工具

对话作为一种理性分析工具，具有很多类型，按照沃尔顿以及沃尔顿和克罗贝提出的规范框架，存在六种基本对话，即说服型对话、探究型对话、谈判型对话、信息寻求型对话、商谈型对话以及争论型对话[②]。这六种基本类型并没有关涉所有对话，但是我们日常会话交流所运用的其他类型对话完全可以归结为它们或者其中的某些组合。

为了彰显理性的证明过程，需要对博弈者的对话过程加以规制，给其提供相应的准则，这就是对话博弈。对话博弈的基本思想是：通过规则保证两个或若干个博弈者之间的对话融贯性，该融贯对话是由其目的确定。不同类型的对话，目的显然有所不同。就谈判型对话的目的而言，不是要求其他博弈者接受某个主张，也不是证成某个结论的可接受性，而是关于某种“利益”进行谈判，以使得双方当事人达成某种一致或者妥协。在谈判型对话中，冲突是由双方利益矛盾引起的，通过交换让步双方均能得到最想要的利益。合作性便是此种对话的最大特点。针对论辩性对话模型，主

① 熊明辉，《一种法律人工智能建模方案》，《中国人工智能学会通讯》，2018年第3期，第4页。

② ［美］道格拉斯·沃尔顿：《法律论证与证据》，梁庆寅、熊明辉等译，北京：中国政法大学出版社，2010年版，第167页。

要目的是说服对方，例如提议者能够攻击并且足以废止反对者提出的每一个话步，反对者也没有提出其他有效话步，因此提议者获胜，从而解决意见分歧。该等对话具有竞争性的特征。

而有一些对话如辛迪卡提出的对话模型，该模型旨在提供“一种根据现代逻辑的论辩方法的理性重构”[①]。所以，它既存在信息寻求又存在论辩特点。通常情形中，信息寻求过程具有合作性，而论辩则是竞争的，这就要考虑具有论辩特征的这类模型究竟归属于哪一类对话的问题[②]。

该问题涉及对话博弈的本质：为什么要进行博弈？有些人进行博弈是为了论证论题，即提议者试图从获得的前提推导出命题；有些人关注的则是探究，试图构建探究语境下的推理模型和策略模型。本文更倾向于“与其说对话博弈是一种实效说服的工具，不如说是理性探究的机制”，所以从形式对话与理性证明过程结合的角度探讨探究型对话，从而系统阐述关于证明过程的对话博弈之形式建模。这种方式对于分析和审查证据，发现证据中的矛盾，防止审判人员确认偏见最为合适。因为它提供了将论证的形式结构与基于故事的解释分析相整合的理性模型[③]。在刑事证明过程中，司法人员可以通过该形式化模型以初始证据为基础进行推理。

具体而言，证明过程包含三个阶段：首先，收集一些证据，通过可得的证据以形成一个或若干个假设。在这些假设中，如果有些根据我们的经验判定为违反生活中的常识，则不予考虑。而其他的假设将进入下一个阶段，即检验其与进一步发现的证据是否一致，并从中选择一个最佳假设。最后阶段需要对这一最佳解释进行明示化证明。哲学家汉森将这三个阶段

---

① J. Hintikka. The logic of information－seeking dialogues. A model. In W. Becker & W. K. Essler(Eds.), Konzepte der Dialektik［Concepts of dialectic］. Frankfurt am Main: Vittorio Klostermann,1981, p.212.

② F. H. van Eemeren and E.C. W. Krabble et al. Handbook of argumentation theory. Springer Science + Business Media Dordrecht. 2014, p.328.

③ T. Bench－Capon et al. A history of AI and Law in 50 papers: 25 years of the international conference on AI and Law, Artif Intell Law. 2012(20):293.

对应为三种语境：发现、追问和证成语境[1]。这里指涉的是与刑事领域相关的证明过程，尤其是发现语境与刑事案件分析密不可分。在司法实践中，证明过程的起点就是一些指向发生犯罪的线索，假设性故事是关于案件中发生了什么的刻画。这些假设性故事通过发现、追问、证成三种语境刻画刑事证据推理如何构建案件事实。

因此，该过程涉及用获得的证据以及周围世界的知识进行推理，以帮助人们确定某种情形是否为真。这种理性和"为真的证成"是核心议题。威格摩尔在其著作中也着重强调证明过程的理性原则之重要性，"证据原则的学习分为两个不同部分。一部分是一般意义上的证明——这部分关于进行争议性说服的推理过程——律师对法官，每一方均寻求转移法庭的注意力。另一部分则是可采性——法律制定的程序规则。到目前为止，后者在我们的正式研究中显得最突出——事实上已占统治地位；而前者却受到忽视。在证明过程中，律师担负起这样一个任务，即说服陪审团应当或不应当相信某个事实。为了完成该任务，他必须像所有人推理时所做的那样，进行自然推理……"[2]该等"自然推理"，不存在人工可采性规则，只能依托证明科学的理性原则分析证据。可见，威格摩尔本人也是倡导发展理性原则的探究。

关于证明过程中的理性，可以界定为如果一个信念或者假设与证明过程中应当考虑的周围世界知识相吻合，那么它是理性的。换而言之，在发现、追问及证成阶段，通过可获得的证据和知识库应当如何得到最佳假设。这就是探究型对话中博弈者的目的。该对话博弈的双方承担了共同角色，因为他们都想为需要解释的观察项找到最合理的假设性故事。沃尔顿将该

① N. R. Hanson. Patterns of Discovery: An Inquiry into the Conceptual Foundations of Science, The Scientific Book Guild, London, 1962.

② ［美］特伦斯·安德森、［美］戴维·舒姆、［英］威廉·特文宁：《证据分析》，张保生等译，北京：中国人民大学出版社，2012年版，第113—114页。

过程的对话称为探究型对话[①]。该对话旨在刻画一般领域中的形式理性，并试图发现事实真相。贝克斯的程序理性与其深相契合，是普遍理性的具体表现。

这是因为，沃尔顿提出探究型对话旨在构建、分析以及评价证据、论证和假设[②]。它恰好彰显出贝克斯主张的刑事证明过程之三种语境。在发现语境，博弈者根据犯罪线索构建自己的假设故事。在追问语境，博弈者支持己方的假设或者怀疑对方的假设。在证成语境，对话中的博弈者均承诺最佳假设，企图找到一个最似真的案件事实。由此，探究型对话的最终目标并非要一决胜负，而是要寻找最可能解释犯罪线索的假设性故事。这就要求该对话必须建立于证据、论证和故事基础之上。只有这样，探究型对话才能以一种理性的进路选择并证明最佳假设性故事。

三、理性证明过程的动态机制

而对案件中证据和故事的研究可以视为动态、交互的证明过程，根据贝克斯的观点，这种动态机制能够用形式对话博弈刻画，即运用形式方法建模动态证明过程[③]。贝克斯提出的对话博弈是一种形式论辩框架，它与其他形式论辩系统不同之处在于，该对话中的博弈者通过构建一个基于论证和故事的混合理论，以实现组织和分析假设故事以及证据。

在该探究型对话博弈中，虽然有获胜者这一要素，但对于博弈者而言，并不想真正成为获胜者，为观察到的证据寻找最佳故事才是其参与博弈的目的所在。特别是在刑事调查证明过程中，调查人员基于初始证据，组织并形成各种故事，通过探索型对话的模型，使得己方故事成为支持观察项的最佳故事。

---

① Douglas N. Walton, The New Dialectic: Conversational Contexts of Argument, University of Toronto Press, Toronto,1998.

② Bex, F. J. Argument, Stories, and Criminal Evidence, Springer, 2011:99.

③ Bex, F. J. Argument, Stories, and Criminal Evidence, Springer, 2011:141.

同时为了实现理性，每一位博弈者在对话过程中都要受到承诺规则的制约，以确保其各自的承诺库具有一致性。汉布林主张，对话中的每一个博弈者需要有一个自己的承诺库，在对话交互的过程中，一些命题被增加到这个承诺库或者从该承诺库中删除①。遵循汉布林的理念，伍兹和沃尔顿以及麦肯泽均在自己的形式论辩系统构建了承诺库。麦肯泽要求对话中的博弈者之承诺集是一致的，因为承诺表明博弈者所持的态度，维持其可信性，不能恣意改变。麦肯泽的承诺集不仅是一致的，而且还是极小一致。这种一致性不仅要避免承诺一对相互抵触的命题，还要避免后承不一致性②。该探究型对话只考虑了逻辑一致性，并未处理后承不一致性问题。

如前所述，在证明过程中，探究型对话的目的不是期望获胜，而是要求博弈者寻找一个比其他博弈者更好的故事。这与贝克斯之所以构建基于论辩与故事的混合理论相一致。故事是作为说服他人的理想工具，因为故事为我们提供了一个整体框架，借助其故事图式可以勾勒出案件的概览，有助于法庭人员组织并分析证据以填补案件中的缺口。这种方法非常适合刑事案件中典型的证据情境，故事模型可以构建容易理解的假设性情节。该等情节可能指向已发生的犯罪线索，并通过回溯推理将提供调查人员新的研究途径。

然而，故事的整体性更容易融入没有证据支持的事件，这必然会导致故事的危险性。因为故事在连贯性的掩饰下，很可能被当事人悄无声息地加入自己编造的事件，使得其构造的故事比起不连贯的且有证据支持的故事更有可信度③。这就需要运用论证的方法对故事加以完善。如果没有证据

① ［美］道格拉斯·沃尔顿：《法律论证与证据》，梁庆寅、熊明辉等译，北京：中国政法大学出版社，2010年版，第170页。

② F. H. van Eemeren and E. C. W. Krabble et al. Handbook of argumentation theory. Springer Science + Business Media Dordrecht. 2014:358.

③ Floris J. Bex , Peter J. van Koppen , Henry Prakken, Bart Verheij, A hybrid formal theory of arguments, stories and criminal evidence, Artif Intell Law. 2010:133-134.

支持，那么需要借助基于知识库论证支持故事中的事件。所以，基于论证的方法和基于故事的方法，二者不是相互竞争，而是相互促进。论证与故事之间的这种互动构成了混合理论独有的优势。因此，故事不再仅是认知心理学的研究对象。

在探究型对话的形式模型中，故事要成为理性证明对象，还需要比较假设性故事的规则，以形成一个尽可能解释更多证据的最佳故事。贝克斯在形式对话博弈中，提出两种关于比较故事的规则，分别是偏序函数和全前序函数[①]。在这两种函数中，均是基于“好故事”的标准进行比较。

然而，这两种比较故事的方法存在以下两方面的局限性：首先，标准的局限性。偏序函数中比较的标准依据集合包含。在运用这种方法时存在一个预设，即支持A故事的证据集合包含支持B故事的证据集合。但在司法实践中，控、辩双方通常会选择有利于己方的证据以支持自己的故事，这就很难确保双方的证据支持集属于包含关系。全前序函数比偏序函数的标准更为严格。全前序函数的标准不再依据集合包含，而是集合元素个数。这种方法明显带有纯数学化的抽象特征，比偏序函数更加绝对。其次，适用的局限性。两种比较方法仅适用一些事例，并不具有普适性。比如，如果A故事的证据支持集真包含于B故事的证据支持集，而A故事的证据抵触集包含于B故事的证据抵触集，此种情形如何比较？这是当前学界亟待解决的难题。倘若通过证据推理的第三种方法——概率推理[②]，借助贝克斯定理为案件事实中的证据赋值，以量化支持假设性故事的概率强度，将是值得深入研究的路径。

由此看来，通过论证支持或抵触故事，该等故事与替代故事之间的论辩关系被贝克斯建模成形式对话博弈。在该框架下，论辩与故事的有机整

① Bex, F. J. Argument, Stories, and Criminal Evidence, Springer, 2011:147—149.

② H. Kaptein, H. Prakken, and B. Verheij. Legal Evidence and Proof: Statistics, Stories, Logic. Ashgate Publishing Company, Aldershot, 2009.

合使混合理论成为理性的刑事证明方法。它不仅丰富了我国的证据学理论体系，还为有效防范冤假错案，推进以审判为中心的刑事诉讼制度改革起到积极的作用。

四、理性证明过程的实践价值

2017年，最高人民法院发布《中国法院司法改革》《中国法院的司法公开》白皮书。白皮书显示，自十八届全国人民代表大会以来，全国法院已经纠正34起重大冤假错案，均是案件事实不清，证据没有达到确实所导致的[①]。从本质上讲，冤假错案的形成与刑事调查和判决有着直接的关联，很容易进入有罪推定的误区。

在刑事调查阶段，一旦调查人员根据收集的证据形成一种假设，将集中寻找能够支持这种有罪假设的证据，而拒斥与该假设相矛盾的证据和替代解释。在审判阶段，何家弘提出，公安机关已经侦查终结而且检察机关已经提起公诉的情况下，法院的庭审只能做出有罪的判决。在这种情况下，法官在认证时自然会偏向检方的有罪证据，甚至无视辩方的无罪证据[②]。特别地，法官在处理重大疑难案件时，面对错综复杂的证据，如何形成清楚的案件事实？贝克斯的混合理论为我国刑事证据推理做出了重要的理论指引，其论证解释理论能够清晰辨识调查和审判中容易出现的错误，从而为事实认定者提供一种解释与分析证据的理性工具，有助于司法人员判定证据链条的完整性。

随着人工智能新时代的到来，以高度信息化方式支持全方位智能服务的“智慧法院”应运而生。比如，上海刑事案件智能辅助办案系统，即“206工程”。“现在我们研发这套系统，一是要解决刑事案件办案中存在的

① 严剑漪：《揭秘“206工程”：法院未来的人工智能图景》，《上海人大》，2017年第8期。

② 何家弘：《刑事诉讼中证据调查的实证研究》，《中外法学》，2012年第1期。

证据标准适用不统一、办案程序不规范等问题；二是系统具有校验、把关、监督功能，可以及时发现证据中的瑕疵与矛盾。”[①]贝克斯的形式对话模型可以为“206工程”的完善提供有益的指南。因为，贝克斯通过对话中的承诺规则，要求每一位博弈者必须遵守自己的承诺，使得承诺库保持一致，防止产生相互抵触的证据或者事件，从而保证基于已知证据形成的最佳故事具有内部一致性。并且，贝克斯为了确保故事中事件或状态间的因果联系，提出因果性概称陈述[②]以支持事件间的逻辑关系。借助这一概称陈述恰好可以审查事实与事实之间是否具有逻辑关联性。该模型与“206工程”围绕“刑事证据的有效收集固定、保存与审查判断，以及规范公检法办案流程来展开”的理念深相契合[③]。

贝克斯提出的这种形式对话博弈，旨在找到能够解释更多证据的似真故事。这种探究型对话博弈将证据推理的理性证明嵌入到我国司法实践，为其提供了刑事案件证据标准模型，也为我国智慧法院的建设指引了方向，对于全面推进依法治国起到重要的作用。

［原文发表于《济南大学学报》（社会科学版）2018年第6期］

---

① 严剑漪：《揭秘“206工程”：法院未来的人工智能图景》，《上海人大》，2017年第8期。

② Bex, F. J. Argument, Stories, and Criminal Evidence, Springer, 2011.

③ 黄祥青：《“206工程”的构建要点与主要功能》，《中国检察官》，2018年第15期。

经济学

中国理论经济学的现状与问题

韦　森*

记者： 韦森教授，在2007年全球金融危机后，您是不是意识到现在世界上的主流经济学出现了一些问题？您认为当代经济学的困境与挑战有哪些？您认为现在西方主流经济学的主要问题和困境在什么地方？中国经济学家在应对当代主流经济学的困境与挑战中又能起什么样的作用？

韦森： 反思当代基本经济理论问题，事实上已经不仅仅是中国的问题了，而是一个全球性的问题。

首先我要说的，对于当代主流经济学，我没有多少成见。我自己1978年上大学时在学校里是学马克思主义政治经济学的。到国外留学十几年，才慢慢从自己的古典经济学知识框架中走了出来。我深知从古典政治经济学的知识框架转到完全是现代经济学的思维是一个多么困难的过程。但是，经过多年的学、教现代经济学，尤其在读奥地利学派的经济学家以及凯恩斯的一些原著之后，以及这些年大范围地读经济史、货币史和货币思想史的文献后，我个人发现，现代经济学的体系是有一些问题。

---

* 韦森，复旦大学经济学院教授，复旦大学经济思想与经济史研究所所长。

应该说，在二战后，可能没有哪个学科能像经济学这样蓬勃地发展起来。现代经济学已经形成一个巨大的理论世界。在当代，无论是哲学、人类学、心理学、社会学、政治学、法学等等，都不像经济学这样形成一个庞大的理论世界（可能语言学是个例外），这主要是在20世纪30年代凯恩斯的《通论》出版后，逐渐演化出了一个以微观经济学和宏观经济学为分野和主要构架的当代经济学体系。而当代经济学核心体系的核心，就是主流的新古典综合派。二战后，随着西方大学经济学系（或学院）和商学院大批大批地招收学生，各大学的经济学院也在教这种不断演化着的教科书的体系，就形成了当代经济学的理论体系。

这个当代经济学的理论体系，不断随着经济学内部“分工”和“专业化”的研究和发展而不断演化，也不断把其他新的经济学流派的理论吸引过来，包括新制度经济学的理论和博弈论的研究进展，等等。可以说到现在为止，在国际上基本上形成了一个比较成熟、完整和规范的经济学理论体系。现代经济学，或者说现代经济学的教科书体系，是与世界各国所普遍采用的市场经济运作体系、现代公司制度、国民收入统计制度、金融、外贸、汇率体系连在一起的，是人们认识、解释和试图理解当代市场经济制度运行的一种理论体系。

现在，世界上绝大多数国家大学里的经济学院所教的经济学，以及我们现在国内大学经济学院里所教的经济学，就是这种以微观经济学和宏观经济学教科书为体系的经济学理论。由于我们的青年学生一入大学就学这种经济学，导致了现代经济学就像一个人生活在中国社会就要说汉语，生活在一个英语国家就要用英语交流一样，变成了每个生活在现代市场经济中就无法摆脱的认识、描述和参与市场活动及决策必须使用的一种思维语言、知识体系。所以，在今天世界上大多数国家，包括当下的中国，大学的经济学教师、学生，金融和实体行业工作的企业家，以及财经媒体的记者都在用现代经济学的语言、词汇和理论在说话、写文章、写书。甚至一些批评凯恩斯主义的经济学家也在用凯恩斯本人发明的术语——如消费倾向、流动性、流动性偏好、乘数、预期收益、资本的边际效率等等来批评凯恩斯。

但是，这个理论又有一些很大的问题。在我看来，这个理论的主要问题是经过几十年的发展，经济学越来越“科学化”“精细化”，从而变成了一个非常数理化、公理化的一个体系。当代经济学的主流趋势是，按照一些基本假设，去推导人们或企业的微观行为，推导一个国家的宏观经济运行。尤其是20世纪50年代以来，经济学越来越数学化，导致百分之八十以上乃至绝大部分经济学论文只求逻辑上自洽、数理上严密和数学模型优美，经济学论文成为经济学人内部互相欣赏、只供少数同行和专业小圈子内部互相讨论而与现实经济运行已经没有多少关系的一种“mental games”。这种发展趋势也使经济学家变得越来越“理性的自负”，认为通过一些建立在人的基本行为的公理化的假定基础上的数理推导，就可以证明人类各种社会的经济运行的必然的和决定性的结果。因而到20世纪末，大多数主流经济学家都认为当代经济学的发展已经能够认识和解释现实经济世界运行的基本法则了，可以预测乃至消除经济波动和经济危机了。

到了2007年、2008年出现全球金融风暴并接踵出现最近这次世界性的经济衰退之前，大部分主流经济学家如卢卡斯、伯南克都相信“人类社会的商业周期已被驯服，针对商业周期的任何举措所带来的益处都会微不足道了”，“预防萧条的核心问题，实际上已经解决了”。整个西方经济学界好像都忘记了哈耶克于1972年12月11日在斯德哥尔摩诺贝尔经济学奖获奖演说《知识的僭妄》(The Pretence of Knowledge)中的警示：“市场是一个极其复杂的现象，它取决于众多人的行动，对决定某一过程之结果的所有情形，几乎永远不可能完全认识和被度量。……市场过程的每个参与者所拥有的特殊信息，都会对价格与工资产生影响，而这方面的全部事实，是任何科学观察者和任何一个单独的头脑都无法确知的。这其实正是市场秩序的优越性之所在，也是在不受政府权力所压制情况下市场秩序会取代其他类型秩序的原因。……我们这些从事观察的科学家，由于无法知道这样一种秩序的全部决定因素，结果也无法知道在某种具体的价格与工资结构下需求总是等于供给，因此我们无法度量对这种秩序的偏离程度，也从而无法从统计上对我们的理论与‘均衡’的偏离加以检验。”哈耶克获诺贝尔经济学奖感言中的这段话，我觉得恰恰道出了当代经济学的根本问题。

正是在当代经济学的体系基本上成熟的时期，中国开始了市场化改革和对外开放。1978年以后的改革和对外开放之后，我们国家一大批青年人到西方国家学习经济学理论。拿到博士学位后，有的在国外大学留下来教书和做研究，或在国外的一些大公司和金融机构工作或创业，也有一大批回到国内来教书。这些经济学专业和管理学专业的归国博士、硕士，整个知识框架全都是现代经济学的，在回国后教授的也是现代经济学，写文章、著书也是用现代经济学的语言和理论来做。1978年后，中国大学的经济学院里的经济学课程也从主要教授政治经济学到现在主要讲授微观经济学和宏观经济学的课程。改革开放后，我们国家的国民经济统计也从计划经济时代的社会生产总值的统计，变成了按国际上通用的国内生产总值的统计方法。同时，我国也慢慢在公司管理制度、金融体系，以及外贸、汇率制度等方面，几乎完全与国际接轨。所以，到目前为止，我们国家的整个经济学理论也基本上“现代化”了。除了高校的政治思想教育课外，政治经济学大致已经变成了经济思想史的课程。

但是，整体上来说，我们中国的经济理论基本上还处于一个“引进阶段”，就是说，尽管这些年来我们华人经济学家在国际上发表的学术论文和出版的专著多了起来，但在整个现代经济学理论体系中，我们华人经济学家所贡献的基本原理和理论还很少，可谓屈指可数。这说明我们华人经济学人对整个人类的现代经济理论的贡献还不是太大。当然，这并不是说中国的经济学人要永远做学生、做经济学理论的引进者。随着中国市场化进程的发展，随着中国经济成长为世界第二大经济体，随着中国经济越来越融入世界市场分工体系，特别是，一些发达国家的市场体系出现过的问题（如股市波动、产能过剩和经济周期）也会在中国经济体内部开始出现，现在中国的经济学人尤其是未来的中国经济学人，要进行创造性的理论思考，在未来的经济学理论发展上做出我们的贡献。正是基于这一考虑，我们成立了“当代经济基金会”。我们应该着眼未来，支持新一代学人研究和关注经济学的基本理论问题。

记者：您觉得中国经济学家有可能在什么地方做出独特贡献？

韦森：现在我还说不出在哪些方面中国经济学人可以做出我们独特的理论贡献。我个人觉得，要从经济思想史角度来看待人类社会经济发展和经济学的理论发展，将会非常有意思。这里我们不妨做一点经济思想史的理论回顾。

尽管在各国历史上尤其是古希腊哲人和中国的先秦思想家那里都有一些关于人类社会经济运行的论述，或言“经济思想”，但是，经济学作为一门学问开始出现，我们一般都认为是从亚当·斯密那里开始，当然也有人认为是从爱尔兰的坎德隆（Richard Cantillon，1680—1734）那里就开始了。但是不管怎么认为，古典经济学的代表人物是亚当·斯密和大卫·李嘉图，这应该是共识。现在看来，在古典经济学阶段，经济学理论是以劳动分工和劳动价值论为基石的一种经济学理论，而主要的理论贡献，一个是亚当·斯密的分工和市场理论，就是说有市场交易才有经济增长；另一个就是大卫·李嘉图，即比较优势学说，说明市场交换和国际贸易可以增加人类的福祉。现在，不知道大家意识到没有，无论是亚当·斯密的经济学，还是李嘉图的比较优势理论，都还是在第一次工业革命和西方世界兴起前的时代的经济学理论，那时候，市场交换的深度、广度，以及国际贸易的范围还不大，工业组织也不是现代大工厂制度，银行和金融体系也还很不发达。

另一个值得注意的现象是，从人类社会的货币制度演变史来看，纸币尽管在东方和西方一些社会中都很早出现过并实行过一段时期，但是在斯密、李嘉图乃至后来马克思的时代，西方国家在整体上来看还是处在金属（主要是金、银、铜）铸币时代。这个时期的经济学，被称为经济学的古典时期，或古典经济学时期，其基石和核心理论就是劳动价值论，或者说，劳动价值论还是金属铸币时代的经济学理论。

19世纪30年代后，工业革命来了，蒸汽机来了，火车、轮船出现了，在西欧和北美开始了第一次工业革命，海外市场和国际贸易的范围也大大扩展了。到了19世纪后半叶，尤其是在第一次工业革命完成后，英国、法国和德国，乃至美国，市场交易中开始大量使用纸币，以至到第一次世界大战后，纸币成了主要的货币形式，金属铸币反而成了辅助货币形式。现实经济运行方式的变化，人们使用的货币形态的变化，现代银行制度和金融体系的出现和不断成长，市场分工体系的加深，使人们无法再从商品价值的维度来解释经济现象，这时候就出现了以马歇尔、瓦尔拉斯为代表的新古典经济学。新古典经济学的典型特征是只讲价格，而不再讲抽象的“价值”。讲价值，也不再是劳动价值论，而是英国的杰文斯、奥地利学派的门格尔、庞巴维克、维塞尔，以及法国的瓦尔拉斯、美国的克拉克所差不多同时发现的边际效用价值理论。新古典经济学是人类社会经济思想史上的第二次革命。但是现在看来，新古典经济学还主要是微观理论。

第一次世界大战后，世界各国主要采取了纸币制度，但为了规避通货膨胀，也几乎无例外地采取了金本位制。但是，在一次世界大战后，出现了“英国病”，即在几十年时间里英国的经济增长完全停滞。在大西洋的另一面，美国正在崛起为世界第一大超级强国，而德国和日本这些后起的工业化国家在法西斯“国家社会主义”和军国主义的体制下，政权更替、社会动荡但同时出现了畸形的快速经济增长。

第一次世界大战后三四十年的“英国病”，加上1929—1933年的世界经济的大萧条，催生了凯恩斯从一国经济总量上研究“宏观”经济行为。故可以认为，现代经济学以凯恩斯为界，之前的叫“新古典”，主要就是现在的微观经济学；凯恩斯之后，“总体经济的研究”又成为一个主流，形成了宏观经济学。这也是经济学的凯恩斯革命的主要意义。这在经济思想史上被认为是经济学的第三次革命。

但另一方面，在20世纪初以马歇尔等经济学家为代表的经济学的第二次革命的理论分析框架已经比较完善，于是就在经济学中出现了宏观经济学和微观经济学的分野，即微观经济学基本上仍是马歇尔的体系，而宏观经济学则是凯恩斯及其后来的各种变异体系。之后几十年的时间里，这两种体系不断交叉融合，逐渐演变，形成了现在的以新古典综合派为主流的当代经济学体系。而这种经济学理论体系，从货币形态上来看，都还是在凯恩斯经济学框架下的纸币时代的经济学，包括弗里德曼的货币理论，以及米塞斯和哈耶克的货币理论概不例外，当然米塞斯、哈耶克和罗斯巴德均主张金本位制和百分之百的银行准备金制度。

第二次世界大战后，西方国家经历了近40年的高速增长时期，这一段时间也被称为“凯恩斯革命时期”。伴随着西方各国二战后的高速增长，现代经济学也蓬蓬勃勃地加速度发展了起来。

到了80年代之后，世界一些发达国家和新兴市场国家迅速进入了一个以计算机网络为主干的信息社会。伴随这种互联网技术和信息社会的迅猛发展，各国银行慢慢进入了数字化和虚拟化的货币时代，纸币发行越来越少，而各国央行的货币投放主要是通过“电子货币”和“数字”来实现的。实际上，80年代之后，尤其是在近几年，纸币正在退出人类社会的市场交易和金融交易。像在一些北欧国家，纸币基本上没大有了，人们都是刷银行卡。近30年来，随着中国经济的高速增长，中国也基本上进入了电子货币或言“数字货币”时代。比如，像我们现在130万亿元的广义货币中，M0即央行印出纸币和铸币，大约只有7万亿元上下，而120多万亿则全是“电脑数字”。且随着数字货币时代的到来，世界各国几乎全部同时抛弃了“金本位制”。现在各国的货币，既不与黄金挂钩，也不与“美元挂钩”，变成了一个完全“无锚的”“集体意向性”（德国哲学家布伦塔诺、胡塞尔和当代语言哲学家约翰·塞尔所使用的一个“术语”）。随着互联网技术的迅猛发展，人类社会的市场交换、国际贸易、银行和金融系统的业务，乃至整个国民经济系统，都主要通过计算机联网的电子数字货币瞬间交易网络来实现、来运行。这实际上是一场发生在我们身边的一场静悄悄的但是实在是巨大的革命性社会变革。

这几年我一直在学习和思考货币理论，研究货币制度史和货币思想史，也同时研究货币理论与商业周期的关系。把货币制度史与经济思想史以及人类社会的经济史三个史叠加起来考虑，会发现理论经济学的三个阶段非常有意思：在亚当·斯密和李嘉图的时代，人类大多数社会大致还是金属铸币时代，理论经济学的主要理论基础是劳动价值论、市场分工和市场交易理论；在经济学的第二次革命时期，即新古典经济学时期，马歇尔、瓦尔拉斯、帕累托，以及奥地利学派门格尔和庞巴维克阶段，实际上是从铸币向纸币时代过渡时期的经济学，其经济理论的基石是均衡价格论和主观价值论。到了凯恩斯和现代经济学阶段，直到目前为止，包括弗里德曼的货币理论和哈耶克的经济思想，大致还是纸币时代的经济学理论。

如果从这种视角来试图描述和理解人类社会经济运行的经济学理论，我们会发现许多奇怪的现象：为什么2007—2008年全球金融风暴和最近这次世界经济衰退后，美国、英国、欧元区各国和日本等发达国家的央行都在采取量化宽松的货币政策，投放了大量基础货币，但是这些国家七八年下来却没有通货膨胀，反而几乎全出现了通货紧缩？为什么中国广义货币近几年高速膨胀，目前到了130多万亿元，这是怎样产生的？为什么在2007年中国有40万亿元上下的广义货币时，出现了近两位数字的通货膨胀，而到现在有一百二三十万亿元的广义货币了，为什么还在过去两三年中，中国经济却处在通缩的边缘？这些新的现象，是凯恩斯的理论、弗里德曼的理论，乃至米塞斯和哈耶克的理论所能解释得了的吗？

今天我们难道不应该问：人类社会迅速而悄无声息地进入了互联网的“电子货币”或“数字货币”时代，人们的消费行为、生产行为、投资行为，乃至人们的财富观和整个经济行为，是否也跟着发生了变化？我们现在建立在纸币时代的经济学理论、经济学思维，能否解释得了人们互联网时代的经济行为和经济运行？具体一点说，到了互联网的电子货币时代，货币尤其是广义货币存量（电脑数字）是央行“印发”出来或“投放”出来的吗？再进一步问，到了电子货币时代，凯恩斯的以“流动性偏好”为轴心的货币需求理论是否还有效？还在多大程度上适用？如果货币需求和整个货币供给（产生）理论都发生了变化，我们的宏观经济学又该如何写？又该怎样解释和预测宏观经济运行？另外，数字和电子货币时代，人们的消费行为、投资行为和财富观是否正在发生变化，这些不都在向现有的经济学理论提出问题？

单从货币这个角度来看，人类社会正在发生根本性的变化。从这种角度来看，我觉得理论经济学也应该发生一些变化，但好像整个经济学界还没有完全反映出信息化社会带来的这个变化。这是我最近几年沿着哈耶克与凯恩斯的经济学争论而逐渐感到的一个问题。

另一个问题是，目前我们国家的整个市场经济体系还不是一个完备的市场体系，或者说是一个非常特殊的市场经济体系。跟西方国家的市场体系不同，中国的市场经济体系的总体特征是政府高度参与、操控乃至统御市场，是一个特殊体制。甚至连中国的银行和金融体制都有政府的强力控制和参与在其中。这种体制的运作，显然也不能用现有的来自西方的主流经济学的经济学理论完全解释。这种体制尽管目前看来还是一种转型或过渡模式，但是无疑在相当长的一段时间里还会沿着自己的存在方式而不断演化变迁。我们的经济理论该怎么做，怎么解释这种现象？从这个意义上来说，我觉得中国的理论经济学还有个双重的任务。

尽管中国经济体制还具有过渡市场体制和转型体制的特征，我们不能完全把它作为一种定型的体制来研究和来解释，至少在目前，主流的现代经济学是不能完全解释这个体制运作的。从这个意义上来讲，我觉得至少基本经济理论应该面临一些根本性的变化，需要重新再思考。

记者：我们看国外的主流经济学有好多问题，其实看中国经济学的发展问题更多。

韦森：对。

记者：现在中国经济学界主要还是在模仿，另外我们的学风或者学术评价体系这些方面，还都不够规范。您认为中国经济学发展最大的痛点和难点在什么地方？

韦森：从中国当代经济思想史的沿革来看，1949年后我国照搬了苏联的计划经济（“斯大林体制”），我们的基本经济学理论采用的亦是以20世纪50年代苏联的《政治经济学》教科书为蓝本的理论框架。1978年改革开放后，逐渐扬弃了斯大林式的计划经济体制，中国的基本经济理论也慢慢完成了从以苏联《政治经济学》教科书为蓝本的政治经济学理论体系向现代经济学理论体系的转变。

但目前看来，我国的理论经济学还处在一个“引进”和“消化”的阶段，就是西方的经济学家怎么讲，我们也怎么讲；他们怎样写论文、发论文，我们也怎样写论文、发论文。从整体上来看，我们自己还没有进入从基本理论上思考经济如何运行的阶段。你看中国的《经济研究》以及其他一些比较好的经济学刊物，都是模仿《美国经济评论》《计量经济学》等刊物的做法，都按国际上的评价标准来做研究，来匿名审稿、发文章。我们的评价体系正在向国际和西方靠拢和接轨，这是好事，也是进步。但是，我们不妨问这样一个问题：这些年来《经济研究》和大量经济学专业期刊中发表的无数文章中，有几篇对我们国家的改革进程和宏观经济运行产生了重大影响？你们给我说说有哪几篇？

目前我们的主流经济学刊物，或者说想向国际主流刊物学习和靠拢的经济学刊物，有点“东施效颦”。发表的大量现代经济学研究方法的文章，好多不是为了解释现实的经济现象，而是为发表而发表：为发表找题目，找好题目再为发表而做文章。于是在我国也出现了国际上经济学研究的一个通病：经济学理论的多数文章很大程度上成为在一个小圈子中大家互相欣赏的“mental games”。中国社会经过30多年的市场化改革，到了如此重要和重大的转型的关头，我们中国的成千上万的经济学人，都在模仿西方当代主流经济学的写法和“作文法”在写文章，我们国家的改革和社会发展的大是大非问题，有多少进入了中国经济学人的思考范围？又有多少人提出过或正在提出切实可行的改革与经济发展的建议？大家对中国经济社会的走向，对市场经济运行的基本原理，又有多少基本的理论思考？

当然，我这样说并不是否定中国改革开放以来中国经济学整体理论的进步，我认为这个进步是巨大的，即基本上完成了从古典经济学向现代经济学的转变。但是在目前中国经济学研究的时尚世风下，在我们的经济学研究向国际、向英美经济学研究和评价标准靠拢的发展趋势下，中国的经济学人，尤其是青年经济学人，不按照主流的方法写文章、做研究，你的研究成果就发表不出来；发表不出来，职称就评不下来，你的奖金马上就减少、收入就下降，甚至你的“reputation”、研究和教学职位马上都会有问题。

在这种情况下，非主流的文章、经济思想史、经济史的文章，像奥地利学派研究的文章，甚至一些有些理论创新的文章，就很难被我们主流的“权威”或“核心”经济学期刊所接受。这样，目前中国经济学理论发展的世风就逼着我们从事经济学教学和研究的一代又一代的年轻学人全挤入按主流方法和实证方法做研究和写文章的“窄门”中去。这样，二三十年之后，甚至在更长的时间里，我们中国的经济学理论将会是个什么样子？也许再过二三十年，人们回头一看，中国的经济学人在目前中国经济社会大转型中的作用将会在整体上被历史所忘记。中国的经济学人作为一个群体甚至为人们所责备。未来下一代的中国人会问：“你们经济学人作为一个群体，在那段中国社会大转型的关键和巨变时期，都干什么去了？！”

记者：对一些经济系的学生来说，可能必须学主流经济学，他也有兴趣，而普通老百姓对它没有兴趣。反而是在学术界不受青睐的奥地利学派经济学，很为大家接受。大家觉得好像通过学习这个奥地利学派经济学，能够理解经济运行的规律。所以您觉得发展经济学的主要目的到底是为了提高观察经济现象的能力、经济学素养，还是为了发文章？

韦森：对，你这问题就问到根上来了。在现在这种评价体系里面，只有发那种带非常好的数学模型的文章，发表了文章才能拿到博士学位，才能拿到终身教职，才能继续吃“经济学研究和教学”这碗饭。发的这篇文章有没有现实意义根本不管。大家只是追求能在最好的刊物上发表文章，逻辑推理没有什么问题，模型是不是优美的，这就够了。与现实有没有关系，无所谓；对现实有没有意义，也无所谓。这就是经济学人的“理性最大化行为”，经济学这门行当的当下的“最优行为”。就此而言，现代经济学之世风已经逼得每个经济学人都得这样做，这已经变成一个“世界病”了。

正是因为这一点，不光是普通老百姓认为经济学离现实越来越远，像英国的牛津大学和曼彻斯特大学等多个国家大学里的青年经济学专业的学生也开始反叛了。这些青年经济学专业的学生们说：你们教的那些破东西，跟我们的现实经济生活没有关系，既不能解释经济危机，也不能解决我们现实生活中的经济问题。于是，在世界20多个国家（甚至更多国家）里就出现了“重新思考经济学联盟”（Rethinking Economics）、“新经济思维研究所”（Institute for New Economic Thinking）、“后危机经济学社团”（Post-Crash Economics Society）等组织。这部分反映了一代青年人对现在的主流经济学的教学和理论开始反思，并开始反叛。2014年之后，来自30个国家的65个学生团体又创建了“国际学生经济学多元化倡议行动”（International Student Initiative for Pluralism in Economics）。任何其他学科的学生们都没有像经济学科的学生这样有组织地表达对本学科教学的如此不满。

这些现象充分说明，是我们应该坐下来好好思考一下经济学到底是干什么的、主流经济学的问题到底出在哪里的时候了。就我们国家当下来说，到底中国未来经济学怎么发展，或者中国经济学人能为理论经济学发展做出什么贡献，以及中国经济学家能为中国的社会进步和市场发展做出什么理论贡献，对这些问题我们也应该坐下来认真思考和讨论。

记者：基金会（指“当代经济基金会”）的中国经济学最高奖是不是评价体系偏向于现实意义？

韦森：我个人想我们是应该更多地鼓励基础理论研究，我们不大奖励那种所谓实证研究，我们更多鼓励经济学研究基本经济问题，研究人类市场制度运行的基本问题。当然，人类社会的经济学理论，几百年来是一个累积性发展着的过程。后一代经济学家总是在前人的基础上进行理论创新和思考。

所以，我们不能关在自己的书房中胡思乱想，异想天开地创造什么大理论，要推翻什么理论，要建立什么全新的自言自语的理论范式。我们应该鼓励在人类社会经济思想演变的整个成果中，随着人类社会现代化进程的演进而进行基本理论的研究和思考，进行理论创新。从这个意义上来说，现代经济学的许多理论都是“边际”(marginally)推进的。

记者：30年代出现了很多大的争论，包括凯恩斯、哈耶克间的争论。其实经济学的发展好多时候是靠争论。您怎么看中国经济学界的争论？最早是林毅夫和杨小凯的争论，前段时间有林毅夫和张维迎之市场派和政府派的争论，他们的争论是不是对经济学发展非常有意义？

韦森：这两个层面的争论我都部分参与和亲闻目睹的。杨小凯与林毅夫的争论，我2002年左右就写了一篇文章，对他们二人的观点进行了讨教。但是我可以毫不掩饰地说，我是比较偏向认为杨小凯的理论对的更多一些。张维迎和林毅夫的争论，我在现场。正是因为这一点，我在私下多次跟林毅夫教授说，也跟张维迎教授一直说，我们中国的经济学人，一定要向凯恩斯和哈耶克学习：在理论上如果观点和观念不同，要当仁不让地进行商榷，绝不含糊。但学术观点的争论，不应影响我们个人的私人友谊。

你看当年凯恩斯和哈耶克的争论，是多么激烈！他们两个的互相商榷和批评，说话都非常尖锐，甚至到了互相嘲讽和挖苦的程度。但是他们两位的私下友谊，还是相当好的。我们一定要以这些先贤的高风亮节为楷模。不同的生活经历和知识背景，会导致不同的学术判断或者不同的理论观点，但是绝不能因为学术观点的不同意见和理论争论，就变成了见面不说话或见面就眼红的仇敌。

经济思想史的发展表明，正是因为理论争论，包括马尔萨斯与李嘉图的争论，哈耶克与凯恩斯的争论，才有经济学理论的进步与发展。我在撰写《重读哈耶克》那本小册子时曾发现，没有哈耶克对凯恩斯的批判，没有对他的商榷和刺激，凯恩斯可能永远写不出《通论》。《通论》之所以写出来，很大程度上可以说哈耶克的批评要占一半的功劳。我这里是说，通过哈耶克在伦敦经济学院学报Economica上对凯恩斯理论的长篇的激烈和尖锐的商榷，逼着凯恩斯要理清他自己的思想，去写出《通论》。

前些年我在复旦教过《通论》，并没有读出凯恩斯在整部《通论》中都在或明或暗地与哈耶克与米塞斯商榷、总以他们的批评为“假想敌”这一点。最近几年通过反复研读哈耶克20世纪30年代的几本经济学著作和凯恩斯的“货币三论”（《货币改革论》《货币论》《通论》），反复琢磨哈耶克与凯恩斯的理论论战，我才发现了这一点。在这一点上，我可以说有发明专利。因为到目前为止，无论国外还是国内，可能还没人读出这一点。

一句话，正是因为有哈耶克对凯恩斯的货币理论提出了根本性的挑战，才促使他花了几年时间写出了1936年出版的《通论》，结果出现了经济学第三次革命。正是在这个意义上，我认为并由衷地相信，有争论、有商榷、有挑战，才有经济学理论的进步。

记者：现在的问题是，主流经济学认为自己是主流，不跟边缘的经济学派如奥地利学派打交道，根本不理睬你。奥地利学派有时候也自我封闭，不跟主流交流。

韦森：对啊！在当代经济学中，可谓是门派林立，成见颇多，积怨甚深。你知道我这几年一直做奥地利学派经济学的思考，我和国际上一些奥地利学派的经济学家大都有来往。这些年，我发现，他们只要一讲凯恩斯，什么通货膨胀，什么经济衰退，什么滞涨，什么金融危机，都是凯恩斯留的孽。这些经济学家，根本不读凯恩斯原著，更看不到凯恩斯本人经济学的一个根本特征是非决定论体系，是后来的经济学把他的理论解释为一个决定论的经济学体系这一点。

反过来，主流经济学又不屑去读奥地利学派的经济学，常常抱怨读不懂哈耶克，更不去读米塞斯和罗斯巴德了。我个人觉得，这两方面都有问题。我觉得我们应该采取多元化的态度，以开放的心态对待任何一个学派的理论发现和正确的经济学原理。

未来中国的理论经济学发展，我总觉得要多元化发展，要吸取古典经济学、新古典经济学、凯恩斯经济学、制度经济学、奥地利经济学的经济学理论，乃至瑞典学派的经济学、布坎南的宪政经济学的理论，等等。我们不要带任何成见地吸取所有经济学的理论成果，并进行比较，才能真正期望有所推进，做些我们中国经济学人的"边际理论贡献"。盲信任何一个理论，盲信任何一个学派，封闭地钻牛角尖，都可能会走偏，对中国经济社会的发展，对理论经济学的发展，都可能是不利的。

[原文发表于《济南大学学报》（社会科学版）2017年第6期]

中国经济学理论要突破西方经济学范式

史正富*

记者： 史教授，您认为当代经济学的困境与挑战有哪些？中国经济学发展有哪些困惑？

史正富： 我自己在琢磨，我说其实有两个盲点，两个新现象，是现代经济学特别矛盾的一部分。两个新的现象先说一下，就是货币的贬值，货币的变性。我们都知道从前货币是一个特殊的商品，是作为一般等价物的商品，但是它自己就是商品，自己有成本，需要投资，把它生产出来，那么它又是一个特殊的商品，可以作为价值尺度，货币自己有价值，那么怎么推导呢？货币本身的发行量不是自有的，是由生产这个特殊商品的社会必要劳动时间或者成本来决定的，也就是货币发行量不是政府能够决定的，是由这个特殊商品自身的数量决定的，由此产生一个经济学的理论就是货币数量的理论，理论本身还是挺复杂的。

但是归根到底，一个社会所需要的货币供应量取决于这个国家的生产总值，就是价格乘以数量，除以流通速度（就是货币的流通速度），这是一

* 史正富，复旦大学经济学院教授，复旦大学新政治经济学研究中心主任。

个货币性。这个过程当中，货币的需求量是被动的，主动的因素是GDP的总值和货币流通速度，这就有一个货币数量的问题。根据货币数量（就是经济发展所需要的合理货币量），中央银行来决定自己货币的发行，所以才有弗里德曼的言论叫作规则理论，甚至都不要测算准确的货币增加值，就用固定的（每年就增加这么多货币量），只是有时候这一年多一点，下一年少一点，总的货币量满足实体经济生产运行和交易的需要，就可以了。

由此央行的调控政策就可以定出来（货币总量管理）。现在管理就是要控制货币量，指什么呢？在凯恩斯理论出来之后，大家知道是解决通货膨胀和就业之间的关系，既不能让通货膨胀上去也不能让就业掉下来，最好是（找到）一个平衡点，这就是菲利普斯曲线。原来的货币理论中没有这一块，货币就是服务实体经济，实体经济有多少需求，这个跟就业率并没有什么特别的关系。

所以在货币理论的模型中，它叫自然就业率，自然增长率，经济的增长速度或者是工人就业的程度是一个后果，政府不能用货币来调节它，大家都知道后来出来一个"凯恩斯革命"，宏观经济学，凯恩斯革命的核心在哪里？最核心的部分是它稍微修改了一下货币的作用，提出来货币不简单是一个消极的作用，为实体经济提供一个合理的亮点，货币可以影响利息，利息可以影响投资，投资影响GDP，也就是货币可以影响经济的变量，影响就业、失业程度，这是他的新的一个观点。所以后来宏观经济学的教科书就把两者统一起来，就是我刚才说的，货币总的来说满足经济的需要，但是在短期的经济波动过程当中，也影响了央行的货币供给调整，解决需求的不足，比如说萧条发生的时候，扩大货币的供给，利息下降，投资更多，投资更多反过来促进经济的增长，就业的扩大。但是如果投资不搞了，通货膨胀。所以，货币量要看实体经济的需要。短期调节就是，货币量的增减目的是要防止通货膨胀，或者就业利润过低导致失业过多，基本上就是这么个理论。我花了蛮多的时间说这个，就是说经济学太复杂。

货币还是什么？就是一张纸，1971年货币和黄金脱钩以后，货币就是纸币。黄金是一般等量，货币最后就是一张纸，货币与黄金脱钩是尼克松的决定，为什么？形势所迫没有办法，美国黄金储备急剧减少，再用黄金来支持美元的发行，那美元就不能发行了，它没有那么多黄金储备。

大家都知道，致命一击是戴高乐让法国人开着军舰去拉黄金，他把美元都换成黄金，不是美元可以换黄金吗？他认为美元不值钱我不要美元，把美元都换成黄金，他就把这个问题解决了。要问的一个问题是，为什么一张纸可以拿出去买更多的东西？第二个问题，当货币变成纸币以后，货币发行的规律有没有变化？货币发行的规律如果变化了，整个经济运行体系会不会受影响？答案当然是肯定的。实践证明，一旦纸币化后，发行权就不再受某一个客观力量的影响，比如由参与决策的政治力量来决定，最后的决定根据需要来制定。什么时候的需要呢？美国是世界上主要的纸货币供应来源，全球纸货币的总量是美联储决定的，美联储是一个最大的决定力量。美联储要决定货币量的发行，考虑的是美国国家利益的最大化，是一个综合性的考虑，要考虑美国的全球战略，包括政治、经济。美国其实是非客观汇率，是人的抉择，这是第一点。

第一点导致后果明显，特别是1980年以来，全球的流通性同步增长，超常规的增长，超过实体经济增长不知道多少倍了。反映到中国，表现为中国GDP的增长显著的是M2的增长，M2现在一百几十万亿，GDP才60万亿，两倍于GDP，而且就是在这十几年当中增长上来的，这就是货币的增长总量严重高于实体经济增长速度的结果。全球性的这种现象的根子在美国。这些现象说明，货币是什么？是经济流动的血液。

虽然经济学家说货币只是实体经济用来计价交易的，实质上拿着钱就可以买东西，买东西意味着经济活动的改变，所以实际上货币也可以导致经济活动的变革。那么大量的货币出来以后，导致什么变革呢？导致现在经济学讨论的第一个盲点，就是新现象，金融体系变成两个东西了。历史上金融的含义是融资，是指把储蓄者也就是有钱人的钱，和需要借钱的人打通，使得社会的储蓄变成投资。有钱不想投资，想投资的钱不够，作为银行，就是金融体系把两者打通了，把社会的储蓄，配置到那些需要资金、有发展潜力的投资项目上去。

当金融行业是中介，有钱暂时不想用和钱不够想借钱，把这两种人融合到一块，它是一个中介机构，是一个服务机构。现在的金融服务体系还是这样，不能说不是了，现在最大的一块就是这个。以美国为例（其他国家还没有走这么远），美国的金融体系大头儿不在贷款，也不在IPO（IPO也算是一个中介，IPO和存贷款占很小的比重），大部分是什么？金融衍生品交易，衍生品交易的规模余额是30万亿左右每年，GDP才十几万亿，这个金融行业，美国叫金融工程，有的叫金融革命，金融工程的含义就是有金融的同时可以创造新的产品拿到金融市场去交易。

以信用为基础的衍生品，如由粮食作为期货的衍生品，粮食当中大豆做一个期货，小麦做一个期货，玉米做一个期货，把这三个东西组合起来也可以做成期货。又如房贷，向银行贷款买房子，本来到此结束了，但现在可以把很多人的贷款打成一包，卖给投资公司，投资公司再把买来的不同包的贷款合同切开重组，找个评级公司再卖给下一家，下一家同样可以如法炮制再弄一下再卖给下一家，一级一级的链条，每一级链条当中，可能还有人不想买，那么再为金融产品设计保险，一个房贷、粮食就可以衍生出这么多。

还有利率、汇率、黄金、贵金属，每一个都可以，开始的时候是根据产品本身创造一个衍生品，但是这个衍生品到最后一级又一级再混合打包，你已经不知道买来的衍生品是个什么东西了，其实就是一个数学公式。想想看，性质是不是改变了？在这个交易过程中成为盈亏损益的游戏，是一个高科技的、合法化的“赌场”。

记者：风险非常大，像美国。

史正富：说风险也很好，因为最早设计这个金融理财品的理由，是帮助企业管理风险，提供金融产品并管理风险，国内也有，经济学谈金融重点就谈这个。金融帮助老百姓、家庭、企业来配置风险，管理风险，实际上是美国商界的经济学家的一个共识，美国1980年以后经济自由化，1990年以后衍生品自由化，后果就是，不但没有帮助企业管理风险，而且把企业风险空前放大，而且创造了一个巨大的、超过实体经济的一个游戏场所，名为"金融"，而且还是金融创新领域，实质上这个创新就是创造越来越多的"比输赢"的工具而已，比点子比输赢，就像翻牌，牌一翻你赢了。

中国要学金融市场改革吗？简单说金融体系分成两个类别，一个是传统的为实体经济服务的中介机构，还有一个是自我循环自我服务，在创造越来越多的交易规模当中，金融机构成为实现利润的自娱自乐的场所。

两件事我觉得特别重要，一个就是货币变性了，另一个就是金融体系变性了，这两个就是互相连接的。美联储1980年以后几十年以来，慢慢开始，越来越多的纸币美元流向这个市场，如果按照传统的货币理论，应该知道通货膨胀都上天了。实体经济生产产品的速度就这么快（3%、4%一年）。流通性纸货币一年的量就是购买量，货币量一年增长几倍，那按理说价格膨胀得不得了，通货膨胀指的就是物价膨胀，物价涨上天了，老百姓早就都不干了，可是几十年了，你看美国物价没上涨，保持非常低的通货膨胀，那钱都跑哪去了？表面看跑到如中国这样的发展中的国家银行里了（就是外汇储备）。

记者：但是实际上，根据韦森教授的一个研究统计，这些钱又回到美国去了，他们又说睡在我们央行的金库里，买他们的投资，这个钱又流回美国去了，美国还是全球最大的市场。如果这个钱不归美国，外国就长期积累，越来越多的钱不被美国操控，他能干吗？他就不干了，这个钱还在投资，不买产品，但是如果投资是可以的。

史正富：如果只投资传统的股票和债券，没有人投，那就买美国的债券。卖债券的人拿了钱干什么？还得有一个终极的场所，来投放这些外汇才行。我的理解就是，只有出现一个巨大规模的、广度和深度超大的金融市场，而且这个金融市场交易的不是真实的、跟实体经济直接挂钩的东西，只能是那些跟实体经济没有什么关系，其实也看不懂是什么的东西，一种金融交易工具，那么它的交易过程中会产生盈利。我觉得美国纸货币发行量持续增长，跟金融衍生品市场的持续的增长，二者是同步的。没有后者，没有大规模的、所谓的有深度广度的金融衍生品市场交易，大部分货币环境不能持续（它需要这个）。但是如果没有大规模金融市场，美联储的美元超放，这个大规模的金融市场也做不起来，没有那么多人有这个钱来做。

实际上以前讲到的金融市场的牛市和熊市，购买衍生品没有什么逻辑可循，因为它和经济基本面没关系，完全是购买因素推动的，就是资金投放量，是摆脱了任何的客观经济规律的因素，变成一个美联储相机决策的东西。大家都说美国其实也有贸易赤字、消费赤字和财政赤字，这些赤字怎么补偿？美国发货币，发货币还不出怎么办？这个钱又回来了，回来干什么，买美国的金融产品，美国是贸易赤字国家，没东西卖给你，于是就需要超大规模的衍生品市场来吸纳这些纸币回流。我的理解就是，这两大变革是当代性现象。货币量原来与通货膨胀有直接的关系，今天没有直接的关系，为什么？通货膨胀不一定物价上涨。

我现在解释这个问题。这两个大变革导致了原来的通货膨胀理论“不太灵光”，凯恩斯的理念“不灵光”，货币影响利息，利息影响投资，投资影响GDP，这个理论现在也有问题了，因为货币总量增加不等于利润的下降。比如中国，这些年M2100多万亿，可是我们的利润还是这么高，什么道理？跟美国的那个时候货币量那么大而物价不涨是一个原因，物价不涨是因为资产涨价了，货币跑到以金融衍生品为代表的金融市场中去了。实体经济的物价没有涨，资金跑到另外一个地方去了。中国正好倒过来，利润降不下来，同样一个原因，我不解释。

举这个例子就是要说明，货币的贬值，金融企业的“二分化”，导致了经济规律、宏观经济结构的设定。都说出现这么大的经济危机或者是金融危机，经济学家怎么预测不到呢？事后也没有拿出来什么好的改革办法。因为要按照经济学的办法，美联储很多做法是不能做的，但是美联储是从实战出发，形势逼着它做出一系列的举动，一个大的举动就是国家来救市，第一个就是国家拿七八千亿美元，先救快要破产的公司，来救助这些技术企业。第二，就是拿钱去买“有毒资产”，比如，一个银行放了很多烂贷款，收不回来了；金融机构发了很多也买了很多衍生品，现在贬值了。银行没钱了，金融机构没钱了，都是烂资产，不叫负债率过高吗？把这些烂资产买走，转眼之间这个企业不就又有钱了吗？效益不是又改善了吗？按照美国的逻辑很简单，央行用票子把他们的资产买走就行了。

记者：这确实是摆在经济学家面前的新课题。

史正富：资产一买走钱就回来了，钱回来了，还可以再继续发展。这个规律在经济学理论中是没有的，这么搞是错的，国家不能寅吃卯粮，财政不能赤字太多。一个最大的防范就是，中央银行不能放钱给财政部，财政部只能到社会上去借，向民间去借，向经济体系去借，不能向央行要，这是禁止的。可是美联储就是“央行印票子财政”，政府替企业借，这是现在一个新的实践，怎么看这个实践？美国金融管理局的局长（相当于中国金融监管局的领导），写了专门的文章来探讨。美联储这么做，是一个特殊时期的现象，还是一种新的趋势？他最后的结论就是，这是一个新的规则，中央银行今后可能应该成为财政赤字最终的购买者。他实际上是从他的实践来体会的，有可能导致传统经济学中所说的中央监管规则的根本性的变革，为什么这样讲？我们理解的经济世界跟我们迄今为止经济学教科书教导的经济世界是根本不同的，我特别想借这个机会跟中国的经济学家做一个交流，大家研究的是一个最崭新的现实情况，一个重大的变革，如果放在自己的眼光之外看，会误判很多事。

记者：所谓金融市场仍是关键，您怎么看？

史正富：传统经济学市场概念中只有“中介性金融”的概念，没有“金融市场”这一概念。把市场看成一个平面，整个国民经济是一个市场体系，十八届三中全会说让市场在资源配置中起决定性作用，从字面上说实际上是涵盖一切的。但是如果深究，它可分两个市场，一个就是一般商品的市场，这是实体经济当中的一部分，是人们购买产品自己消费的，所以存在一个供求规律，需求曲线是向右下方倾斜的。价格跌了买得多，价格涨了就买得少，这是经济学家学过的金融经济学。但是金融市场一出现，这个理论就变了，金融市场出现以后，把大多数的生产要素，像贵金属、大宗商品、人员、资本，都变成了交易所交易的产品，除了有使用价值（比如石油可以搞化工原料），它又有了交易价值，变成了投资，投资价格不向右倾斜，有人知道但是没有人重视，做股票的人都知道，价格高的时候买的人更多，价格低的时候买的人更少，不是永远这样，但是经常发生“追涨杀跌”，就是从众心理，实际上就是一个经济现象。买了这个东西不是为了自己消费（买汽车为了消费，买衣服是为了穿），买股票是为了卖，为了卖，就可能“买涨”，今天在涨，今天买明天卖能赚钱，但在跌的过程中，今天买的明天卖可能跌了，这就是“追涨杀跌”。但是，也很难说一个投资者的曲线是向下还是向上，现在还说不清楚。意味着什么呢？经济学最根本的规律，价格供求决定价格（叫作均衡理论）到了投资品市场上也就是金融体系里不管用了。这就严重了，在传统的经济体系中，金融占的比重很小，不管就不管，因为我们研究的是主流部分，所以一般均衡体系还是能解释很多经济现象。而今天，经济体交易规模的一大半不来自实体经济，来自投资的经济，就是金融经济，金融经济的规律不是一般基本价格，而它是什么规律又不知道。那么我们的经济学怎么能解释这样一次由次贷危机所引起的金融危机和经济危机？这个危机本质是金融行业导致的，不是实体经济导致的，是金融行业垮塌了，倒过来打击实体经济。我们需要理解和研究交易性金融、中介性金融和纯交易性金融几个门类的大金融体系的运行规律才行。资产价格也是重大问题之一。

记者： *愿闻其详。*

史正富： 资产价格是一个以有效市场为前提的力量，以反差，就是资产价格波动的反差标准差作为一个重要的考量，来度量价格。没有解释价格本身是怎么界定的，不利于我们理解整体的趋势。需要建立一个新的价格（理论）。我在尝试提出建构价格理论，今天不是讲这个的时候，时间成熟我也会把它发表出来。我觉得是要改变货币理论，改变资产价格理论。资产价格理论是，大型核心的资本集团、国家机关部门或者国家，还有自发的散户，三者互动，共同决定资产价格的波动。这个价格和一般的商品的均衡价格理论要打通的，需要更广义的一般价格理论，才能理解当今的现象，为理解现在这个复杂的情况提供一个基础，而后者我们知道是没有的，我也就是一个想法而已。

那么我们经济学家面临着一个很大的挑战，如何尽快地努力去理解这个资产价格体系，因为它的规模如此巨大，它的影响如此无界，以空前的深度和广度影响到实体经济，不理解这一点就要滞后。所以我觉得经济学的挑战是在这个地方，要理解这么一个现实的、新的、变革以后的经济体系。

记者：在当代中国经济学研究领域，方法论问题越来越受关注，您对此有何思考？

史正富：方法论上的挑战也是如此，以均衡为根本方法，任何一个基本理论背景就会认为还会回来的，在经济学上叫作负反馈，而今天的社会正反馈越来越多。经济学理论是一个平面的变量关系的理论（我的理解），把好多的（宏观的也好微观的也好）变量都搞得很丰富了，储蓄、投资、利率、汇率，越来越多，综合成一个经济模型。在这些模型中，实际上缺少内部结构，就是简单的一个平面台上，每一个变量之间互相的关系好像都是同步的，变量之间关系的求解又主要靠数学模型和计量经济学，不去调研实际生活当中这些变量之间的相互关系，因此就误解了一个重要的关系，即很多变量关系不是在一个平台上的，是有先后次序的。也就是它是有结构的，而处理结构是现在经济学的根本弊端，最不会处理的就是结构问题。

相反的，政治经济学是从来都讲结合的，社会讲阶级结构，企业讲产权结构，讲劳动和资本的关系，就是层级，那都是结构。消费者有结构，大消费者与消费者，在西方投资者就是投资者，但是按我的理论投资者他是有结构的，一个投资者掌握万亿美元，有巨大的组织，几十万的员工在全球就业，有内部的网络，可以影响媒体，影响政策，影响监管局。而一个大妈拿五万块钱炒股票，和一个拿一万亿美元的投资者，都叫投资者吗？没错，他们都叫投资者，但这是完全不一样的投资者，内部没有结构，不能理解当代的金融市场。

其实在垄断分析中，就是在传统的产业分析中，垄断的本身已经有结构了，寡头竞争的人都是“大家伙”，但是这个思想并没有被当成核心的思想放在金融体系的中心位置，这是一个遗憾，我觉得要改。现在的危机，第一个层次是脱离现实，这么大的经济变革现实没有被考虑，很少被注意。第二就是方法论，过去方法论的弊端现在显现出来，平面性的经济变量、平面的体系完全不能解决当代经济问题，必须结构化。还有一个问题是过于注重科学化，靠数学模型假设。数学模型的一个最大的问题是，大部分还是只能处理线性数学，线性数学是牛顿力学的世界。人是互动的，反馈的，反馈就不是线性数学了，就是非线性的，但是非线性的处理不了一个大的金融体系，各种变量的逻辑化，数学上做不到。因此经济学家做研究，回避不了实际的重大现实问题，重大的现实问题无法用线性数学表达，偶尔数学特别好的人写一个非线性的数学通常无解，能做一个通常特别好的数学解的可能性极低。过分强调数学化，凡事没有数学不行，成为从现实社会（角度）研究经济学理论的一个障碍。

数学不能处理这些错综复杂的现实问题，计量经济学问题也很大，它是查找变量之间相关性的一个方法，但是我们有时候不是要讲相关性，是要从人的本性出发去探讨逻辑因果性，这个因果性在生活中可以体会，合不合心理感受，应该自有判断。而经济学上长期的判断，只是在实验室做计量的模型，对现实生活失去感觉，结果让你笑掉大牙的结论比比皆是。做博士论文的人讲出来的因果，就是他查到的相关性，他以为是因果性，那么就笑掉大牙了，这个就是现在这种过分的数学化和依靠定量分析（就是计量定位的分析）导致的经济学很多人文化的思维、现实性的思维的退化，有说经济学学者普遍对现实的理解能力，连老百姓都不如，好的记者都可以超过他，原因就是他丧失了对现实的感知判断和体验的能力，我觉得这就是挑战。

记者：您对当代中国经济学研究的现状如何评价？突破方向在哪里？

史正富：中国经济学的优势在哪？林毅夫讲得最早，也是最到位的，就是中国经济发展的实践是浮夸，可以看到中国几十年的发展，不断受到西方经济学的指责，他们不断地预测中国经济不行了，但是前面的三十几年当中，一直被指不行的中国经济依然很行，那就是预测者的问题了，为什么？因为他老是用标准经济学的眼睛来看这个世界，尤其是三十几年来中国经济发展的实践。反过来说，中国经济学发展的内在规律，实际上已经超出了现代经济学的范围，如果把这个特殊性找出来，放到一个标准经济学讨论的框架里面，完全可以比较好、比较有可能地得出经济理论。这是最早的浮夸，这是经济学家的浮夸。

这是中国经济学家的优势。但是要把这个变成真正的优势，因为优势不能自动变成学术成果。

每一个新现象出现，都可以凭着聪明才智和一点经济学的基础总结出几套理论来，好像很容易就能说出几个新观点，就挺自满自足的，但如果这个新观点有时候不能和一般学理逻辑相配套，就成为一个就事论事的比较主观武断的一个说法。要把这个说法深究，把不同的说法连起来，上升到一个逻辑体系上来才行，还要符合人类认识论的共同习惯，这个是不能搞中国特色的。题材可以是中国特色的，但是理论框架和理论论述本身要符合人类心智的认识发展的一般规则才行。

其实中国经济学家现在也面临这个问题，本土经济学家有很多思想见解，但是没有毅力也没有耐心去琢磨，最后就变成一般性的。要把中国经济的丰富实践，实践经济本身，在一定条件下放大。

把经济学当科学来看，虽然不是物理学的科学，但要符合人类一般认识的规则，建构有实力的、自洽的、清晰的理论体系。这个事不是一天两天也不是一个人两个人的，因此我们到目前为止，见到的成果还是不多的，虽然有很多火花，也有一些代表人物，比较早一点的如林教授我是比较看好的，他用比较优势发展的新结构经济学，在西方经济学的方法论的基础上，结合了中国和发展中国家的实践，把过去的比较优势理论拓展成有国家能动性的一个动态的比较优势理论，他把这个叫作新结构经济，而且引出了很多政策含义，算是经济学里面比较大的创新。

张五常教授搞了一个“荷叶理论”搞了很多年，是新制度经济学，拿这个研究中国经济，他得出来中国过去的几十年经济体系的一个特征，叫“地方政府收的不是税而是租”，很少人关注这个小命题，其实这个命题是革命性的。就像这些经济学家，都在中国经济实践的基础上，在提炼经济学的理论，是和西方经济学可以对话的，或者就是西方经济学同一个方法、框架的，但是获得了重要的发展。我觉得还可以走得更远一点，还可以在中国经济实践的基础上拓宽这个框架，打造新的框架和主流的框架来进行比照，互相比较。我的观点是，现代西方主流经济学的框架是狭窄的，是平面的，我们还是要突破它的框架打造新的经济学的框架，这样形成两者之间的互动，有可能形成新的综合，更好地理解未来经济学新的体系，这个就是我们的机会、挑战。最大的挑战还是倾向性的，十年磨一剑，这个是中国经济学未来最大的挑战。好在年轻的一代我觉得没问题。我相信也希望能有更多的人研究中国经济，同时又以建设发展新的经济学理论为宗旨。

[原文发表于《济南大学学报》(社会科学版) 2017年第6期]

发展经济学的反思与重构

林毅夫*

二战后，很多原来西方列强的殖民地或半殖民地取得政治上的独立，开始追求自己国家的现代化。当时不论是发达国家还是发展中国家的知识分子，普遍认为发达国家之所以发达，一定有其道理。对于发展中国家而言，只要把阐述发达国家成功道理的理论学会，拿回来应用，就能帮助发展中国家实现现代化，也就是抱有一种“西天取经”的心态。

二战结束至今已70多年，发展中国家的经济发展绩效到底如何？世界银行一项研究表明，在二战后的200多个发展中经济体中，从1950年到2008年，只有两个从低收入进入中等收入，再发展成高收入，一个是韩国，一个是中国台湾。

1960年时有101个中等收入经济体，到2008年，只有13个进入高收入阶段，其中8个是西欧周边的欧洲国家，本来差距就不大，或是石油生产国，

* 林毅夫，著名经济学家，先后毕业于我国台湾政治大学、北京大学及美国芝加哥大学、耶鲁大学，主要研究领域为发展经济学、农业经济学、制度经济学，前世界银行高级副行长兼首席经济学家，英国科学院外籍院士，发展中国家（原第三世界）科学院院士。

另外5个是日本和亚洲“四小龙”。由此可见，经过70年的努力，二战后200多个发展中经济体中至少有180个仍未能摆脱中等收入陷阱或低收入陷阱。通过多年的研究，我发现一个事实：即至今没有一个发展中经济体按照西方主流的发展理论制定政策，实现追赶上发达国家的愿望；少数几个发展或转型绩效较好的经济体，其推行的主要政策从主流理论来看是错误的。

发展经济学是在二战后许多发展中国家取得政治独立或摆脱半殖民地地位，开始追求现代化的背景下，因应这个需要，才从现代经济学中独立出来的子学科。二战后到20世纪70年代，主流发展经济学是结构主义。

为何称之为结构主义呢？当时发展经济学家的目标就是帮助发展中国家建设成发达国家。他们认为，发达国家收入水平高、发展中国家收入水平低的原因在于，发达国家的劳动生产率水平高，发展中国家劳动生产率水平低。而发达国家劳动生产率水平高是因为他们有当时先进的资本密集型大工业，以农业或自然资源产业为主的发展中国家劳动生产率水平必然较低。当时认为，发达国家与发展中国家收入水平存在差别是产业结构不同所致，这一说法似乎有理。发展中国家为什么不发展与发达国家一样的先进产业？当时的观点认为，发展中国家存在诸多结构刚性的制约。例如，由于文化和历史传统人们不愿储蓄，对价格信号不敏感，导致市场失灵，无法动员资源并配置到先进产业。因此，当时观点认为，发展中国家为了赶超发达国家，必须依靠政府克服市场失灵，直接动员资源、配置资源，以发展现代化大产业。斯大林模式就是这一特点。实际上，二战后，拉美、非洲、南亚国家所采取的政策框架都一样，即通过政府的直接干预，动员资源、配置资源，以发展现代化的先进产业。对于发展中国家，现代化先进产业的产品本来是不生产的，主要通过进口，当时的政策主张本国发展这种产业，以替代进口。所以，当时的政策称为“重工业优先发展”或“进口替代战略”。这种政策框架下，通常能在开始时带来五至十年由投资拉动的快速经济增长，等把这些产业建立起来以后，就陷入停滞，危机频发，导致与发达国家的差距不仅未缩小，反而拉大。换而言之，按照发展经济学“第一版”——“结构主义”制定的政策是失败的。因此，20世纪70年代末，学界开始反思结构主义。

到了80年代，发展经济学进入第二版：“新自由主义”。当时观点认为发展中国家与发达国家差距不断加大的原因是，发展中国家政府干预过多，造成政府失灵，市场作用未能充分发挥。这在理论上似乎也合理，因为发达国家政府干预较少，市场作用发挥较充分，而发展中国家二战后大多采用结构主义，政府干预较多，与发达国家的差距不断加大。对于政府干预，很容易建立理论模型证明，不仅会导致资源错配，也会创造租金，导致寻租，腐败和贪污随之产生。资源错误配置和寻租行为，致使效率低下，不能有效增加国民财富，寻租、腐败还会拉大收入分配差距。所以，新自由主义者认为，发展中国家经济发展不好，就是因为太多政府干预，导致政府失灵的问题，因此建议取消政府各种不当干预，形成了以新自由主义为理论依据的“华盛顿共识”，在20世纪80、90年代广为传播，认为发展中国家要改善发展绩效，就必须以“休克疗法”推行市场化、自由化与私有化，一次性地消除各种政府干预，并要紧缩政府开支，保持财政收支平衡，这样才能把市场经济成功地建立起来。

有计量研究表明，20世纪80年代和90年代发展中国家的平均经济增长率要低于结构主义主导的60年代和70年代，而且发生危机的频率高于60年代和70年代。所以有些学者把以新自由主义为理论依据的“华盛顿共识”主导的20年称为发展中国家“迷失的二十年”。

亚洲“四小龙”和日本是少数的成功经济体。从20世纪60年代开始，亚洲的韩国、中国香港、中国台湾和新加坡推行出口导向型战略，重点发展劳动密集型加工产业，利用西方发达国家向发展中国家转移劳动密集型产业的机会，吸引外国大量的资金和技术，走上快速发展的道路，在短时间内实现了经济腾飞。从当时盛行的理论看，亚洲四小龙的经济发展绩效是不能解释的。五六十年代主流理论认为，追赶发达国家需要推行进口替代战略，发展与发达国家相同的产业。但是，五六十年代亚洲“四小龙”和日本等少数成功的发展中经济体却是反其道而行，不是直接发展先进产业，而是发展规模小、传统的、技术落后但能出口的服装、制鞋、电子加工等劳动密集型产业。依照当时的主流理论，发展此类落后的产业是无法赶超发达国家的，这种战略是错误的，但事实是他们成功了。

20世纪80年代，中国和越南等社会主义国家启动改革，实现经济稳定并快速发展。但我国并未采取新自由主义的“华盛顿共识”所主张的取消所有保护补贴，而是推行所谓的“老人老办法、新人新办法”的双轨制。对需要保护补贴的大型国有企业，继续给予保护补贴，同时放开传统的、受到抑制的劳动密集型轻工业的准入，并招商引资，政府因势利导支持其发展。在80年代和90年代，国内外理论界认为，计划经济不如市场经济，所以要转型。但他们认为最糟糕的经济就是中国推行的双轨制经济，在双轨制经济中存在扭曲，会导致寻租，滋生腐败，拉大收入差距，降低资源配置效率。回首过去三十年，少数在转型期中实现经济稳定快速发展的经济体采取的却是被当时主流理论认为是最糟糕的改革方式，中国、越南、柬埔寨即为典型代表。最早开始采用渐进双轨制的国家是非洲的小国毛里求斯。60年代，与其他发展中国家一样，毛里求斯采取的也是重工业优先发展的进口替代战略，存在诸多扭曲，70年代开始转型，转型方式也是“老人老办法，新人新办法”，设立一个加工出口区，通过招商引资，专门发展成衣和纺织业，将中国台湾和香港地区的成衣业和纺织业引进毛里求斯生产，加工出口区内一切放开，但园区外保留原有的扭曲，也同样实现了快速稳定发展。今天，毛里求斯是非洲最成功的国家，人均收入达到一万多美元。

所以，从理论上看是正确的政策，在实践中往往不成功。少数几个实现了快速稳定发展的成功经济体，推行的政策在主流理论看来却是错误的。而且主流理论也不能解释其为何成功，比如，亚洲“四小龙”和中国等在发展和转型过程中，都是市场经济，或转向市场经济，似乎与新自由主义强调的市场作用一致，但他们都同时有非常积极有为的政府。亚洲“四小龙”、日本和中国所采取的发展和转型思路既不是结构主义所主张的只靠政府、忽略市场，也不是新自由主义主张的只靠市场、政府退出，而是有效市场与有为政府两者兼而有之，有机结合。

理论应该是用于帮助人们“认识世界、改造世界”。从结构主义和新自由主义的视角看，上述成功的经济体是不应该成功的。因此，无论是结构主义，还是新自由主义，都不能帮助人们认识这些经济体为何成功。从改造世界的角度看，根据主流理论制定的政策是失败的。我并非说，违背主流理论制定的政策一定成功，但我没有看到按照主流理论制定政策取得成功的。换言之，主流理论不能帮助人们改造世界。基于此，我们必须对现有理论进行反思。

我1987年回到国内工作，1988年出现第一次的高通货膨胀，达18%。从西方学过理论回国的人看到如此高的通货膨胀，一定认为应该提高利率。提高利率后，投资需求就减少，储蓄将增加，消费需求也会减少，总需求减少，通货膨胀就会下降。但当时中国推行的不是提高名义利率，而是通过治理整顿的方式，砍投资、砍项目，以压低总需求。从主流理论来看，这是绝对错误的，说明政府不理性。既然如此，从1979年到1988年中国如何实现每年10%的增长呢？背后一定有其道理。后来仔细一想，因为中国有一大批资本很密集的大型国有企业，这些国有企业不能倒闭或破产，否则，将引发大规模失业，造成社会动荡，而且相当多的国有企业关乎国防安全。在此状况下，如提高利率，因资本很密集，主要成本为资金成本，将造成亏损。在亏损状况下，如政府不补贴，这些国有企业就会倒闭，造成大规模失业，或危及国防安全，所以，只能给予补贴，财政补贴增加就要多发货币，这又将导致通货膨胀。所以，更有效的办法就是，砍投资、砍项目，整顿与社会稳定和国防安全无关的项目。从当时主流理论看，这一政策是错误的，但实践证明是有效的。

同样情形，最近，世界银行首席经济学家布兰查德（Olivier Blanchard）退休，退休前他有一个反思，他说现代的新凯恩斯主义和新古典综合宏观经济学在解决当前的危机是无能为力的。如2010年发达国家出现有点复苏的所谓“绿芽迹象”，当时国际货币基金组织提出的政策建议是退出积极的财政政策，保持宽松的货币政策，但他发现这个政策在理论上似乎非常清楚，推行的结果并未如预期。他现在认为，当利率接近零时，退出积极的财政政策，需求会减少，投资需求并不会增加，所以二次探底。他认为，过去很多人反对利用发行货币支持政府赤字，现在很多经济学家开始支持这个观点。也就是说，发达国家的理论是在不断变化的，发展中国家在采用来自发达国家的理论时，必须考虑其具体条件和适用性。

在提出新结构经济学时，我反复强调要重回亚当·斯密，但不是回到《国富论》，不是回到亚当·斯密在《国富论》里提出的要让市场这只“看不见的手”发挥作用，强调贸易和分工的重要性，而是回到亚当·斯密的研究方法，也就是《国富论》的全称《国民财富的性质和原因的研究》。研究问题的本质和决定因素，这样才是科学的。每个时代的特性各异，简单机械地搬用《国富论》的结论或任何学者的研究结论，这样的研究方法都是不对的，因为任何学者的研究结论都只是对过去某种现象的总结，而世界是在不断变化的，我们必须与时俱进。因此，我们应该采用的是亚当·斯密的研究方法，去研究和解决问题，而非根据《国富论》的结论去解决现在发生的问题。

因此，作为知识分子，如想以我们的努力贡献于国家的现代化，必须注重中国社会科学的本土化问题，当遇到问题时，不是照搬现成的理论，而是深入分析考察问题的本质和决定因素，这样才能找到解决问题之路。理论的适用性决定于条件的相似性，我国作为一个发展中国家，面临的条件与其他发展中国家接近，根据我国的现象提出的理论对解决其他发展中国家的问题会比来自发达国家的理论更具有借鉴意义。如能这样，我们就可以实现中国知识分子所追求的“修身、齐家、治国、平天下”。

（本文根据林毅夫教授演讲录音整理，全文已经作者本人审阅）

［原文发表于《济南大学学报》（社会科学版）2018年第1期］

现阶段中国政府在开放经济条件下的定位

黄少安*

进一步深化改革的重要内容之一就是进一步理清政府和市场之间的关系，按照现代市场经济的要求和我国经济社会发展的客观需要，合理界定政府的职能和选择行使职能的方式。在一个相对完备的市场经济体制下，主导资源配置的是市场机制。即使如此，市场也不是万能的，也有市场失灵的领域，政府应以自身的作为弥补市场的不足；结合我国现阶段的实际——市场经济体制已经基本建立起来，但是还没有完善，还有艰巨的改革和完善市场体系的任务，政府与市场的职能定位，尤其是政府的作用，既具有一般市场经济体之下的一般性，又具有特殊性。首先，必须充分发挥市场配置资源的基础性作用，政府在此基础上去克服一般意义上的市场失灵。其次，政府针对改革和市场经济体制完善过程的实际情况，做好进一步推动改革、建立和完善市场体系的工作。在一定限度内，还需要政府依靠非市场的力量推动市场化。例如，政府自身观念的转变、权力清单的

---

* 黄少安，教育部“长江学者”特聘教授，山东大学经济研究院院长、教授、博士生导师。

缩小、国有资产主动从竞争性领域退出国有企业改革、排除利益集团对改革的阻力、在开放条件下合法保护本国企业的国际竞争力等等。政府的定位和职责可以分别在封闭经济和开放经济条件下加以界定，本文旨在界定我国政府现阶段、在开放经济条件下的职责。

新的国际经济秩序对于各国政府和市场的定位和分工提出了新的要求。在开放条件下，不能只将一国经济考虑成一个单独的市场，还应将其放在全球经济竞争的整体框架中去看，看政府如何在全球竞争的条件下扮演合理的角色。开放条件下，现阶段中国政府的主要职责有：

一、国防

国防就是对国家领土（广义的）、所有国民、所有企业和机构的安全的保证。我国现阶段，国防显得特别重要，政府责任重大。根据国际关系历史演变的规律，每当大国、强国相对地位发生重大变动的时期，战争的可能性就大大增加。尤其是中国，过去100多年，长期落后、被欺辱，近几十年以来，经济高速发展，已经成为世界第二大经济体，综合国力大大增强，引起原来一些强国的戒备，他们试图抑制中国发展。一方面已经比较强大而且还要发展，另一方面要抑制其发展，矛盾的尖锐化几乎不可避免。我们必须认识到现阶段国防的重要性和压力。因此，政府应该适度增加国防支出、进行军事体制改革、惩治军队腐败、加强军事训练以提高实战能力。如果我们的军队不能战，现阶段爆发战争而失败，中国几十年改革发展成果将全失，中国将重返落后。

二、保护本国国民和企业以及其他机构在国外的安全和合法权益

随着我国经济的发展和全球经济的再平衡，我国将逐步从资本输入国变成一个资本输出国。在这种大背景之下，我国企业“走出去”战略的成功与否，是关乎我国经济能否顺利转型的大问题。政府是经济秩序和本国经济利益的维护者，当前国际政治经济形势复杂，企业“走出去”过程中，会

遭遇各种各样的摩擦，政府应当积极维护海外企业的合法权益，积极应对摩擦，努力为我国企业的海外投资争取公平的竞争环境。在这方面，海外国企和民企应该得到政府同等的保护。政府在审批和政策方面，对国企和民企一视同仁，给予同等的支持。

随着国家经济的发展，民众日益富裕，从事出国经商、旅游、访友等活动的公民日益增多，政府有职责保护公民在国外的合法权益。当然，也有责任督促、引导本国公民在国外遵纪守法、入乡随俗，树立良好的国民形象。

三、与行业组织、企业协调，积极应对贸易摩擦

由于我国企业自身的原因（对国际惯例的不熟悉等等），也因为体制的原因，还有更重要的原因——一些国家还不习惯、不乐意中国企业日益增多的国际商务活动，中国企业往往面临国外政府较多的反倾销、反垄断制裁。此时，就需要政府为我国企业争取公平合理的竞争环境。从国际经验来看，一个大国经济的兴起，必然伴随着大量的经济摩擦。旧有的国际经济秩序的背后是旧有的利益分配格局，而新兴经济体的崛起意味着旧国际经济秩序的打破和新国际经济秩序的形成。在新国际经济秩序中受损的利益集团，必然会制造大量的经济摩擦。在这种情况下，单单依赖企业个体的力量，是无法顺利克服这种摩擦的，只有政府介入其中，通过各种手段反制对于我国企业实施不公正歧视政策的国家，才能有效实现我国企业在海外的机会均等。

四、有理有力地推动国际经济秩序合理化

（一）积极参与国际自贸区谈判

随着次贷危机和欧债危机的爆发，旧有的贸易格局受到了极大的冲击，在这种背景之下，新一轮的国际自贸区谈判开始展开，如美欧、欧日自贸区谈判。如果这些谈判成功，将会在很大程度上改变世界贸易规则、标准和格局。我国则面临着严峻的“二次入世”的威胁，在这种情形下，我国政

府应当积极采取措施，加快推动中日韩自贸区和中欧自贸区的谈判，促进自由贸易，以充分发挥我国在制造业上的比较优势。

从长期来看，我国目前的出口导向型发展战略是难以为继的。从国际经验上看，一国的外贸顺差在长期内将趋于平衡，一个大国长期保持外贸顺差或者逆差更是不可能的。我国经济从外需驱动转向内需驱动将是大势所趋，现有的欧美出口金融产品、中国出口工业品的贸易格局是难以为继的。因此，政府应该着手重塑国际贸易格局，在加快中日韩自贸区和中欧自贸区谈判的同时，大力推进与资源出口型国家的自贸区谈判，在积极推动平等互惠自由贸易的同时，充分发挥我国在制造业上的比较优势，与资源上有比较优势的国家实现优势互补。

（二）积极推进人民币国际化，促进国际金融秩序合理化

人民币的国际地位与我国制造业以及整个经济实力还不相称。从历史上看，随着一国资本要素的不断丰裕，其必然逐步从资本输入国变成资本输出国，其产业结构也逐步从第二产业为主转向金融等第三产业。在这一过程中，其货币的国际化，对于其资本输出和产业升级有着重要意义。而这一进程，并非完全由市场所主导，政府在其中扮演了极其重要的角色。

推进人民币的国际化，促进中国企业的海外投资，促进以人民币结算的对外贸易尤其是大宗商品原材料的采购，有利于形成更加公平合理的国际经济新秩序，有利于维护世界经济稳定和金融稳定，有利于发挥各国的比较优势。具体政策措施方面，应该继续推进人民币离岸交易市场的构建，继续与其他国家签订人民币互换协议，稳步发展人民币衍生品市场，稳步推进人民币的国际化。

人民币的国际化意味着资本市场的逐步开放和金融市场的逐步扩大。这一方面有利于我国金融产业的发展，但是，另一方面也会加剧我国金融市场的波动，对我国金融系统的稳定形成冲击。因此，我国政府在加强人民币国际化的同时，应该加强金融市场的广度和深度建设，加强宏观审慎监管，在稳步推进人民币国际化和国内金融市场建设的同时，维护好我国

的金融安全。人民币国际化是一项系统性工程，需要政府的顶层设计，因此，人民币国际化工作应当由中央领导人亲自负责，这样才可能驾驭和协调在人民币国际化进程中出现的种种问题，才能在推进资本账户开放和人民币国际化的同时，维护好金融系统的稳定性。

五、维护国家能源、粮食安全

能源和粮食，对于拥有近14亿人口、正处于工业化和城市化过程中的中国来说，具有特别重要的意义。因为我们对粮食和能源的需求实在是太大，而且极具刚性。国际能源和粮食市场对中国经济发展和社会稳定的制约性不可低估。因此，在开放环境下，中国政府现阶段必须高度重视和积极维护粮食、能源安全。这是我国外交关系的重中之重。

就能源安全而言，需要同时从供给端和需求端两方面入手。从供给端方面看，应该增强与基础能源供应国的外交联系和经济联系，同时应该促进新能源技术的开发。从需求端看，我国应该进一步推进能源价格的市场化，开源的同时注意节流。目前我国的基础能源价格还受到政府较强的管制，而这种价格管制，实际上是维持较低的能源价格，助长了人们对能源的过度消费，这不利于节能技术和新能源的发展。因此政府在这一方面的作为，应该是放松管制，让市场机制发挥作用。同时政府做好其他相关工作以缓解能源紧张，例如，政府一方面放开能源价格，另一方面大力发展公共交通，让越来越多的市民不买汽车、不开私家车，而坐效率更高、价格便宜得多的公共交通出行。

同时要尽快完善我国的能源储备体系。

就粮食安全而言，政府能做的事情主要有：

第一，保护耕地，以保证粮食的基本生产条件。近14亿人口的国家，不可能高度依赖国际市场的粮食进口。所谓靠国际市场机制保障中国粮食需求的观点，是对国际关系和中国国情的无知和对国家、国民的不负责任，也是对市场机制的无知，充其量算是市场宗教激进主义。

第二，加大对土壤、水体等的保护和对食品质量的监管，以保障食品的质量安全。

第三，政府通过推动土地制度等方面的变革和技术进步，促进农业的规模化经营，以提高粮食产量和质量。

第四，根据国内、国际两个市场，灵活制定和实施中国的粮食政策。

第五，进一步完善国家的粮食储备体系。

第六，政府出台一些可行的政策，减少运输、储存和消费过程中的粮食浪费，以遏制中国过多的粮食浪费。

六、量力、适度参与全球治理，提供公共产品

中国经济已经深度融入世界，2013—2016年，中国对世界经济增长的平均贡献率达到30%左右，中国确实离不开世界，世界也确实离不开中国。中国是一个大国，经济实力和政治影响力足可以使中国成为全球治理的重要成员。为了国家利益，中国也有必要参与全球治理。但是，现阶段的中国还是一个发展中国家，经济总量居全世界第二，但是经济发展水平还够不上发达国家，经济、科技、军事、社会各个方面与发达国家比较，还有较大距离，是一个正在崛起但还没有完全崛起的国家。因此，中国现阶段参与全球治理必须量力而行，适度参与，总体上还不可能是全球治理的领导者或主导者。提供全球性或国际性公共产品也是有限度的、与自身能力相一致的。中国首先把自己国家治理好，把自己14亿人民的公共产品供给好，就是对全球治理和人类进步的巨大贡献。

新阶段中国参与全球治理和提供公共产品，主要是以下几个方面：

1. 维护世界贸易规则的公平性和开放性，尽力遏制贸易保护主义。例如，成为维护WTO规则的力量。要想主导制定新的贸易规则，还不具备条件。

2. 向国际尤其是发展中国家实施带有一定援助性的、互惠互利的、基础性的投资，促进发展中国家的发展。我国主导的“亚投行”和“一带一路”倡议，都在以不同方式做这一类事情。

3. 积极参与国际组织的活动，扩大在其中的话语权。例如，世界卫生组织、世界银行、世界气候大会和巴黎协议等等。

4. 量力参与国际维和活动和打击恐怖活动、海盗活动。

5. 积极参与遏制世界核扩散的行动，维护核安全。

[原文发表于《济南大学学报》(社会科学版)2018年第1期]

金融资源配置、所有制结构与企业绩效

孙国茂　胡汝银　陈志超*

一、引言

习近平总书记在十九大报告中指出，经济体制改革必须以完善要素市场化配置为重点，实现产权有效激励、要素自由流动、价格反应灵活、竞争公平有序、企业优胜劣汰。第五次全国金融工作会议也强调，金融业要回归本源，把更多的金融资源配置到经济社会发展的重点领域和薄弱环节。2008年以来，我国广义货币供应量M2急剧增长，M2/GDP远高于绝大多数发达经济体，该指标的国别比较显示我国的货币供给非常宽松，然而近年来我国经济增长速度却明显放缓，这说明大量的货币资金注入并未有效地支持经济增长。2015年11月，习总书记在中央财经领导小组会议上提

* 孙国茂，经济学博士，济南大学商学院教授、青岛大学经济学院特聘教授、博士生导师，研究方向为公司金融、资本市场与制度经济学；胡汝银，经济学博士，山东省资本市场创新发展协同创新中心首席专家、原上海证券交易所首席经济学家、国家制造强国战略咨询委员会委员，研究方向为产业组织、现代公司理论、现代金融市场与新制度经济学；陈志超，济南大学商学院硕士研究生，研究方向为应用经济学、公司金融。

出“供给侧结构性改革”，之后又进一步提出供给侧结构性改革的本质就是提高全要素生产率。近年来，中央经济工作会议反复强调我国经济运行突出的矛盾是结构性失衡，解决这些问题的根本途径是发挥市场在资源配置中的决定性作用，健全要素市场，深化行政管理体制改革，使价格机制真正引导资源配置，提高潜在增长率，并把供给侧结构性改革的重点确定为“三去一降一补”。国际清算银行（BIS）的最新研究显示，2016年我国总体杠杆率为257%，其中非金融企业杠杆率为166.3%；自2008年金融危机以来，非金融企业杠杆率出现大幅上升，2008—2016年期间增加了68.4%。来自国家发改委的数据显示①，我国非金融企业杠杆率过高的局面还未得到根本扭转，在世界主要经济体中仍是最高的，很多企业还处在财务负担重、债务风险高的危险境地。近年来，我国企业的生产经营状况持续下降，根据wind数据，我国全部上市公司的销售利润率从2014年的6.13%下降到2015年的5.83%；资产收益率从2014年的3.21%下降到2015年的2.52%。2016年上市公司盈利能力略有改善，但在3000多家上市公司中仍有1009家公司年度净利润同比下降。在M2、信贷以及社会融资规模的持续膨胀下，经济增速放缓，企业融资成本居高不下，企业盈利能力持续下滑。在很大程度上，金融与实体经济出现脱节，金融出现“空转”，其中深层次原因就是金融资源配置失衡。从宏观层面上来说，金融资源配置不合理势必导致经济效率和经济增长速度下降，造成经济结构性失衡，甚至会催生金融泡沫②；从微观层面上来说，受行政部门干预和政策因素影响，金融资源主要流向了以国有企业为代表的实体部门，造成潜在产出的损失，从整体上降低了企业的绩效。

本文基于微观数据的研究，将金融资源定义为企业在融资过程中所需的信贷资源，并将金融资源错配定义为金融资源未按照效率原则在企业间

① http://www.ndrc.gov.cn/xwzx/xwfb/201708/t20170809_857258.html。

② 孙国茂：《经济杠杆、庞氏融资与明斯基时刻》，《中国经营报》，2016年6月20日。

进行合理配置，导致获得金融资源与企业绩效不匹配的现象；将所有制结构狭义地区分为国有企业和非国有企业；将企业绩效定义为企业在一定经营期间的盈利能力。为探讨金融资源错配的形成及其对企业绩效的影响，本文使用2007—2016年我国非金融上市公司数据，深入剖析金融资源在不同所有制企业间的错配及其对企业绩效的影响。本文的引言部分介绍了论文研究的背景及其必要性；第二部分为文献综述，对金融资源配置及企业绩效理论作出了梳理；第三部分深入剖析金融资源错配的形成原因，探讨其与所有制结构、企业绩效之间的关系，并提出研究假设；第四部分为实证分析；第五部分为结论与政策建议。

二、文献综述

对资源配置问题进行研究是探寻经济发展动力的必然要求。根据古典经济学和新古典经济学理论，对资源配置及其效率的评价一般分为两种：有效配置和资源错配。当金融资源能够有效地分配到生产效率较高的部门时，我们称资源实现了有效的配置；否则，就是出现了错配。在金融发展理论早期的经济学家中，Raymond W. Goldsmith在1955年就提出了资源配置效率理论[①]。随后，Paul A. Samuelson更是认为经济学的精髓在于承认资源的稀缺性，并有效利用有限的资源[②]。Robert M. Solow在经济增长模型中提出全要素生产率（TFP）概念，用来解释一个经济体的运转效率，以及提高生产效率的途径[③]。经济增长理论认为，全要素生产率是经济增长中不能被劳动和资本增加所解释的部分，一般包括技术效率、技术进步和配置效率等方面，改善要素在各个部门之间的配置，能极大地提高整个经济体的生

① Raymond W. Goldsmith. Financial Structure and Development. New Haven: Yale university Press, 1969.

② Paul A. Samuelson：《经济学》（第12版），北京：中国发展出版社，1992年版，第4页。

③ Solow, Robert M. Technical Cange and the Aggregate Production Function. The Review of Economics and Statistics, 1957,39(3):312-320.

产率。在国内学者中，王广谦最早对金融资源配置的问题进行了系统性分析，之后的学者以此为基础运用实证方法进行了进一步的探讨[①]。王振山认为金融资源的有效配置就是使资源配置达到帕累托最优状态，如果没有达到帕累托最优就表示存在错配[②]。错配即金融资源配置的非效率状态，表现为有限的金融资源没有更多地配置到生产效率更高的部门，出现金融资源和生产率不匹配的现象[③]。

从微观层面上来说，企业绩效的提高，一方面依赖于资源投入的规模，另一方面取决于金融资源在企业内部以及不同企业间的配置。自20世纪50年代Modigliani & Miller提出MM定理后，资本结构也就是微观金融结构问题开始进入主流经济学视野，由此拉开现代金融学帷幕并日益发展成为公司金融理论研究的重要组成部分[④]。早期的资本结构理论认为，债务融资对企业绩效具有正面影响。但后来大量的研究所得出的结论与MM定理并不一致。Mcconnell & Servaes通过实证研究表明，高成长型公司的债务比例与企业业绩呈正相关，而低成长型的公司则得出了相反的结论[⑤]，这也说明了负债融资在高成长型企业中能够发挥治理效率并显著提高企业的业绩和公司价值。20世纪90年代，中国证券市场的产生，为中国学者检验MM定理提供了可能。范从来、叶宗伟以债务融资率为解释变量，以净资产收益率为被解释变量，实证研究我国债务融资与公司经营业绩的关系，发现上市公司绩效与负债水平呈显著的正相关关系[⑥]。根据信号传递理论，企业债务融资可以向市场传递一

---

① 王广谦：《经济发展中金融的贡献与效率》，北京：中国人民大学出版社，1997年版。

② 王振山：《金融效率论——金融资源优化配置的理论与实践》，北京：经济管理出版社，2000年版。

③ 谢菲：《金融资源错配的生产率减损效应》，安徽农业大学学位论文，2012年。

④ Modigliani, F. and M. Miller. Corporate income taxes and the lost of capital: a correltion. American Economic Review, 1963(53):433-443.

⑤ Mcconnel. J. and H. Servaes. Equity ounership and the two faces of debt. Journal of Financial Economics, 1995(39):131-157.

⑥ 范从来、叶宗伟：《上市公司债务融资，公司治理与企业绩效》，《经济理论与经济管理》，2004年第10期。

个积极的信号，所以当企业面临较多的投资机会和具有很好的投资项目时，更倾向于使用债务融资，因为增加债务融资能够帮助企业向投资者传递一个积极的信号[①]。同时，适当的债务融资可以降低企业所有者和管理者之间的委托—代理成本，从而促进企业绩效的提高[②]。在管理人员持股的情况下，债务融资还会增加管理者的股权比例，对其产生经营激励作用[③]。

有效市场理论认为，金融市场最主要的功能就是金融资源的配置，而金融资产的价格为资源分配提供了准确的信号。现实中，金融市场往往并非有效市场，再加上中国金融市场的不完善，金融资源往往没有按照效率原则进行分配。资源的稀缺性使所有参与资源配置的交易方都会受到不同程度的约束，因此，促进金融资源在企业间合理配置成为提高企业绩效的关键。从已有的研究来看，国内外学者普遍认为金融资源配置失衡主要表现在企业的所有制、行业以及地区差异上。由于国有企业相对于非国有企业往往具有政策上的优势，通常更容易在金融市场获得融资[④]，甚至一部分低效的国有企业也长期占用着大量的金融资源，并常以“漏损”给非国有企业的方式来获取高额的资本收入[⑤]。尽管很多非国有企业经营绩效优于国有企业，但由于在金融市场上受到所有制歧视，往往面临着严重的融资约束。所有制歧视造成企业融资成本的扭曲，导致非国有企业的融资成本明显高于国有企业[⑥]。近年来，“去产能”成为全社会共同关注的问题，正是由于金

① Ross, S, A. The determination of financial structure: the incentive signalling approach. Bell Journal of Economics, 8(spring 1977):117-161.

② 张涌：《从代理成本角度看中国国有企业融资结构的确定》，《金融研究》，2000年第12期。

③ 汪辉：《上市公司债务融资、公司治理与市场价值》，《经济研究》，2003年第8期。

④ Berglof E. and Bolton. The Great Divide and Beyond: Financial Architecture in Transition. Journal of Economic Perspectives, 2002(16):77-100.

⑤ 卢峰、姚洋：《金融压抑下的法治、金融发展和经济增长》，《中国社会科学》，2004年第1期。

⑥ 鞠市委：《我国金融资源错配及其影响研究》，《技术经济与管理研究》，2016年第7期。

融资源过多地配置到钢铁、房地产等传统行业，最终才形成了大量的过剩产能。金融资源配置的失衡是造成这种现象的重要原因[①]。方军雄认为，政府对特殊行业的保护政策，抑制了我国金融资源配置效率的提高[②]。袁礼通过实证研究发现，金融资源在不同行业间的配置效率存在显著差异[③]。另外，行业间竞争程度的不同也是影响金融资源在企业间配置效率的重要因素[④]。消除企业所有制和行业因素的影响之后，学者们发现地区差异也是影响金融资源配置的重要因素。一部分学者认为，中国区域之间经济、社会发展水平的差异很大程度上可以归因为金融资源在区域间配置的差异[⑤]。还有一部分学者利用实证研究得出，金融资源配置的效率在地区之间存在明显差异，错配问题普遍存在[⑥]。

自经济学诞生以来，人们认为可选择的资源配置方式有两种：一种是通过市场进行配置；另一种是非市场配置，即计划。以Adam Smith为代表的古典经济学派认为应充分发挥市场价格机制的作用，利用“看不见的手”来实现市场资源的合理配置，提高市场效率；John Maynard Keynes在大危机时期提出可以通过政府干预的方式来弥补市场配置资源的不足。中国经过40年的改革开放，逐步建立起社会主义市场经济体制，党的十八届三中全会明确提出，使市场在资源配置中起决定性作用。这意味着，政府只能在市场配置资源的基础上合理地发挥调控作用。如果政府对金融资源配置干预过多，甚至形成政策偏好，则会出现金融资源的错配，在微观层面上影响企业绩效。一

① 赵婉妤：《银行信贷资源错配与产能过剩》，《东北财经大学学报》，2014年第5期。

② 方军雄：《所有制、制度环境与信贷资金配置》，《经济研究》，2007年第12期。

③ 袁礼：《资本错配对中国产出效率的影响：金融业与其他产业的对比分析》，东北师范大学学位论文，2013年。

④ 余婧、罗杰：《中国金融资源错配的微观机制——基于工业企业商业信贷的经验研究》，《复旦学报》(社会科学版)，2012年第1期。

⑤ 沈剑宏：《金融效率与区域经济差异的相关性研究》，安徽大学学位论文，2010年。

⑥ 常帅：《中国地区金融资源配置效率评价及其影响因素的实践分析》，暨南大学学位论文，2010年。

方面，由于政策保护，地方政府为很多低效的国有企业供给了大量的金融资源，大量低廉的金融资源在低效的国有企业并没有得到有效配置，甚至会对企业绩效的提升具有负面作用。余明桂和潘红波认为，国有企业获得贷款越多、期限越长，其管理层代理成本就越高，企业经营绩效就越差①。黎精明认为国有企业利用低成本占据着大量的生产要素，要素价格的扭曲会进一步引起国有企业的过度投资，产生非效率经营②。王一卉通过研究政府补贴对企业绩效的影响得出，在国有企业中，提高政府补贴，甚至会导致企业绩效的下降③。另一方面，大量生产效率较高的民营企业以及新兴产业，在其生产经营过程中需要大量资金支持，由于资源配置失衡形成融资约束，限制了其绩效的进一步提高和企业的成长性。邵挺认为融资约束对私营企业资本回报率造成损失④。倪磊通过实证研究得出，融资约束每增加一个单位，民营企业绩效就会下降1.52个百分点⑤。罗军认为由于所有制歧视导致的金融资源配置失衡，使民营企业面临着严重的融资约束，显著阻碍了企业的技术创新⑥。同时，传统产业对金融资源的大量占据使新兴产业得不到进一步发展所需的资金，抑制了其企业绩效的进一步提高⑦。

上述文献对金融资源配置、表现及其对企业绩效的影响做出了梳理，但当前关于金融资源配置的研究主要集中于其在宏观层面上对经济增长的

---

① 余明桂、潘江波：《政治关系、制度环境与民营企业银行贷款》，《管理世界》，2008年第8期。

② 黎精明：《财政分权、要素价格扭曲与国有企业过度投资》，《中南财经政法大学学报》，2010年第1期。

③ 王一卉：《政府补贴、研发投入与企业创新绩效》，《经济问题探索》，2013年第7期。

④ 邵挺：《金融资源错配、所有制结构与资本回报率：来自1999—2007年我国工业企业的研究》，《金融研究》，2010年第9期。

⑤ 倪磊：《融资约束对浙江民营企业绩效影响的机制研究》，浙江财经大学学位论文，2014年。

⑥ 罗军：《民营企业融资约束、对外直接投资与技术创新》，《中央财经大学学报》，2017年第1期。

⑦ 刘建康：《银行信贷资源错配与产能过剩问题研究》，《西南金融》，2016年第3期。

影响。本文从微观企业的角度，运用理论和实证的研究方法，判断当前金融资源配置是否合理，并从不同所有制企业的视角，探讨金融资源及其配置对企业绩效的影响，主要解决以下几个问题：

（1）当前我国金融资源是否在企业间存在错配；

（2）金融资源错配在不同所有制企业之间表现是否不同；

（3）金融资源配置与企业绩效的具体关系；

（4）所有制结构差异下，金融资源错配对企业绩效的影响。

三、理论分析与研究假设

（一）中国金融资源错配的理论认知和一般性解释

1. 金融市场尚不完善

金融市场是交易金融资产并确定金融资产价格的一种机制。La Porta等的“法与金融”理论认为，法律和金融市场的发展能够有效减少金融资源错配所带来的负面效应[①]。而中国当前金融市场尚不完善，在一定程度上导致和加剧了金融资源的错配。Diamond认为，在金融市场欠发达的地区，由于存在信息不对称，银行倾向于用短期借款来控制企业的机会主义行为[②]。在一个完善的金融市场上，借款企业的信息较为透明，银行可以有效获取该类信息，对某个企业或者项目做出有效的评估，并确定合适的借款利息；在一个不完善的金融市场上，信息不对称问题较为严重，金融资源难以得到一个有效的配置。另外，当前中国金融机构的存贷款利率仍没有实现完全的市场化，根据R. I. Mckinnon和E. S. Show的“金融深化理论”，利率的管制使得利率低于市场的均衡水平，资金无法实现有效的配置。推动利率的市场化改革，利率水平将由市场的供求关系来决定，同时取消信贷配给

① La Porta R., Lopez de Silance F., Shleifer A., etal. Law and Finance. Journal of Political Economy, 1998,106(6).

② Diamond, D. W. Debt Maturity Structure and Liquidity Risk. The Quarterly Journal of Elonomics, 1991,106(3).

制度，那些依赖政府扶持的低效企业将无法获得资金，金融市场将实现资源的有效配置[①]。短期来看，利率的上升会导致企业融资成本的增加，影响企业绩效。但从长期来看，市场将按照企业的经营绩效来确定其贷款利率，资源将进一步得到更有效的配置。对于生产经营状况较好、债务风险较低的企业，贷款利率会有所降低，促进企业绩效的进一步提升；对于生产经营状况较差、债务风险较高的企业，贷款利率会上升。通过这样的资源配置方式，市场将有限的金融资源配置到生产效率更高的部门，不仅提高了整个市场的资源配置效率，也提高了金融资源的使用效率。另外，金融资源配置市场化能有效推动行业过剩产能的出清，对于推动国有企业改革，提高国有企业产出效率也具有重要作用。

2. 金融结构不合理

中国当前银行主导型的金融结构加剧了金融资源在企业间的错配，其根本原因是金融资产主要集中在银行，尤其是国有银行[②]。一方面，国有银行利用其垄断地位通过影响贷款利率来影响企业融资成本；另一方面国有银行的垄断受到政策性进入壁垒的保护，降低了行业内的竞争程度，影响企业融资。不管是通过哪种方式，中国当前以银行为主导的金融结构造成了企业之间融资成本的差异，加剧了金融资源的错配。

改革开放初期，中国经济主要以公有制为主体，国有企业在社会经济中占据较大的比例，所以中国选择了以国有银行为主体的金融体系结构。长期以来，社会融资主要依赖于银行的信贷融资，尤其是国有银行的信贷总额长期占较高比例，股权融资比例较低。由于历史和制度性的原因，我国长期坚持银行主导型的金融体系，但国有银行往往利用其垄断地位来提高企业，尤其是民营企业的融资成本，使之面临着严重的融资约束。Beck et al.通过实证

① 孙国茂、陈国文：《金融业利润增长对制造业的影响》，《中国工业经济》，2014年第4期。

② 孙国茂、范跃进：《金融中心的本质、功能与路径选择》，《管理世界》，2013年第11期。

分析得出金融机构竞争程度和市场资源配置效率正相关的结论[①]。也就是说，金融机构之间的竞争越激烈，市场对资源的配置越有效率，但是中国金融体系结构当前以国有银行为主导，国有银行利用其政策优势降低了行业内的竞争水平，导致金融资源的配置效率较低。另外，由于政府对国有企业提供担保和政策性支持，国有银行跟国有企业之间往往存在着某种天然的关联关系，使得国有企业面临着较低的融资成本[②]。但是，国有银行可以通过其垄断地位以较高的贷款利率给民营企业贷款，来获取高额利润。国有银行在金融体系中的主导地位导致金融资源在企业之间形成错配，经营绩效较好的民营企业融资难度大、成本高，经营绩效较差的国有企业反而较容易获得低成本的信贷资金。促进企业采用股权和信贷两种融资方式，一方面股权融资的竞争会在一定程度上降低企业信贷融资的成本，另一方面股权融资本身成本相对较低，整体上会降低企业的融资成本，企业可以使用相同的成本融得更多的资金，促进企业产出水平和利润水平的提高。

3. 国有企业的“预算软约束”

Kornai最早在《短缺经济学》(Economics of Shortage)中提出“预算软约束”(soft budget constraints)的概念，后来这一概念得到了不断的拓展[③]。预算软约束指的是政府和银行等预算支持体系基于“父爱主义”、政治目的或理性考虑等动机，通过税收、财政补贴、贷款等方式向企业等预算约束体提供救助。Dewatripont and Maskin认为由于时间不一致性问题，政府对未完工的无效率项目有追加投资的动力，从而导致预算软约束问题，也就是著名的D-W模型[④]。Qian and Roland在D-W两期模型基础上证明了预算软

---

① Beck, T., R. Levine. Finance and Sources of Growth. Journal of Finarcial Economics, 2000(58):261-300.

② 孙国茂、安强身:《普惠金融组织与普惠金融发展研究》，北京：中国金融出版社，2017年版。

③ Kornai, János. Economics of Shortage. North-Holland, 1980.

④ Dewatripont, Mathias and Eric Maskin. Creditand Efficiency in Centralized and Delentralized Economics. Review of Economic Studies, 1995,62(4):541-556.

约束导致的双重后果：一是预算软约束导致大量低效率甚至无效率部门获得资金从而导致整体资源配置的低效率，二是预算软约束也会导致高效率部门资金的极度稀缺，融资成本升高①。从中国来看，一方面，由于国有企业存在所有权的“非人格化”，即全民所有制企业在现实中找不到其所有权的人格化主体，导致国有企业的资产长期处于无约束状态下，金融资源的利用效率较低②。另一方面，预算软约束通过影响融资成本加剧金融资源的错配。由于金融资源具有有限性，国有企业的预算软约束加剧了资源的稀缺，抬高了资金成本，使大量民营企业面临着融资约束。另外，地方政府常常通过干预国有银行的信贷决策来为本地区的国有企业提供信贷优惠政策③，改变了银行和企业之间以效率最大化为核心的信贷契约，不仅容易形成银行坏账，同时降低了信贷资源的使用效率。政府对国有企业的政策偏向导致的预算软约束是产生金融资源错配的重要原因，而且这种偏向性呈现逐年增加的趋势④。其最终导致的后果就是贷款的供给方并不能完全按照利润原则来进行资金的配置，形成国有企业和民营企业之间融资成本的差异。生产效率较低的国有企业占据着大量的信贷资源，而效率较高的民营企业反而受到融资约束，限制了整个市场效率的进一步提高和经济的发展。

（二）金融资源配置与企业绩效

根据对文献和数据的整理，本文认为，中国金融资源在不同所有制企业间的配置主要从以下几个方面来影响企业绩效。首先，由于政府提供的隐性担保，国有企业具有预算软约束，长期以来占据着大量的金融资源，Cull等通过对中国1980—1994年的数据进行分析，也得出中国的金融

---

① Qian, Y., and G. Roland. The soft Budget Constraint in china. Japan and the world Economy, 1996,4(2):422-447.

② Jensen M J, W H Meckling. Theory of the Firm: Managerial Behavior, Agency Costs and Ownership Structure. journal of Financial Economics, 1976(3):305-360.

③ 巴曙松：《转型时期中国金融体系中的地方治理与银行改革的互助研究》，《金融研究》，2005年第5期。

④ 钟宁桦：《我国企业债务结构性问题》，《经济研究》，2016年第7期。

资源更倾向于流向国有企业，并且政府在其中起到了重要的作用[①]。国有企业以低廉的成本获得大量的金融资源，要素价格被扭曲，而这将会进一步引发国有企业的过度投资，产生低效率经营的现象，结果就是国有企业的经营绩效没有实现同比增长。在现代企业所有权与管理权分离的经营模式下，国有企业占据着大量的金融资源，充足的自由现金流将诱发企业管理者的过度投资与过度消费，加剧了股东和管理层的矛盾，加大了管理层的代理成本，一定程度上给企业绩效带来负面影响。再者，由于政府对国有企业提供的隐性担保和政策支持，不仅使得国有企业能够以低廉的成本获得大量的金融资源，而且不具有“破产威胁”，其对企业经营者的激励作用被削弱，不利于企业绩效的进一步提升。最后，由于我国大多数管制行业都为大型国有企业，大量金融资源的投入形成大量的过剩产能。林毅夫认为，商业银行受到政府的干预，间接地导致了投资的过度集中，大量的信贷资源被配置到重复建设的项目上，挤占信贷额度，导致了产业结构的失衡[②]。可见，行业内产能的过剩本质上是由于信贷资源的不合理配置导致的。2008年以来，中国的M2迅速增长，再加上国内的高储蓄率，造成金融机构资金过剩，金融资源被过度配置到与房地产相关的钢铁、水泥等传统行业，形成大量的过剩产能。传统行业的过剩产能限制了货币资金的流转和循环，大量的沉淀资金对其他新技术行业以及创新产业产生“挤出效应”，使得其难以获得资金支持，限制了其进一步的发展，加剧了中国产业结构的不合理。存在过剩产能的企业由于产品难以出清，导致其难以获得起码的投资回报，为维持企业的生存，只能依赖于后续融资。由于该类行业中很大一部分是大型的国有企业，所以政府和银行对其实施救助，阻碍了行业内过剩产能的出清，加剧了资源的不合理配置。

---

① Cull, R., L. Xu. Who Gets Gredit: The Behavior of Bureaucrats and State Banks in Allocating Credit to Chinese State-owned Enterprises. Journal of Development Economics, 2003, 71(2):533-559.

② 林毅夫：《政策性负担、道德风险与预算软约束》，《经济研究》，2004年第2期。

数据显示，近年来我国国有企业经营绩效总体呈下降态势，大量金融资源都被浪费，造成经济效率损失。对于非国有企业来说，由于金融资源具有有限性，国有企业的过度占据必然加剧非国有企业的融资约束，甚至存在非国有企业通过享有特权的国有企业的“漏损”来获得金融资源补充的现象[①]。Song的研究得出中国国有企业的资本年利率仅为非国有企业的一半，而非国有企业却仍旧难以获得金融资源的支持，抑制了其进一步的发展[②]。一方面金融资源的可获得性较差，使得民营企业缺少生产经营所需的资金，限制了其企业绩效的提高；另一方面，民营企业的融资难和融资贵导致其相对于国有企业研发资金结构性短缺，对民营企业的长期绩效造成负面影响。

基于以上分析得出的结论，在金融资源配置过剩的国有企业，金融资源和企业绩效呈负相关关系，即企业获得的过量金融资源越多，企业绩效表现越差；而对于金融资源配置相对匮乏的非国有企业来说，金融资源与企业绩效呈现正相关关系，即企业越缺乏金融资源，企业绩效越差。也就是说，企业金融资源配置过剩或者匮乏，都不利于其企业绩效的提高。

由此，我们提出假设1：金融资源和企业绩效之间可能存在“倒U型”关系。

对比2007—2016年我国国有企业和非国有企业的总资产收益率（见Figure 1），可以发现，非国有企业总资产收益率明显高于国有企业。值得注意的是，2008年之后，国有企业总资产收益率出现上升，2010年收益率接近非国有企业，在达到顶峰后大幅下滑。本文认为，由于2008年金融危机的影响，中国政府出台各类政策对国有企业进行扶持，“四万亿”的经济刺激计划也主要投向国有企业，借助财务杠杆，国有企业经营绩效得以提高。但是2010年之后，此种以债务扩张拉动经济的结构和体系逐渐暴露其

① 卢峰、姚洋：《金融压抑下的法治、金融发展和经济增长》，《中国社会科学》，2004年第1期。

② Song Z. Growing like china. Work Pap. Univ. Zurich, 2008.

不可持续性，在经济增长下行的过程中，庞大的债务规模、过剩的行业产能阻碍了企业绩效的进一步提升，国有企业盈利状况出现持续下滑。

Figure 2描述的是国有和非国有企业的融资成本①，整体上看，企业的融资成本呈现下降趋势，表明中国上市公司面临的金融市场环境逐渐改善。对比来看，非国有企业融资成本接近国有企业的两倍，说明在中国当前的金融市场上，仍旧存在较为严重的企业所有制歧视，国有企业在政府的担保和政策的扶持下，相对融资成本较低，而非国有企业恰巧相反。

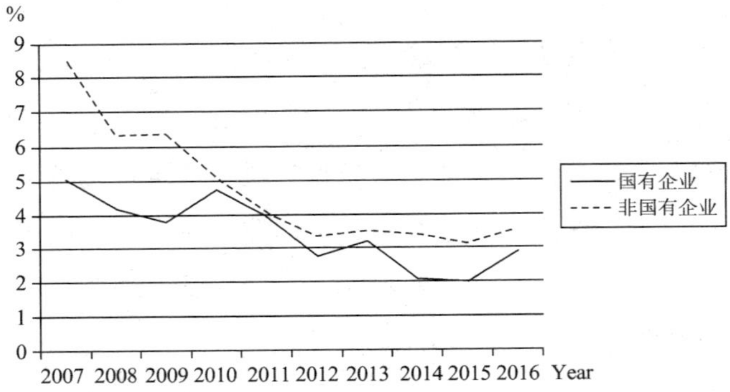

Figure 1　SOEs、Non-SOEs ROA（2007—2016年）
数据来源：Wind资讯。

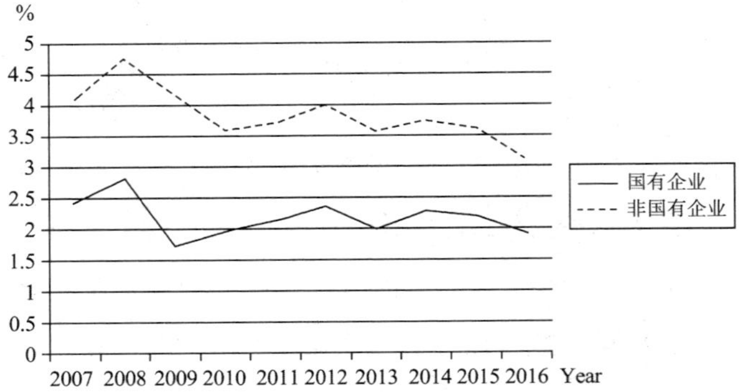

Figure 2　the "r" of SOEs、Non-SOEs（2007—2016年）
数据来源：Wind资讯。

① 本文的融资成本＝利息费用/（负债总额－应付账款）。

对比图Figure 1和Figure 2，我们可以发现，国有企业和非国有企业的总资产收益率及融资成本存在明显差异。非国有企业的总资产收益率明显高于国有企业，说明在我国，非国有企业每单位的资产能够创造更多的利润；而非国有企业的融资成本却远远高于国有企业，面临着严重的融资约束。国有企业的总资产收益率较低，企业盈利能力较差，但是其融资成本较低，说明我国国有企业金融资源的利用效率较低；相反，非国有企业总资产收益率较高，金融资源的利用效率较高，但是融资成本偏高，限制了企业的发展经营与其绩效的进一步提升。综上表明，在当前我国金融市场上，金融资源在不同所有制企业之间具有明显的错配。

因此，我们提出另外两个假设：

假设二：金融资源错配会在整体上降低企业绩效。

假设三：金融资源在不同所有制企业间的错配，对企业的长期绩效具有负面效应。

四、实证分析

（一）研究变量与指标选取

1. 解释变量

资源的错配即生产要素没有按照效率原则在企业间进行配置，而本文所指的金融资源错配主要是指信贷资源的不合理配置。根据本文对金融错配的界定，我们用每个企业的资金使用成本（r_i）对所在行业的平均资金使用成本（r）的偏离程度来衡量金融错配的程度，借鉴Dollar & Wei对金融资源错配提出的框架①：

$$r_i = r\,(1+\beta)\quad(1)$$

① Dollar D, Wei S. Das Kapital: Firm ownership and investment efficiency in china. National Bureau of Economic Research Cambridge, Mass., usa, 2007.

其中r_i是指企业的融资利率[①]，r是行业的平均融资利率，β代表金融错配的程度。对式（1）进行简单变换得：

$$\beta=\frac{r_i}{r}-1 \quad (2)$$

令$FM=\beta$，则

$$FM=\frac{r_i}{r}-1 \quad (3)$$

式（3）表示企业金融错配的程度，当$FM=0$时，表明该企业不存在金融错配；当$FM>0$时，表示企业存在正向的金融错配，融资利率高于行业平均利率，存在融资约束；当$FM<0$时，表示企业存在负向的金融错配，融资利率低于行业平均利率，更容易获得融资。

另外，为了研究在不同所有权性质的企业中，金融资源错配对企业绩效的影响差异，本文还选取了所有权性质虚拟变量作为解释变量。当企业为国有企业时，$OWNER=1$，其他为0。

2. 被解释变量

本文所指的企业绩效是对企业盈利能力的衡量，而总资产收益率（*ROA*）和销售利润率（*ROS*）是衡量企业盈利能力的重要指标，能够准确地反映我国上市公司的企业绩效，并且数据的可靠性和可得性较高。基于对企业绩效衡量指标合理性、综合性的考虑，并且参考多位学者的研究方法，本文最终选取总资产收益率（*ROA*）作为企业绩效的衡量指标，并采用销售利润率（*ROS*）作为稳健性检验的指标。

3. 控制变量

为实现研究的合理性，本文探究了被解释变量的影响因素，并且参照以往金融资源错配和企业绩效的相关文献，将企业规模（*SIZE*）、偿债能力（*DEBT*）、成长性（*GROWTH*）、资产负债率（*DAR*）、资产担保价值

---

① 企业的融资利率为利息支出与扣除应付账款的企业负债之比。

（*TAR*）、股权集中度（*TOP*1）和员工数量（*LNEMP*）7个变量作为控制变量。另外，由于金融资源错配在不同行业和地区的企业之间也存在着明显的差异，所以为了更好地探究金融资源对不同所有制企业绩效的影响，本文在进行实证研究时，对企业的行业和地区进行了控制。

（二）数据选取和模型设定

1. 数据选取

本文以沪、深两市的上市公司为研究对象，时间跨度为2007—2016年。通过对3041家上市公司进行筛选和剔除，最终确定1054家上市公司作为研究对象，数据均来源于Wind资讯。样本的筛选主要参照以下标准：

（1）剔除金融类上市公司；

（2）剔除**ST*、*ST*和*S*等财务状况异常以及未进行股改的上市公司；

（3）剔除上市时间小于5年的公司；

（4）剔除披露信息和财务数据不完整的上市公司。

2. 模型设定

根据前文提出的假设条件，我们采用多元线性回归模型来分析金融资源错配对企业绩效的影响，具体模型如下：

$$ROA_{i,t+n}=\partial_0+\partial_1 FM_{i,t}+\partial_2 SIZE_{i,t}+\partial_3 DEBT_{i,t}+\partial_4 GROWTH_{i,t}+\partial_5 DAR_{i,t}+\partial_6 TAR_{i,t}+\partial_7 TOP1_{i,t}+\partial_8 LNEMP_{i,t}+YEAR_{i.t}+\varepsilon_{i,t} \quad (4)$$

其中，i表示第i个企业，t表示年份，$n=0$，1，2，…。模型中的*ROA*表示企业总资产收益率；*FM*表示金融错配的程度；*SIZE*表示企业规模，用总资产的自然对数来衡量；*DEBT*表示企业的偿债能力，用现金流量债务比来衡量；*GROWTH*表示企业的成长性，用净利润增长率来衡量；*DAR*衡量企业资本结构，表示资产负债率；*TAR*表示资产的担保价值，用有形资产和总资产的比值来衡量；*TOP*1表示第一大股东持股比例，衡量企业股权集中度；*LNEMP*是对员工数量取自然对数；*YEAR*表示年份的虚拟变量。另外，由于企业可能把当前融资用于长期投资，所以为探究金融资源错配对企业绩效的长期影响，本文同时考察资源错配对滞后两期企业绩效的影响。

另外，为了进一步验证金融资源错配和所有制结构对企业绩效的影响，本文将所有权性质的虚拟变量加入模型式（3）中，得到如下模型：

$$ROA_{i,t+n} = \partial_0 + \partial_1 FM_{i,t} + \partial_2 FM * OWNER_{i,t} + \partial_3 OWNER_{i,t} + \partial_4 SIZE_{i,t} + \partial_5 DEBT_{i,t} + \partial_6 GROWTH_{i,t} + \partial_7 DAR_{i,t} + \partial_8 TAR_{i,t} + \partial_9 TOP1_{i,t} + \partial_{10} LNEMP_{i,t} + YEAR_{i,t} + \varepsilon_{i,t} \quad (5)$$

（三）金融资源配置与企业绩效的实证检验

为判断使用固定效应模型还是随机效应模型，我们进行了Hausman检验，结果显示$p<1\%$，所以拒绝原假设，以下实证分析均采用固定效应模型。

1. 金融资源与企业绩效

探究金融资源配置与企业绩效的相关关系，首先我们需要了解金融资源和企业绩效的相关关系，我们使用资产负债率（*Dar*）来衡量金融资源的相对水平，并对其与企业绩效（*ROA*）的相关关系进行了实证检验。

实证检验的结果显示，企业资产负债率与绩效之间存在着明显的“倒U型”关系，且在1%的水平上显著，由此验证了假设一。也就是说，金融资源的配置与企业绩效之间确实存在着“倒U型”的关系（如Figure 3所示），并且存在一个最优点*A*，此时适度的金融资源能够促进企业绩效达到最高点，*A*点的左右两侧均表示企业的资源配置效率没有达到最优（即存在金融资源错配），并且随着资源错配的加深，企业绩效表现越差。结合前文的理论与实证分析，我们认为国有企业大多处于*A*点的右侧，过度的金融资源注入导致企业绩效的下滑，并且获得的负向错配越严重（$FM<0$），企业绩效表现越差；而非国有企业大多处于*A*点的左侧，获得的正向错配越严重（$FM>0$），即金融资源越匮乏，企业绩效表现越差。

表1　　金融资源与企业绩效的相关关系

	ROA
Dar^2	−0.00222*** （0.00137）
Lnemp	−0.00783*** （0.00178）

（续表）

	ROA
Size	0.00639*** （0.00164）
Growth	8.23e−06*** （4.29e−07）
Topl	0.000802*** （0.000129）
Debt	0.0231*** （0.00325）
Tar	0.00112*** （6.84e−05）
Constant	−0.0324** （0.0145）
性质	已控制
行业	已控制
地区	已控制
观察值	9808
R^2	0.132
样本数	1054

注：括号内数值为t值，***p<0.01，**p<0.05，*p<0.1。

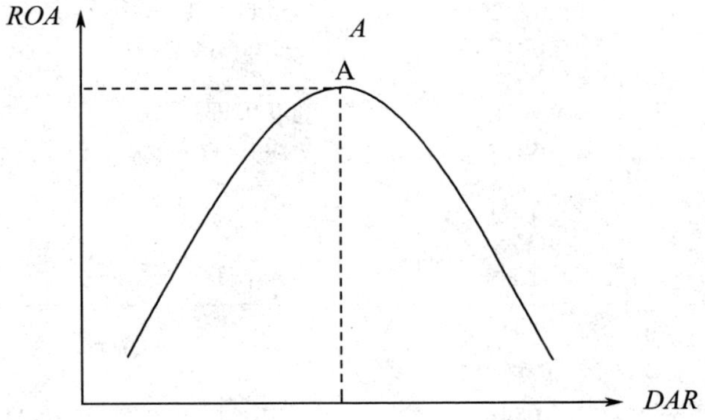

Figure 3　Financial Resource and Enterprise Performance

2. 金融资源错配与企业绩效

以上的分析表明，当前我国金融市场上存在着明显的资源错配，本部分对金融资源错配和企业绩效的相关关系进行了实证检验。表2显示的是金融资源错配对企业绩效影响的固定效应回归结果，我们分别考察了金融错配对企业总资产收益率当期t期、t+1期以及t+2期的影响。

表2　　金融资源错配对企业绩效的影响

	ROA_t	ROA_{t+1}	ROA_{t+2}
FM	−0.00450***	−0.00537***	−0.00322***
	(−0.000939)	(−0.00107)	(−0.001130)
Dar	−0.107***	−0.0421**	0.00172
	(−0.0143)	(−0.017)	(−0.01860)
Growth	8.10*e*−06***	−2.40*e*−06***	−6.29*E*−07
	(−0.000000428)	(−0.000000607)	(−0.000000633)
Debt	0.0214***	0.0202***	0.0211***
	(−0.00323)	(−0.00369)	(−0.00402)
Tar	0.000253*	−0.000133	0.000441**
	(−0.000134)	(−0.000159)	(−0.000175)
Top 1	0.000860***	0.00116***	0.00122***
	(−0.000129)	(−0.000155)	(−0.000174)
Size	0.00482***	0.000366	−0.00429*
	(−0.00166)	(−0.00205)	(−0.0024)
Lnemp	−0.00782***	−0.00185	0.00732*
	(−0.00176)	(−0.00214)	(−0.00245)
Constant	0.0648***	0.0293	0.0449
	(−0.0198)	(−0.0239)	(−0.0274)
行业	已控制	已控制	已控制
地区	已控制	已控制	已控制
观察值	9808	9035	8236
R^2	0.14	0	0
样本数	1054	1054	1054

注：括号内数值为t值，***p<0.01，**p<0.05，*p<0.1。

从表2的回归结果中可以发现，从整体上看，金融资源错配（*FM*）对企业绩效（*ROA*）在当期和滞后两期均呈现负面影响，并在1%的水平上显著，也就是说，金融资源错配程度越高，企业的绩效水平越差。并且，金融资源错配每增加1%，企业的当期、滞后一期和滞后二期绩效分别下降0.0045%、0.00537%和0.00322%，这就验证了本文的假设二。

接下来，我们按照企业性质分别考察金融资源错配对国有企业和非国有企业绩效的影响。表3显示的是金融资源错配对不同性质企业绩效的影响，可以看到，对于国有企业来说，金融资源的错配对其当期绩效的影响是负向的，并在1%的水平上显著；在$t+1$期的影响仍为负向，但影响程度减弱，在5%的显著性水平上显著；在$t+2$期金融错配对国有企业绩效的影响为正向，但不显著。这个结果打破了我们对金融资源和企业绩效关系的传统认知，即企业越容易获得金融资源，就可以满足其经营和发展所需要的资金，对企业的绩效提升作用越明显。但是，正如前文所描述，金融资源在国有企业的错配，加大了国有企业的代理成本，增加了其非效率的投资，导致其企业绩效并没有实现同比正增长。对于非国有企业来说，金融资源错配程度和企业绩效之间呈明显的负相关关系，并且金融错配程度每增加1%，在其当期、$t+1$期和$t+2$期企业绩效分别下降0.00291%、0.00682%和0.00644%，均在1%的水平上显著。由于企业可能将当期金融资源用于长期投资或研发支出，所以资源错配对非国有企业绩效的影响在长期来看将更加严重。这就验证了本文的假设三。

表3　　　　金融资源错配对不同性质企业绩效的影响

	国有企业			非国有企业		
	ROA	ROA_{t+1}	ROA_{t+2}	ROA	ROA_{t+1}	ROA_{t+2}
FM	−0.00444*** （−0.00143）	−0.00346** （−0.00165）	0.002 （−0.00175）	−0.00291*** （−0.00112）	−0.00682*** （−0.00138）	−0.00644*** （−0.00148）
Dar	−0.0804*** （−0.021）	−0.0679*** （−0.026）	−0.00712 （−0.0293）	−0.0963*** （−0.0182）	−0.0800*** （−0.0231）	−0.0508*** （−0.0252）

（续表）

	国有企业			非国有企业		
	ROA	ROA_{t+1}	ROA_{t+2}	*ROA*	ROA_{t+1}	ROA_{t+2}
Growth	4.20*e*−06***	−1.47*e*−06**	−1.06*E*−07	4.24*e*−05***	−9.69*e*−06***	−4.67*e*−06***
	（−0.00000045）	（−0.00000066）	（−0.00000068）	（−0.0000011）	（−0.0000016）	（−0.0000017）
Debt	0.0261***	0.0326***	0.0510***	0.0151***	0.0113**	0.00353
	（−0.00502）	（−0.00584）	（−0.00654）	（−0.00379）	（−0.00469）	（−0.00507）
Tar	0.000616***	−0.000563**	0.000145	0.000237	0.000101	0.000505**
	（−0.000202）	（−0.000251）	（−0.000282）	（−0.000161）	（−0.000203）	（−0.000221）
Topl	0.000431**	0.000246	0.000726***	0.00123***	0.00206***	0.00165***
	（−0.000188）	（−0.000232）	（−0.000265）	（−0.000159）	（−0.000205）	（−0.000229）
Size	0.00341	−0.00255	−0.00236	0.00213	0.00691**	−0.00298
	（−0.00224）	（−0.00285）	（−0.00341）	（−0.00224）	（−0000295）	（−0.00339）
Lnemp	−0.00927***	−0.000226	0.00964***	−0.00117	−0.00201	0.00607
	（−0.00224）	（−0.00278）	（−0.00323）	（−0.0026）	（−0.00338）	（−0.00379）
Constant	0.0773***	0.0992***	−0.0537	0.0185	−0.0375	−0.0301
	（−0.0278）	（−0.035）	（−0.0414）	（−0.0251）	（−0.0322）	（−0.036）
行业	已控制	已控制	已控制	已控制	已控制	已控制
地区	已控制	已控制	已控制	已控制	已控制	已控制
观察值	5,693	5,170	4,640	4,115	3,865	3,596
R^2	0.148	0.013	0.024	0.309	0.066	0.055
样本数	585	585	585	469	469	469

注：括号内数值为*t*值，****p*<0.01，***p*<0.05，**p*<0.1。

最后，我们用销售利润率（*ROS*）替代被解释变量总资产收益率（*ROA*）进行稳健性检验，得到了与上文相同的结论，可以在一定程度上认为本文得到的结论是稳健的。

五、结论与政策建议

随着中国M2增速的加快，流入实体部门的资金催生了非金融企业的高债务杠杆。但是近年来中国经济增速放缓，企业绩效持续下降。这表明，中国的金融资源没有有效促进实体经济的增长，其根本原因在于金融资源没有流向生产效率高、绩效好的部门，也就是金融资源配置不合理。本文从金融资源配置的视角，以所有制结构为切入点分析中国企业的绩效问题，选取2007—2016年非金融上市公司面板数据为样本，对金融资源的配置和企业绩效之间的关系进行了实证研究，考虑到企业长期投资产生的绩效，同时分别就不同所有制结构对其当期、滞后一期和滞后二期企业绩效进行了检验，通过理论分析、数据描述和实证检验，主要得到以下结论：

（1）我国金融资源与企业绩效呈现“倒U型关系”，且金融资源在企业间存在明显错配。国有企业总资产收益率较低，盈利能力差，企业绩效有待提升；同时非国有企业总资产收益率较高，企业绩效表现较好。但是，国有企业的融资成本却明显的低于非国有企业。这表明，金融资源没有按照效率原则更多地流向生产效率高的非国有企业部门，在不同所有制企业之间出现了错配。

（2）金融机构的企业所有制偏好是造成企业间金融资源错配的主要原因。由于中国当前不完善的金融市场、不合理的金融结构以及国有企业预算软约束等原因，非国有企业在信贷融资过程中仍面临着严重的所有制歧视，长期难以获得生产经营所需的金融资源。

（3）金融资源错配从整体上抑制了企业绩效的提升。大量金融资源流向国有企业，造成产能过剩和库存增加，这意味着金融资源的低效占用和浪费；而非国有企业面临着严重的融资约束，限制了其企业绩效的进一步提高。

（4）金融资源错配对企业绩效具有长期、显著的负面影响且呈现出所有制差异。对于国有企业来说，金融资源的负向错配对其当期和滞后一期具有显著负面影响；对于非国有企业来说，金融资源正向错配对其当期、滞后一期和滞后二期具有显著的负面影响，并在滞后两期有所加强。研究的结果验证了本文提出的假设，即不管对于国有企业还是非国有企业来说，金融资源的错配对企业绩效均具有负面影响，但对非国有企业的影响程度大于国有企业。本文的创新之处在于，验证了我国金融资源与企业绩效呈现“倒U型”关系，并在此基础上打破了金融资源丰富就一定会促进企业绩效提升的观念，本文从所有制的角度对国有企业和非国有企业单独进行分析，得出了金融资源对国有企业的偏向反而抑制了国有企业绩效提升的观点。

结合现实情况来看，当前中国国有企业借助政府的政策补贴以及担保，形成了巨额的企业债务，资金利用效率低，金融资源的规模扩张并没有带来企业绩效的同比增长。本文认为，当前中国经济发展环境中存在的产能过剩、国有企业债务以及中小企业融资约束的种种问题其本质上是因为金融资源错配。因此，促使金融资源流向生产效率更高的部门，将有效地促进企业绩效的提升和经济的增长。由此，本文提出几点政策建议：首先，应加快金融体系市场化改革的进程，逐步放宽银行业的准入标准，降低国有银行的垄断，创造良好的竞争环境；同时，减少银行信贷的歧视性政策，推进利率的市场化改革，让有限的金融资源流向生产效率高的部门，提高金融资源的使用效率；进一步地推进国有企业改革，对生产效率低、盈利能力差的国有“僵尸企业”进行市场化淘汰，释放沉淀的金融资源；相应地，政府应减少对国有企业的隐性担保和政策补贴，建立全面规范透明、标准科学、约束有力的预算制度，全面实施绩效管理，促进市场的公平竞争，减少金融资源的错配；最后，推动资本市场改革与发展，允许所有企业进行股权融资。表面上看，银行主导型金融结构似乎具有更强的金融资源配置功能，但金融资产高度集中在银行业会导致金融市场风险不断积累。加之银行资产定价的非市场化，现行金融结构已无法适应经济发展需要。改善金融结构，促进资源合理配置，最根本和最有效的途径就是加快推动资本市场的改革与发展①。

［原文发表于《济南大学学报》（社会科学版）2018年第1期］

① 孙国茂：《释放资本市场改革的更大红利》，《人民日报》，2014年10月29日。

社会学·管理学

古今呼应，东西对话：中国本土管理研究的独特意义

李　平　杨政银*

一、问题的提出

中国本土管理学研究范式亟须突破性转型，一是因为中国实践日益增长之独特需要的正向拉动，二是因为西方学术日益显现之独特盲点的反向驱动。

中国改革开放30多年来，尤其是近十来年，中国本土管理实践已经经历或正在发生重大与深刻的变化，这为进行本土研究提供了极其肥沃的土壤。做出好的本土管理理论研究，不仅能够总结和传承组织管理实践者们付出艰辛获得的经验，为后来者提供参考和训诫，而且更能为未来的实践提供指导与启发，甚至为全世界的组织管理发展有所助益。

反观当前占据主导地位的西方范式管理学研究，已越来越显出其疲软与僵化的态势，表象是强调量化分析（例如，统计数据、数学建模），因此在精准碎片化分析的道路上愈走愈远，而在重大理论方面的突破创新却

* 李平，西交利物浦大学国际企业管理终身教授；杨政银，西交利物浦大学博士生。

日益鲜见。这种状况甚至已引起西方诸多有识学者的深刻反思和尖锐批评。更深层次的问题，则是以工具理性为核心的西方知识哲学在后工业时代，日益暴露出其致命盲点及引领未来的无力感。这也是西方越来越重视东方智慧的根本原因。愈来愈多的西方学者开始深入学习研究东方以智慧哲学为基础的视角，甚至比我们自己研究得还要深入。我们中国学者在学术研究方面的再一次落伍（第一次落伍起始于几百年前西方文明的复兴），实在令人遗憾，也匪夷所思（第一次落伍是因为西方文明的优势长板）。

二、本土研究的必要性

中国本土管理研究是指，凡涉及某个独特的本土现象或该现象中的某个独特元素，并且以本土视角探讨其本土性（主位）意义以及其可能普适性（客位）意义的研究。“本土视角”是本土研究的核心，是本土研究必要和充分的条件。中国本土管理研究的必要性不仅在于中国现有国情与西方有极大差异，更在于东西方在历史文化、思维方式与基本哲学上均相去甚远，因而生搬硬套西方管理概念与理论不仅是舍本逐末，还会水土不服。中国必须构建本土管理理论体系，形成独特的中国管理学派。

中国管理学者应该对中国传统哲学对于中国本土管理研究的独特意义有足够的理论敏感性。中国本土管理研究应以中国传统哲学与智慧为源头，应该“顶天立地”：“顶”传统哲学与智慧之“天”，“立”中国企业组织管理实践之“地”。也即中国本土管理研究必须深深扎根于中国传统哲学之中。通过与当下的管理实践相结合，中国传统哲学也需要本身的现代化，需要自身的“文艺复兴”和“启蒙运动”。与此同时，中国传统哲学也需要向西方学习，但是不能放弃自身的特色和优势，不能进行所谓的“西方科学化”。中国本土管理研究不能也不应建立在西方哲学之上。如果没有中国传统哲学作为坚实的基础，中国本土管理研究只能成为空中楼阁或“夹生饭”。

中国本土管理研究的活水源头来自中国传统哲学，本土管理实践的不竭源泉也在于中国传统智慧。但是中国本土管理研究不应仅限于描述本土现象或本土情景，而必须超越本土的局限，要能够对世界其他国家和地区的管理现象和情境进行研究与解释。西方哲学本质上是知识哲学，中国哲学本质上是智慧哲学，两者各具特色，应该积极对话，彼此相互学习，在求同存异中进行统合。

三、中国哲学的智慧内涵

中国丰富的历史及文化，特别是先秦哲学，为构建中国本土管理理论提供了丰富的内容及坚实的基础。中国智慧哲学是中国传统文化的最高成就。中国智慧哲学主要源于春秋战国时代产生的道家，并吸收儒家等其他各家所长，以及后来的中国佛家思想。中国传统哲学最为本源的基础在于道家，道家直接源于《易经》并影响《易传》，在时间上先于并且统领儒家和佛家。台湾学者陈鼓应在其2010年的专著《道家易学建构（增定本）》中有力地论证了“道家思想乃为《易传》对《易经》进行诠释所根据的最主要思想来源”。

中国智慧哲学由三大内容组成：“道”（即主客统一，天人合一）为本体论，“阴阳”（即正反双方相生相克）为认识论，“悟”（即直觉想象，以比喻类推为具体方法获得洞见）为方法论。换言之，作为本体论，“道”强调主观与客观的对立统一；作为认识论，“阴阳”强调整体、动态、对立统一之平衡；作为方法论，“悟”强调直觉想象，以比喻类推为具体思维方法。

阴阳思维具有三大规律性维度，即整体性、动态性与对立统一性。阴阳思维认为，矛盾的双方可以并且应该永远共存，矛盾不需要在更高层次上通过扬弃加以解决。没有矛盾就没有“道”，没有“阴阳”消长，没有天人同一（既同源同理同构同存）这一世间最为本源的规律。中国智慧哲学思维与西方思维存在根本区别，与黑格尔的辩证法“先分后和”逻辑（both/or logic），与亚里士多德的“非此既彼”逻辑（either/or logic）形成鲜明对比。我们可以将“阴阳”思维称为“相生相克”逻辑（either/and logic）。

阴阳思维三大规律性维度对应的三大操作性维度，第一个是“不对称原理”；第二个是“相互转化原理”；第三个是“非线性原理”。阴阳思维的这三大操作性维度相互包含、相互影响，但也相对独立、各司其职。与阴阳思维三大规律性维度一样，阴阳思维的三大操作性维度也共享统一的主题：即相生相克，因而阴阳平衡。由此可见，“阴阳”思维与现今时髦的“二元论”（ambidexterity）观点具有根本区别。

悟性思维方式是中国传统的核心思维方式之一，与阴阳思维方式及道思维方式并列为中国智慧哲学的三大内容。悟性思维方式是指在思维过程中以直觉为基础，以想象为媒介，用比喻推论手段产生深刻洞见的思维方法，其本质是独具中国特色的一种比喻推论的非概念非逻辑的思维方式。简而言之，悟性思维方式是采用跳跃式联想和比喻获得洞见的直觉想象，其核心内容是区别于感性思维和理性思维的独特意象思维方式和直觉思维方式。悟性思维方式的主要特征有二：与“阴阳”思维的整体观念互补；具有高模棱两可性，因此无法使用概念和逻辑。悟性思维方式与发散思维的想象力有关，悟性思维方式重在通过具体事物，直接比附推论出一个抽象洞见。悟性思维分为顿悟和渐悟两类。

四、中国智慧对现代管理的独特启示

中国企业的组织管理应该而且必须以中国传统哲学与智慧作为运作的底层代码和内在逻辑，而中国传统智慧与管理实践，又是中国本土管理理论建构的最初起点。管理学领域向来是实践走在理论的前面，中国本土管理也不例外。中国当代企业与企业家们对中国传统哲学与智慧的应用，其用力之深、运用之妙、效果与效率之出彩，均非常令人惊讶与敬佩。他们一方面借鉴学习西方的科学管理模式，通过建立完善的制度流程提升效率，另一方面又为企业注入中国传统哲学与智慧，通过中国本土文化基因的激活，更进一步促进企业发展壮大，最终在兼收并蓄东西方长处的基础上，融汇创新，形成独树一帜的管理理念与模式。

海尔的张瑞敏对道家思想推崇备至，他把老子当作教会他战略思维的第一位老师，更是把《道德经》中的“天下万物生于有，有生于无”和“柔弱胜刚强”当作他的座右铭。认为一个企业家首先需要具备哲学家素质的张瑞敏，可以说他自己就是一个地道的道家。“上善若水，水善利万物而不争”，道家崇尚水，“海尔”的企业发展历程就是“水式管理”的典型代表。海尔从创业伊始的水滴，到凝聚为江河，再蓄势成湖海，然后升华为汪洋，最后回归到“人人都是CEO”的水滴。道家水哲学在企业组织中的演化阶段与机制，在海尔的发展征程中得到了生动的演绎。

曾以“狼性文化”和“灰度哲学”引人瞩目的华为，是另一个运用中国传统智慧尤其是道家思想于现代企业管理，并取得大成的让人叹为观止的案例。在企业面临极其严峻的竞争环境，又要实现从中小型企业向大企业跨越式发展的阶段，强调严明甚至冷酷的组织纪律和拼搏精神，应该是所有企业的不二选择，这种“狼性文化”就是中国法家思想的体现。而法家的起源与道家和老子有很深的渊源。《史记·老子韩非列传》认为法家主要创始人物的学说源于老子，法家思想的集大成者韩非子在吸收道家思想基础上，将法、术、势糅合为一并对法治理论系统化。“灰度哲学”则明显具有道家阴阳的思想，“灰”是“不黑不白，黑中有白，白中有黑”，把握好黑白这个“度”，便是阴阳平衡之道。

方太——中国高端厨电领导者，也是践行以儒家思想管理现代企业的领跑者。方太掌门人茅忠群本人曾系统地学习过西方管理学思想，也成功利用西方先进的管理理念和方法，将方太从乙庚传统的家族企业打造成为一家管理严谨的现代企业。但是茅忠群并未止步于西方管理在制度流程上带来的好处，他认识到要实现方太“成为受人尊敬的企业”的愿景，只有强大的企业价值观和文化才是根本。他认为任何企业文化都离不开本土的传统文化，一个业绩突出、发展健康的中国企业，需要中国文化的支撑，尤其是儒家思想的支撑。方太从2008年开始，在茅忠群的带领下引入儒家文化，并在儒家文化中找到了适合方太的价值观。茅忠群本人非常推崇儒家文化，他曾专门学习国学课程，并将所学所思运用到企业管理当中。他将儒家的“仁义礼智信”写进了公司的价值观，号召公司高管以身作则，带动全体员工遵循儒家的道德和行为规范。在儒家“五常”基础上发展出方太的“五法”：廉耻勤勇严。在推行“方太儒道”近十年之后，方太已经通过儒家思想实现了从企业使命、战略、经营策略、管理方法到企业文化的深刻蜕变，儒家“仁义”理念在一家以西方管理为工具的现代企业中得以重现。茅忠群在为方太重新锚定“成为一家伟大的公司”的愿景之后，他给自己的定位是把他所感悟到的中国管理思想传播给更多企业家。

从佛教中找到内心精神寄托的王卫，是民营速运行业翘楚顺丰的创始人。信仰佛教的王卫，他的顺丰王国在组织管理上不可避免带有佛教的色彩。因为佛教信仰的影响，王卫对自身的成就和企业的成功，有着与众不同的理解，他认为“人的成就和本事没有关系，与福报有关系”，“人能决定的只有做事的态度和是否接受正念”。王卫认识到佛教中很多旨在帮助世人树立“正知、正念、正行”的公案故事，具有很好的教益作用，通过这些佛理故事能够给人一个正念，一个积极的人生观、价值观，进而通过接受者的一言一行传播开来。这在王卫看来是比直接授人以鱼、予人钱财，功德更大的事情。他曾写道“企业文化做得好，也具有这样的功能。”

爱好中国武侠小说，并在阿里巴巴公司为自己取花名为“风清扬”的马云，也是中国传统哲学与智慧的爱好者。他兼取儒释道，曾说“在中国古老的文化里面，从太极哲学里面，我感受到了很多有意义的东西。”在他看来阴阳构成的太极，其中蕴含的阴阳、盛衰和变化，贯穿了整个企业运营管理上的哲学。在对传统哲学和智慧长期思索基础上，马云为阿里巴巴提出了一套独特的企业价值观和价值体系，以其感恩和敬畏为价值核心的企业信仰，设计整个公司的所有管理体系。

中国传统哲学与智慧，不仅被中国本土企业运用，在日本的企业中也有很多推崇实践者。日本“经营之圣”稻盛和夫受到王阳明心学的很大影响，日本“经营之神”松下幸之助最推崇老子的管理哲学，在松下公司总部的花园里立有一尊老子的铜像，铜像石座上刻着中文：道可道，非常道。

五、结论

我们必须打破中国本土管理研究缺乏理论构建的窘境，中国智慧哲学则是打破这一窘境的金钥匙。观照当今时代的发展趋势，中国本土管理研究可谓尽得天时地利。目前世界人文社会科学发展中存在两种重要倾向，一是自20世纪70年代以来，西方的社会学、社会心理学、文化人类学等都相继进入了各自的危机阶段，许多西方学者都在对此进行深刻的检讨与反思；二是后现代思潮的涌现，其中一个重要方面是打破工业化给社会带来的单一化和标准化。在这样的背景下，方兴未艾的西方后现代主义和社会建构主义正朝着中国传统哲学方向靠拢，即循着“道”“阴阳”和“悟”的方向前进。

西方思维方式的一大弊端是倾向于建立一个单一排他性的理论体系，而我们最终的理想模式并非同质普适性的模型，而是主位与客位对立统一的整合框架，类似于一个异质同构的马赛克范式。我们特别强调中国本土管理研究应在将中国传统哲学与古为新的基础上，结合中国现代本土管理实践，与西方哲学及管理理论对话，进而构建中国本土管理理论体系，最终形成作为全球管理主要学派之一的中国管理学派，与世界其他重要学派建立相生相克的竞合关系。

成熟的中国本土管理研究可以而且应该应用于有关西方现象的研究，并且影响西方未来管理研究的走向。我们提倡从中国独特的思维视角，提出中国独特的概念和理论，对世界管理发展做出中国独特的重大贡献。我们由衷希望更多的中国学者参与中国本土管理研究，衷心祝愿中国所有学者在中国本土管理研究方面取得优秀的成绩。

［原文发表于《济南大学学报》（社会科学版）2017年第1期］

本土化：中国社会学学科体系、学术体系和话语体系创新的必然路径

张文宏*

毋庸置疑，学科意义上中国社会学的产生和发展是“西学东渐”的产物。从严复介绍斯宾塞的社会进化论算起，中国社会学的历史超过了百年。但是，1953年至1978年，中国社会学被迫取消和中断。从1979年中国社会学恢复重建至今，已经走过了近40年的历程。目前，中国在300余所大学开设社会学及社会工作等本科专业，授予社会学硕士学位的机构达100余所，授予社会学博士学位的机构达23所，独立的专职社会学科研机构约50余所，全国社会学教学科研人员达6000余人①。特别是近40年来，中国社会学者出版了大量的论文、专著、教材、译著，为社会学学科的专业化、规范化和国际化做出了突出的贡献。

作为一门引进学科，无论是在初创时期，还是在恢复重建时期，本土化是中国社会学学科发展必须回答、也必须解决的一个重要问题。我们认为，在构建有中国特色的哲学社会科学学科体系、学术体系和话语体系的

---

* 张文宏，上海大学社会学院院长，长江学者特聘教授，博士生导师。

① 根据教育部社会学类本科教学指导委员会和中国社会学会的相关统计数字估算。

时代背景下，社会学研究的本土化回归或本土化转型，是实现社会学学科体系、学术体系和话语体系创新的不二选择。本文重点讨论如何实现社会学学科建设的本土化。

立足于中国改革开放的伟大实践，讲好“中国故事”，推动中国特色的社会学理论、社会学学派走出去，在国际社会学界乃至社会科学界发挥重大影响力。改革开放30多年以来，中国不仅取得了举世瞩目的经济奇迹，曾经连续10余年GDP保持两位数的增长速度，更于2011年超过日本成为世界第二大经济体，而且在社会、政治、文化、生态文明等领域取得了令世人刮目相看的巨大成就。我国有经济发展的“深圳模式”“浦东模式”“苏南模式”“温州模式”，有社会治理的“沈阳模式”“江汉模式”“上海模式”，有社会资源动员的“北京奥运模式”“上海世博模式”和“杭州G20模式”，但是除了工作经验总结式的研究报告以外，社会学者并没有从理论上和学术上系统地提炼和构建中国特色的经济社会学理论、制度社会学理论、社会治理理论及社会资源理论，为数不多的有关中国发展模式的讨论也多是用西方的理论来解释中国的现实，没有形成对世界社会学界产生重大影响的理论成果。

只有立足于中国改革开放的伟大实践，通过扎扎实实的田野调查，收集第一手的实证资料，才能总结出创造中国经济和社会发展世界奇迹的中国道路、中国模式和中国经验，在此基础上形成分析中国经济社会发展的本土中国学派，与西方的主流理论平等对话。郑杭生先生认为，所谓社会学的本土化，从本质上说，就是要求中国社会学能正确地描述和解释中国的社会现实，预测社会发展的前景，从而指导社会学的发展，其标志是由中国特色的社会学理论和方法的形成[①]。用独创的中国理论和中国学派讲述中国故事，而不是用中国的资料印证西方学者的理论和研究发现。唯有如

① 郑杭生、李迎生:《中国社会学史新编》，北京：高等教育出版社，2007年版，第280页。

此，才能使中国特色的社会学理论对世界社会学的学术发展和理论发展作出真正的贡献，才能在世界社会学学术舞台上掌握话语权。

坚持继承与创新相结合的视野，建设有中国特色的社会学学科体系、学术体系和话语体系。建设中国特色的以马克思主义为指导的社会学学科体系、学术体系和话语体系，第一，应该重视对优秀的中国传统社会思想的挖掘、传承和再建构，从中国传统社会思想中汲取灵感、养分和精髓。正如有学者指出，在中国社会学学科话语体系中，存在着“西风尽吹”而“中学边缘化”的现象。即在中国社会学理论和社会现象的经验研究中，不是从真实具体的中国传统思想理论出发，而是以西方理论裁剪中国社会的经验，盲目崇洋，对本土思想文化缺少深刻的省察。在研究之先，即将西方理论看作一种公理，从而使其研究失去了自主性，将复杂的社会现象变成了一种简单的验证式研究。另外，虽然国内多数大学社会学系的课程体系中设有中国社会思想史和中国社会学史的课程，但是在实际操作过程中这些本土课程并没有被设为专业必修课和主干课，处于边缘化的地位[①]。因此，注重从老子、孔子、庄子、孟子、荀子、韩非子、董仲舒、王充、何晏、王弼、韩愈、周敦颐、程颢、程颐、朱熹、陆九渊、王守仁、李贽、黄宗羲、顾炎武、王夫之、康有为、梁启超、严复、孙中山、鲁迅[②]等一大批中国传统思想大家的论著中挖掘关于社会秩序、社会结构、社会互动、社会治理的经典论述，是社会学学科本土化的重要基础。

第二，加强对20世纪30—40年代社会学家的本土社会学思想的研究。1949年前潘光旦的社会生物学理论，孙本文、吴泽霖、胡鉴民的社会心理学理论，孙本文、黄凌霜、陈序经、吴文藻等人的文化理论，李大钊、瞿秋白、李达、许德珩等人的马克思主义理论以及在此基础上形成的梁漱溟、

---

① 田毅鹏：《社会学学科话语体系构建中“中西贯通”问题》，《社会学评论》，2017年第2期。

② 习近平：《在哲学社会科学工作座谈会上的讲话》，《人民日报》，2016年5月19日。

晏阳初、李景汉的乡村建设学派，孙本文、朱亦松、龙冠海的综合学派，吴文藻、费孝通、林耀华的社区学派，李大钊等人的马克思主义学派，以毛泽东为代表的中国共产党人在解放区进行的农村调查、杨翰笙在国统区进行的农村调查等，在早期社会学中国化或本土化过程中产生了重要的影响[①]。当时的中国社会学出现了许多大师和杰作，比如潘光旦的《优生与文化》和《优生原理》、吴泽霖的《社会约制》、李景汉的《定县社会概况调查》、梁漱溟的《乡村建设理论》、林耀华的《金翼》、费孝通的《江村经济》和《乡土中国》、杨庆堃的《中国社会中的宗教》、杨懋春的《一个中国村庄：山东台头》等[②]，当时的中国被誉为生机勃勃的社会学活动的中心，被认为在思想质量上除北美和西欧之外的世界上最繁荣的社会学所在地。

第三，必须在对西方哲学社会科学主流的思潮、概念、理论、模型、研究方法、学术传统进行分析、批判的基础上对其精华予以借鉴和吸收，对其糟粕进行扬弃与批判。社会学作为舶来品，在中国社会学学科初创时期和恢复重建过程中，西方社会学的理论和方法无疑对中国社会学者产生了重大的影响，特别在20世纪90年代以前，对于西方社会学理论和研究方法的介绍和评价，曾经作为主流社会学期刊乃至综合性社会科学期刊的固定栏目，为中国社会学学科的创立、恢复和发展作出了重要的贡献。在学科引进和恢复重建的阶段，学习和借鉴西方社会学的理论、概念、模型、研究范式、研究方法是必要的，但是，如果盲目地不加批判、不加分析地照搬照抄西方的理论与方法，则永远不能摆脱中国在国际社会学的边缘地位。以至于多数国内社会学专业博士和硕士论文的理论框架多数以西方的某种宏观理论或中层理论为参照，写作格式也完全以西方社会科学的洋八股为蓝本。中国台湾著名学者杨国枢对20世纪台湾学术界的评价在某种程

---

① 郑杭生、李迎生：《中国社会学史新编》，北京：高等教育出版社，2007年版，第101—174页。

② 李培林、渠敬东：《20世纪上半叶中国社会学学术史》，载李培林、渠敬东、杨雅彬主编：《中国社会学经典导读》(上卷)，北京：社会科学文献出版社，2009年版，第1—82页。

度上也适用于中国大陆的境况。杨国枢认为，二战以后，台湾长期处于国际政治与经济网络的边缘地位，时常受到来自欧美国家的一面倒的影响。在这种世界秩序的局限下，台湾的学术一致陷于无可抗拒的入超的困境，学术界沦为西方学术的“消费者”，甚至成为后者的附庸。这种情形，在社会及行为科学界特别明显。在过去三四十年（1947—1987），在台湾成长的社会及行为科学的研究者，大都是以学习与吸收欧美核心国家的学术为能事。经过长期的“学术洗脑”，社会及行为科学逐渐失去了思辨的能力与信心，对欧美的学者萌生了不移的权威崇拜，使此间的学者长期不加批判地采用西方理论与方法，在学术研究上难有重大的突破与贡献[①]。

因此，只有通过对西方社会学的概念、范式、理论和方法的批判、质疑及反思，结合中国社会的现实，才能创造出与西方理论和方法对话的有中国特色的社会学学科体系、学术体系和话语体系，才能够在更高的层次上完成新的综合，将历史与现实、中国与世界、东方与西方连接起来。

创建与西方并驾齐驱的社会学学科评价和学术评价体系。改革开放以来，西方的社会科学学术与学科评价体系对国内的社会科学学科发展发挥了重要的积极影响，特别是在经济学、政治学、法学、社会学、管理学等社会科学学科的专业化和规范化发展方面，其影响尤为显著而突出。国内也将西方社会科学的一些指标和评价标准作为学科评价和学术评价的关键指标。获得学界和学者认同的学科评价和学术评价指标体系是社会科学发展的风向标。对于国内社会科学特别是社会学学术和学科发展水平的评价，必须在借鉴西方评价指标和评价体系的基础上，构建适合中国社会学现状和未来发展趋势的学术和学科评价指标与评价体系，逐渐形成与西方评价指标并驾齐驱的“中国标准”，特别是在主要研究中国问题的中国学领域，中国特色的社会学学科和学术评价体系应该也必须在世界范围内发挥引领作用。社会学学科和学术评价的“中国标准”不仅应用于对中国社会学学术

① 杨国枢：《中国人的心理》，台北：桂冠图书公司，1987年版，第5页。

机构和社会学学者的评价，也应该用于对国际上中国问题、中国学研究机构及其学者的评判。

抓住大数据时代的契机，在世界范围内提出独创性的分析方法和理论，引领国际社会学学科发展的方向。随着互联网等信息技术的发展，海量信息数据呈现出爆炸式增长。许多顶尖的国内外自然科学家和社会科学家都预言，大数据将颠覆传统的理论和研究方法，带来社会科学的革命。大数据时代有几个特征：（1）数据量大。大数据的起始计量单位至少是P（1000个T）、E（100万个T）或Z（10亿个T）。2016年底，中国网民规模达到7.3亿。由互联网应用所产生的大数据规模也是全世界首屈一指的。（2）类型繁多。包括网络日志、音频、视频、图片、地理位置信息等等，多类型的数据对数据的处理能力提出了更高的要求。（3）价值密度低。如随着物联网的广泛应用，信息感知无处不在，信息海量，但价值密度较低，如何通过强大的机器算法更迅速地完成数据的价值“提纯”，是大数据时代亟待解决的难题。（4）速度快、时效高。处理速度快，时效性要求高。这是大数据区分于传统数据挖掘最显著的特征。

但是，国内外关于大数据科学领域的应用目前主要集中于资料的收集和储存方面，对于用什么方法分析这些海量数据，用什么理论解释互联网世界的社会秩序、社会规范、社会角色、社会结构、社会互动、社会分层与社会不平等这些社会学的经典问题，国内外处在同一起跑线上。因此，通过我国社会学与其他社会科学、自然科学工作者的协同创新和联合攻关，有可能提出独创性和原创性的分析方法、研究范式、理论体系和国际标准，在全球范围内领跑。

［原文发表于《济南大学学报》（社会科学版）2017年第3期，《中国社会科学文摘》2017年第10期全文转载］

反思与超越：中国本土管理研究的道路自信与价值诉求

谢永珍*

自泰勒的科学管理理论诞生至今，在百余年的发展过程中，管理理论由科学管理、行为管理、丛林管理等现代管理理论走向后现代管理理论，管理理论的主要贡献者均为欧美日等国的学者。部分中国学者一直在探究中国管理理论，并为此而做出了贡献，但在世界管理理论知识体系中的贡献及其国际话语权依然微乎其微。另一方面，中国管理实践的发展，促使人们更加关注管理理论的研究，并力图使理论研究成果对管理实践具有更合理的诠释。然而，作为一门实践性很强的学科，尽管近年来中国管理研究成果舳舻相继，但能够对管理实践带来指导价值的成果却寥寥可数。究其原因在于：既有管理知识体系建立在西方发达国家的理论基础上，与我国管理情景方枘圆凿。除此之外，管理研究的实证范式的泛滥与世俗化、崇洋媚外的学术考核、学术期刊对管理科学性的过度关注等与管理学科自身属性不符都是导致我国管理学研究抱枝拾叶的根源所在。

管理学科的社会属性决定了它与自然科学的明显不同，管理思想以及

* 谢永珍，山东大学企业管理研究所所长，山东大学管理学院教授，博士生导师。

管理行为与价值传统以及政治制度密切相关，在一个开放的环境下，由于子组织系统以及外部环境的复杂性，使得建立普遍的规律与因果法则成为不可能。由于管理的本质涉及价值理性，而实证主义范式很难理解和评价这种价值观本身的历史及其变化（吕力，2011）[①]。构建本土管理理论，不仅是对既有管理研究科学主义泛滥与世俗化以及管理理论的普适性的深刻反思，也是探索真理、践行世界管理理论知识构建的责任、提升中国学者国际影响力及指导中国管理实践的需要，是大国崛起的必然选择与历史使命。本土管理研究一直是30年来中国管理学界高度关注并希望得到有效解决的问题，但尚未得以有效解决（谭力文，2015）[②]。

一、科学理性与泛实证范式的反思与超越

西方管理理论始于泰勒的科学管理，之后发展为行为管理理论、丛林管理理论等现代管理理论与后现代管理理论。信息技术的采用、环境的不确定性以及科学哲学、社会学、心理学、人类文化学等在管理实践中的应用，基于确定的、精密算计的、理性的科学管理受到了知识管理、组织学习等后现代管理理论的挑战。

20世纪初，泰勒采用实验研究的方法，提出了科学管理理论。泰勒将“管理工作”的任务仅仅视为“提升效率”。为此，泰勒强调劳动分工，对时间与动作进行研究，科学挑选工人，并按照科学方法培训员工，实现工具与流程的标准化，实行有差别的计件工资制度，发明“职能工长”，实现管理与工作的分离等。泰勒的科学管理原理（泰勒，1911）用科学精神取代传统的经验和个人权威，对降低成本、提高效率带来了显著影响。正如泰勒所言：“我深信，这些原理必将为整个文明世界所普遍采用，采用得越

---

① 吕力：《管理学的元问题与管理哲学——也谈〈出路与展望：直面中国管理实践〉的逻辑瑕疵》，《管理学报》，2011年第4期。

② 谭力文、宋晟欣：《管理学本土化问题研究的分析与再思考》，《管理学报》，2015年第7期。

早，造福于全体人民就越大。"[1]泰勒的科学管理迅速传播并得到了欧亚等地企业的高度重视[2]。尽管科学管理强调用科学的方法改进工作，和谐劳资关系，但是过于关注于"物"的因素以及"经济人"的假设使效率的改善受到了瓶颈制约。科学管理之后，关注于"人"的行为管理理论产生。梅奥在美国的西屋电气工厂进行实验研究，以验证环境的改变对效率改善的影响。研究发现，组织中存在着"非正式组织"以及人是"社会人"，从而突破了泰勒对"经济人"的假设。行为管理理论克服了科学管理对于人性的忽视，特别关注人的需要与行为动机以及个人与组织间的关系，以期通过创造良好的组织环境，改善组织的效率。届时，西方管理理论呈现"科学主义"与"人本主义"共存的特征。梅奥、马斯洛、奥尔德弗、赫茨伯格、麦格雷戈等都对此作出了重要的贡献。管理环境的变化，使得既有管理理论难以满足现实管理的需要，促使学者们进行理论创新，管理理论进入丛林状态。孔茨分别于1961年以及1980年两次对管理丛林状态的研究发现，管理学派由60年代的六大学派（孔茨，1961）发展为80年代的11个（孔茨，1980）学派[3]。不同学派的管理理论纷至登场，以不同的视角与方法，诠释组织的管理行为。其中管理丛林中的决策学派以及管理科学学派特别强调管理的科学性，将数学与计算机应用于管理中，以期得到有关计划、组织、领导以及控制等管理决策过程的最优解。

20世纪80年代受托马斯·库恩等的"理论先于观察"以及"观察渗透理论"即理论与经验的双向互动等观点的影响，后现代主义科学哲学思想、耗散结构、超循环以及混沌理论等被应用于管理中，基于简单的、理性的传统科学管理理论受到了严峻挑战，管理理论被重构。学习型组织、知识管理等后现代管理理论兴起。后现代管理理论否定管理的完全

---

① 泰勒·F. W:《科学管理原理》，马风才译，北京：机械工业出版社，2007年版。

② PECIA. Taylorism in the Socialism that Really Existed, Organization, 2009,16(2)289-301.

③ Harold Koontz. The Management Theory of Jungle Revised, Academy of Management Journal, 1980,5(2):175-187.

理性、管理的普遍性以及管理的主流实证方法（罗珉，2005）[①]，不确定性、自主性、参与性以及直觉与悟性等对组织成员的影响受到高度关注。科学与人文的有机融合以及整合理性与直觉的系统思考成为后现代管理的显著特征。

管理理论是管理实践经验的概括，西方管理由理性的科学管理向不确定性、自主性与参与性的后现代管理的嬗变昭示了管理学是一个不断演化发展的社会科学，它无法像自然科学那样秉承一贯的原理与原则，没有一个理论能够成为终极（罗珉，2003）。管理学等社会科学后现代管理理论对理性科学管理的超越，不仅是对后工业社会管理实践对管理理论创新的回应，也是一场认识论的革命。

从管理情景的角度来看，管理不只是一门学问，还是一种"文化"，它根植于一种文化、一种价值传统、习惯和信念之中，根植于政府制度和政治制度之中（德鲁克，1997）[②]。中国管理的哲学思维、人文精神、社会制度等与西方有霄壤之别，情境是本土化管理研究的关键因素（徐淑英，2008）[③]。"管理思想根植于一个国家的社会组织和民族文化之中，因此管理研究必须本土化"（郭重庆，2008）[④]。但"与国际接轨"的感召、僵化的学术考核制度，如A刊、B刊、SCI、SSCI、EI、CSSCI等，使主流学者趋之若鹜地按照北美范式、采用实证研究方法对西方管理理论在中国企业进行验证。在"国际化、规范化、实证化"的学术标尺下，中国管理学术研究的论文数量不断被刷新，却不见"灿烂的音符"。部分学者开始对这一现象进行质疑与反思管理学界存在"两张皮""自娱自乐""吃别人嚼过的馍"等

① 罗珉：《后现代管理理论辩析》，《管理科学》，2005年第2期。

② ［美］彼得·德鲁克：《管理：任务、责任和实践》，孙耀君等译，北京：中国社会科学出版社，1997年版，第5页。

③ 徐淑英、欧怡：《科学过程与研究设计》；陈晓萍、徐淑英、樊景立：《组织与管理研究的实证方法》，北京：北京大学出版社，2008年版，第29页。

④ 郭重庆：《中国管理学界的社会责任与历史使命》，《管理学报》，2008年第3期。

种种弊端(郭重庆,2008)[①]、"一些实证研究是用各种表格和数据填满自己的文章,似乎持有数据就获得了真理和解决方案""拎着榔头找钉子"(谭劲松,2008)[②]、"缺乏先进的科学方法训练""缺乏对科学目标的理解""将科研的目标视为发表论文""生吞活剥地采用西方理论,忽视中国管理的历史根源和现时状态"等(徐淑英,2009)[③]。针对这些问题,席酉民呼吁"学术界的当务之急是推进一场深刻的变革""回归到管理学术的根本追求""发展直觉与洞见""为管理知识的增进有所贡献"(席酉民,2010)[④]。韩巍与赵向阳提出"非科学性让管理研究变得更好"的观点,主张以诠释主义作为替代性的研究进路(韩巍,赵向阳,2017)[⑤]。对既有西方科学理性以及泛实证研究范式的反思与超越还在进行中,人性、心智、感知、信念等非理性因素对组织行为的影响备受关注,研究方法呈现实证研究、质性研究等多元方法的有机结合。

二、本土管理研究的道路自信

本土管理研究不仅是践行对世界管理理论知识贡献的责任、争夺管理理论研究话语权以及指导中国管理实践从而实现大国崛起的需要,也具有丰厚的文化与哲学底蕴、强有力的期刊支持以及负有责任意识的学者参与,因此,具有充分的道路自信。

(一)丰厚的文化与哲学底蕴

管理"既是文化环境的一个过程,也是文化环境的产物"(德鲁克,

---

① 郭重庆:《中国管理学界的社会责任与历史使命》,《管理学报》,2008年第3期。

② 谭劲松:《关于管理研究及其理论和方法的讨论》,《管理科学学报》,2008年第2期。

③ TSUIAS. AutonomyofInquiry: ShapingtheFutureofEmergingScientificCommunities. Management and Organization Review, 2009,5(1):1-14.

④ 席酉民等:《中国管理学界的困境和出路:本土化领导研究思考的启示》,《管理学报》,2010年第2期。

⑤ 韩巍、赵向阳:《"非科学性"让管理研究变得更好:"蔡玉麟质疑"继续中》,《管理学报》,2017年第2期。

1998)[①]，离开了文化的科学与艺术的管理就失去了生命力。管理学主流的"实证研究"范式只能获得"支离破碎"的研究成果，具有后现代智慧的"阴/阳"本土思维，可以发展出"有机论"的中国科学，从而矫正"机械论"科学的不足（黄光国，2013）[②]。"用中国的文化来理解当代中国的管理实践是构建本土理论的尚佳方法"（徐淑英，吕力，2015）[③]。

中国丰厚的文化与哲学底蕴，为本土管理理论的开发，提供了信念的支撑。

阴阳之道的辩证思维、天人合一的天人之学、和合的价值追求、宽严适度的管理原则、易简不繁的简约之美是管理理论研究与指导管理实践的智慧源泉。"周易是迄今为止将环境的'复杂性'和'可认识性'结合得最好的理论之一"，"易学管理理论既是独特的，又是普适与共通的。中西互释是建立管理学中国学派、发展中国管理学术的唯一途径"（吕力，2013）[④]。

《道德经》是中国传统文化与哲学精髓的体现。以"道""阴阳""悟"为核心内容的中国传统哲学是关乎智慧的哲学（李平，2013）[⑤]，老子利用阴阳思维诠释万物起源及其发展变化的规律，整体性、动态性与对立统一性以及"为道日损"的修炼正是管理研究者寻求突破性创新的理念基础。贾良定等提出3阶段9步骤的理论创新过程即个体层面的学习过程（思考：体验—搜寻—表达）到团体层面的学习（整合：讨论—说服—合理化）再到社

① ［美］彼得·德鲁克：《后资本主义社会》，张星岩译，上海：上海译文出版社，1998年版，第48页。

② 黄光国：《"主/客对立"与"天人合一"：管理学研究中的后现代智慧》，《管理学报》，2013年第10期。

③ 徐淑英、吕力：《中国本土管理研究的理论与实践问题：对徐淑英的访谈》，《管理学报》，2015年第3期。

④ 吕力：《易学管理理论与管理学中国学派：基于管理与环境视角》，《管理学报》，2013年第8期。

⑤ 李平：《中国本土管理研究与中国传统哲学》，《管理学报》，2013年第9期。

区层面的学习（辩证：体验—完善—规范）（贾良定等，2015）[①]正是道家思想的“悟”的充分体现。因此，根植于中国深厚的文化传统与管理实践的本土管理研究将富有生生不息的力量。

（二）国内顶级期刊的平台支持

本土理论的开发不仅需要学者们的个体创新，还需要平台的支持与推介。表1以及图1显示，以“本土管理”“东方管理”以及“中国式管理”作为主题词的相关文献，自2001—2016年16年间呈现了快速的增长。以“东方管理”为主题的本土管理研究起步较早，在样本年度内呈正态分布的倒U型变化趋势，2009年达到最高峰，共有70篇文献发表；“中国式管理”为主题的研究则起步相对较晚，2003年才开始并有2篇文献发表，在2001—2016年度内呈正态分布的倒U型变化趋势，2008—2011期间持续发表文献数量较多，共发表89篇文献；“本土管理”为主题的研究起步较早，样本年度内呈现先逐年快速增长后再缓慢下降的趋势，2014年发表文献数量最高，共发表100篇文献。

表1　2001—2016年中国本土管理研究的文献

年度	本土管理	东方管理	中国式管理	本土管理+东方管理+中国式管理
2001	1	3	0	4
2002	1	4	0	5
2003	0	2	2	4
2004	1	2	1	4
2005	1	2	7	10
2006	1	2	7	10
2007	2	4	6	12
2008	1	5	11	17
2009	7	13	11	31

① 贾良定、尤树洋、刘德鹏、郑祎、李珏兴：《构建中国管理学理论自信之路——从个体、团队到学术社区的跨层次对话过程理论》，《管理世界》，2015年第1期。

（续表）

年度	本土管理	东方管理	中国式管理	本土管理+东方管理+中国式管理
2010	8	7	10	25
2011	10	9	11	30
2012	14	6	8	28
2013	13	3	5	21
2014	16	2	4	22
2015	12	5	3	20
2016	12	1	3	16
合计	100	70	89	259

数据来源：中国知网，搜索主题词：本土管理；东方管理；中国式管理
期刊类型：SCI，EI，CSSCI

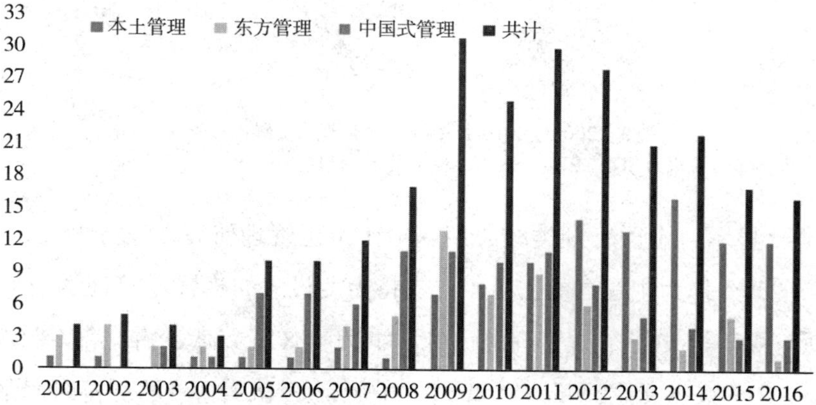

图1　2001—2016本土化研究文献变化趋势及其比较

总之，观察16年间有关中国本土管理的研究趋势可以发现，“东方管理”与“中国式管理”的相关文献在初期学者的引发下，文献数量快速增长，之后则逐年下降，而以“本土管理”为主题词的文献则不仅文献数量最多并且还将持续得到充分的关注。“东方管理”以及“中国式管理”文献数量后期持续减少的可能原因在于被更具解释力的“本土管理”替代以及相关研究内涵的探讨、哲学基础、研究范式等基础问题的探索进入具体理论构

建阶段后的难度增大，如具体的某一本土管理理论的开发等研究。也有部分学者对研究的信心不足，也是导致文献数量下降的原因之一。本土管理研究在国际上也具有一定影响力，如徐淑英、李平、陆亚东等，但增强中国管理理论在世界知识体系中的贡献以及强化中国本土管理研究的话语权，依然任重而道远。由于期刊对理论性要求较高，使得实践性较强的文献难以得到刊发，也影响了中国管理理论研究对于实践的指导。

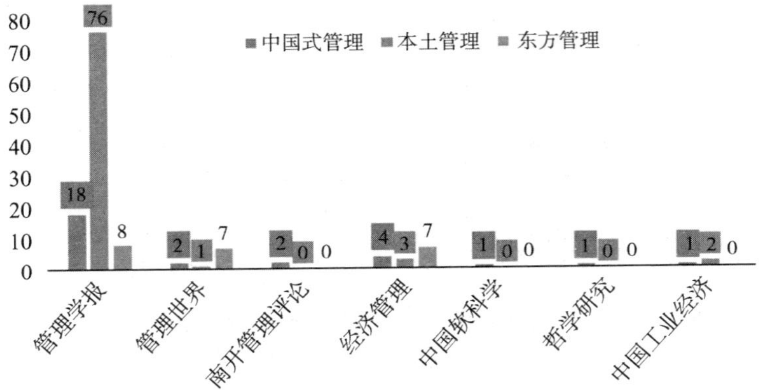

图2　2001—2016主要期刊对本土管理研究的支持

注：期刊层次为SCI，EI，CSSCI，不含其他期刊

图2显示，中国管理类核心期刊给予本土管理研究以充分的支持。以“东方管理”作为主题词的文献中，支持力度最大的当属《管理学报》，自2009年便开始支持东方管理的研究，共发表8篇文献，占全部（CSSCI，SCI，ECI）该类文献总量（73篇）的11%；《经济管理》的支持时间最早，2001年发表了东方管理研究的文献，共发表7篇，占比32%。《管理世界》相对较晚，2013年发表第一篇有关东方管理的文献，共发表7篇，占全部文献发表数量的32%。

以“本土管理”作为主题词的文献中，《管理学报》依然支持力度最高，发表相关文献高达76篇，占全部（CSSCI，SCI，EI）相关文献总量（111篇）、核心期刊全部文献总量的68%，最早发表时间为2008年；位列“本土管理”文献期刊支持第二的是《经济管理》，发表文献3篇；《管理世界》仅于

2011年发表1篇文献，《中国工业经济》发表2篇相关文献。

以“中国式管理”作为主体词的文献中，《管理学报》居第一位，发表18篇相关文献，占全部（CSSCI，SCI，EI）文献总量（94篇）的19%；其次是《经济管理》，发表4篇；再次为《管理世界》及《南开管理评论》，各发表2篇，《哲学研究》《中国软科学》《中国工业经济》分别发表1篇文献。

总之，从对本土化管理研究的期刊支持方面来看，管理类核心期刊的综合支持顺序依次为《管理学报》（106篇）、《经济管理》（14篇）、《管理世界》（10篇）、《中国工业经济》（3篇）、《南开管理评论》（2篇）以及《中国软科学》（1篇）。哲学领域中影响力最强的期刊《哲学研究》也在关注中国式管理，并于2011年发表《管理哲学：中西融合的批判性考察》，从哲学视角给予中国本土管理研究以支持。除上述期刊的支持之外，《外国经济与管理》于2016年12月份专门设立“东方管理”栏目，并成立由20余人组成的编审委员会，为推广本土管理的研究提供了支持平台。

（三）开拓者的引领

部分非主流学者尝试超越“理性与世俗”的思维范式，结合中国文化、制度与管理实践，对本土管理理论进行了探索，并提出了具有典型本土特色的管理理论，如苏东水的东方管理理论（2005）①、席西民（2005）的和谐管理理论②、黄如金（2007）的和合管理理论③等，为本土管理理论的开发作出了贡献。也有部分学者对中国管理本土化研究的关键问题进行了探讨，如李平对中国管理研究的话语权（李平，2010）④、管理本土研究的理念定义及范式设计（李平，2010）⑤以及本土管理哲学基础（李平，2013）⑥等的研

① 苏东水：《东方管理学》，上海：复旦大学出版社，2005年版。
② 席酉民、葛京、韩巍等：《和谐管理理论的意义与价值》，《管理学报》，2005年第4期。
③ 黄如金：《和合管理：探索具有中国特色的管理理论》，《管理学报》，2007年第2期。
④ 李平：《试论中国管理研究的话语权问题》，《管理学报》，2010年第3期。
⑤ 李平：《中国管理本土研究：理念定义及范式设计》，《管理学报》，2010年第5期。
⑥ 李平：《中国本土管理研究与中国传统哲学》，《管理学报》，2013年第9期。

究；贾良定等于2012年构建的情境本位模型，为理论构建的情境化或本土化提供了理论指导（Jia et al.,2012）[①]；黄光国对管理学研究的后现代智慧的探索（黄光国，2013）[②]；徐淑英对中国式管理理论研究学术共同体以及学术制度变革（徐淑英，2009）[③]、中国本土管理研究策略（徐淑英，2011）[④]、商学院价值观与伦理（徐淑英，2016）[⑤]等本土管理理论研究的系统思考；韩巍对中国管理情境、管理新理论的必要性等有关管理本土化学科建构的关键问题（韩巍，2009）[⑥]、中国本土管理研究的哲学基础（韩巍，2016）[⑦]、管理研究的科学性（韩巍，2017）[⑧]等问题的研究等。

探索者的研究为构建中国本土管理理论、增强中国学者对世界管理理论创建的贡献、强化中国管理研究的话语权以及指导中国管理实践作出了很大贡献，尤其是那些在国际上有较强影响力的学者的引领，增强了对本土管理研究的信心，是管理研究本土化道路自信的现实体现。

---

① Jia L. D. , You, S. Y and Du, Y. Z., 2012,"Chinese Context and Theoretical Contributions to Management and Organization Research: A Three-Decade Review" , Management and Organization Review, Vol. 8, pp.173-209.

② 黄光国：《“主客对立”与“天人合一”：管理学研究中的后现代智慧》，《管理学报》，2013年第10期。

③ TSUI A S. Autonomy of Inquiry: Shaping the Future of Emerging Scientific Communities. Management and Organization Review, 2009,5(1):1-14.

④ 徐淑英、张志学：《管理问题与理论建立：开展中国本土管理研究的策略》，《重庆大学学报》（社会科学版），2011年第4期。

⑤ 徐淑英：《商学院的价值观和伦理：做负责任的科学》，《管理学季刊》，2016年第Z1期。

⑥ 韩巍：《管理学在中国——本土化学科建构几个关键问题的探讨》，《管理学报》，2009年第6期。

⑦ 韩巍：《哲学何以在场：中国本土管理研究的视角》，《管理学报》，2014年第6期。

⑧ 韩巍、赵向阳：《“非科学性”让管理研究变得更好：“蔡玉麟质疑”继续中》，《管理学报》，2017年第2期。

三、中国管理研究本土化的价值诉求

本土管理理论研究，在思维方式与研究范式上应基于中国文化与管理实践的情景，突破过于追求科学理性的实证范式。在价值取向上，要树立贡献世界管理知识体系的责任、增强中国学术研究的话语权以及指导管理实践的意识。

（一）贡献世界管理知识体系

学术研究的终极动力是对科学真理的追求，以贡献于世界管理知识体系。本土管理研究，应摒弃仅仅为职称或者职位而研究的功利之心，以正确的科学哲学为指导，直面管理实践，实现西方科学管理与中国传统文化以及管理实践的有机结合，为中华民族复兴作出贡献（郭重庆，2008）[①]。从科学管理产生至今，产生了一系列丰富的理论成果，但中国学者对全球管理知识的贡献微乎其微。中国丰厚的文化底蕴以及改革开放30多年的管理实践，产生了很多优秀的企业，如华为、海尔、格力、联想以及腾讯等知名的华人企业，这些企业的背后闪烁着管理智慧的光芒，亟待本土管理研究者予以开发并发扬光大。

（二）增强国际话语权

本土管理研究者在国际上的话语权是大国崛起软实力的重要体现，本土化是中国学术面对大国崛起这一历史性变化的必然选择（王学典，2017）[②]。根据成立于1936年的美国管理学会（AOM）的统计，截止到2015年2月15日，AOM有17846会员，其中有54%的会员来自美国，而来自北美和欧洲以外的会员仅占18%，其中仅有9%在亚洲设有分支机构。2007年度SSCI收录1962种由40余个国家出版的期刊，其中美国占比将近60%，涉

① 郭重庆：《中国管理学界的社会责任与历史使命》，《管理学报》，2008年第3期。

② 王学典：《本土化是大国学术的必然选择》，《济南大学学报》（社会科学版），2017年第1期。

及中国社会科学的期刊却只有10种，占比仅为0.5%。由此可见，中国学者的学术话语权影响力很低。为了增强国家话语权，中国本土管理研究需变革现有研究范式，实现对原有理论体系的突破。“不仅要参照国际主流的理论构建模式，更需发挥自己的优势，走出独特而有效的困惑驱动式、哲学引导式、分类式、框架式、比较式和隐喻式等6条路径。”（陆亚东，2015）[①]为了丰富中国管理理论、增强本土理论合法性并增强话语权，本土管理理论不仅要反映中国制度与文化的特征以及管理实践，而且需要建立学术对话平台尤其是要加入世界范围内的学术对话体系。徐淑英、陆亚东、李平、贾良定等为此进行了一系列的开创性工作，并卓有成效。

（三）指导本土管理实践

本土理论构建的目的在于能够对本土管理的困境作出富有洞见的诠释，非为理论而理论。管理研究者应“寻找事实或揭示真相，以帮助组织改进绩效”（徐淑英，2009）[②]，“最重要的工作是发展中国本土管理研究，发掘中国管理实践中值得研究的问题，以确保我们的研究产生广泛的社会影响”（徐淑英，吕力，2015）[③]。真正有价值的研究，是使本土管理实践者从事于“有格调、有秩序、有创造，让这个社会更加美好的组织生活”（韩巍，2014）[④]。

本文认为，在管理理论研究长达100多年的发展过程中，以科学理性为主要特征的西方管理理论一直在主导着管理的理论界与实务界，而管理学科的社会属性决定不可能如同自然科学那样存在普遍可适用的管理理论，中国管理理论的构建应当直面中国管理实践，中国文化与哲学、期刊支持

① 陆亚东：《中国管理学理论研究的窘境与未来》，《外国经济与管理》，2015年第3期。

② TSUIAS. Autonomy of Inquiry: Shaping the Future of Emerging Scientific Communities. Management and Organization Review, 2009,5(1):1-14.

③ 徐淑英、吕力：《中国本土管理研究的理论与实践问题：对徐淑英的访谈》，《管理学报》，2015年第3期。

④ 韩巍：《哲学何以在场：中国本土管理研究的视角》，《管理学报》，2014年第6期。

以及开拓者的研究为本土理论的开发提供了道路自信，探索真理、贡献世界知识体系、增强国际话语权以及指导本土管理实践应成为本土管理理论开发的价值诉求。

[原文发表于《济南大学学报》(社会科学版)2017年第3期]

关于社会学话语体系创新的几点思考

张海东*

习近平总书记《在哲学社会科学工作座谈会上的讲话》发表一周年以来，加强哲学社会科学话语体系建设成为学界热议的焦点问题之一。不同学科从各自学科特点出发，对各自学科的发展现状进行了深入反思，对学科话语体系建设提出了非常多的建设性意见和建议。本文仅就社会学学科话语体系建设中的几个问题谈谈个人的看法。

一、摒弃理论上的“炒作主义”

创新社会科学话语体系的大背景是针对当前国内社会科学研究中西方社会科学话语体系一统天下的局面，尤其在解读中国实践、构建中国理论上发不出声音，没有发言权。从学科自身发展的角度而言，社会学发轫于西方，其知识体系的主体是不同世代学术共同体长期积累的结果。没有继承与传承，学术创新也就无从说起，这一点无可厚非。但同时也要看到，源于西方的社会学理论致力于解决的是西方社会发展进程中不同时期所面

* 张海东，上海大学社会学院教授，上海大学上海社会科学调查中心常务副主任。

临的社会发展问题，有些对当今中国实践具有一定解释力，更多的情况是解释力有限。迄今为止，还没有哪一种理论是万能的灵丹妙药，可以解释当今中国社会正在发生的一切，包括马克思主义在运用到中国社会实践中也面临创新和发展的问题。就这一点而言，西方社会学理论对巨变中的中国社会尚不足以提供完备的理论解释。

而在当下的社会学研究中，学界存在的对待西方社会学理论推崇有加的做法确实值得深入反思。渠敬东在《我们有没有只顾西方理论边边角角，却对中国社会随处可见的大问题漠然处之》的讲演中明确指出了社会科学研究中的这种倾向，“配合‘与国际接轨’的浪潮，社会科学不仅在教育和研究上继续贯彻制度移植的方针，在理论和方法上也继续追踪西方最新研究成果，积极主动地坚持思维移植的路线，继续扩大自己的战果。而且与诸人文学科相比，社会科学这方面的特点更为明显，越是最新的理论和方法，就越有学术的合法性和正当性”[①]。其实这种现象的背后是一个研究的导向问题，如果我们坚持问题导向，在对中国经验的解读中，从鲜活的现实问题出发，就不会生搬硬套西方的理论。不过，阅读社会学的学术论文（包括学位论文）还会发现，大量的文章中即使研究的问题是中国的现实问题，在理解解释上还是要用西方的理论来个盖棺论定，仿佛不如此就不具备相应的理论高度，缺乏扎根中国经验的本土理论提炼确实是社会学研究中的一个较为普遍的现象。

当然，很多人在此会质疑并可能提出一个问题，即中国经验的特殊性是否完全游离于其他人类社会样式，特殊到连一些具有普遍解释力的西方理论也不适合解释中国发生的事情？答案是显然并非如此，这里要强调的是不要生搬硬套西方理论的“炒作主义”倾向。摒弃理论上的“炒作主义”不是借口西方社会学理论根植于西方经验就对其全盘否定，人类社会发展

① 渠敬东：《我们有没有只顾西方理论边边角角，却对中国社会随处可见的大问题漠然处之》，转自《社科大师》微信公众号，2017年4月21日。

毕竟有很多共同性，西方社会学的一些理论阐释可以为解释中国社会发展提供借鉴和思路。最重要的是不能将西方理论泛化到社会学研究中去，并作为评判研究质量高低的标准。应该看到，扎根中国经验的本土理论同样具有合法性和正当性。概言之，既符合国情又与国际接轨的学术话语体系应该是创新的目标所在。

二、超越方法上的“操作主义”

在社会学研究方法上，创新社会学话语体系，还要克服方法上的“操作主义”倾向。在社会学量化研究中，基于工具实证主义基础上的统计分析技术和工具越来越成熟、越来越发达，这为社会科学量化研究提供了高效便捷的技术工具，使得很多复杂的模型的建立和运算变得相对简单、易于操作。但与此相伴而生的一个突出现象是社会学研究中的“操作主义”倾向也越来越明显。这里所谓的“操作主义”是指运用统计分析技术对相关数据进行分析但缺乏原创性发现的“八股化”研究倾向，有学者称之为社会科学研究的“麦当劳化”。这种研究倾向“导致了社会科学研究原创性的减少和学术研究装配线上产品的单一化和预定化”[①]。

量化研究作为一种研究方法，主要是通过技术工具来论证研究者提出的理论主张何种程度上成立。好的量化研究中（例如英格尔斯对现代人的研究[②]）工具技术的运用是为了原创性理论的建构，而目前充斥学术期刊的海量量化研究成果距离贡献有影响力的理论创新还有很大差距，多数是对某个西方理论命题在解释中国相应社会现象上的适用性的初级检验。鉴于此，我们应该对量化研究进行反思，不能仅仅满足于模型的漂亮和精致。当然，不精细的量化研究毫无疑问不是社会学研究的追求，但如何超越量化研究

---

① 苏国勋：《抵制社会科学的“麦当劳化”》，《中华读书报》，2004年9月8日。

② 参见英格尔斯：《从传统人到现代人——六个发展中国家的个人变化》，北京：中国人民大学出版社，1992年版；风笑天：《英克尔斯“现代人研究”的方法论启示》，《中国社会科学》，2004年第1期。

中的“操作主义”，贡献更多的原创性发现，应该是更高的学术追求。

笔者无意争论量化研究和质性研究孰优孰劣，毕竟这是一个困难重重的问题。社会学在创立之初在方法论上就存在根本性的分歧。这里要说的是克服量化研究本身的局限性问题。20世纪后半叶古德纳的《西方社会学即将到来的危机》出版后，引发了西方社会学界关于“西方社会学的危机”的争论。争论的一个重要背景就是西方社会学者已经开始思考如何克服实证主义局限的问题，社会学家想方设法克服传统方法的局限，摆脱实证主义至上带来的学科困境。今天我们不能无视这段学科史，不加反思地一味片面强调量化方法的正当性。“中国社会学有必要形成能够紧贴本土快速变化着的社会转型实践的方法论，而这一方法论的构建并不完全排斥源自西方的理论和方法，反而要善于吸收国际前沿的研究工具，并在批判与反思的基础上加以创造性转化和利用，使其能够服务于本土化社会分析，应用于解决中国本土经济社会实践所面临的现实问题”①。

三、加强宏观趋势研究

纵观社会学恢复重建以来的研究，我们可以有一个粗略的判断，即宏观研究显得还不够充分，中观研究比较充实，微观研究十分丰富但碎片化明显。

本文不讨论中观研究和微观研究的问题，这里着重谈谈宏观研究的问题。

如何把握我国社会的总体发展趋势应该是社会学的历史担当，“在当前经济社会发展的新阶段，我国经济社会发展出现了许多新情况、新问题、新趋势，中国社会学应当继续发扬自己的‘中国风格’，有自己的历史担当，深入地调查和研究关系我国中长期发展的重大现实问题，对热点、难

---

① 李友梅：《中国特色社会学学术话语体系构建的若干思考》，《社会学研究》，2016年第5期。

点、焦点问题也要从学理上给予解读和回应”[①]。

虽然社会学回应了我国经济社会发展中的一些重大问题，但是对一些带有趋势性的研究还是基本处于失语状态。例如，对信息社会的研究就显得很不充分。四十多年前，美国社会学家贝尔（Daniel Bell）在《后工业社会的来临》一书中前瞻性地预言了人类社会将进入一个全新的后工业社会，并预言了人类今天生存的图景；三十多年前，美国未来学家奈斯比特（John Naisbitt）在《大趋势》一书中，对我们置身其中的信息社会进行了描绘；二十年前卡斯特尔就在《网络社会的崛起》等系列著作中系统地对信息社会进行了社会学解读。今天的中国社会已经进入信息社会，各种与信息技术有关的新业态对生产方式和生活方式产生了深刻的影响，随之而来的是社会结构也随之发生重大变化。但是，对这些重大变化，中国的社会学研究并没有给予应有的重视，系统深入的研究还不多见。这种对趋势性把握的宏观研究亟待补课，社会学家也要保持学术敏感，捕捉这些新的具有趋势性的问题。再如，1997年IBM“深蓝”（Deep Blue）计算机和2016年的AlphaGO作为人工智能技术发展里程碑是否会导致人工智能社会到来的问题已经受到西方学界的高度关注，但还没有引起我国社会学家的高度关注。以色列历史学家尤瓦尔（Yuval Noah Harari）在《未来简史》中指出，未来生物技术和信息技术的结合将对人类的发展，对未来的商业逻辑，对未来的所有行业，对未来政府与社会的关系都将产生革命性的改变。未来一到两个世纪之内我们所知道的现在的“人类”将会彻底消失，整个世界将会由一些实体来控制，这些实体跟我们人类有所不同。人工智能的普及又将带来巨大的社会变革，给人类社会带来巨大的挑战。例如，机器人和人工智能的应用，必将导致大规模的失业，国外已经有学者预测未来五年将导致15个国家的750万人失业，其中大部分是办公和行政人员；而三十年后，人工智能可以从事人类所有的工作，2045年失业率将达到50%以上。同时，

① 李培林：《中国社会学的历史担当》，《社会学研究》，2016年第5期。

人工智能的广泛应用还将导致社会结构的巨大变革，在此基础上将造成更加复杂的政治、经济、文化等各个领域的巨大的社会变革。尤瓦尔还认为，算法可能会将人类挤出就业市场，财富和权力可能会集中在拥有强大算法的极少数精英手中，人类社会将出现大量“无用的阶级”，出现人类社会前所未有的社会和政治不平等，也许会出现经济不平等向生物不平等的转变，政府和精英对底层失去兴趣等等。

很多人都有一种偏见，认为人文社会学者尤其未来学家不靠谱，但是，事实上，很多研究都准确地预见了人类社会即将发生的重大转型，这些充满洞察力和智慧的远见卓识在当时往往难以令人信服，而今天我们发现这些战略预言是多么准确。

创新社会科学话语体系不是抛开西方学者的研究另起炉灶，而是“要善于提炼标识性概念，打造易于为国际社会所理解和接受的新概念、新范畴、新表述，引导国际学术界展开研究和讨论”[①]。对人类社会发展趋势性的宏观研究应该及早着手，即使做不到先知先觉，作为后知后觉者也要奋起直追，以应对即将到来的社会转变，在这一点上，我国社会学研究中确实还有很多工作要做。

［原文发表于《济南大学学报》（社会科学版）2017年第4期］

① 习近平：《在哲学社会科学工作座谈会上的讲话》，北京：人民出版社，2016年版。

论“差序格局”社会结构下的“大传统”“小传统”与“超传统”

范丽敏*

什么是文化？钱穆《中国文化与中国青年》云：“夫文化不过人生式样之别名，举凡风俗习惯信仰制度，人生所有事皆属之。”①梁漱溟《中国文化要义》云：“文化，就是吾人生活所依靠之一切。”②可见，文化是一个整体概念，其内容可以说涵盖了人类生活的全部，是多方面的。然而这些多方面的内容却并不是杂乱无章的，而是有着自己的“结构”的，即有浅与深、非本质与本质、易变和难变之别。具体说依其浅深、本质与非本质、易变和难变之别，可以分为三个层级：表层文化、中层文化和深层文化。“表层文化”属于看得见、摸得着的文化，如人们日常生活中所使用的器物、服饰等物质文化和衣食住行的方式、风俗、礼节等。表层文化属于文化的

---

* 范丽敏，济南大学文学院教授，硕士生导师。

本文系国家社会科学基金一般项目“孔府档案视域内的乡村职业戏班演替研究”（项目编号：15BZW072）的阶段性成果。

① 钱穆：《中国文化与中国青年》，载钱穆：《文化与教育》，桂林：广西师范大学出版社，2004年版，第1页。

② 梁漱溟：《中国文化要义》，上海：上海人民出版社，2005年版，第6页。

非本质部分，同时也是文化中最容易变化的部分，往往随着科学技术的发展和经济条件的变化而变化，如当下中国人衣食住行的内容和方式已与中国古代截然不同，而与世界接轨。中层文化是指政治制度、法律、宗教、道德、文化艺术样式等等。它也属于文化的非本质部分，也是较易变的，往往随着经济发展和人们生活方式的改变而变化，如当代传统戏剧随着经济模式的改变和人们生活方式的改变而日趋衰落。但是相对而言，其比表层文化稳定，因为其部分地凝结了人们的价值观念和思想意识。深层文化属于看不见、摸不着的文化，指的是人们的价值观念、思想观念和思维方式，属于隐藏或深蕴在人的行为模式背后的“动机”，是深入个人、群体、民族内心深处的东西。它是文化最根本、最核心的部分，也是文化中最不易变化的部分，是“文化的文法”——“‘不可观察’的思维部分”，“例如一个民族的价值观、宇宙观、人观，甚至于逻辑架构等等”，是“一个民族的文化核心”“一个民族文化特性的部分”[①]“认识问题的方法、思维方式、人生态度等”[②]。当代社会，随着经济模式和生活方式的改变，人们的衣着、饮食同世界上其他国家和民族的人们已没有多大差别，然而正是由于这种独特的“文化的文法”的存在，中国人还是中国人，而没有变成日本人、美国人或其他任何一个国家的人。

① 李亦园：“我认为所谓客观文化特质，不应该只限定于那些可以看得见的特质，如语言、服饰、风俗习惯以至于体质特征等，我觉得把‘文化’限定在这些‘可观察’的特质是误解了‘文化’，‘文化’应该也包括很多看不见、‘不可观察’的思维部分，或者就是人类学家所说的‘文化的文法’那一部分，例如一个民族的价值观、宇宙观、人观，甚至于逻辑架构等等。这些抽象不可观察的文化特质经常是较难变化的，却也是一个民族的文化核心，实在是不可忽略的。……那些内在思维的深层文化结构难道不是文化研究者客观分析，并且认定是一个民族文化特性的部分吗？”（费孝通，李亦园：《中国文化与新世纪的社会学人类学——费孝通、李亦园对话录》（1998.6.28），载费孝通：《文化的生与死》，上海：上海人民出版社，2009年版，第127页。）

② 费孝通：《试谈扩展社会学的传统界限》：“文化的历史性是广义的，不仅具体的知识和技能是在历史长河中积累传承的，更深层、更抽象的很多东西，比如认识问题的方法、思维方式、人生态度等，也同样是随文化传承的。”（费孝通：《试谈扩展社会学的传统界限》，《文化的生与死》，上海：上海人民出版社，2009年版，第243—244页。）

本文所说的“大传统”“小传统”“超传统”都属于“深层文化”“文化的文法”，是文化中最难变的部分，本文称之为“文化精神”。

文化的地位若何？钱穆《中国文化传统之演进》云：“如果一个国家民族没有了文化，那就等于没有了生命。”[①]如此，深层文化就应是一个国家和民族生命之生命了。下面本文就对属于深层文化的“大传统”“小传统”和“超传统”也就是中华民族文化精神的内涵、根源及未来的发展方向作具体阐释。

一、“大传统”“小传统”与“超传统”的概念梳理及含义

“大传统”“小传统”的概念是美国人类学家罗伯特·雷德菲尔德（Robert Redfield，1897—1958）（台湾人类学家李亦园翻译为芮斐德）于20世纪60年代所提出的一对概念。罗伯特在20世纪上半叶对墨西哥南部尤卡坦进行了长达十几年的人类学考察，于1956年出版《乡民社会与文化：一位人类学家对文明之研究》（Peasant Society and Culture：An Anthropological Approach to Civilization）一书，提出了“大传统”与“小传统”（Great Tradition and Little Tradition）的概念，用以指社会空间内部存在的两个不同层次的文化传统。对于雷德菲尔德的“大传统”与“小传统”的含义，各家翻译大致相同。“所谓大传统是指一个社会里上层的士绅、知识分子所代表的文化，这多半是经由学者、思想家、宗教家反省深思（reflective）所产生的精英文化（refined culture）；而相对的，小传统则是指一般社会大众，特别是乡民（peasant）或俗民（folk）所代表的生活文化。”[②]“大传统指代表着国家与权力、由城镇的知识阶级所掌控的书写的文化传统；小传统则指代表乡村的，由乡民通过口传等方式传承的大众文化传统。”[③]“所谓大传统，

---

① 钱穆：《中国文化传统之演进》，《国史新论》，北京：生活·读书·新知三联书店，2005年版，第307页。

② 李亦园：《“泉州学”的新视野》，《泉州师专学报》，2000年第1期。

③ 叶舒宪：《探寻中国文化的大传统四重证据法与人文创新》，《社会科学家》，2011年第11期。

是指都市上层阶级以及知识分子的以文字记载的文化，小传统主要是在小规模共同体，特别是乡村中通过口头传承的文化。”①

综合以上各家翻译，可见出大、小传统有以下内涵与区别：

传统主体或云践履者的身份不同——城镇上层的士绅、知识分子（大传统），乡民（小传统）；

性质不同——精英文化（大传统），生活文化（小传统）；

传承的方式不同——文字记载（大传统），口头（小传统）。

然而，笔者以为以上只是对大、小传统进行了外围式描述，并没有具体指出大、小传统的“真正含义”即“内核”是什么，而“内核”才是决定一事物是该事物而非他事物的根本所在，而且以上分类标准也并不符合中国古代文化精神的实际情况。

首先在古代中国并不存在以社会身份划分的“文化精神”，即城镇上层的士绅拥有的是“大传统”，而乡民拥有的则是小传统；也不存在以受教育与否或受教育程度划分的“文化精神”，即受过正统教育的知识分子是大传统的拥有者，而未受过正统教育的乡民则是小传统的拥有者。以《儒林外史》为例，南昌府知府王惠（第七、八回）、广东高要县县令汤奉（第四回）、广东高要县“缙绅”严贡生（第四、五、六回）不仅是城镇上层的士绅，而且也是受过相当教育的知识分子，然而他们却并不是大传统的主体，而是小传统而且是小传统中自私市侩精神的主体，《红楼梦》中的贾雨村也是如此；相反，那些没有受过多少教育甚至是不识字的乡民、普通百姓倒有可能是大传统的主体，如南戏《琵琶记》中的乡村贫妇赵五娘孝事公婆、忠于丈夫，明代拟话本《杜十娘怒沉百宝箱》中的杜十娘虽妓女出身，却自尊、刚强，节烈无比，清代长篇章回小说《歧路灯》中的谭家老仆王忠具有对主家忠心耿耿、舍己为人的品格，感人至深。可见，大、小传统和人们的身份地位和所受教育并无对应关系。

① 张荣华：《文化史研究中的大、小传统关系论》，《复旦学报》，2007年第1期。

其次，大、小传统虽然在正面价值上有所区别，但都没有跳出大众文化精神的范畴，也就是说都没有达到精英文化的层次，大传统从其精神内核说，只是一种农业社会、“差序格局”社会结构下的以主流意识形态形式呈现的文化精神，但主流不等于精英。只有超传统才属于精英文化。

再次，笔者以为以大小传统的传承方式——文字记载还是口头传播对大小传统予以区分亦不科学。这是因为大传统也有以口头形式传播的，如说书场上、戏剧舞台上对忠孝节义的歌颂，小传统也有书本传播的，只不过不是以经籍的面目而是以通俗文学的面目出现的，如《水浒传》《金瓶梅》等文学作品。传承方式的不同亦不是大小传统区别的根本所在。

笔者在全面考察中国传统文化精神的基础上，在充分理解中西方对大小传统定义的基础上，认为从“内核”或曰精神实质来考察大小传统进而超传统的含义较为科学。根据中国传统文化精神的实际，笔者以为，大传统应是处理家族内部或者说“圈子”内部人与人之间关系的一种文化精神，正面的为忠孝节义，负面的为愚忠、愚孝、愚节、愚义。因为家族是古代中国国家和社会的基本组织，因此这种文化精神是古代社会的主流价值观。需要说明的是，这种文化精神从表面看去是“为他”的，富有奉献精神和牺牲精神的，然而这个“他”却并不是全社会所有人都可以成为的那个“他”，而是有着特定所指的、家族或类家族式团体内部与“自己”有着私人关系如父母子女公媳夫妻朋友等关系的“他”。小传统是指一种处理“圈子”与“圈子”之间关系的文化精神，正面的为讲究诚信、公正、睿智和社会义气，负面的为极端的利己主义和市侩主义。这种文化精神主要是“为己”的，由于其负面性质较为明显，所以虽然奉行的人不在少数，但是却不为国家和社会所提倡。笔者还认为中国的传统文化精神不止“大传统”与“小传统”两种，还包括“超传统”。超传统是指一种为少数精英文人所具有的哲学文化精神，表现为从人性的角度出发，对人的价值、国家与民族命运的思考和探索，带有人文主义萌芽之色彩。这种文化精神不仅超出了“为己”的小传统，也超出了“为他”的大传统，具有人类甚至超人类视野，是一种一般社会成员所“梦想”不到的价值观①。

总之，本文以为大传统、小传统与超传统三者的区别并不在于践履者身份地位、受教育与否、性质和传承方式的区别，而在于其“内核”即精神实质的差别。那么形成三种文化传统及其区别的根源在哪里？

二、大传统、小传统和超传统形成的根源——“差序格局”的社会结构

对于学术研究而言，对事物的认识不应止于对事物本体做概念上的提炼、概括，还应找到成就事物的根源所在。就本文所讨论的问题而言，对于大传统、小传统与超传统形成的根源，研究界一直少有探讨。从本文的第一部分可看出，前此的研究者只是对大小传统的外在形式或曰表现之不同进行了分析，并没有对形成其的根源进行深入挖掘。笔者认为大、小、超传统作为中国人的文化精神，与当时的社会结构有着直接的关系，因此我们应当从社会结构入手去探寻其根源。这应是较为科学和切实的办法。

中国古代的社会结构如何？

依据历史学、哲学和社会学等的研究成果，古代中国是一个农业型的国家，农业的基本生产资料是土地，而土地是不可搬移的，因此，围绕着一块块固定的土地便形成了一个个犹如土地般固定的聚居群体。这种聚居群体以血缘关系为基础，由父子兄弟构成并扩而大之，我们称之为“家族”。古代中国就是由千千万万个这样的家族为基本单位所构成的。梁漱溟先生《中国文化要义》云：“旧日中国之政治构造，比国君为大宗子，称地方官为父母，视一国如一大家庭。”②张东荪《理性与民主》亦云：“我常说中国的社会组织是一个大家庭而套着多层的无数小家庭。可以说是一个‘家庭的层系’（a

① 参见范丽敏：《论中国古代戏曲与小说的三种文化精神》，《西北农林科技大学学报》（社会科学版），2011年第4期。

② 梁漱溟：《中国文化要义》，上海：上海人民出版社，2005年版，第75页。

hierarchical system of families）。”[①]吴晗《论皇权》云：“在封建的宗法制度下，无论是贵族专政，是皇帝独裁，是军阀独裁，都是以家族作单位来统治的，都是以血统的关系来决定继承的原则的。”[②]英国传教士麦嘉湖云：“中国政体的原型是家庭。家庭不是一个现代观念，而是像孔夫子一样古老。孔子用自己的名字和天才给予这一观念以认可，他宣称，一个管理有方的家庭，就是对如何治国的完美构想。”[③]可见，“家族”是古代中国最基本的组织单位和统治单位是大家的共识。中国的所有文化皆由此而生。

家族这种类型的“社群”在社会学上有专门名词称呼它，叫作Gemeinschaft（Tonnies语）或Face to face group（面对面的社群）。我国著名的人类学家和社会学家费孝通先生将这种社会的内在结构即人与人的关系称为“差序格局”，即“好像把一块石头丢在水面上所发生的一圈圈推出去的波纹。每个人都是他社会影响所推出去的圈子的中心。被圈子的波纹所推及的就发生联系。”[④]这里指的是在家族内部即在这种“差序格局”内人与人之间的关系是“伦”的关系，“圆圈”的关系。那么“伦”是什么？费孝通先生说：“就是从自己推出去的和自己发生社会关系的那一群人里所发生的一轮轮波纹的差序”，其特点、本质是“有差等的次序”[⑤]。而不是像西方国家那样“团体中的分子一般大家立在一个平面上的”[⑥]。

显然，这里的“差序格局”指的是家族内部人与人之间的关系，并非家族与家族之间人与人之间的关系，也非是超越家族与家族的人与人之间的关系。如此，从整个国家和社会来看，由“差序格局”所推导或延展出来的

---

① 张汝伦编选：《理性与良知——张东荪文选》，上海：上海远东出版社，1995年版，第436页。

② 吴晗：《论皇权》，载费孝通、吴晗等：《皇权与绅权》，北京：生活·读书·新知三联书店，2013年版，第51页。

③ ［英］麦嘉湖：《中国人的生活方式》，秦传安译，北京：电子工业出版社，2012年版，第10页。

④⑤⑥ 费孝通：《乡土中国》，刘豪兴编，上海：上海人民出版社，2007年版，第25、26、26页。

全部社会结构应有三个层次。第一个层次即如以上所描述的，在家族内部是一种以“自己”为中心所推出去的“伦”/“圆圈”，关注的是“伦”(圆圈)内的关系，这一层我们称之为“显性结构”；第二个层次，既然古代中国的国家和社会以家族为基本组织构成，人与人之间的基本关系是以“自己”为中心向外所“推”的“伦”/“圆圈”的关系，然而社会中的人、家族何止千万？！因此整个国家与社会中的“圆圈”何止千万？！如此，自然而然，在社会生活中，人与人之间的关系，除了“圈”内的关系，还必然会发生“圈”外的关系，即“圈子”与“圈子”之间的关系，这一层由于是在显性社会结构之外的一层结构，我们称之为“隐喻结构”；第三个层次，从整个国家和社会来看，在“圈内”(显性结构)、“圈外”(隐喻结构)之外，还必然存在着能够超越所有“伦”/“圆圈”的一种社会结构，我们称之为“超越结构”。即仔细分析费孝通先生所提出的“差序格局”的社会结构，其并非仅为一个层次，而是存在着多重层次，即“伦/圆圈”内——显性结构、“伦/圆圈”外——隐喻结构、“伦/圆圈”上——超越结构。

首先看第一重社会结构，其是基于家族内部人与人之间关系所生发出来的文化精神——“大传统”。

上面已述，在家族内部或者在某些类家族如朋友、同乡、同学、同行等群体内部，由于人们相互之间具有亲缘关系或者类亲缘关系，因此处理相互之间关系的规范是充满着情感能量的、以忠孝节义为内容的伦理道德规范，把这种伦理道德强调到极致就是愚忠愚孝愚节愚义。李泽厚先生言，以“孝”为轴心的古代伦理道德“本是氏族群体为维护、巩固、发展其生存延续而要求个体履行的一种社会性的道德义务。它是以家庭为单位、以宗族为支柱的小生产的农耕经济的时代产物。”[①]可以说，传统的伦理道德从本质上说是处理熟人与熟人之间关系的规范，而非处理陌生人与陌生人之间关系的规范。质言之，它是一种私人关系道德，而非公民关系道德。是

---

① 李泽厚：《人类学历史本体论》，天津：天津社会科学院出版社，2008年版，第100页。

以我国正史和文学艺术作品中所歌颂的正面人物大都是这种私人关系道德的典范人物而非公民关系道德的典范人物，当然这是由我国古代特殊的社会结构所决定的人与人之间基本的人际关系不是公民关系而是私人关系所决定的。如《三国演义》中被称毛宗岗父子评价为“三绝”之一“义绝”的关羽，其之所以受到了社会各阶层人士的极高推崇，甚至被历代帝王封王封帝，就是因为他对刘关张这个类家族式结义群体的极度忠诚和对私人关系道德的坚守——因曹操对他有恩，虽然曹操属敌方首领，他也要知恩图报，“义气”当先，华容道义释曹操，《水浒传》中的108位好汉聚集梁山，等于是结成了一个类家族式的团体，因此在团体内部亦必“义”字当头，以践行私人之间关系的道德为行为规范，因施恩对武松“有恩”，武松便为施恩出力，帮他重夺快活林，明知招安可能会带来灭顶之灾，好汉们也只有义无反顾地追随他们的大哥宋江而去。二著能占我国“四大名著”的二分之一不是偶然的，与它们传承了我国传统文化精神之“大传统”是分不开的。其他历代列女传、孝子传中的人物之所以能够名留青史基本上亦是因为他们践行了基于私人关系（父母子女公媳夫妻朋友等）的道德。对此，费孝通先生反复强调：“我们传统社会里所有的社会道德也只在私人联系中发生意义”①，“在差序格局中并没有一个超乎私人关系的道德观念，这种超己的观念必须在团体格局中才能发生。孝、悌、忠、信都是私人关系中的道德要素”②，“一个差序格局的社会，是由无数私人关系搭成的网络。这网络的每一个结都附着一种道德要素，因之，传统的道德里不另找出一个笼统性的道德观念来，所有的价值标准也不能超脱于差序的人伦而存在了。”③

其次是第二重社会结构，其是基于家族与家族之间人与人之间的关系所生发出来的文化精神——“小传统”。

在古代社会里，忠孝节义的伦理道德只适用于家族或类家族式团体的

---

①②③　费孝通：《乡土中国》，上海：上海人民出版社，2007年版，第29、32—33、34—35页。

内部，在团体外部不仅很难“推己及人”，甚至是互相排斥的。社会学家萨姆纳（Sumner）曾用we-group（我们集团）一词来划出同类的界限。界外是利害，界内是善恶[①]。如《三国演义》中的蜀汉集团与曹魏集团、孙权集团的关系，《水浒传》中的108位好汉与祝家庄、官府、朝廷等的关系。很多时候由于“圈子”和“圈子”意识的存在，一个团体的人看他（团体的）人就是异类。所以从社会结构的这一个维度（社会由有着各自利益的圈子与圈子构成）说，其所发展出来的文化精神，正面的是陌生人与陌生人之间的诚信、公正、睿智和社会正义，负面的为极端的利己主义和市侩主义。

最后是第三重社会结构，其是能够超出社会所有“圈子”也即居于所有“圈子”之上的一种社会结构，其所生发出来的文化精神是“超传统”。

在社会上，总有一些人虽然是从家族内部人与人之间的关系出发，但是能够真正“推己及人”，做到“老吾老以及人之老，幼吾幼以及人之幼”，甚至能在这个层次上进一步超越，从“天地有大德曰生”的角度出发，从人类视野出发，对社会上所有人甚至生物施以关爱，要求人人得活、众生平等，带有人文主义萌芽色彩，并在此基础上思索国家、民族、人类之命运，那么这部分人具有的文化精神就是“超传统”。如唐代著名的政治家、诗人柳宗元的“先天下之忧而忧，后天下之乐而乐”，唐代诗人陈子昂的《登幽州台歌》“前不见古人，后不见来者。念天地之悠悠，独怆然而泪下”，《红楼梦》中的贾宝玉对父母兄弟丫头小姐星星月亮鱼儿虫蚁等一切“生物”的“仁爱”等等，都属此类。

由上可见，大、小、超传统并不对应着固定的人群，即和以身份地位、受教育与否划分的人群并不存在着某种固定的对应关系。它们对应的是人们所处的社会结构。正如费孝通先生所说的：“社会结构格局的差别引起了不同的道德观念。”[②]亦即大、小、超传统是由不同层次的社会结构所决定的。

①② 费孝通：《乡土中国》，上海：上海人民出版社，2007年版，第520、30页。

总之，由于古代中国特殊的地理环境和气候特点决定了其主导经济方式是农业，而小农经济模式又决定了中国的统治基础是家族本位，家族本位又导致了“差序格局”式的社会结构的形成，而“差序格局”式的社会结构又决定了中国传统文化精神的多样——大传统、小传统与超传统。

三、大传统、小传统与超传统在社会发展中的变量关系及与“文化自觉”

以上我们探讨了大小超传统的内涵、根源，那么三者在社会发展中的变量关系如何？

当政治制度和经济生产方式发生变化时，以上三种传统的变化“潜力”是不一样的。相对而言，大传统最容易剥蚀，而小传统最耐久、最不容易变化，超传统也比较“守恒”。

先看大传统。大传统是在中国古代小农经济体制和家族制下、由“差序格局”社会结构下的“熟人社会”所生发出来的一种文化精神，当代社会政治制度和经济生产方式的巨大改变已使这种自给自足的“熟人社会”在很大程度上瓦解，因此依托于这种社会结构的文化精神也在随之不断消解。当然，中华民族的传统美德大部分寓于大传统之中，因此对于大传统中的积极因素，我们今天的文化建设仍应积极培育和保护，取其精华，去其糟粕。

次看小传统。小传统也是基于“差序格局”的社会结构所产生出的一种文化精神，只不过是由“差序格局”的社会结构所引申出来的第二层次的社会结构所生发出来的。当代社会政治制度和经济生产方式的巨大改变已动摇了家族本身，使家族内部的文化精神（忠孝节义甚至愚忠愚孝愚节愚义）有所消解，但是并没有动摇家族外部的文化精神即小传统，正面的为诚信、公正、睿智和社会正义，负面的为极端的利己主义和市侩主义，尤其是负面的。一直到今天，虽然我们已经进入了法制社会，但在很多时候小传统中的“熟人好办事”、私恩、私义仍或多或少地潜藏在人们的心中，因此在个别时候还阻碍着我国法律的顺利实施。

再看超传统。具体说来，一般而言“超传统”比较恒定，在任何政治制度、经济生产方式和意识形态条件下都有可能存在，因为尽管持有此种文化精神并付诸行动的人极少，但是它却体现了“世界公理”，体现了世界存在本身的“实质”——己生并使他人和物得生，所以有其“守恒”的原因存在，但它的普遍实现却需要在社会发展的较高阶段才有可能，否则只能是一种理想的文化精神。但是它却代表了人类文化精神在未来的发展方向。

作为一名怀有强烈责任感的人类学家和社会学家，费孝通先生大半生所孜孜以求的是“志在富民”四字，然而在他的晚年，在时代浪潮的推动下，他开始关注人类未来的命运。他认为在世界经济全球化、一体化的背景下，在科技极其发达的形势下，世界应如何避免因争端而致地球毁灭。经过多年的深入思考，他在多篇文章中反复申说了他意中人类未来命运的发展方向——“文化自觉”。其含义是：“生活在一定文化中的人对其文化的‘自知之明’，明白它的来历，形成过程，在生活各方面所起的作用，也就是它的意义和所受其他文化的影响及发展的方向，不带有任何‘文化回归’的意思，不是要‘复旧’，但同时也不主张‘西化’或‘全盘他化’。自知之明是为了加强对文化发展的自主能力，取得决定适应新环境时文化选择的自主地位”[①]。文化自觉的“历程”是“各美其美，美人之美，美美与共，天下大同”[②]。“‘各美其美’就是不同文化中的不同人群对自己传统的欣赏。这是处于分散、孤立状态中的人群所必然具有的心理状态。‘美人之美’就是要求我们了解别人文化的优势和美感。这是不同人群接触中要求合和共存时必须具备的对不同文化的相互态度。‘美美与共’就是在‘天下大同’的世界里，不同人群在人文价值上取得共识以促使不同的人文类型和平共处。总而言之这一文化价值的动态观念就是力图创造出一个跨越文化界

①② 费孝通：《文化的生与死》，上海：上海人民出版社，2009年版，第172、173页。

限的‘席明纳’，让不同文化在对话、沟通中取长补短。”①

由上可看出，文化自觉的核心——“各美其美，美人之美，美美与共，天下大同”，就是不同文化要互相容忍、互相尊重、互相欣赏、互相合作，目标是“天下大同”，即全球之人类和平、和美地共同生存于这个世界之上。而这种精神与我们“超传统”中的精神正像契合。

我们的“超传统”以生无差等的“仁”“爱人”为核心，是一种具有人文主义色彩的思想。这种思想具有包容、体谅、为他之价值观念和思维方式，本身包含着实现“文化自觉”的可能性和倾向性，因而在当前的文化建设中，如果我们能够以科学的态度对我国传统的三种文化精神进行改造，尤其发扬光大“超传统”中的包容、体谅、为他之文化精神，我们有理由相信，我们必能沿着文化自觉的方向前进，为我们国家和世界的发展、繁荣贡献我们自己的力量。

费孝通先生直言“文化自觉”的目的在于“致力于我们中国社会和文化的科学反思，用实证主义的态度，也就是用实事求是精神来认识我们有悠久历史的中国社会和文化”②。此正是本文写作的目的。

［原文发表于《济南大学学报》（社会科学版）2017年第5期］

①② 费孝通：《文化的生与死》，上海：上海人民出版社，2009年版，第197—198、172页。

儒学·文化

论区域文化建设的本土化意义

田川流*

倡导本土化的区域文化建设，是一个有意味的命题。它的提出，旨在强调区域性文化建设中核心价值的把握，以及对其发展路径的考量。特别是在努力倡导传统文化回归的当下，注重区域文化建设中本土化方略的建构，对充分发挥自身传统文化特质，凸显当代地域特色，将自身文化优势发挥到最佳，实现多重效益的增长，无疑是具有积极意义的。

一

区域文化与本土文化，有着天然的链接。区域文化是指一个特定区域的文化状况及其特性，它与本土文化在其地域性指向上是基本一致的，而在人们使用习惯及内涵把握上则有些微的差别。作为区域文化，其含括的文化领域应是全方位的，表现为一定的整体性、综合性和当代性，而本土文化，则较多指涉属于该区域传统的和历史积淀的文化，具有一定的沉积性、民间性和民俗性。

* 田川流，重庆大学电影学院特聘教授，山东艺术学院教授。

区域文化建设，无论是在文化产业，还是公共文化服务、文化遗产及非物质文化遗产的保护与利用等项活动中，注重继承文化传统、凸显文化特质，具有十分重要的本土化特色。区域性文化发展只有走适应自身特色的发展道路，采取积极的本土化策略，方能促使文化建设迈上新的台阶。

本土化，则是在本土文化基础上显现出的实施路径、模式或方略，意在将属于本区域的文化特质加以深度凸显，具有丰富的传统文化蕴含，是该区域传统文化与当代文化的聚合。在其内涵上，本土化即在于对传统文化、民间与民俗实施最大可能的包容。在具体目标上，则重在深入发掘区域性传统与民间文化特质，将自身人文积淀、自然地理风光、民风民俗特色等文化因素予以深度发掘，并予以广泛播扬。

本土化进程是一种过程，一种原则，而不是目的，其最终目标是推进区域文化的健康发展。在当代文化建设中，离不开对本土文化的弘扬。正是基于精深厚重的本土文化，方能使当代文化建设确立坚实的根基，在充分展现本土文化特质的背景下，促使区域文化建设获得较快提升。也正是基于该区域人们意识与观念等属于文化的沉积于人们头脑之中的精神质素，方能显现出本土性特色，又经由人们的审美活动、伦理道德、行为方式、价值观念等各种表层的或隐形的显现，使其本土化特色得以固化，成为影响该地区人民大众当代文化取向的重要尺度与标准。本土化进程充分显示文化的多样性和区域特点等诸多要素，要求文化建设的目标与策略须适应当地人民大众的文化需求和审美趣味，同时又能随当地各种状貌与情态的衍变而变化。

在建设当代区域文化中，本土化并非对当代文化的排斥。相反，当代文化在本土文化的建构中具有十分重要的地位。传统文化是当代文化的基石和土壤，当代文化则是传统文化的继承与高扬。没有传统文化的厚重积淀，就不会有当代文化的繁盛。而没有当代文化的彰显，传统文化也会失去生命的活力。本土化的意义不在于对多样文化的拒斥，而是在弘扬本土文化的基础上对多样文化的包容。诚然，在当代区域文化建设中，偏于传统的历史的本土的文化与偏于时尚的外来的当下的文化之间，势必产生这样或那样的矛盾或冲突。这不仅是难以避免的，同时也是正常的。正是在这样多元文化的碰撞中，当代区域文化才能被激活，打破长期沉积和一潭死水的状况，呈现各种文化展示活力的景观。其间，不同的文化样态既可迅速阐发和滋生新的质素，又可充分汲取他者文化中的优质元素，以使自身得到充实，增进与他者展开文化竞争的能量。由于各种内部与外在的原因，属于本土的和传统的文化样态可能会显现出一定的弱势，在与当代的时尚的外来的文化竞争中失利，甚或遭受损毁，走向衰微。也正是基于此，在当代区域文化建设中，人们应当十分注重对本土文化的珍重和保护，避其劣势，扬其优势，努力把握文化的基本走向与健康态势。

强调区域文化建设的本土化，是在宏观上对文化平衡的把握。任何区域文化均与其本土性特征相联系，而在不同区域之间，其本土化进程则显现出一定差异。一般说来，一些具有政治与经济强势的区域，其文化也通常显现出一定强势。虽然在其文化特征的表现上同样表现出一定的本土化特征，但也以其强势与世界的当代的时尚的文化联系更为密切，令其文化成为更具普适性意义的文化，成为当代与时尚文化的重要符码，对其他更多区域的文化产生一定影响，甚或压抑。而在更多区域，由于经济与其他因素的制约，使其长期处于弱势文化的地位，一方面，令其不能不接受强势区域文化模式的进入。另一方面，也会在这一进程中努力显现其文化的本土特性与固有优势，呈现其独具的、与其他区域文化可以媲美的文化因素与特质。正是在这一意义上，人们对区域文化的关注，更多偏于那些处于弱势的地区。只有将更多的关爱与扶持落实于那些相对偏弱的地区，才能更为科学地把控不同区域间的文化平衡，使各区域间产生良性的文化交流与互动。

强调区域文化建设的本土化，是对当代文化出现趋同性的积极回应，以及对文化多样性的充分尊重。本土化，与世界经济一体化的潮流、趋势是一致的，人们一方面推动世界文化在经济一体化背景下的不断趋于一致与和谐共处，同时也在努力强调文化的多样性。二者看起来似乎矛盾，但在实质上正是文化发展态势的两个方面。人们清楚地看到，当代世界文化的趋于一致是难以避免的，但文化的根本发展又充分依赖于文化的多样发展。虽然时常出现二者的此消彼长，但从其本质关系来看，不仅不会由一方取代另外一方，而且会在一个很长的历史时期内充分显现二者的并行不悖与相互依附。倡导区域文化建设的本土化，正是对世界文化多样化的积极推进。当某些区域对属于自身传统的本土的文化样式与特质有所忽视时，当更多外来的处于强势的文化大举挺进和融入时，就应及时对人们敲响警钟，努力提升本土文化的地位，强化区域文化建设的本土化，这既是对本土的区域文化的珍重与保护，更是对世界文化多样性的坚守和推进。

强调区域文化建设的本土化，有利于推进各地区文化之间的交流与传播。任何区域文化的发展与变革，均要依靠自身内在发展诉求的驱使，还要借助于各种外在力量的推动。正是在通过各种文化的交流与融合，世界的时尚的外来的文化进入区域文化之中，驱动区域文化内部出现躁动，令其文化深层实现变革，不断在旧的传统的文化样态的基础上生成新的质素，促使新的文化质素的形成，这正是区域文化保持恒久生命活力的体现。其间，充分强调区域文化的本土性至关重要，倘若失去其本土特征，也就失去生存的根基，不仅属于自身的文化特征不复存在，同时也就失去了与各种外来文化对话与交融的可能。任何一种文化形态的长足发展既要基于自身内部的活力，又要不断汲取外部文化的滋养，如果区域的本土的文化长期陷于一成不变的态势，无力应对各种文化的碰撞和对接，也就失去了可持续发展的基础，这正是一种文化形态走向衰败的表征。

二

在当代文化建设中，各区域间的文化既有同一性，又有差异性。其同一性，是指当代世界不同区域的文化是在共同依存的基础上发展的，世界经济的一体化，以及经济与文化的一体化均是这一特征的高度体现；其差异性，则是指世界各国不同区域的文化均具有突出的个性特征，无论何时，区域文化的特质也难以为其他文化所替代。各区域文化一方面不断趋于同一，同时又在努力体现其差异与个性。正是在这一交错递进的过程中，人类文化一步步走向更高层次。

在一般区域文化建设中，通常显现出多样的鲜明的特征。

本土性与普适性并存。许多区域文化以其本土特色为基础，又在当代文化建设中将其本土特色与汲取国际、国内各区域的优质因素于一体，显现其善于融合多样文化的优势所在。较多区域文化的特点表明，在一些本土性特色较为突出，而文化经济总量相对偏弱的区域，更为侧重于对自身本土文化特质的传承与弘扬。也有更多区域，则在本土文化的基础上融入更多具有普适性价值的文化特质。一方面，其本土的文化特征以及人们的审美意识与文化精神，均在其生活、生产及其文化活动、道德操守等方面得以充分体现，另一方面，则已敞开胸襟，充分接受各种外部文化的进入。特别是在经济一体化与高科技化的时代背景下，更使各种新颖的时尚的和流行的文化接踵而至。这一现象，有时体现为区域领导层面的宏观与主导性意图，有时则源于民间行为，是一种文化圈与另一种文化圈的自然交流与互融。正是这种地域性和普适性的并存，成为当代许多区域文化的基本构成，传统与现代、民间与时尚，共同组合成一道蔚为大观的景象。人们在这样的氛围中，既得益于传统文化的滋养和陶冶，又受到更多外来文化的熏染和洗礼，两种文化特色的交织，多元文化的并行，对于当代区域文化的构建，既提出了更多严肃的挑战，也铺展了绚丽的前景。

历史性与时代性同在。在较多属于区域性的文化构成中，历史性文化特色十分浓郁，大多传统优秀文化的样式均属于历史文化的范畴。与此同时，当代的时尚的文化现象，也具有举足轻重的地位。任何区域文化都不是孤立的和单一进行的，而是处处与社会时代的进程相联系。没有时代文化的高扬与启迪，区域文化将不会出现生机与活力。在这些多样特色的文化景观的并存中，时代文化的分量当然十分重要。然而人们又清晰地看到，如若没有历史的传统的文化意蕴对当代文化的启示，其区域文化建设也不会平坦。任何地区的文化均早嵌刻上抹不去的传统烙印，没有谁可以无视传统文化的制约与影响。同样，也没有哪个区域可以不受当代文化的影响而沉溺于传统之中。特别是在当代社会发展的冲击下，各种文化的融合已然成为世界性潮流，当代文化本身就已属于各种文化的综合，其中当然也包含着传统文化因素。其差异只是在于，有的区域当代与时尚文化更为显要，而有的区域历史文化更为突出。近百年来，历史文化与时尚文化的融合在每一时期均有突出的表现，而在当代文化产业与公共文化服务同步发展中，更成为各区域社会文化风貌的显著特征。

审美性与文化性互渗。在一般文化建设的格局中，艺术与审美因素占有重要的地位，不仅表现出浓郁的艺术氛围和艺术品位，同时在与多元文化及各类相关产业的融合中，显示出极强的亲和力与渗透性。而在当代较多区域的和本土的文化建构中，其审美性与艺术性依然是突出的。得益于当代文化传播与社会交流的迅捷，审美与艺术文化与多样的和多层次文化的不断融合，其影响远远超出以往任何时代，成为当代社会文化的重要构成。通常在一般传统审美文化得以传承与拓展的同时，较多属于多元的和多样的文化特色也相继进入其间，不仅与传统审美文化融为一体，同时也在不断催发当代审美文化的形成。在更广泛的区域性文化建设中，已然形成多样的和多层次的审美文化构架，出现主旋律艺术、典雅艺术、流行和通俗艺术的异彩纷呈，还有一些属于社会学、人类学、伦理学、民俗学以及现代科技等学科内涵的大量融入，其文化构成不仅促动文化产业向着高品质的创意产业转变，同时也为公共文化服务及文化遗产和非遗保护的水平的提升营造了良好的文化环境。

内需性与外溢性统一。在较多区域性的文化生产与消费中，主要体现为显著的内需性特色，旨在满足当地大众的文化需求。基于区域性文化特质的凸显，其文化生产及其产品较多表现出本地区本民族浓郁的文化特色，与人们的审美习惯、生活方式、社会伦理相适应，其内需型特色较为突出。

与此同时，不少区域文化的外溢性与辐射性特点也已充分显现。包括旅游产品，以及更多互联网和现代媒体产品、艺术产品，既为当地消费者所需求，同时也已越来越多地走出本土，服务于更广泛地区的人民大众，为其他地区以及国外广大消费人群所喜爱。特别是旅游活动及其产品更是如此。在一些区域性文化更为突出的地区，大都拥有比较丰富的旅游资源，一是名山大川等自然资源，二是民俗与民间文化等人文资源，越来越显现出对更广阔区域人们的吸引力。通过旅游，人们可以实现文化体验、考察、休闲、观光等目标，也为区域文化多重效益的实现做出贡献。此外，更多高新科技与区域文化、本土文化相融合的新型产品，也越来越显现出独有的魅力，对更广泛地区大众的影响与日俱增。正是这种内需性与外溢性的融合，使得区域性文化的地位及其作用令人瞩目，显示出强劲的活力。

工艺性与科技性相谐。不少区域文化产业的发展既表现出十分丰富和厚重的工艺性及手工制作特色，在当下也表现为高新科技与艺术高度融合的产品制作与生产的逐步兴起。较多高科技文化生产机构的出现，与传统工艺性文化制作不断融合、共存，成为不少区域文化产业中创意产业逐渐凸显的重要表征。工艺性特色，一般表现于该地区传统的文化活动样式及其产品生产之中。由于历史的局限，更多传统工艺产品尽管表现出广大制作者精湛的技能与娴熟的技巧，以及复杂的工艺，在其所属时代已然属于具有较高技术含量的制作，但其制作毕竟与当时科技发展的水平相联系，不可能超越时代制约。许多属于非物质遗产的项目均具有这一特性。随着时代的发展，特别是当代高新科技的迅速提升，更多与艺术和文化相关的制作呈现出十分显著的科技特色。一方面，在区域文化发展中，传统与当代同行，工艺性与科技性分别显现出自身独具的特点，保持各自的优势，时常出现富有较高价值的创新。另一方面，二者又相互渗入与融合，相谐相伴，不仅传统的工艺性特色已在其间发挥作用，显现出厚重的传统文化的根基，而且传统文化活动及其产品制作也已大量接受和汲取当代科技因素，通过传统工艺与现代科技的结合而创造出更为丰厚的文化与经济效应。

三

倡导区域文化建设的本土化，具有十分积极的当代意义。在当下，文化建设主要包括文化产业、公共文化服务及文化遗产和非物质文化遗产的保护与利用等方面，正是在诸多文化领域的建设中，本土化表现出特有的价值。

倡导区域文化建设的本土化，对于深度发掘文化传统，做好文化遗产和非物质文化遗产的保护和利用，具有重要的意义。文化遗产和非物质文化遗产，是特定区域传统文化的物化形态和集中体现，一般具有稀缺性、衰微性等特点。其稀缺性是指作为传统文化的重要构成与传统文化精神的显现，在长期的岁月里未能得到应有的重视，或者因其文化形式及语言在历代文化发展中逐渐与新的时代的文化需求产生隔膜与不和谐，使其渐渐稀少和缺失。其衰微性则是指由于其与当代文化的不适应，及其与当代大众审美文化趣味的差异，令其文化样式与语言形式技艺等渐渐毁损或消隐，艺术价值逐渐趋于弱化。然而，即使一定的传统文化样式与当代的大众的文化需求产生隔膜与生疏，其内在文化和艺术的质素仍是十分重要的。一方面，它作为区域的民族的文化基因而存在，为世世代代人们从事新的文化活动与创新所汲取；另一方面，又因其蕴含的巨大的精神含量，可以成为当代人们文化精神的重要支撑和基石。因此，对传统文化的重视和保护，正是对自身民族文化根基的维护和珍重。

区域文化建设的本土化，并不意味着将当下的文化与艺术活动拉回到传统，而是需要对文化遗产及非物质文化遗产加以精心保护和利用。一方面，通过对文化传统的保护，使其作为民族文化瑰宝，稳定地、恒久地服务于未来时代的人们，持续地在各个时期文化建设中发挥基石的作用。另一方面，又要积极地对传统文化中的优良因素加以汲取，或者经过改造，融入于当代文化活动与创新之中，使其文化特质成为当代和未来长期的文化创新中的基本元素。

对文化遗产和非物质文化遗产的保护和利用，重在对其文化特质的珍重。只有使其特质不遭受损害，其文化质素才能长久地发挥重要影响。而对于遗产的过度开发与经营，常常会使文化遗产与非遗样式迅速发生异变，失去其原有的素质。特别是在当代世界经济一体化的大潮中，文化遗产与非遗样式更要时常经受市场的冲击，如果失去既有的特质，产生文化内涵的变异，将使其在区域文化建设中的作用大打折扣，失去文化传承的价值。

倡导区域文化建设的本土化，对于开展广泛与富有特色的公共文化服务具有建设性意义。

公共文化服务是一项极富地方特色的事业。特别是作为特定地区的人们，有着自身特有的审美趣味、生活习惯、民风民俗，因此，对大众实施公共文化服务，需要坚持本土化原则，充分考量社会对大众提供的文化产品与文化服务的活动方式，符合当地人民大众的意愿与趣味，使公共文化服务达到最佳效应。当代公共文化服务重在满足人民大众基本的文化需求，特别是满足那些文化活动不够丰富的地区人们的需求。一些区域性文化较为浓郁的地区，常常也是经济不够发达的地区。一般来说，由于各种条件的局限，其公共文化服务的水平及其普及程度常常不够充分，尤其体现为与大众需求及其接受心理的不够吻合。加大公共文化服务中的本土化特色，是改善公共文化服务的重要方略。

在公共文化服务中彰显本土化特色，是对区域文化底蕴充分开掘的需要。公共文化服务的一个重要特点，即不仅在于增大公共文化服务的总量，而且注重文化层次的深化与提升其质量。在区域文化的构成中，那些属于本土的文化样式或文化形态，充分表达了本土文化的底蕴，更易于得到大众的喜爱。大众对于文化的接受与体验，更多需要与自身的生活环境、文化氛围、历史传承相结合，特别是那些充满了地域元素的和生活气息的文化作品，有利于在传播过程中获得最好的接受效应。作为公共文化服务的内容要素的提供，显然应具有丰富的时代感，以及与社会相联系的主导文化的内容，而在本土化理念中推进这项事业，也应充分考虑如何将主导思想与民间民俗的文化意蕴相融合，使之得到有机融合，在属于民族的和传统的底蕴的基础上，获得更优质的服务效应。

在实施公共文化服务中彰显本土化特色，是对人民大众文化权益的充分尊重。人民大众不仅拥有政治经济等方面的基本权益，同时也拥有充分的文化权益。如何使大众的文化权益获得实现，在公共文化服务中可以得到最直接的诠释。通常来看，不同地区大众的文化活动倾向均与其本土特色相联系，实施公共文化服务的基本方式和路径，需要充分考量本土化特色。本土化的进程，正是在于如何利于大众的文化需求及其意愿得以实现。尊重大众的文化权益，就要深入研究和充分理解大众的文化需求，熟悉人民群众喜爱什么，追求什么，让人民群众在艺术活动中充分鉴赏文化艺术，参与文化艺术的创作和体验，以及选择自己喜爱的文艺作品与活动方式。同时也应看到，实施公共文化服务，还应特别重视如何通过积极健康的文化产品的提供与服务的提供，对大众的审美趣味和品位予以引领，引导人们积极从事健康的文化活动，使大众的审美文化水平获得不断提升。

在实施公共文化服务中彰显本土化特色，就要充分注重文化活动的方式与方法，这也是实现公共文化服务最佳效应的基本路径。许多地区自古以来积淀而成的审美与文化活动的方式与习惯，已成为本土文化的重要组成部分，理应得到人们的充分尊重。不同区域的人们在其接受习惯与文化活动方式上也存在一定差异，不仅对艺术形式的选择，而且在审美思维方式上，均有着不同的特点，因此，注重公共文化服务中的方式与方法尤其重要。只有充分尊重人们的审美习惯和趣味，更多采用那些属于本地特色、凝聚了本土文化意蕴的艺术样式，以及与当地大众欣赏习惯相适应的活动方式，才会获得好的效果。当然，更多属于外来的文化活动方式与方法，也会对区域文化产生重要影响。只有在与当地人们的接受心理相适应的基础上，外来因素才能与既有的方式方法实现融合，成为区域文化中新的构成。

倡导区域文化建设的本土化，对于发展具有特质化的文化产业有着十分重要的促进意义。

倡导区域文化建设的本土化，是充分凸显文化产业内容要素的需要。当代文化产业是内容为王的产业，若没有丰富的和厚重的内容，便不存在文化产业效能的快速提升。而在其间，本土化内涵对文化产业内容的提升具有至关重要的作用。文化产业，特别是文化创意产业从来也不是单一的，而是文化多样性的体现。文化产业的本土化，正是对文化多样性的坚守；文化产业内容的提升，也正是在文化多样化基础上的提升。无论何时，区域文化建设的实质，均是传统文化、地域文化与时尚和外来文化的融合。正是由于各种文化的渗入，促使区域和本土文化在文化产业中参与竞争，并在与各种文化的交融中被进一步激活，为文化产业提供更为丰富与厚重的内容要素，同时也能够有助于缓解由于文化产业的快捷发展而带来的同质化倾向。

倡导区域文化建设的本土化，是创新文化样态的需要。时代需要新颖的艺术样式及其作品的大量涌现，任何新的样式与作品的产生，均离不开对各种属于地域本土文化特质的汲取与吸纳。只有源源不绝地将其本土文化的特色融入于新颖的文化与艺术创新中来，才能使更多具有时代与地方特色的文化样态不断涌现。世界上任何时代最优秀的文化作品，均具有浓郁的地方特色，历史上从来也不存在抽象的世界性艺术与国际化艺术，任何誉满世界、堪称世界各国人民共同喜爱的艺术，首先均属于某个地区和民族，成为一种地域文化和艺术的鲜明代表，然后才能进入世界经典艺术的殿堂，成为世界的和国际化的艺术，而不是相反。

倡导区域文化建设的本土化，还是提升文化产业整体规模的需要。特别是在当下，文化产业已进入一个更为普及和关键的时期，其突出特征，即体现为文化与更多产业实现深度融合。包括第一产业、第二产业、第三产业中的大量产业领域，均在与文化的融合中，显现其艺术的和审美的文化特质，为实现更高的产业价值打开通道。即使一些原本与文化不相关的产业活动，包括制造业、房地产业等，也开始走与文化艺术相交融的道路。特别是科技产业，更是加快与本土文化特色与元素实现融合的节奏。数字产业的兴起，更为文化产业的发展增添了巨大的动力和载体。然而，数字产业的特质主要属于制作方式的创新和媒介的革命，而并非内容的创新，数字产业只有与更为丰富厚重的内容融为一体，才能发挥出巨大的能量。也正是由于此，将数字产业置于本土化的进程中，具有十分深远的意义和光明的前景。

其间，那些属于当代的本土文化，也已超越单纯的传统文化，而是传统与当代、本土与外来文化在碰撞与交流中形成的综合文化，唯此才能在文化产业中发挥更大的作用，同时也才能避免由于文化产业的快捷发展而带来的同质化倾向。

[原文发表于《济南大学学报》(社会科学版)2017年第3期]

抽象性压抑与文化研究的中国问题

周志强*

在中国大陆，文化研究已经有将近39年的历史。作为一种新的学术知识范式，美国学者杰姆逊1985年在北京大学一百多天的著名演讲，可谓最早的中国大陆文化研究知识资源。其《后现代主义与文化理论》一书，至今仍在学界具有很大影响。1994年，《读书》杂志发表了李欧梵的访谈《什么是"文化研究"》和《文化研究与区域研究》之后，同年9月举办题为"文化研究与文化空间"的讨论会。1995年被人们称作所谓的"中国文化研究元年"。是年8月，"文化研究：中国与西方"国际学术研讨会在大连举办，伊格尔顿来华并发表学术演讲。1996年7月，"文化接受与变形"国际研讨会在南京大学举办。这三次会议的举办标志着"文化研究"在中国大陆的"诞生"。而在此之前，"文化研究"这个概念已经在国内出现了十几年，虽然这个概念的主要含义指的是对中国文化和西方文化进行研究。

文化研究之进入中国是有特定的历史背景的。新时期的中国社会发生巨大变化，大众文化在商业化、市场化的推动下呈现纷杂的形态，影

* 周志强，南开大学文学院教授，博士生导师。

响力日渐强大。同时，中国社会在城市化、全球化的进程中发生诸多交汇与冲突。这是一个怎样的时代？应该如何认识？社会是否面临危机？面对这些问题，原有的理论范式与知识体系已无法展开有效的分析与阐释，而文化研究顺应中国社会文化转型、大众文化蓬勃兴起的契机拓展学术空间，以跨学科的姿态面对“文化”的复杂性。在这样的历史条件下，一大批“新锐”的学者以德英美文化研究和批判理论为武器，以中国社会文化政治问题为背景，思考消费主义、大众文化给中国社会带来的冲击和影响，形成了对于当代文化研究的不同视野。到了新世纪，文化研究逐渐进入高校体制，北京大学、南开大学、北京师范大学、中国人民大学、首都师范大学、华东师范大学、同济大学、上海大学等高校开设“文化研究”课程，设置文化研究为博士学位研究方向。2001年，上海大学成立了中国当代文化研究中心，这是中国大陆第一个文化研究机构。随后成立了上海大学文化研究系、华东师范大学城市文化研究中心、首都师范大学文化研究院等专门的文化研究机构。文化研究呈现出强劲的发展势头与崭新的学术面貌[①]。

学科化的提出，也就立刻产生了这样一个问题：中国大陆的文化研究，到底是走向一种知识生产呢还是走向中国社会文化政治的实践？这是对“文化研究”学科的贡献，还是对中国当下问题的回应？简言之，中国的文化研究，是否存在独特的不可置换的独立议题？

一、文化研究的中国议题[②]

2010年7月，南开大学与首都师范大学举办了“亚洲经验与文化研究的多元范式”国际学术研讨会，首次倡导和强调“亚洲经验与文化研究的中

---

① 颜桂堤：《文化研究、中国经验与介入》，《东南学术》，2016年第1期。

② 这一部分内容来自周志强：《紧迫性幻觉与文化研究的未来》，《文艺理论研究》，2017年第5期。

国问题框架”，来自日本、美国、澳大利亚、中国等国的40余位学者，共同讨论了中国文化研究的历史和未来趋势问题。“亚洲经验”问题浮出水面。来自澳大利亚的王毅博士这样说：

> 在文化研究的框架下，亚洲的范式建构在理论上说是可行的。英语学术界曾就后殖民时代美国、加拿大、澳大利亚、新西兰、印度、南非、爱尔兰及英国等英语国家的认同问题进行研究，发现虽然差异极大，但是在文化多元主义、民族主义以及少数民族（种族或文化）等方面不是毫无范式可循。英国的亚洲移民与澳大利亚的亚洲移民也许存在某种共同的文化认同问题，这些研究甚至可以作为中国农民工文化认同研究的范式参考。①

王毅的乐观乃在于看到了文化研究之沟通中国与欧美澳的“方法论”，而事实上，30年来中国的文化研究在欧美文化研究理论的影响下形成了丰富的议题，同时也开始努力创造自己的议题。城乡文化、农民工、新穷人、“文革”记忆、微文化、糗文化、民族主义等问题的提出，可以看作是中国社会30年来独特文化景观的研究产物。虽然不能说对这些问题的研究都是中国文化研究学界独立自主的“原创”，但却正在衍生属于中国问题的框架。

如果采用一种提纲的方式来呈现近30年大陆文化研究的基本问题的话，可以总结为下面的一组问题：

1. 大众社会的雏形与中国文化研究的发轫（1985—1989年）
2. 商品化浪潮与大众文化崛起时代的文化批判（1989—1994年）
3. “现代性跳转”与文化研究的民粹主义倾向（1994—1999年）
4. 去政治化的文化与文化研究的政治内涵（1999—2003年）

---

① 王毅：《文化研究的亚洲经验与范式构建》，《南京社会科学》，2012年第10期。

5. 高度发展的现代性与文化研究的分化（2003年至今）

6. 现代中国社会变迁与30年中国文化研究的三次论争

7. 都市、空间与中国文化研究的文化地理学理论

8. 女性主义与中国文化研究的性别视野

9. 乡村建设与中国文化研究的行动主义

10. 娱乐文化与中国文化批评

11. “新工人”与中国文化研究的阶级理论

12. 器物文化与中国文化研究的日常生活美学

13. 重建历史记忆与中国文化研究记忆理论

14. 商品帝国与中国文化研究的资本批判

15. 青年的消失与中国青年亚文化研究的崛起

16. 网络文化与中国新生代文化研究

由上来看，大陆文化研究的成绩和特色仍是比较鲜明的。然而真正取得的成果并不是全面开花的。王晓明在总结中国大陆文化研究的“三个难题”时提出，大陆的文化研究主要存在两种看待中国问题的意见：

> 一部分人认为，中国已经进入了消费社会和大众文化的时代，西方式的资本主义已经成为中国社会中的主导力量，因此，需要引入——主要是1970年代以后的美国式的——文化研究的理论，通过文化研究来确认这个新的现实。
>
> 另一部分人却没有上述这样的确信。相反，他们对社会的巨变满怀疑惑：中国的确是和1950—1970年代完全不同了，无论政治还是经济，都明显不再是先前那样的“社会主义”社会了，可是，最近20年来，中国并没有向欧美式的资本主义社会靠近多少，而是正在向某个以人类目前的知识尚难以确认的方向滑过去。中国正在向何处去？它将会变得怎样？如此变化的中国又会给世界带来什么样的影响？对于这些大问题，这一部分人深感困惑，……正是上述情形，将这一部分

人的眼光引向了1960年代伯明翰学派式的文化研究。[①]

事实上，正是王晓明所说的这两个“担忧”，形成了中国大陆文化研究的两个方面的实际成果。

第一类重要的成果体现在对于中国大陆近20年来大众文化的研究和批评方面。自20世纪80年代中叶开始，中国大陆进入到城市大发展的状态，电影电视逐渐普及。1983年香港电视剧《射雕英雄传》在大陆播出，1987年中国经典文学作品《红楼梦》改编为电视剧播出，1990年一部名为《渴望》的电视剧在大陆风行，一时之间万人空巷。新崛起的大众文化正在改变大陆文化的基本形态。传统的文学理论不足以解释种种新型的大众文化。诸多学者采用来自批判理论的“文化工业”思想，对大陆大众文化进行批判或反思。

在这些研究中，有这样几种观点值得讨论。对于大众文化的研究，隐含着对于传统中国社会文化的根本性转型的承认。李泽厚提出“告别革命”的说法引起关注。而从大众文化注重休闲娱乐的角度来说，“告别革命”的观点乃是对中国社会政治文化重大转型的一种体察。同样，陶东风提出，大陆大众文化具有双重性的特点：一方面是对抗，另一方面是妥协；一方面是颠覆，另一方面则是收编。按照陶的看法，大陆的大众文化既不是纯粹的“娱乐至死”，也不是纯粹的“抵制强权”，而是一种“后集权时代的市民文化”。汪晖则认为，20世纪90年代以来中国的社会文化处于一种“去政治化”趋势之中。大众文化正在消解传统社会主义文化的政治意义。相应，李陀强调，伯明翰文化研究致力于在大众文化内部发现斗争的力量，这是有问题的，符号的斗争不能代替社会的政治斗争。我提出“傻乐主义”，认为21世纪以来的中国大众文化正在形成一种国家与社会的无意识的共谋关系，用“傻乐”的文化工程，将社会主义文化空壳

① 王晓明：《文化研究的三道难题》，《上海大学学报》（社会科学版），2010年第1期。

化，将文化政治变成一种没有政治的政治。

总起来看，对于中国新兴的大众文化，较老一代的大陆学者主要采取了批判的态度；而新锐学者往往寄望于亚文化、数字文化等等给中国社会带来民主和自由。胡疆锋等青年学者主张青年文化可以成功抵制大众文化的商品威权和政治压制，成为带来社会新生进步力量的源泉；张慧瑜等一批80后学者则愿意相信，大众文化可以被重新改造，尤其是中国社会大量的新工人的文化表达，可以改写人们被娱乐围困的观念。

第二类研究的成果主要体现在运用英国文化研究的理论视野和资源，分析和研究中国社会的都市文化、乡村文化和生活文化方面。王晓明主持了系列对于当代中国文化研究的大型课题。一个是“上海地区文化分析”，立足于中国社会最具有现代都市生活特点的上海，考察1990年以来，上海都市生活文化和社会文化的各个方面。而另一个大型的研究“当代文化生产机制分析”更是比较恢宏。王晓明主张，在保持文化研究的跨学科性的同时，应该努力致力于让文化研究成为当前中国高校系统内在体制的一个部分。只有这样，才能培养更多的文化研究力量，从而实现改造社会的目的。所以，他提出来的“批判性分析”和“促进性介入”在中国大陆产生了广泛的影响。吕途、张慧瑜、潘家恩、孟登迎等青年学者，虽然具有不同的学术背景，却都被王晓明的批判与介入相结合的路线所影响。吕途、潘家恩在北京、重庆等地举行新工人文化教育、乡村建设和改造等活动。虽然存在社会管理机构的阻力，却依旧坚信用“劳动实践来对抗资本主义”的思想。事实上，这样的行动影响了一大批青年学生。直接从事文化研究的田野工作，也为青年人提供了坚实的价值感。

有趣的是，争论始终是存在的。自东方主义来华，关于中国社会在世界资本主义体系中的地位和中国社会走向何方的问题意识，就始终存在于中国大陆文化研究学者的研究之中。这可能也是未来大陆文化研究提出自己的问题和意见的学术领域吧。

不妨说，中国大陆的文化研究，天生是一种“双重话语”，即表面上借助于文化研究的学术话语，讨论大众文化、日常生活审美化、公众教育等问题，实际上却宿命地潜伏着对于中国社会文化的冷静反思、分析乃至矫正的冲动。因此，少数族裔、性别政治和后殖民理论这些看似与大陆社会没有多大关系的命题，竟会一度成为大陆文化研究的核心议题。

二、抽象性压抑与广泛的文化研究

格拉斯·凯尔纳在其《批判理论与文化研究：未能达成的结合》一文中，尝试将批判理论与伯明翰学派的文化理论进行结合的可能性。他认为，批判理论过于悲观地评估了大众文化的功能，却坚持了社会批判的正义；而伯明翰学派力求从大众文化中发现抵抗性的力量，却往往会滑向后现代主义的快感政治①。有趣的是，这个问题竟然在当前中国文化研究领域再次出现。这就是文化研究与文化批评的双重格局问题。

当前中国的文化研究，更多地接受了伯明翰学派、芝加哥学派的影响，形成了对当代文化，尤其是亚文化的“政治期待”；而诸多学者不相信可以通过大众文化重建社会的价值体系，从而更倾向借助于批判理论的资源，对当代文化现象进行分析和反思。思想与行动，成为表述中国大陆文化研究的关键词。

但是，无论这两种思想的立场如何不同，他们都不由自主地共同赋予文化研究之批判性内涵。尽管有学者反思文化研究与文化批评是两个不同的传统，而文化研究与法兰克福学派的批判理论更是不同的思路②，但是，大陆学者仍旧毫不客气地把文化研究看作是对已经固化的知识范式、政治立场和艺术阐释的对立性批判。尤其是1989年之后商品化浪潮的到来，知

① ［美］格拉斯·凯尔纳：《批判理论与文化研究：未能达成的结合》，载陶东风主编：《文化研究精粹读本》，北京：中国人民大学出版社，2006年版。

② 王宁：《文化研究：西方与中国》，《国外文学》，1996年第2期；陶东风、邹赞：《文化研究的问题意识与本土实践——陶东风教授访谈》，《吉首大学学报》，2014年第4期。

识分子用来抵御消费主义的理论武器处于失效的边缘。传统的马克思主义政治经济学对资本主义的批判和中国古代士大夫精神对个人操守的坚持，都在这个商品化浪潮中失去了自我辩护的可能性。而1989年后退出“立法者”位置的知识分子，更是自觉地寻找可以成为“阐释者”的理论资源。在这样的背景下，“文化”之研究，当然激发了大家的热情。所以，无论是阿多诺、霍克海默的《启蒙辩证法》，还是威廉斯的《城市与乡村》，不仅几乎在这个时候同时被翻译介绍到中国，而且，也同时引发了学者们的兴趣。这两种有融合之可能性而事实上却各自分立的知识传统①，不想却在中国大陆奇妙地结合了。人们借助于威廉斯的理论批判现代都市文明的昏聩和贪婪，借助于阿多诺的思想拒绝大众文化的低俗和浅薄。而这种融合的结果则是这一时期的文化研究学者们获得了新的理论方法的创造激情，并由此实现了由中国社会的启蒙者向现代文化的阐释者的身份转换②。

在我看来，这也就提出了中国文化研究的一个核心议题，至少在目前仍旧是一个核心议题，即当前文化研究必须首先解决的是我们所处的社会生活是怎样的社会生活的问题。换言之，理解和阐释中国独特的社会文化政治经验，成为当今中国文化研究的第一要务。

一方面，我同意格罗斯伯格所提出来的“文化研究描述文化如何影响日常生活”的命题，尤其是文化研究应该致力于探索一种知识，凸显我们的生活如何被“经济、社会、文化和政治权力的轨迹宰制”③。另一方面，又不能不看到，在中国，“日常生活”本身并不是像美国社会那样是相对独立和自足的，日常生活的被宰制，与日常生活自身的晦暗不明，

① 参考道格拉斯·凯尔纳：《批判理论与文化研究：未能达成的结合》，载陶东风主编：《文化研究精粹读本》，北京：中国人民大学出版社，2006年版。

② 也是在这一时期，中国大陆出现了一场“人文精神大讨论”。这场讨论，从今天的角度来看，正是对中国大陆知识分子身份转换的预警、警惕或承认。

③ ［美］格罗斯伯格：《文化研究的未来》，庄鹏涛、王林生译，北京：中国人民大学出版社，2017年版，第7页。

紧密联系在一起。这也就形成了中国日常生活的一种新的状况：抽象性压抑的生活。

在我看来，文化研究与文化批评的不同，乃在于文化研究应该致力于对中国当前日常生活之压抑性状态进行阐释、理解和分析。这种压抑当然仍旧是来自于政治、经济、文化和社会四大领域的遏制，同时，它又不直接呈现为这种遏制，而往往会以一种解放性的方式表现其魅影神力。

当前，中国处在一个用消费主义“解放”人的生活的特殊阶段。在这样的时刻，无论什么样的诉求，只要经由市场（资本的放大了的形式）就可以被合理化表达；反之，一切反对市场伦理的伦理，都变成毫无价值和意义的东西。与之相应，人们的日常生活经由市场主导的多元主义和实用主义的催化，变成了一种被“欲望的解放压抑的生活”。到处都是情感泛滥的道德话语，美轮美奂的文化盛景；人们通过想象伟大或者宏大事物的方式，来实现自我日常生活的精神皈依。在这里，没有什么比白皙苗条、宛若天人的女星身体更能显示这种“解放性压抑”的精神分裂症的症候的了：杂志女郎撩拨了男人们的欲望，让任何男人觉得这是一个没有性压抑的国度，“性”是私人的和自由的，是允许公开和自然表达的；但是，杂志和电影中的曼妙女体，说到底乃是一个“Nobody”，是一个现代男人在日常生活永远也无法得到、却在想象里面不断得到的欲望——没有人可以在现实的生活中遇到那个杂志女郎，这个女郎是平面的、纯粹的和无形的，所以，最终也是对刚刚被解放出来的性欲望进行压抑的。

于是，这种日常生活的压抑，必然表现为一种“抽象性压抑”，即找不到原因的压抑，仿佛不存在压抑的压抑。情感被神圣化，也就因之而与人的现实境遇隔绝；思想被抽象化，也就消解了声音的具体政治语境；而同时，道德被普遍化，即变成可以指责任何问题的武器。这也往往导向一种吊诡的状况：越是快感充斥，越是主体压抑；到处都是生活，却匮乏生活的意义；越是充满行动的冲动，越是掩盖行动的无主题性；越是激情对抗，越是创造“零度主体”(the zero level subject)……

所以，我倡导一种“广泛的文化研究”，即置身在各种各样的文化生活、社会政治、经济逻辑和权力格局之中的话语方式，而不是通过学科化的知识生产、建设行动或者理论阐述来完成的某项工程。广泛的文化研究，也是一种概念生产力的文化研究，即通过不断生产崭新的文化寓言，撬动当下生活的幻觉性寓言，创生对于实在界的冲动。如果非要给广泛的文化研究下个比较明确的定义，不妨将之称为“把生活变换为事件(event)”的行动，即通过寓言性的改造，把抽象的变成具体的，把知识的变成反思的，把现实的变成真实的，重新组合象征界和想象界的力量，令“实在界的大荒漠”扑面而来。或者可以引用齐泽克的话来作为本文的结尾。他在阐释精神分析的困境的时候，这样说：

> 精神分析在这里为我们提供了与此完全相反的教益：我们不应错把现实当虚构。面对实在界的硬核(hard kernel of the Real)，我们只有将其虚构化(fictionalize)，才能维持其存在。简言之，我们应该仔细分辨，究竟是现实的哪一部分通过幻象被“超虚构化”了。这样，即使这一部分已经成为现实的一部分，我们还是要将其纳入虚构的模式(in a fictional mode)，以此感知其存在。①

[原文发表于《济南大学学报》(社会科学版) 2018年第2期，人大复印报刊资料《文化研究》2018年第6期全文转载]

---

① [斯洛文尼亚] 斯拉沃热 · 齐泽克：《欢迎来到实在界这个大荒漠》，季广茂译，南京：译林出版社，2015年版，第19页。

作为理论与实践之间桥梁的文化研究

——近三十年中国文化研究的几个基本问题

王　姮*

20世纪90年代以来，文化研究在中国逐渐兴起。随着对国外文化研究相关成果译介的不断开展和对文化文本现象的阐释与解读，文化研究在理论与实践两个面向不断拓荒，诸如对性别、权力、阶级等理论问题的探讨如火如荼，文化研究作为通识教育的实践性操作也日渐开展。把一个文化现象放置在具体社会历史背景中进行思考，利用社会学、政治学、经济学、文学等各种学科资源进行全方位分析和经验上的梳理，文化研究的实践性所带来的社会参与得到学界的广泛关注。本文借鉴当代西方马克思主义批判理论，对近30年来我国文化研究中理论与实践的关系问题进行思考，结合笔者关于白塔寺计划的参与实践，尝试重新处理文化研究中理论与实践的关系问题。

一、学界关于“文化研究”的研究现状

在西方马克思主义者看来，“文化”一词一方面有“培养”“孕育”的含义，意味着人对自然的管理，另一方面“文化”又以冒充自然的方式存

---

*　王姮，南开大学文学院2016级文艺学专业博士生。

在着："一座座城市用沙子、木材、钢铁、石头、水等东西建成，因此它们就如同田园牧歌是文化的一样是自然的。"①因此，"文化"就带有了一种意识形态的含义，即无论有意与否，文化可以被看作是一种自我隐藏和遮蔽。因此，文化研究是对文化——人类生活方式的综合进行全方位思考，对不同民族、区域、阶层和时代的人们所展开的生活模式进行意义的解读和研究。国内外关于"文化研究"的研究，大致有以下几个方面。

第一个方面是探索文化研究的国际背景。文化研究的发生与社会的发展紧密相关，17世纪以来社会化的机器大生产不断发展，资本主义生产方式也随之推进，以物物交换为基准的资本主义交往方式从经济层面拓展到文化和日常生活层面，从资本蓬勃发展之地逐渐拓展到全球范围。私有财产制度的确立，也带来了人的异化，原本属于人的东西或人活动的结果，在人的对象化活动过程中，取得了独立性，并反过来成为制约人、统治人的力量。诸多具有批判意识的学者沿着这一思路不断推进，如法兰克福学派"探讨人们的思想是如何一步步被略化为某种机械性的思考，关注于有效性和有利可图，道德自省意识逐渐消失，审美愉悦变得愈加标准化"②，仿佛西方现代文明造就的并不是人类的进步，而是空前的野蛮状态。人类的精神状态、自我身份、群体认同、社会分层等一系列问题浮出水面，伴随着现代性兴起的历史，文化研究也得到广泛关注。

文化研究的延续及在当代的发展也与时代风貌相关。第一，资本全球化带来商品全球化，越来越多的商品开始走国际路线，在交换过程中，通过欲望编码所结构起来的商品成为个人身份认同的一种标准，商品的符号价值便由此获得极高的地位。占有商品符号、从中获得身份认同成为消费和不断扩大再生产的实际目的，消费等级开始象征性决定群体身份划分。

---

① ［英］伊格尔顿：《文化的观念》，方杰译，南京：南京大学出版社，2006年版，第4页。

② Stephen Eric Bronner: Critical Theory-A Very Short Introduce, Oxford University Press, pp.4-5.

第二，资本跨界流动也带来了对传统文化资源的争夺，对一国、一地的文化资源的开发和保护更多基于资本利益的思考，以对待商品的姿态对待文化资源，这就不可避免地引发了传统文化命题的悖论与思考。第三，技术进步带来大众传媒的发展，信息的多渠道传播冲击了固有的文化文本，各种文化符号交织在一起，精英文化、大众文化、流行文化之间的界限开始松动，道德标准在新的历史条件下也被赋予多重内涵。传统的文学内部解读方式遭受质疑，学术界开始借助“文化”这一更加广博的概念，透过表层的社会文化现象来分析其内在的结构范式以及蕴含其中的意识形态、认知模式、权力关系等等，实现对当下社会更为准确的思考和把握。

第二个问题是文化研究与文化批评的区别与联系。如果说文化批评像锋利的手术刀一般对文化文本的建构方式进行剖析，那么文化研究则更加关注文本背后的观念支撑，综合考虑人类在特定历史时期内的思考方式和逻辑方式。对于二者的区分，伯格曾专门指出：“文化批评是一项多学科、跨学科、泛学科或元学科的研究方式。文化批评家来自不同领域，也采纳不同领域的理念。文化批评涉及文学和美学理论与批评、哲学思想、媒介分析、流行文化批评、阐释学理论以及符号学、精神分析、马克思主义、社会学和人类学等领域、传播研究、大众媒介研究以及其他使当代文化与社会成其为当代（又不那么当代）的种种方式。……而文化研究着力于媒介、流行文化、亚文化、意识形态、文学、符号学、性别问题、社会运动、日常生活以及其他命题。”①文化批评与文化研究有重叠之处，但关注点不尽一致：文化批评侧重于通过文化分析和文化实践追问知识谱系和知识生产方式，而文化研究“往往集中于研究某一现象是如何与意识形态、民族性、种族性、社会阶层和社会学性别相联系”②。意识形态弥漫于人们日常

① 王晓路：《西方文论关键词：文化研究》，《外国文学》，2014年5月。

② 王晓路：《西方马克思主义文化批评研究》，北京：北京大学出版社，2012年版，第5页。

生活的各个角落，在文化研究看来，所有习以为常的事情都值得去问“为什么这样”，才能思考看似自然的文化现象背后所蕴含的权力政治纠葛。因此，日常生活成为文化研究的重要关注领域。

第三个问题是探寻文化研究的方法论资源。由于当代人文社科领域依然面对资本主义当代社会形态，因此，在当代日渐复杂的社会文化背景中，回归马克思主义、将马克思主义诸多命题作为分析当代资本主义社会文化的起点，已经成为诸多思想家所重视的问题。伊格尔顿在其新著《马克思为什么是对的》中着重指出，“作为有史以来对资本主义制度最彻底、最严厉、最全面的批判，马克思主义大大改变了我们的世界。由此可以断定，只要资本主义制度还存在一天，马克思主义就不会消亡。”[①]得益于马克思主义对资本社会的批判与思考，二战以后，许多马克思主义理论家面对经济复苏发展的新时期，对经典马克思主义理论进行修正和再思考，在资本社会的社会历史框架之内寻求更加符合时代境况的阐释方式，这对中国文化研究学界同样有着深刻的借鉴意义。

时至今日，文化研究的具体研究范围在国内外学界尚未形成完整的界定，这使得文化研究能够以一种开放的姿态通过学理的方式观照当下社会文化状况。文化研究可以广泛地从其他人文社科领域中借鉴理论话语，以动态、开放的姿态弥补传统文学理论静态分析的贫乏。

第四个问题是文化研究的中国化。90年代以来，市场经济的蓬勃兴起带来了盛行的消费主义，对消费现象和随之而来的大众文化的思考构成了中国文化研究最初的历史背景。文化研究和文化批评在中国大陆的历史性出场也和本土的社会文化现状有关：“中国的文化研究在20世纪90年代的兴起的确具有本土文化语境与西方理论影响两个方面的原因，但是其中本

---

① ［英］伊格尔顿：《马克思为什么是对的》，李杨等译，北京：新星出版社，2011年版，第6—7页。

土现实的挑战是更为根本的。”[①]如果说“1985年，杰姆逊（弗·詹姆逊）的北大之行以及《后现代主义与文化理论》一书的出版可被视为文化研究的思想登陆中国的先声”[②]，那么接踵而来的各种关于文化研究的学术研讨会和系列丛书的出现，则是将国外理论资源迅速消化并运用到本土文化环境中、将学与思融为一体而取得的本土化文化研究成果。

在中国，文化研究的发展不像其他文学相关学科，如中国现当代文学、比较文学等，起步于国外理论资源译介，经过本土化应用于思考，在此基础上形成较为系统的学科化、理论化体系，它是在一个较为短暂的时间内，加速融合了译介、学习、本土化、理论化等环环相扣的学科发展阶段，一边阐释文化现象与当下社会问题，一边反思自身的阐述方式，既质询研究对象，又质问自身研究范式。中国大陆学界在20世纪90年代先后出版了一些有关文化研究和文化批评的教材和论著，很大程度上起到了学术奠基作用，如陶东风的《文化研究导论》（2004年）、《大众文化教程》（2008年），王晓路的《文化批评关键词研究》（2007年）、《西方马克思主义文化批评研究》（2012年）以及曾军的《文化批评教程》（2008年）等。

文化研究在中国的阶段性跳跃发展，打破了传统的学科发展的线性规律。它一方面吸收了文学研究中文本细读与分析的优秀范式，另一方面也交融进许多其他学科的思想成果，越来越多地成为救治社会学研究生硬刻板弊端之良方，将与人类生活相关的一切生活方式放置于特殊的社会语境之下进行全方位思索，在经济发展的同时将人类视为命运休戚相关的共同体，思考资本权力对文化的遮蔽和控制，在这些方面，中国文化研究与世界同行。

---

① 陶东风：《文化研究：西方与中国》，北京：北京师范大学出版社，2002年版，第2页。

② 周志强：《“问题化”与“去问题化”（代主持人语）——一场争论后的反思》，《文学与文化》，2016年第4期。

二、文化研究的热点话题

近30年中国的知识界没有单纯地借鉴国外理论话语，而是注意整合本土的理论资源，在立足中国现实社会问题的基础之上，尝试对带有中国特色的城乡问题、农民工问题等进行思考，并试图寻找补救之道。这并非一场简单的西风东渐运动，而更需要对本土文化资源、理论资源、文化现状有切实的把握。国内外学术资源的融入，使得中国的文化研究呈现出多元并生的面孔。文化研究相关领域的话题十分广泛，某一特定社会文化案例也往往可以从多个研究视点切入进去。

在当代中国，大众文化、阶层（级）问题一直是文化研究的焦点性问题，随着全球化进程加速和全球性知识的生产与普及，都市、空间与文化地理学问题也成为文化研究的热点。针对某个具体的文化文本，往往有着多方位的解读和分析。

（一）大众文化

90年代初，大众传媒不断发展，大众媒介的出现改变了以往较为闭塞的中国社会，信息的广泛流通使得学者开始从大众传媒的样态、机能出发，思考机械媒介和电子媒介等对人民生活的影响。由此，何为“大众”、何为“大众传媒”等问题逐渐提上日程。如周大鸣1990年发表于《社会学研究》上的《珠江三角洲的大众传播与大众文化》，从特定地点出发，试图说明大众文化是城市化进程的产物，是“借大众传播工具扩散，为大众所欣赏、接受和消费的文化”①。

进而出现了关于大众文化特征的研究，如孙抱弘1994年发表于《当代青年研究》的《追星：新传媒网络中的大众文化增殖与偏食—兼论当代青少年的审美特征与审美导向》，认识到大众文化的流行性特征，并从青少年的审美视角出发，开始关注青年亚文化问题。借由大众文化，一系列如青年

① 周大鸣：《珠江三角洲的大众传播与大众文化》，《社会学研究》，1990年第5期。

亚文化、娱乐文化研究、网络文化研究等相关问题的思考逐渐浮出水面。

（二）阶层（级）问题

文化研究关注到社会分工所带来的阶层问题。大型资本垄断生产工具、驱动技术变革来代替工人劳动，使得分工呈现出新的复杂性和脆弱性，供应链中的小状况都可能造成重大后果。另外，社会发展的整体性需求更多地关注于维持竞争优势和赢利能力，而这与改善工作和生活质量完全无关，甚至与增进人类福祉的目标无关。由此，分工加剧社会和政治矛盾，造成疏离与异化。技术进步带来了更为广泛和精细的社会分工，劳动者牺牲了他们的精神、情感和身体健康，进而丧失了个人发展和自我实现的余地。于是，身份认同、性别问题等相继出现。

（三）都市、空间与文化地理学

日益加速的全球化带来了全球资本主义方式蔓延。全球产业链的动态排序和区域文化的重新定位，不仅使得资本的跨界快速流动，也使区域文化资源成为突出的新问题。传统的依靠能源消耗和向自然索取的财富增长方式引发了区域性生态的恶果，其背后更隐含着利益的生态政治问题，这些都引发了社会与学界的众多思考。如许苗苗发表于《文艺争鸣》2011年第4期的《写字楼的空间意义》，从写字楼这一城市常见景观入手，探讨城市景观的空间意义及其深层的空间政治。再如张一玮发表于《文化研究》2016年第4期的《感知、空间与都市性：电影中的电梯影像》，从影视作品中的空间意象出发探讨物质性关联着的人们感知方式变化以及文化想象。

在文化研究中，大众文化、阶层（级）问题、身份认同、城市空间等问题往往纠缠在一起，“媒介总是试图创造一种生活样式，并把这种生活样式通过蛊惑性的语言、通过生动而又美好的场景再现，让它成为人们追逐的目标。”[①]在现代媒介中，一切都是消费品——人的荣誉、名声、

① 张大伟：《城市文化与“身份认同”》，《甘肃社会科学》，2006年第3期。

身份等等。借助于灯光、音效、影响的交织变化，媒介像是一只无形的手牵制着人们的购买行为本身，并由此规训着人的价值观念、生活趣味等等。身处其中的人们看似可以自己做出一些选择，却看不到这些选择也是被提供的。

通过展示城市的繁荣及高速运转状况，媒介制造出一种城市的神话。它象征着国家民族兴旺发达的前景，高度的物质文明与精神文明在一个有序的法治城市中融为一体，在这里，完善的交通带来了无限的通往未来的可能，完善的养老机制许诺出一个更加舒适的明天。在与媒介有关城市神话的创造过程中，我们看到了城市的一侧面孔，而另外一侧面孔则是被遮蔽的。

在文化研究中我们可以思考遮蔽之下的城市的另外一侧面孔，首先是“谁的更美好的生活”，空间的占有和使用的主体是谁；其次，何谓更加美好的生活，住的住宅和道路规划、基础设施的完备、养老和儿童教育体系在不断修整，然而显性的策略修订机制，能否面对结构性困境。再次，人与环境之间、人与人之间的问题依旧是城市文化研究的热点。在媒介所赋予的圣光下，哪怕是小修小补，也用大修大补的语气去诉说，真正高排污高盈利企业并不会完全关闭，技术革新用于扩大生产，用在环境治理与保护上的很少。由此，城市规划趋于完善，分工越来越明确，资本获取更多利润，便于政府管理，但人们日常生活困境并不见得就可以完全解决。如果解决不了，那就是个人的问题。大环境之下的小无能，是进入不了宏大叙事体系之中的。而文化研究则致力于揭开特定社会历史文化背景之下整齐划一、蒸蒸日上的发展表象，分析其中交织的各种力量。

在现有的关于文化研究的研究中，需要特别注意的是，具体的文化批评实践应该避免对象的泛化和分析的空疏。如亚当斯针对文学研究和文化研究的问题时所指出的未来研究的趋势：“它要能匡正文化研究对于批评传统在建立文学文本属性以及结合形式与内容所作的努力，所采取的一贯忽视或诋毁的倾向。它也要能匡正美学分析造成诗从人类活动并思虑于其间的世界中脱离的倾向。”[①]

三、以文化研究的方式改造社会

文化研究中理论与实践交相辉映，相互交融又各自发展，在相互交割中争夺主控权。关于城市的建设与改造问题最能展现理论与实践的纠缠。

文化研究具有鲜明的行动品格，这一重要的学术特质成为文化研究区别于其他传统学科的本质所在。在文化研究的发展之路中，大众文化、阶层问题、性别问题等已经成为今天文化研究的标签性议题，这始终与20世纪以来的各种社会政治运动息息相关。诞生于第一次和第二次世界大战期间的法兰克福学派便是建立在对战火纷飞年代的颠覆性思考基础上，对内嵌于西方文明中的剥削、压迫、异化行为进行猛烈攻击。它拒绝将人类真正的自由与任何制度规划或思想体系等同一致，并质疑其他思想理论及现有实践中隐含的妥协与变质。无关乎任何“永恒真理”的探索，该学派着力于面对新的问题，探索隐藏于资本权力控制下零星存在的解放的可能。正是这种投身于社会运动、敦促社会发展的理想与信念，从事文化研究的知识分子得以凝聚起来。

90年代以来，随着商品经济的发展与大众文化的传播，中国的文化研究逐渐由理论的舶来品蜕变为颇具本土特色的学术研究点。相关理论译介和文化实践促使中国本土文化研究日益呈现出走出书斋、走向实践的自觉性，文化研究者也开始将关注点投放于基层问题。以白塔寺再生计划为例，2017年9月，北京国际设计周白塔寺再生计划由北京市西城区新街口街道办事处、北京华融金盈投资发展有限公司联合主办，《世界建筑》杂志团队作为总策展，策展主题为“白塔寺：新邻里关系”。院落改造、胡同提升、片区更新、社区共建等四个步骤首尾相连，通过以点带面的辐射效应与居

① ［美］海若·亚当斯：《西方文学理论四讲》英汉对照本，傅士珍译，台北：洪范书店有限公司，2002年版，第171页。

民日常生活密切联系，试图建立起新的胡同社区生态[①]。针对这一院政企三方合作的城市规划项目，公共艺术家借助于企业投资，尝试在修正原有街道空间布局的同时，建立一种新型邻里关系。然而，在文化研究学者眼中，腾退和旧区改造则面临城市空间的真正占有权和居民的身份认同问题。我有幸参与2017年12月的“紧急状态——白塔寺再生计划的现代性实践”展览与座谈计划，从白塔寺计划的腾退视频出发，分析当代流行媒介——电视、电影、互联网、报纸——等大众传媒在城市空间占有中所起到的作用，尝试提问当地居民的需求在哪里体现，在从北京二环到五环的迁移中，个体身份认同是否可以完全顺应时代、城市发展的需要。就一个特定的地方来说，普通居民与设计师这两类具有不同文化倾向的社会群体，在认同上往往会有冲突与断裂。城市改造的最大杰作在于，它可以不动声色地将人的生活方式改变成另一种模式。

由此，文化研究中理论分析与行动派的分野便得以彰显。如果说行动派着力于将文化构想付诸实地操作，在行动中实践理论，在实践中发现问题升华理论，那么理论分析派则更擅长从已有的文化现象入手，如具体的文字材料、景观布局、影像作品等，分析文化景观的建构性成因及其背后的深层政治内涵。理论和实践，总归都是要回答“怎样才能创造更好生活”的问题。

城市作为一种生存空间，其改造过程中的保护与合理性开发也受到广泛关注。面对像北京白塔寺这一具有特殊历史文化内涵的城市街区，最基本的态度就是保护。文化研究的行动派敏锐地捕捉到“城市历史景观”这个概念，认为城市不单单是各项商业活动开展和人们生活的地方，而更是“作为文化和自然价值及特性的历史性层积结果的城市地区”[②]，这就超越了

---

① 《2017北京国际设计周白塔寺再生计划：新邻里关系》，《世界建筑》，2017年第11期。

② 刘祎绯：《中国的城市历史景观研究10年综述——缅怀吴瑞梵先生》，《中国园林》，2016年第2期。

“历史中心”或“建筑群”的概念，将更广阔的城市文脉和地理环境纳入城市规划布局的思考中。

与此研究视点不同，也有学者借助文化研究和文化批评的相关理论，试图解析白塔寺城市空间的使用，从白塔寺风貌保护区居民腾退纪实片入手，分析影像资料中暗含的欲望编码机制。纪实片的前半段讲述了政策福利众多，三分之二处到最后则通过展示腾退住户新住宅的人性化设施，将视频演变成类似房地产广告的样貌。对于这种偷偷置换的分析，不在于批评政策有问题，也不是评价这个项目好坏，而是希望借此视频分析在商品社会中，人们需求（need）和欲求（want）在不知不觉中被规训的过程，看似统一的“对于美好生活的诉求”之下掩盖着的割裂与断层的状态。为了摆脱认同危机，人们主要通过劳动和消费两种方式。

首先是劳动/付出。城市制造出这样的幻觉，即通过展现一个更加美好的未来图景，欺骗生活于其中的人们。对于腾退区的居民来说，离开长久居住的土地时，脑子中充满的就是这种“城市想象”。新的居住小区带给他们更美好生活的感觉，主动搬离为北京城市规划做贡献满足了自身作为城市人的身份想象，却意识不到自身其实是作为城市发展障碍而存在的这样一个残酷现实。

相比较这些较为柔和的身份想象，当诸多设计师纷纷感谢金融投资公司给予的家政和后勤服务时，有一类人的存在就变得可有可无：作为雇佣工的底层劳动者。拔地而起的高楼大厦仿佛是一夜之间兴起的，建筑工人、清洁工人、安保人员的汗水在镜头的切换中被掩盖，成了丧失生命意义的简单符号。浑厚的讲解音代替了熙熙攘攘的市井之声，这片区域也随之不再是人们日常生活的地方，而理所当然地成为一种等待被观看的景观。

无论是视频中还是现实里，他们都只有为别人劳动的资格，没有被北京城接受的权利。无止境的劳动制造出这样的幻觉，即只有在与城市建设息息相关的物质生产中，作为城市一分子的身份认同才能彰显。

其次是消费。消费是现代城市人摆脱认同困境的一种选择。正如阿瑟·米勒（Arthur Miller）在1985年出版的剧本《代价》第一幕中所说："许多年前，一个人如果难受，不知如何是好，他也许上教堂，也许闹革命，诸如此类。今天，你如果难受，不知所措，怎么解脱呢？去消费！"被卷入消费行为中的人们，仿佛除了不断购买，再也没有可以缓解疲惫、紧张、孤独的良方，精神困境在机械的消费行为中得以缓解和暂时的遗忘。同时，以消费为标准形成了城市群体的一种生活方式，融合了内部的聚力和外部的排斥，人们可以通过这些来了解彼此的社会地位，分辨哪些可以结成群体，哪些要被区隔出去。腾退纪实片的造梦逻辑便基于此，宽敞明亮的新住宅区与之前逼仄的胡同，老旧的家用电器与腾退之后新居崭新的器物，旧城区阻塞的下水管道和新区相关物业的鲜明的标记，画面的呈现引诱着消费的不断推进，即只有通过搬迁，将原有住宅用地腾退出来，人们才能过上更好的生活。进一步说，居住环境的改善一定程度上带来了身份的变更，由此人们可以实现改头换面，实现更好的自我发展。

90年代以后，全球资本的发展进入旺盛期。如果在之前阶段中，推动资本积累、构造人及其社会关系的重要途径是生产，那么时至今日，消费则成为独立于生产之外的社会运作体系，进而成为整合和规训人及其现存社会关系的有效方式。由此，文化以一种类似于工业制造的形式，"通过不断地向消费者许愿来欺骗消费者，它不断地改变享乐的活动和装演，但这种许诺并没有得到实际的兑现，仅仅是让顾客画饼充饥而已。需求者虽然受到琳琅满目、五光十色的招贴的诱惑，但实际上仍不得不过着日常惨淡的生活"①。消费一方面提供着满足，另一方面也制造着人们的各种需求，并使得大众在一定意义上获得"虚假的满足"。

视频到最后几乎成为一个房产广告，腾退出去就是为城市改造做贡献，就能获得身份的认同；买这个小区的房子就能实现对美好生活的向往，而

① 霍克海默、阿多诺：《启蒙辩证法》，洪佩郁译，重庆：重庆出版社，1990年版，第130—131页。

人民生活是否能够真正改善、想要怎样的改善，这些体制性的矛盾被掩盖，把复杂问题简单化了。简陋肮脏的胡同已成为城市化进程中的重要阻碍，只有响应政策，积极搬出，才能解决诸如环境污染、交通堵塞等问题，才能以合格的城市人身份更好地居住在这片土地上。

进一步说，借由文化研究相关理论的分析可以发现，白塔寺腾退视频以纪实的方式记录了一部分居民搬迁的过程，但问题就出在，在当下中国面临的纷繁复杂的社会图景中，对美好生活的共同向往本身就意味着社会底层存在着诸多艰困和挣扎，底层的生命困顿被掩盖在我们习以为常的画面中，配以连贯悠扬的弦乐声，成为我们“看却看不见”的存在。在城市改造的进程中，对城市病的关注和抵抗从来都没有消失过，问题是对这些关注，要么被小修小补的措施所遮蔽，要么被过度许诺一个美好的未来。一方面是城市表象的拥堵与混乱，另一方面是内在的资本强势循环对城市的无情把控，也就是说，腾退视频表达了这样的内涵：我们想要生活得更快乐，就要顺应时代和经济发展规律；我们之前的不快乐，并不是现实生活的经济或者政治压力的结果。白塔寺再生可以一定程度上拯救北京胡同，但这些问题不会通过白塔寺的再生而得到彻底解决。可见，行动派着力于制造丰富多样的文化景观，在田野调查和实地操作的基础上试图拯救已有的生活困境；文化研究和文化批评则致力于揭开美丽景象的面纱，质询真实的社会生存境况。

如齐泽克所说，“文化研究仍然是一个无法完全融入现存学术界的异类体”[①]，文化研究与社会学的调研及实践不同，它更像一种理论话语，而非具体的社会行动指南。它更多的是在于揭示问题“是什么”和“为什么”，而非明确提出现实可行的解决方案和规避策略。

［原文发表于《济南大学学报》(社会科学版)2018年第2期］

① ［斯洛文尼亚］斯拉沃热·齐泽克：《有人说过集权主义吗？》，宋文伟、侯萍译，南京：江苏人民出版社，2005年版，第174页。

中国近三十年文化研究的批判意识与批判焦虑

——以当下中国性别文化研究为例

魏建宇*

文化研究进入中国大陆学术视野并迅速盛行，是在20世纪80年代末至90年代初。将近30年的历程，使得文化研究逐渐成为中国大陆学术领域之中的一门“显学”。在中国近30年的文化研究经验历程中，以批判为常态的对于现实世界的认知与反映方式，力求以塑造人们的感觉解构来改造世界，将资本社会所塑造的人们的诸多幻觉以批判的方式予以厘清和重塑。然而在这个过程之中，文化研究的批判意识出现了一个问题，就是将情感塑造与社会改造混为一谈，使得最终对符号体系的政治斗争被文化斗争所取代，使得文化研究成了一种庸常的类似于“街头游行”式的批判“武器”，这就在文化研究内部衍生出了新的“批判焦虑”——当我们专注于批判性实践时，文化研究就由建立于总体性的批判与反思策略变成了具体的解决实际问题的工具，这个时候，我们一直试图改造的那些由资本主义文化逻辑所生产的“情感”也就成了我们无法避开的关隘。就好比，我们在研究性别文化时，当女性的解放被看作一个问题或目标时，也就无意识地将

* 魏建宇，南开大学文学院2016级文艺学专业博士研究生。

女性的孱弱和禁锢看作是这个社会和时代理所应当的现象，本应作为批判目标的要素却变成了批判的天然合理的背景，将虚伪的“进步”看作是批判的胜利，我认为这才是当代中国文化研究面临的新的问题与挑战。

一、中国文化研究的批判意识：打破传统知识的研究范式

文化研究的诞生与发展，始终处于与社会运动的互动状态中。文化研究的兴起肇始于1956年。其时，英国的进步知识分子受到了苏伊士运河事件和匈牙利事件的巨大冲击，他们围绕《新左派评论》迅速集结为一个即使略有分歧却目标一致的英国“新左派”群体，抵抗本国资本主义文化体制。“在近60年的时间里，在最激进的目标和运动的背景下，通过七代知识分子的努力”[①]，在英国确立了马克思主义运动，形成历史文化理论之风。也因此，文化研究自诞生之日起，就带有了鲜明的批判色彩和社会政治实践意识。

而在中国大陆，人们普遍认为文化研究最早登陆中国是1986年美国学者弗里德利克·杰姆逊在北京大学的演讲及其演讲录《奇异性美学：全球化时代的资本主义文化逻辑》的出版。然而，中国的80年代是精英文化高歌猛进的时代，文学艺术创作在“伤痛”之后，纷纷着眼于本土文化生产的弥补和疗愈，这段时间，文化研究在中国并未引起重大反响。而随着90年代中国改革开放的进一步发展，一系列变化使得文学艺术界突感对现实问题的失语，此时，文化研究从80年代初入国门以来第一次受到了学界的重视，人们对其讨论和研究的兴趣突然高涨起来。

在这样的背景中，面临社会生活和文化双方面的巨变，传统的文化话语开始沉默。进入90年代后，中国社会进入全面转型阶段，而精英主义文人话语对中国社会文化极度复杂的新状况以及新的审美活动、新的文艺形

① ［英］丹尼斯·德沃金：《文化马克思主义在战后英国——历史学、新左派和文化研究的起源》，李凤丹译，北京：人民出版社，2008年版，第6页。

态、新的艺术消费方式逐渐失去了言说能力和阐释效力，与现实生活、社会公共空间失去了应有的联系，从而被边缘化了[①]，取而代之的是对日常审美文化的研究。此时，文化研究跨学科特性的优势由此凸显出来。

这也正是文化研究与文学研究的区别所在。从语义上来说，文化的范畴显然要大于文学，因此文化研究的着眼点要比传统的文学研究宽泛一些。但是，如果沿用经典的文学研究范式，只是不仅将眼界局限在作家作品，而是考察与文学范畴相关的其他社会文化现象，那么这依然是将文化研究看作是文学研究的一种拓展。在文学社会学之中，经典的马克思主义文学批评正是这个思路。然而，中国大陆的文化研究沿袭了欧美文化研究的理论与批判实践传统，秉持着威廉斯“文化乃日常”的命题，将“文化”这一概念的内涵在学术研究领域之中从文学里解放出来并拓展开去，使得文化研究最初兴起时就具有了反思社会政治情形的性质。英国文化研究的代表人物约翰生就将文化研究的前提总结为以下三个方面：“第一，文化研究与社会关系密切相关，尤其是与阶级关系和阶级构形、与性分化、与社会关系和种族的建构，以及与作为从属形式的年龄压迫的关系。第二，文化研究涉及权力问题，有助于促进个体和社会团体能力的非对称发展，使之限定和实现各自的需要。第三，鉴于前两个前提，文化既不是自治的也不是外在的决定的领域，而是社会差异和社会斗争的场所。”[②]如此看来，文化研究从根本上与文学研究的视域就是有差异的，它是对规整刻板的封闭而向内的学科化倾向的反叛，而在阶级、性别、种族等问题上逐渐延伸至资本逻辑与社会权力，从而具有强烈的政治意味和政治指向。

而这种反权威的知识政治冲动，正是意识到了文化批评是一种重新构

---

① 毕日升：《九十年代中国“文化研究”的兴起、现状及前景》，石家庄：河北师范大学出版社，2003年版。

② ［英］约翰生：《究竟什么是文化研究？》，罗钢、刘象愚主编：《文化研究读本》，北京：中国社会科学出版社，2000年版，第5页。

建文学艺术认知方式、重新阐释社会文化的理论体系。关于这一点，陶东风总结说："文化研究更加自觉地关注文化与权力、文化与意识形态霸权等的关系，并把它运用到各个经验研究领域。这就是说，文化研究不是把现存的社会分化以及由此产生的各个群体之间的等级秩序看成是必然的或天经地义的。在它看来，正是文化使得社会分化与等级秩序变得合理化与自然化。"[①]这便道出了文化研究批判的重要目标——文化研究的批判意识正是因为勘破了渗透在日常生活与社会政治条条缝隙之中的压抑与秩序，乃是由文化作为其合理性辩护与维系的保障，才要在此使用文化研究的策略加以甄别与抵抗。

因此，中国大陆的文化研究对文艺作品、日常生活、大众文化的批判，暗含了对于中国社会政治现实的反思的冲动，以学术话语来弥补象牙塔之中所无法真正实现的政治行动的不足。这也就是类似于性别政治这样并非衍生于中国大陆社会现实的文化视角也成了文化研究学者关注的重要议题之一的原因。

起源于西方的性别研究理论，被戴锦华教授介绍到中国之后，一直成为中国文化研究领域的核心议题。时至今日，以"女权"为核心的性别解放诉求，已经蔓延至包括同性恋等亚文化现象在内的多元化性别问题之中，使得当代都市女性之生存表达权问题的热度持续高涨。中国性别文化研究继承了欧美性别理论和女权主义革命的传统，从社会性别身份的自觉和建构之角度，在中国大众文化研究领域蓬勃发展。大众文化成为女性主义者进行社会政治参与的重要场域，在这里，既有与传统性别观念不同的价值的生产，又有顽固的父权思想不断改装和巩固既定社会性别秩序的霸权。因此，性别文化研究的建构为中国当代文化研究提供了重要的视角。并且作为西方理论传入中国的典型代表，性别文化研究中国化过程之中，也将诸多实际问题纳入研究视野，形成了当代属于

① 陶东风：《文化研究：西方话语与中国语境》，《文艺研究》，1998年第3期。

中国的社会性别图景，使得复杂多元的大众文化呈现出了多元复杂的社会性别角色的建构。

早期的中国大陆性别文化研究，总与文学作品中的女性形象脱不开关系，与文学研究之中的支脉——女性文学纠缠在一起。尔后的21世纪初，大众传媒迅速崛起，自媒体焕发出前所未有的传播力量。大众传媒并不是一种独立于社会文化体系的存在，它成为社会政治、经济、文化与受众之间不可忽视的桥梁。大众传媒多维、多元的传播方式，由公众到个体的形式变化，都大大拓展了受众接纳信息的通路。而隐含其中的意识形态就借由这条通路输送给大众，而受众对此浑然不觉，人们的情感表达方式、思想观念都会在潜移默化之中经过大众传媒的改装。因此，对中国当代大众文化的研究，往往以大众传媒作为切入点，通过大众文化传播途径、方式以及受众的研究把握其发展的脉络与特点。

性别文化研究的视角也随着这一背景打开了新的通路。媒介干预下的性别身份认同问题成了新时期性别文化研究的主流。且女性以外，同性恋等亚文化现象也被纳入性别文化研究的视野。这时，文化研究的批判意识就在对性别现象的“拨乱反正”中扩散开来。女性的问题意识将焦点集中在对父权制和性别二元论的批判行动之中，从媒介视域下的性别形象和性别身份入手，探讨男/女性别气质的形成与社会权力的规训。戴锦华教授在海南师范大学讲座时，曾说性别问题“已经不再是任何自然生命当中的问题，它是一个被高度的男权体制编码的系统”[①]。性别文化研究俨然成了对男权话语的一种集中清算，仿佛只要是性别问题——不仅仅是女性的问题——最终都将归结为：我们又发现了性别的歧视，我们又发现了男权的存在，我们又发现女性成了第二性，……而最终的批判都毫无悬念地归结在男性霸权之中，成为“殊途同归”的文化现象研究。

---

① 戴锦华：《失踪的母亲：电影中父权叙述的新策略》，《海南师范大学学报》（社会科学版），2015年第8期。

文化研究的其他议题也有同样的问题，当我们的批判也成了某种范式，批判意识就成了先验性结论的一种途径。我们从消费社会之中必然地会指向拜物教的操纵，我们从青年亚文化中必然地走向福柯式的规训，我们从“文革”话语之中必然能指出集体记忆的建构……由此可见，性别文化研究同其他文化研究议题有着这样一种批判的共识：当我们以批判意识指导批判实践，从而借由批判理论得到批判结论时，我们内在地指向了一种反权威、反主流和去中心化的思维。在文化研究的其他领域内，我们也或多或少地将批判意识与反叛意识混为一谈，诚如周宪教授总结的那样：文化研究是“‘非学科’或‘反学科’的，它是对体制化、学院化的权力/共谋构架的颠覆与反叛，意在恣肆纵横、不受拘束地切入社会文化现实问题”①。

中国近三十年来的文化研究也正是秉承着这种批判的品格，而形成了独特的批判意识。它与传统的西方批判理论不同的是，西方的批判理论建立在与资本主义相抗衡和对抗的现实之中，而在这一理论中国化的过程中，结合了中国的现实背景和具有中国特色的社会现实，在中国国情的实际问题中，显现出先进的思考与批评的范式。它是中国近30年来文化研究的闪光点，却也同时带来了文化研究新的挑战。

二、中国文化研究的批判焦虑：“去历史化”的现象反思

近30年的中国文化研究，它的批判意识给了这个研究策略狂飙突进的活力与现实意义，但随之而来的问题是，自由纵横的文化研究，将当代诸多文化现象纳入自己的研究视野，并将现实问题看作是相异观念与理解方式所建构起来的“独立现象”。这个时候，生活的本真状况和历史的真正样态就从我们的研究之中被模糊掉了。每一个人的意识和价值都应当得到尊重，不能够被压抑，也因此，每一个人的困境都成了个体

① 周宪：《文化研究：为何并如何？》，《文艺研究》，2007年第6期。

政治之中的一个环节，我们的遭遇没有一个特定时代的根本性困境或说结构性困境。这个时候，亚文化群体就被很多文化研究学者看作是伪经验时代的突破者与独立思考并表达真实经验的反叛者，他们对权力话语的热情抵抗，充分显示了“大众”的革命性与内在的摧毁的能量。在当代中国，摇滚乐、粉丝经济、自媒体等等新的符码，成了文化研究借由批判实践而实现的“阶段性胜利”的代名词。但是，现象的发起和某一类人群有意识或无意识之下对大众情感的改造，是相对容易付诸行动的，也是相对容易产生一种介入现实并改造现实的幻觉。文化研究本身就是一种祛除资本权力机制施加于人的幻觉的符号，但是它在批判之中所产生的行动焦虑是否忽视了现实社会强大的历史语境与收编机制而制造出了新的幻觉符号呢？

以当代中国性别文化研究的热点话题为例，有不少学者在研究传媒形象之中男女两性性别气质的问题时，以“男色消费”为行动，以“小鲜肉”形象为研究目标，从性别视角切入，便容易得到一种具有革命胜利般积极意味的结论：作为“身体凝视”对象的性别转变，给女性主义者带来了“福音”——男性也终于沦为被看的对象，迎来被“物化”的命运。女性通过欣赏男性的皮肉获得身份转化、实现社会性别平衡的阶段性胜利。

然而事实是否如此乐观？女性对“小鲜肉”的观看，是否同样带有了男性对女性的权力凝视的意味呢？我认为女性的男色观赏在企图反转压抑的斗争里，陷入了替代性满足和想象性解决的怪圈。男性的凝视之所以带有权力的“霸道”，因为男性在心理层面将自己作为社会地位、社会权力和社会财富的主要创造者和占有者，而带有性别优越感，男权的凝视法则之中，暗含了对女性的规训和占有，这在本质上是对权力生产和物质生产能力的一种认可，这种认可不仅仅发生在男性群体，也被女性所认同，从而形成一种性别政治之中的集体无意识。但是女性对“小鲜肉”的观看则是一种娱乐性的，是大众文化发展为一种“傻乐”主义现状的产物。理由如下：

第一，女性对“小鲜肉”身体的观看，并不主导社会审美意识。男性对女性美的规约，诸如“肤白貌美大长腿”此类，几乎是公认的女性美标准。而女性追捧的“小鲜肉”群体的阴柔、白皙依然受到传统男性阳刚、劲力之美的巨大排斥，并未成为审美意识形态主流。

第二，作为明星群体的“小鲜肉”，在俊美帅气的长相、优雅青春的着装之下，有着同质化的要素——强大的经济实力，我们不能想象一个衣衫褴褛、褪去光鲜亮丽的明星光环的“小鲜肉”会成为女性集体凝视的对象，因此，在这种观看之下，包含着对于资本创造力的极大认同，本质上依然被收编到男权逻辑之中。

第三，作为BL文化之中的“小鲜肉”，女性的观看依然带有传统异性恋模式的幽灵，在BL作品中，绝大部分“受”角色是性经验空白的“清白之身”，传统贞操观念中的处女情结“幽灵”一般驱动着这一形象的塑造，“故事中被动的一方常常在被迫的情境中或抵抗或半推半就地与另一方发生关系，主动的一方则表现出强势的特征”[①]，俨然男女异性之恋的同性身份置换。这些作品部分地替代了传统的言情小说与偶像剧，成为一部分女性转移情欲的新的出口，但是这并没有改变女性情欲禁忌的现状，也没有对异性恋之中女性主体的虚弱问题进行革命性的抵抗。这又造就了新一轮的女性“失语”——浸淫在男色观看中的“腐女”作者与读者依然对女性情欲和女性主体话语躲躲闪闪，女性对男性的欲望也无法真实呈现。

第四，娱乐化的观看与性别权力固化的沉疴是两条“平行线”。女性兴致盎然地观看了“小鲜肉”们，却依然无法摆脱在求职就业之时受到的挤压和不公……这些问题，是对男性美好身体的凝视所不能真正解决的。

因此，“小鲜肉”时代的到来，在我看来，并不是女性解放的“春天”，而是“女权乌托邦”的狂想。如果说曾经的性别压抑是一种显在的矛盾，那

① 张婧易：《腐女：“男色”消费时代与女孩们的乌托邦》，《名作欣赏》，2015年第19期。

么今天，男权借助表面上的性别权力逆转所实现的对女性的欺瞒则更隐蔽地实行着新的历史语境之下霸权的运转。借助一个提供观看的性别群体，转移受到压抑的女性对权力的批判和关注，进而达成一种空想的解放和无意义的娱乐化满足。以偶像认同和角色置换的情感冲动代替社会权力思索和政治经济考量的理性认知。女性对“小鲜肉”的情感共同体一旦达成，男权将继续无形渗透在她们的观看之中（比如BL小说中的贞操观念），而消解了社会更为重要的政治经济领域之中的女性的解放意识。这个加固权力的机制和大众文化的“遮蔽”策略可以说是如出一辙。大众文化被资本驱动，无孔不入的资本伦理，在雄心勃勃地创造一切，它所生产的生活景观激发着人们不断涌动着快感，在享受虚妄梦想的同时，用私人化的情感话语，以自恋式的情怀铸造着逃离社会现实与历史政治的庇身之所：一方面，虚假情感的构建无声无息地创造诱人的幻境，浪漫的臆想，激发人们源源不断的欲望和美梦，让人忘却现实的焦虑、权力的失衡与无处可逃的时代陷阱；而另一方面，却让大部分人在困厄之中苦苦挣扎，心怀美好憧憬却处处碰壁，于是又陷入新一轮个体修复的自制主义之中，披着失效的斗争的外衣，沉沦在资权的漩涡里①。

从性别文化研究这一例证中，我们不难发现当代中国文化研究正陷入一种以批判取代改造的研究心态。这种批判的紧迫感让我们急于抓住、搜罗大众文化之中的种种现象，以现象和个案作为我们的研究对象，并且逐一攻破，但是在批判的苦心经营之中，我们的紧迫感恰恰成了商品社会中资本逻辑容易抓住的一个“把柄”，幻觉的制造也悄然渗透到文化研究体内，而一个又一个研究成果的达成就像一个个学术景观，让现象勾连理论，却脱离了实际的历史背景与现实本真。

其实除性别政治研究以外，中国文化研究的很多其他领域都在被一种

---

① 魏建宇：《认同的幻觉与隐匿的压抑：“偶像物恋背后的资本逻辑”——以演员王凯的微博粉丝为中心》，《北京电影学院学报》，2017年第5期。

实际行动的紧迫感所驱使。城乡文化研究者们，要以田野调查的方式，依靠实际斗争获得象牙塔之中文字批判所不能达成的解放效应；粉丝经济学的研究则积极鼓吹粉丝作为文化的裹挟者同时也是文化生产者的革命性力量，以消费行动和亚文化群体的聚合来达成抵抗的目的，……这些批判实践，就像女性主义者主张女权的“永恒解放”一样，倡导“照进现实”的社会干预，从而以行动的充实与阶段性表面目标的达成来弥补书斋里玄奥的学术研究所不能触及社会体制的虚弱的遗憾，而新一轮的批判焦虑就从这种批判的虚假满足之中油然而生。在当代中国文化研究视域里，一切政治的秩序、规则，历史的真相与生活的真实都成了一种“文化化”的反映而为文化研究提供着研究的素材，但是这种“社会政治文化化”在我看来是一种舍本逐末乃至本末倒置的研究方式，我们给自己建立了一个又一个需要批判的“紧急状态”。当社会现实自觉开拓、不断增殖各种主体性新形式的时候，我们积极地返回文化研究的行动传统，以批判的决心与雄辩投入到社会行动之中，这种紧迫感是否真的能够达成文化研究改造世界的诉求？至少在齐泽克看来，这是一种遗憾的“伪紧迫感”，“通过这种伪紧迫感，后工业时代的富人隐居于虚拟世界之中，不但不否认或漠视他们安乐窝外的残酷现实，而且还无时无刻不在提及这种残酷现实”[①]。这恰恰说明，悄然萌生的当代资本逻辑正在不断收编着包括文化研究在内的各种批判理论所拓展的理论空间，从而利用文化研究者的批判意识来制造新一轮的批判焦虑。

那么我们应该怎么办？近30年的中国大陆文化研究历史，该何去何从？前文提到“社会政治的文化化”，在我看来是一种本末倒置的观念——因为文化是一种多元样态之中诉求公平话语的载体。种族、阶级、性别作为文化研究至关重要的议题，都是在一种多元主义的基础之上追求着平等

① ［斯］斯拉沃热·齐泽克：《暴力：六个侧面的反思》，唐健、张嘉荣译，北京：中国法制出版社，2012年版，第6页。

与公正。那么如此一来，政治区隔变成了文化区隔，权力运作变成了思想压制，而社会政治斗争则转化为了文化斗争，当特殊的文化群体祈求公平的声音喧哗鼓噪之时，有关生产关系、生产资料所有制的议题都成了被排除在文化以外的“纯粹的政治问题”而受到忽视，文化的冲突与和解的可能性，正是以牺牲了社会经济的历史与政治话语为代价的。因为“只要经济领域的这种去政治化被接受，所有关于积极公民权、公共讨论等等的言论，就都会被局限在性别、宗教、种族与其他生活方式差异的‘文化’议题上，而不会真正触及那个会影响我们所有人的长远决策的层次”①。因此，中国的文化研究者应当警惕成为为文化差异而奔走呐喊的批判者。在20世纪60年代，威廉斯曾提出“文化作为整体生活方式”的观念。我想今天的文化研究也应当变“社会政治的文化化”为“文化的社会政治化”或“文化的历史化”。我们应当认识到，正是在一个“寓言”的时代里，生活本身的意义，便常常需要借由脱离于生活的符号去填补和表征，我们需要商品的浮靡、浪漫的温情来标记个体生活的价值，唯独不需要置身历史状态去剖白自己身处于同质化、荒漠化的现实生活中那令人尴尬的社会身份与政治权力。因此，建立起一种总体性视野，将我们的生存困境置于社会结构性矛盾中去观测，文化是权力架构之中的一种手段和工具，当我们要利用起来的时候，需要先认识清楚它是我们的研究对象而不是对抗武器，我们需要的可能是一种透过文化外部的思索与“拯救”，来应对这个时代，而非单纯地阐释与批判。

［原文发表于《济南大学学报》（社会科学版）2018年第2期］

① ［斯］斯拉维·纪杰克（齐泽克）：《神经质主体》，万毓泽译，台北：桂冠出版社，2004年版，第495页。

儒学发展的五大趋势与三大愿景

王钧林*

儒学的发展几乎与时代同步，又不是完全按照时代的脚步亦步亦趋地向前迈进。某个时间节点上发生的事，有可能导致儒学发展出现转折性的变化。2008年连续发生的三件事，标志着儒学发展在当今中国进入了一个新时代。一是2008年8月在北京举办的奥运会[①]注入了儒学要素，首先是以"国人不可不知的五句《论语》经典"作为迎宾语："有朋自远方来，不亦乐乎""四海之内皆兄弟也""己所不欲，勿施于人""德不孤，必有邻""礼之用，和为贵"；其次是在盛大的开幕式上两千多名表演者集体诵读《论语》名句，除了以上五句迎宾语以外，还有"子以四教，文行忠信""三人行必有师焉，择其善者而从之，其不善者而改之""朝闻道，夕死可矣""学而时习之，不亦乐乎""知之为知之，不知为不知，是知也""乐而不淫，哀而不

---

* 王钧林，中国孔子研究院特聘专家，尼山学者，主要研究方向为儒学与中国思想文化。

本文是笔者根据2018年5月15日在嵩阳书院学术会议之六"十年来儒学变迁之大势与发展之展望"上的发言稿充实修改而成。

① 姚新中教授在2018年5月15日嵩阳书院学术会议上的发言中指出，十年来儒学变迁应以2008年北京奥运会为其开端，这对笔者划分儒学发展的新时代有启发，谨记以示感谢。

伤”“学而不厌，诲人不倦”“知者不惑，仁者不忧，勇者不惧”等。这场第一次在中国举办、全球注目、举国重视的体育盛会，通过现代化的传媒渠道，把孔子和《论语》推向了公众，推向了世界。二是2008年9月在孔子故里——曲阜成功举办了第一届世界儒学大会，将儒学研究提升到新的层面。世界儒学大会是由国家文化部与山东省政府共同主办的国际儒学盛会，一年一届，每年9月27日举行[①]，与会学者次日出席孔子诞辰日举行的祭孔大典。三是2008年10月尼山圣源书院成立，这是一所由北京、山东等海内外著名学者发起成立的一家民办公助、书院所有、独立运作、世代传承的新型书院，以该书院为中心发起推动的乡村儒学把中华传统美德传播普及到村舍农户，开辟了儒学发展的新道路。2008年儒学发展呈现出的新局面、新气象不是偶然的，是改革开放30年来举国上下致力于传承与弘扬中华优秀传统文化必然出现的结果；积30年跬步之功，儒学终于迎来了跳跃式的发展，迈入了新时代，接下来更是精彩纷呈，目不暇接。

划分新时代的基本标志是儒学从学术研究的象牙塔里走了出来，走进了民间，走向了社会。儒学不再仅仅是学术研究的对象，而是更进一步，变成了一种建设当代中国文化可资利用的思想文化资源——因为产生于本土，来自传统，契合国民性和民族精神，具有超时代、跨社会的永恒价值以及与时偕行、革故鼎新的当代价值，格外受到重视。儒学自身定性、定位的变化，为其开拓出了更为广阔的发展空间和多种可能性发展的路向。如果和以往一样仅仅把儒学视为一种珍贵的历史文化遗产，将其变成类似于博物馆内的陈列品供人们观赏[②]，那么，儒学再珍贵，也只是韫椟而藏的美玉、系而不食的匏瓜，缺乏其固有的宅兹中国、守望天下的情怀，丢失其指导人们修身、齐家、治国、平天下的应用价值，

① 从2013年开始改为每两年一届；2017年第八届世界儒学大会举行时间提前到9月20—21日。

② 美国学者列文森（1920—1969）在其《儒教中国及其现代命运》一书中已经指出了这一现象，称其为儒学的博物馆化。

如此一来，儒学的生存空间狭小逼仄也就可想而知。更何况“文革”期间儒学被视为封建性糟粕，直接扫入了历史垃圾堆。国人对儒学的基本态度和看法，无疑是一个时代思想文化的风向标，它决定着对儒学的定性，亦决定着儒学的命运。

儒学从历史文化遗产转变为思想文化资源的时间节点，或许早于2008年，我们对此无暇考证；我们确知的是，儒学从2008年开始真正走出了学术研究的象牙塔，回到了公众与社会中间，展现出了丰富的内涵、耀眼的光彩乃至复兴的迹象。儒学的所谓“走出”，其实是“复制”，亦即“复制”一份到社会发挥其应有的作用；而存留在学术研究象牙塔内的那份儒学原件，继续吸引学者们的关注和研究，而且还以中国本土文化的样本参与人类多元文化的互动与世界文明的对话。2008年以来，十年间儒学发展包括儒学研究呈现出多种值得我们关注的趋势，以及望之令人振奋的前景。

一、儒学发展的五大趋势

（一）“儒学热”持续升温的趋势

从20世纪90年代开始出现的“儒学热”十年来持续升温，主要表现在以下五个方面：

1. 儒学研究者和爱好者越来越多，特别是儒学爱好者，遍布男女老幼、社会各界，这说明本土儒学一旦遇到适宜的外部条件，仍然具有顽强的生命力。

2. 儒学研究机构、儒学社团组织越来越多。仅以山东为例，除了已有的中国孔子基金会、孔子研究院、山东大学儒学高等研究院等10余家以外，这十年新增加的就有：山东大学儒家文明协同创新中心，曲阜师范大学“一带一路”儒家文明创新联盟，山东省图书馆+尼山书院[①]，孔子学堂，

① 2014年山东省文化厅推行图书馆+尼山书院模式，要求省、市、县各级图书馆均附建尼山书院，以促进儒学的传播与普及。

山东省社会科学院国际儒学研究与交流中心，孔子研究院孔子学院总部体验基地、礼乐文明研究与传播中心、海外儒学研究与传播中心、《论语》学研究中心，尼山圣源书院，孟子研究院（邹城），颜子研究院（曲阜），复圣研究院（宁阳），以及中国孟子学会、山东孔孟文化研究交流中心、山东省中华文化促进协会、山东齐鲁文化促进会、颜子研究会、曾子研究会等，数量上远远超过以往30年成立的儒学研究机构和社团组织的总数。山东是儒学发祥地，儒学研究机构与社团组织偏多，自在情理之中。据不完全统计，截止到目前，全国省级以上的儒学研究机构与社团组织达到100家以上，其中多数是2008年以后建立的，尤其著名的是2012年建成的贵阳孔学堂，以其规模宏大、功能齐全而成为国内传承与弘扬儒学的又一重镇。

3. 发表的论文、出版的专著越来越多。2008年以来全国儒学研究成果和普及性文章逐年大幅增长，每年发表的儒学研究论文都在1000篇以上，出版的专著达数百部之多。2012年山东大学儒学高等研究院主持编纂出版的一年一度的《国际儒学发展报告》、2016年曲阜师范大学孔子文化研究院创办的半年刊《中国儒学文摘》，是当今儒学研究与普及日趋繁荣的真实反映。

4. 与儒学有关的学术研讨会和学术文化交流活动越来越多，规模越来越大，层次越来越高。从1989年开始每隔5年举行一次的纪念孔子诞辰大型国际学术研讨会，于2014年迎来了习近平主席到会发表重要讲话，这是新中国成立后我国最高领导人第一次出席孔子诞辰纪念大会并发表讲话，其意义自然非同寻常。2008年召开的第一届世界儒学大会、2010年创办的尼山世界文明论坛，都是规模宏大的高端国际儒学盛会，把儒学研究推向了新的高度。在对外传播与交流方面，迄今遍布全球146个国家和地区的525所孔子学院、1113所孔子课堂，一年一度在国内召开的孔子学院大会，以及先后到达全球40多个国家和地区的“孔子文化世界行”，旨在推动儒学和中华文化“走出去”，促进包括儒学在内的多元文化的交流、互鉴、融合，取得了令人瞩目的成就。

5. 推广普及儒学的活动及讲学之所越来越多。近十年来如雨后春笋般涌现出的各类书院、学堂、讲堂、讲坛、讲座、会讲、读书会等等，散见于乡村、社区、街道、学校、图书馆、博物馆、文化馆、医院等场所，定期或不定期举行，听众不分男女老幼，遍布于社会各界各阶层，成为近十年间我国思想文化活动的一大景观。

综合以上五个方面的情况可知，“儒学热”在近十年间出现了持续升温的趋势，儒学发展进入了近百年来不曾有过的繁荣时代，儒学复兴的迹象已经显现。

（二）儒学创新性发展的趋势

自20世纪80年代张岱年先生提出“综合创新”的主张以来，我国学术界有了学理创新和方法论创新的自觉意识，然而，真正着手于创新实践的却并不多，即使有一些，也还存在一些问题。最近十年来有了明显的改变，主要表现在以下两方面：

1. 儒家义理的创新，这是儒学创新的重点和难点，虽然目前还不见有重大的理论突破，但是，创新意识逐渐加强，创新趋势日益显著。十几年前已有张立文先生的和合学、蒙培元先生的情感哲学，近十年来又有李泽厚先生的情本体哲学、牟钟鉴先生的新仁学、陈来先生的仁学本体论，这都是在儒家义理创新上的有益尝试和可贵探索。

2. 开拓儒学发展的新领域、新天地，出现了一批新的儒学派别，如：政治儒学、制度儒学、新康有为主义、生活儒学、教化儒学、社会儒学、情感儒学、实用儒学、企业儒学、自由儒学等。这些新生的儒学派别并存互动，在儒林内部呈现出百家争鸣、百花齐放的景象。

（三）儒学日渐参与改造或干预社会生活的趋势

儒学一向有经世致用的传统，然而，从20世纪20年代儒学被边缘化以来，儒学经世致用的传统被迫中断。近十年来儒学重返社会，再次出现了儒学参与改造或干预社会生活的趋势。

在山东泗水县尼山圣源书院附近，一批乡村儒学的志愿者深入几个村庄宣讲《论语》和《弟子规》，倡导以孝治村，以儒家伦理道德规范重建乡村社会秩序，移风易俗，切实改变了村风，受到了当地村民的欢迎。此外，一些有儒商之称的企业家倡导诚信经营、奉献社会，将儒家管理思想直接运用到企业管理中去，也取得了显著成效。2016年创办的博鳌儒商论坛以弘扬儒家商道精神、创建当代商业文明为宗旨，次年出席博鳌儒商论坛年会的中外企业家竟达1800人之多，可谓盛况空前。

值得注意的是，不少秉承儒家理念的人士还经常以支持或反对的方式直接干预社会生活，甚至试图以其价值理念重建社会秩序。这方面比较有代表性的案例，一是2010年曲阜孔庙附近要修建一座高40米、容纳3000人的基督教堂，一批儒学研究者起而反对，产生了不小的社会影响。二是"大陆新儒家"公开提出了"中国必须再儒化"[①]的基本诉求，主要包含：意识形态的诉求，要求回归传统，立儒教为国教，再次将儒学意识形态化；政治诉求，提出并论证儒家宪政的政治主张，并且设计出了实施儒家宪政的蓝图。这两大诉求与当下中国国情扞格不通，一望而知，无须赘言。

这些都在表明，进入新时代，儒学不再仅仅满足于"穷则独善其身"，还要更进一步"达则兼善天下"，穷达之间，儒学已然完成了一次内圣外王的转身。

（四）儒学走向民间、回归社会的趋势

在传统社会，儒学是百姓日用之道，附着于民俗礼仪制度之上。近代以来儒学屡受冲击，而民俗礼仪制度在一轮又一轮的革故鼎新中几乎面目全非，于是，儒学失去了社会体制的依托，变成了一种飘浮悬空的思想观念，不能具体落实于民众的日常生活之中。有鉴于此，近十年来，官方与

---

① 2016年在新加坡出版的《中国必须再儒化——"大陆新儒家"新主张》一书，汇集了大陆新儒家的主要代表人物蒋庆、陈明、康晓光、余东海、秋风多年来发表的文章，虽然他们提出并坚持的主张并不完全相同，有时差异甚大，但是，在中国必须再儒化的基本诉求上却完全一致。

民间良性互动，达成共识，合力推动儒学走向民间，回归社会。2014年中国孔子基金会发起创建的孔子学堂，截止到目前，已在全国29个省、市、自治区办起了1800多所，分布于乡村、社区、街道、企业、学校、医院乃至于戒毒所、监狱；并且根据社会需求，将孔子学堂打造成平民百姓聚会学习、读书、体验、交流之所。尽管还存在一些有待改进、提升的地方，但是，兴办孔子学堂，旨在将儒学与社会生活密切结合起来的大方向应予以充分肯定。尤其值得表彰的是乡村儒学，切实有效地改变了村风家风。从事乡村儒学的社会各界人士，或称志愿者，或称义工，甘愿无私奉献，“背着干粮为孔子打工”；他们走进村庄，为村中留守的老人、妇女、儿童讲授孝道、家风、礼仪等等，将儒家的百姓日用之道从外部输入到荒废已久的乡村，村民如久旱遇甘霖，内心喜悦，再兼以为村民排忧解难，所以极受欢迎。可以预期，由乡村儒学、孔子学堂等等推动的儒学走向民间、回归社会的发展趋势，或在某些路径、方式方法上有所修整完善，总体而言必将有光明的前景。

（五）儒学进学校、进课堂、进教材的趋势

在传统社会，儒学依赖经学和科举而生存。1905年晚清政府废除科举，1912年民国政府废止中小学尊孔读经，力图将儒学与学校制度剥离开来；但是，晚清和民国时期，中小学教材仍有大量的儒学内容。1949年以降，中国大陆中小学教材里儒学方面的内容少之又少。有鉴于此，2013年中华书局引进了台湾地区的《中华文化基本教材》，内容全是儒家四书《论语》《孟子》《大学》《中庸》。2014年泰山出版社出版了《中国文化基础教材》，内容是儒家四书五经、诸子百家和文学、史学经典著作。2016年山东省组织编写中华优秀传统文化教材，并列为山东省地方必修课程。这是中小学情况。一省引领在先，各省必然跟上，甚至还会后来居上。在高等学校方面，2016年几位知名教授联合倡议在我国高等学校设立儒学一级学科，推动儒学研究与教学专业化、学科化，一旦获得成功，变成一种制度化安排，儒学传承与发展就有了可靠的体制保障。

以儒学为主体的中华优秀传统文化进学校、进课堂、进教材是大势所趋。2017年1月，中共中央办公厅、国务院办公厅印发的《关于实施中华优秀传统文化传承发展工程的意见》，明确要求“以幼儿、小学、中学教材为重点，构建中华文化课程和教材体系”，同时“推动高校开设中华优秀传统文化必修课”，“加强中华优秀传统文化相关学科建设”。意见下达后，教育界积极响应，不出几年，以儒学为主体的中华优秀传统文化进学校、进课堂、进教材必将蔚然成风。

二、儒学发展的三大愿景

儒学发展的趋势由日积月累而形成，一旦形成就具有某种客观必然性的力量，为其自身后续发展开辟道路，从而展现出可以预见的发展前景。然而，揭示这种发展前景并非笔者的兴趣所在，因为并不是所有的发展趋势都值得点赞，也并不是所有的发展趋势都能引发一个令人喜闻乐见的发展前景。所以，我在这里宁愿谈一谈儒学发展的愿景。发展趋势是客观的，发展前景是从发展趋势引发出来的，也具有某种客观必然性。唯有发展愿景，是个人根据发展趋势和主观愿望前瞻未来而形成的一种“希望如此”的前景。

（一）接续传统，重建一元主导多元并存的中国文化格局

在传统社会，中国文化的基本格局不是平面化的儒佛道三教鼎立，而是以儒为主导的三教鼎立。换言之，这是一种一元主导多元互动的文化格局。在此文化格局中，（1）儒学在朝，占据主导地位。佛、道在野，处于从属地位；（2）儒学对修身、齐家、治国、平天下具有引领性和指导性；（3）儒学具有安排社会制度和社会生活秩序的功能。这种文化格局持续保持了一千五六百年，形成一元主导多元互动的文化传统。到了现代社会，中国多元文化的清单上又增加了伊斯兰教、基督教、资本主义文化、社会主义文化等。在这样一个多元文化并存互动的格局中，儒学如何自处？儒学应该占有什么样的地位，发挥什么样的作用？值得我们深思。一个不言自

明的事实是，儒学是中国本土文化的主体、主干，因此，儒学应该坚定地挺立起来，理直气壮地充当从本土生长起来、又从传统中走来、具有高度文化自信的一极或一元；儒学应该营造中国人的精神家园，构建中国人的核心价值观，引领中国人前进的步伐；儒学应该奠立坚定而清晰的文化主权概念，在本土范围内拥有话语权，主导多元文化的对话与交流；儒学应该秉持“和而不同”的文化理念，积极主动地走出去，参与人类多元文化的沟通、交流、互鉴、融合。不消说，这样一种儒学在当今中国多元文化并存互动的格局中应该占据主体、主导地位。这既是当今中国文化发展的内在要求，也是对本土文化传统的尊重与延续。

当然，也必须看到，当今儒学的发展水平还不足以使其担当如此重任。儒学必须经由创造性转化和创新性发展，浴火重生，获得新形态新生命，才有可能挺立于多元文化的原野，由此树立其主体、主导地位。为此，儒学必须如其先圣前贤一样不分夷夏，直面人性，发明放之四海而皆准的普遍人性真理，才能以理服人；儒学必须重申至公无私的理念，以“天无私覆，地无私载，日月无私照”的精神，去其家族血缘之私，去其熟人朋友之私，去其乡土族类之私，平等公正善待所有人包括陌生人和异族人，才能以德服人；儒学必须不分彼此，荟萃百家之长，熔于一炉，创造出先进文化，才能以高明服人。对多元文化优异之处的兼收并蓄，并不意味着中国文化主体性的丧失，相反，取长补短，融合创新，才会充实、增强、提升中国文化的主体性，使中国文化牢牢占据主导地位。每一种外来文化的优秀成分，一旦被选取、吸收、消化于中国文化，成为中国文化的一部分，自然不再是异质的而是同质的。考镜源流时，可以说它是外来的；谈论融合时，必须说它是中国的。中国文化只有成为“和实生物”的熔炉，而不是乱放杂物的筐子，才能日新一理，月增一说，层累厚积而至于“充实之谓美，充实而有光辉之谓大”，成为人类文化的泰山，这时，唯有这时，我们才有可能接续传统，重建一元主导多元并存的中国文化格局。

（二）万变不离其宗，保持儒学的常道品格

当今儒学处在日新月异、与时偕行的变化之中，“苟日新，日日新，又日新”是儒学发展变化的基本特点之一。然而，儒学无论如何发展变化，必须万变不离其宗，——这个宗是什么？是儒学的常道品格。这是儒学之所以成为儒学的基本的、核心的规定性；离开了或丢失了这个规定性，儒学便不成其为儒学。儒学保持了它的常道品格，则无论如何发展变化，万变不离其宗，儒学始终是儒学，而不会变成其他什么东西。

问题在于，儒学的常道品格是什么？这可以讨论。所谓常道，是指一以贯之的永恒之道。学派有学派的常道，学说有学说的常道。儒家作为学派，其常道品格，内涵有三：（1）尊孔子为宗师；（2）奉四书五经为基本经典；（3）以仁义礼智信为核心价值观。儒学作为一种思想学说，其常道品格，一言以蔽之，曰孔孟之道。孔孟之道的内涵是什么？有哪些？历史上众说纷纭，这里不必一一梳理。我们今天诠释孔孟之道，必须萃取其所固有的，又必须考虑当代社会所需要的，综合这两方面来看，孔孟之道的内涵，重点有三：一曰仁爱，二曰礼义，三曰民本。

仁爱不是墨家的兼爱、佛教的慈悲、基督教的博爱，但是，仁爱包涵了兼爱、慈悲、博爱的基本精神，是一种“仁者以天地万物为一体的”无私之爱、公正之爱、博大之爱。

礼义，有别于孟子倡导的仁义，是荀子倡导和阐明的以礼为规范、为准绳、为原则的理念，这是荀子为孔孟之道所做出的理论贡献。礼义是建立公平合理的社会秩序的思想基础，是我们今天重塑礼义之邦的国家形象的思想资源。

民本，以人民为国家的根本，这与民主相通，是民主的基础和起点。民主是社会主义核心价值观之一。民主的真谛，是社会事务和国家事务由多数公民经由协商达成共识而做决定。从民本出发，走向民主，是顺民本之理、成民主之章的事业。

（三）在解决当代中国发展问题上展现儒家智慧

20世纪，不少中外知名学者如汤因比、梁漱溟论述了中国文化的优越性，断言中国文化将是未来人类文化的希望。据说，1988年，70多名诺贝尔奖获得者在一次巴黎会议上声明："如果人类要在21世纪生存下去，必须回首2500年，去吸取孔子的智慧"。这些名家名言的确支持和提升了我们的文化自信心。然而，当今我国经济与社会发展，一方面取得了举世瞩目的巨大成就，另一方面也遇到了许多严重的问题，向我们这一代人的治国理政的智慧提出了挑战；如果我们不能以儒家智慧解决问题，则何以证明儒家智慧是高明的、适用的？如果我们连自家门前雪都扫不尽，何以能够除去他人瓦上霜？何以证明儒家智慧能够解决未来人类的生存之道？所以，我们别无选择，只能从当下做起，一步一步，一点一滴，解决当下我们发展中所面临的诸多问题，以此证明和展现儒家智慧。

必须承认，不少人对于用儒家智慧解决当今中国发展所面临的诸多问题持有怀疑态度。比如，当今生态环境恶化，在不少地方已经到了触目惊心的地步，如果我们空谈儒家的天人合一的生态理念，而不是采取切实有效的措施解决环境问题，知行不能合一，那么，人们既质疑儒家之知，又批评执行不力，就有充分的理由；再比如，我国表示居民收入差距的基尼系数早已超过了国际公认的贫富悬殊的警戒线，如果我们只是空谈孔子的"富民"思想、"不患寡而患不均"的均贫富理念，而不是采取切实有效的措施解决贫富悬殊问题，那么，孔子的智慧不足以服人，我们对孔子的智慧阳奉阴违的做法也会受到人们的指责和批评。可见，知而不行，知行分离，最终将连累、伤害到知。所以，眼下我们必须知行合一，坐言起行，大幅提升执行力，以解决问题的实际成效为儒家智慧正名。当然，儒家智慧也有一个不断发掘、充实、更新的问题，因为儒家智慧能够解决传统社会的问题，并不意味着它必然就能够解决当今社会的问题。儒家智慧无论解决何种社会问题，除了给予高屋建瓴的理论指导以外，还必须能够给出具体的解决之道，包括提供一种解决问题的正确思路，拿出一套解决问题的可行性方案。这才是圆满无缺的儒家智慧。

儒家智慧产生于中国，儒家智慧首先解决中国本土的问题，才能让世人信服，才能真正走向世界。在应对日益变化的世界和解决实际社会问题中展现儒家智慧，是我们瞻望儒学未来发展所持有的一大愿景。

［原文发表于《济南大学学报》（社会科学版）2018年第4期，《新华文摘》2018年第21期全文转载］

日本《古文孝经孔传》真伪再考察

舒大刚　尤潇潇*

乾隆四十一年（1776），中国商人汪翼沧从日本长崎访得《古文孝经》及孔安国《传》携带回中国，著名刻书家鲍廷博将其刻入《知不足斋丛书》第一辑中。十余年后，日本又传来冈田挺之所辑《今文孝经郑注》，鲍廷博又将之刻入《知不足斋丛书》第二十一辑。《古文孝经孔传》《今文孝经郑注》两书自唐代中叶失传以来，中国失藏已经千有余年，遗籍秘简，一夜之间重现日本，在学术界产生了不小的震动。好奇者为之欢呼雀跃，以为旷世稀珍，可珍可宝；而怀疑者以为"伪中之伪"，不值一顾。近时以来，由于出土文献的不断涌现，部分学者又重新审视日传《古文孝经孔传》的真伪问题。有学者推断："日本古抄本系统《古文孝经》系自我国传去，时代约在隋、唐。它正是刘炫讲于人间、立于学官的'刘炫本'，时代远较司马光之'指解本'（即司马光《古文孝经指解》）为早，文字也比'指解本'可靠。清人与近人指责日本《古文孝经》为近世日本人所伪造，是完全错误

* 舒大刚，四川大学国际儒学研究院、古籍整理研究所教授、博士生导师，贵阳孔学堂入驻学者；尤潇潇，四川大学古籍整理研究所博士研究生。

的。"[①]其实他们如此肯定但并没有找到日本《古文孝经孔传》不伪的直接证据。有鉴于此，本文愿对该书本身存在的问题进行再次清理，以便人们加深对此问题的认识和了解。

一、问题的提出和回顾

为便于问题的讨论，我们先将乾隆以来学者关于日本《古文孝经孔传》真伪问题的主要观点，撮要介绍如下：

相信该书为真的学者，主要依据的是：日本《古文孝经》字数有1861字，比国内所存各本文字都要多；在传文上，又偶与《经典释文》《唐会要》《孝经注疏》引述相同。如卢文弨《新刻古文孝经孔氏传序》即说：

> 《孝经》有古今文，郑康成注者，今文也；孔安国传者，古文也。五代之际，二家并亡。宋雍熙中，尝得今文《郑氏注》于日本矣，今又不传。新安鲍君以文笃学好古，意彼国之尚有是书也，属以市易往者访求之。顾郑氏不可得，而所得者乃古文《孔氏传》，遂携以入中国。此书亡逸殆及千年，而一旦复得之。此岂非天下学士所同声称快者哉！鲍君不以自私，亟付剞劂，而以其本示余。余按传文以求之，如云"闲居，静而思道也"，则陆德明引之矣；"脱衣就功，暴其肌体"云云，则司马贞引之矣；"上帝亦天也"，则王仲邱引之矣。其文义典核，又与《释文》《会要》《旧唐书》所载，一一符会，必非近人所能撰造。然安国之本亡于梁，而复显于隋。

当时有疑为刘光伯所作者。即《郑注》，人亦疑其不出于康成。虽然，古书之留于今日者有几，即以为光伯所补缀，是亦何可废也？盖其

---

① 胡平生：《日本〈古文孝经〉孔传的真伪问题》，《文史》（第23辑），北京：中华书局，1984年版。

文辞微与西京不类，与安国《尚书传》体裁亦别，又不为汉惠帝讳“盈”字，唯此为可疑耳（舒按，伪孔安国《古文孝经序》“其说移风易俗莫善于乐，谓为天子用乐省万邦之风以知其盛衰”，“又曰：用之邦国焉，用之乡人焉”；《孝优劣章第十二》“虽得志君子弗从也”传：“言邦无善政，不昧食其禄也”，皆不避刘邦讳。《诸侯章第三》“满而不溢”传：“虽满而不盈溢矣”，“所以长守贵也”传：“天道亏盈，不骄不溢，用能长守富贵也。”都不避“盈”字）。汉桓谭、唐李士训皆称《古孝经》千八百七十二言，今止一千八百六十一言。此则日本所传授，前有太宰纯序。所谓不以宋本改其国之本是也。唯是章首传云：“孔子者，男子之通称也，仲尼之兄伯尼”十五字，断属讹误。因下有“曾子者，男子之通称”语，而误“曾”为“孔”，当为衍文。仲尼之兄自字孟皮，安得与仲尼同字？且于本文亦无所当，此当为后人羼入无疑。余所以致辨者，恐人因开卷一二龃龉，遂并可信者而亦疑之，则大非鲍君兢兢扶微振坠之本意矣。故备举其佐证于前，以明可信。且《尚书传》朱子亦以为不出于安国，安在此书之必与规规相似也？然其误入者，则自在读者之善择矣。德水卢氏尝刻《尚书大传》《周易乾凿度》等书，流布未广。其家被籍之后，板之在否不可知。此皆汉氏遗文，好古者所当爱惜。若能与此书并寿诸梓，以为众书冠冕。譬之夏彝商鼎，必非柴哥官汝之所得而齐量矣。前朝所刻书多取伪者，今皆取其真者，不益见国家文教之美，朝野相成，为足以度越千古也哉！①

郑辰《古文孝经序》也说：

> 圣人垂教莫大乎经，庶民本行莫先乎孝。昔宣圣与曾子论孝，门人书之，谓之《孝经》。经有今文、古文之别，学有《郑注》《孔传》之殊。古文《孔传》亡逸最蚤，隋时复出，刘炫得之，以作《稽疑》。至唐开元中，敕定孔、郑二注，刘知几则非郑而是孔，司马贞则疑孔

① （清）卢文弨：《古文孝经孔传》卷首《新刻古文孝经孔氏传序》，知不足斋丛书本。

而信郑。《孔传》虽尚存，继绝不及《郑注》之独行。明皇御注，惟取今文，遂为定本。沿及五代之乱，郑、孔俱亡。宋时，秘阁所藏古文，有经无传，故司马光作《指解》，多取今文旧注引而伸之。尝论经以载道，期于明道而止。今文较古文字句损益无多，篇章分合稍异。其发明孝道，同轨一辙，原不必泥求古文。然而稽古之士，于今文文义不安，思求复见古文经传，面目以称千秋快事，未始非好学者之至愿也。

皇朝天下一统，海宇敉宁，估客商船，扬帆溟渤，遂从日本购得《古文孝经孔传》一编，载归乡国。其书二十二章，经文一千八百六十一字，较之桓谭《新论》所称尚少十一字，而以宋司马氏《指解》相校，则增多五十一字。其间单文只句，无关义理者，不具论。若首章之"以顺天下"作"以训天下"，可不烦言而解。《卿大夫章》"然后能保其宗庙"，增"保其禄位而"五字。与《诸侯章》之"保其社稷"、《士章》之"保其爵禄"句法相合，而义更明畅。又"故亲生之膝下"，此本作"是故亲生毓之"，《传》云"育之者父母也"；"父母生之，续莫大焉"，此本作"绩莫大焉"，《传》云："绩，功也。"此二条，班固《艺文志》已称"诸家之说不安处，古文字读皆异"，而《指解》本所刊，与今文无异。然则此本为最古矣。《今文郑注》，尝进献于宋僧奝然；《古文孔传》，得再见于右文稽古之朝，不可谓非草莽儒生之幸事也。钦惟圣朝以孝治天下，群生煦育，游化宇者百数十年，俗无拂戾之风，家有天伦之乐，郅隆之治，万国攸同。皆仰沐圣天子德化之所覃敷，而亦赖大圣人遗经之所感发也。今国家开四库之馆，徵天下之书，以秘府储蓄之多，海内弆藏之众，似此异本，岂乏留贻而偏隅，闻见狭隘，窃以为目未经见，便足珍奇，不敢秘诸经笥，亟欲公之同好。……欣喜之怀，形诸寤寐。[1]

---

① （明）郑辰：《古文孝经孔传》卷首《古文孝经序》，知不足斋丛书本。

鲍廷博《日本古文孝经孔传刻后序》：

《古文孝经孔传》一册，吾友汪君翼沧市易日本得之，携归，举以相赠。博留意郑、孔二注有年矣。往读《宋史》，载日本僧奝然于雍熙元年浮海而至，献《郑注孝经》一卷、越王《孝经新义》第十五一卷，皆金缕红罗缥，水晶为轴。窃意郑、孔亡逸于五代，诸家簿录中皆未见复有藏本。而宋时日本既经进献《郑注》，则其国中留贻，或尚可问。因属汪君访之，不意其所得者，更为奝然之所未献也。《孔传》先亡于梁乱，续出于隋初，唐儒辨争，遂遭废弃，诸儒论著，从未引及。仅见《唐会要》载司马贞议，引用“则天之时，因地之利”注，略云“脱衣就功，暴其肌体，朝暮从事，露发涂足，少而习之，其心安焉”二十四字，以今校之，俨然尚存，略异数字，而义更胜。可知此本更出开元敕定之上也。通本“义”字作“谊”，未经明皇敕改，尤为古本之徵。卷首安国《自叙》，亦多与先儒称述之词合。……是编较《指解》本增多五十一字，中间尚多字句不同之处，今悉仍日本原书付之剞劂。复刊“指解本”正文于后，以与同志者共质定焉。①

与盲目相信者相反，反对日本《古文孝经孔传》的学者又对之采取一概否定的态度，郑珍《辨日本国古文孝经孔传之伪》尝举十证斥日传本之伪，其第三条曰：

桓谭《新论》云：“《古孝经》千八百七十二字，今异者四百余字。”班固《艺文志》序《孝经》云：“‘父母生之，续莫大焉’‘故亲生之膝下’，诸家说不安处，古文字读皆异。”异不止二处，班氏道其略，桓氏总其数也。今经文止少桓氏九字，犹云“相传脱误”，至见

① （清）鲍廷博：《古文孝经孔传》卷末《古文孝经孔传跋》，知不足斋丛书本。

班氏有此言，乃改“续”为“绩”、改“生之膝下”作“生毓之”，其余除《闺门章》皆同今文，未见有“字读皆异”，异不过强加闲文语助二十四字耳，亦未见四百余字也。

其第四条曰：

郑氏注：“孝始于事亲”三句云：“父母生之，是事亲为始。四十强而仕，是事君为中。七十致仕，是立身为终。”刘炫驳之，文具载《邢疏》。是必伪孔传与郑异义，乃持以难郑氏。今传解此三句正与郑义同。

其第五条曰：

御注所用旧说，《疏》必云“依某注”，非者则否。其《天子章》疏云：“一人，天子也。依孔传。”“庆，善也。”《书传》通“十亿曰兆，古数为然。”则惟“一人天子也”五字是《孔传》，余皆非也。又《(孝)[圣]治章》注“立德行义，不违道正，故可尊也”三句，《疏》云：“此依《孔传》。”且引刘炫《义疏》解之。至“制作事业，动得物宜，故可法也”三句，疏不云依某，又自解之。则非孔传也。又注“容止，威仪也，必合规矩，则可观也”四句，又注“上正身以率下”一句，疏皆云“依孔传”。至“进退，动静也，不越礼法，则可则也”，及“下顺上而法之，则德教成也”数句，皆明皇自撰，故疏不云依某。今一概认作《孔传》入之。是疏之体例尚未别白也。

其第六条曰：

邢氏《孝治章疏》引孔安国曰：“亦以相统理。”《感应章》注“礼，君燕族人，与父兄齿也”，《疏》云：“此依《孔传》。”今《传》中无此二条。可见空腹野夫，即目前注疏犹未细检，宜其文俚俗至是。①

肯定者失于以局部之是以定其整体之真，而怀疑者又从局部之伪以定其整体之伪，他们所得出的结论都不免失之于偏颇，难成定论。近来思考日本《古文孝经》的真伪问题，尝根据敦煌出土《孝经》抄本、大足石刻《古文孝经》和北宋所编字形工具书《汗简》《古文四声韵》等资料入手，对经本源流、经文字形、分章起讫、误注入经等方面，论证了日本《古文孝经》之不可信②。兹欲对其“日本孔传”的内容再加考论，以见其作伪之迹。

二、“日本孔传”与文献所引“旧孔传”之对比

关于“日本孔传”卢文弨等人曾举5条“旧孔传”以证其真，郑珍又举6条以证其伪，但是都未能在全面搜集汉唐所传《古文孝经孔传》的基础上进行比较，因而影响了结论的客观性。经查检，邢昺《孝经注疏》引录和提及孔传共22处，陆德明《经典释文》引述孔传2处，《唐会要》提到孔传2处，以上都是“旧孔传”。我们拟将这些“旧孔传”与日本《孔传》互相对比，以见异同程度，为判断其真伪提供最原始的依据。

1.《开宗明义章》：“《大雅》云：无念尔祖，聿修厥德。”

御注：“无念，念也；聿，述也；厥，其也。义取常念先祖，述修其德。”疏：“云‘义取常念先祖，述修其德’者，此依孔传也。”

“日本孔传”：“《大雅》者，美文王之德也。无念，念也。聿，述也。言当念其先祖而述修其德也。”

按，疏只说“义取常念先祖，述修其德”是孔传文，未说“无念，念

① （清）郑珍：《巢经巢诗文集》卷一《辨日本国古文孝经孔传之伪》，民国三年（1924）花近楼刻遵义郑徵君遗著本。

② 舒大刚：《日本〈古文孝经〉决非“隋唐时期由我国传入”》，《四川大学学报》，2002年第2期。

也；聿，述也”是孔传文，“日本孔传”一并取以为《孔传》，乃误取。又日本《古文孝经》经文引《诗》作“亡念”，而传文却作“无念”，经传矛盾，显然是既伪造经，又误袭御注造成的。

2.《天子章》：“子曰：爱亲者不敢恶于人，敬亲者不敢慢于人。”

御注：“博爱也。广敬也。”疏：“孔传以‘人’为天下众人，言君爱敬己亲，则能推己及物。谓有天下者，爱敬天下之人；有一国者，爱敬一国之人也。”

“日本孔传”：“谓内爱己亲而外不恶于人，夫兼爱无遗，是谓君心。”

按：“日本孔传”无与“旧孔传”相关的注文。且以“兼爱”为说，非儒教也。

3.“盖天子之孝也。”

御注：“盖，犹略也。孝道广大，此略言之。”疏：“案孔传云：‘盖者，辜较之辞。’”

“日本孔传”：“盖者，称辜较之辞也。”

4.“《甫刑》云：一人有庆，兆民赖之。”

御注：“《甫刑》，即《尚书·吕刑》也。一人，天子也。庆，善也。十亿曰兆。义取天子行孝，兆人皆赖其善。”疏：“今《尚书》为《吕刑》者。孔安国云：‘后为甫侯，故称“甫刑”。’……云‘一人，天子也’者，依孔传也。……云‘庆，善也’，《书传》通也。”

“日本孔传”：“‘吕刑’，尚书篇名也。……一人，谓天子也。庆，善也。十亿为兆。言天子有善德，兆民赖其福也。”

按：疏只说“一人，天子也”“庆，善也”是孔传文，“日本孔传”则将“义取天子行善，兆民皆赖其善”一并取以为孔传，是误取也。

5.《卿大夫章》：“非先王之法服不敢服。”

御注：“服者，身之表也。”疏：“‘服者，身之表也’者，此依孔传也。《左传》曰：‘衣，身之章也’，彼注云‘章贵贱’，言服饰所以章其贵贱，章则表之义也。”

"日本孔传"："服者，身之表也。尊卑贵贱，各有等差，故贱服贵服谓之僭上"云云。

6.《士章》："资于事父以事母，而爱同。"

御注："资，取也。"疏："云'资，取也'，此依孔传也。案郑注《表记》《考工记》并同训'资，取也'。"

"日本孔传"："资，取也。取事父之道以事母，其爱同也。"

7.《庶人章》："用天之道，尽地之利。"

御注："春生、夏长、秋敛、冬藏，举事顺时，此用天道也。分别五土，视其高下，各尽所宜，此分地利也。"疏："云'春生、夏长、秋敛、冬藏'者，此依郑注也……云"分别五土，视其高下"，此依郑注也……云'各尽其所宜，此分地利也'者，此依《孔传》也。"

"日本孔传"："天时，谓春生、夏长、秋敛、冬藏也。地利，谓原隰水陆各有所宜也。庶人之业，稼穑为务，审因四时，就于地宜，除田击槁，深耕疾耰，时雨既至，播殖百谷，挟其枪刈，修其垄亩，脱衣就功，暴其发肤，旦暮从事，沾体涂足，少而习焉，其心休焉。是故其父兄之教不肃而成，其子弟之学不劳而能也。"

邢昺《孝经注疏》题注引司马贞："非但经（久）〔文〕不真，抑亦传文浅伪。又注'用天之道，分地之利'，其略曰：'脱之应功（《文苑英华》《唐会要》并作"脱衣就功"），暴其肌体，朝暮从事，露发徒足（《唐会要》作"跣足"），少而习之，其心安焉。'此语虽旁出诸子，而引之为注，何言之鄙俚乎！与郑氏所云'分别五土，视其高下，高田宜黍稷，下田宜稻麦'，优劣悬殊，曾何等级！"

按，"日本孔传"部分虽与"旧孔传"同，但是明显可见其依本御注和《唐会要》改编的痕迹。如御注"春生、夏长、秋敛、冬藏"，疏已明明指出其系出郑注，"各尽所宜，此分地利也"系出孔传，说明两句分属于不同注本，"日本孔传"却将两句合在一处，这明显是依御注改编时留下的漏洞。至于"脱衣就功"以下则是依《唐会要》而改的。

8.“孝无终始，而患不及者，未之有也。”

疏：“惟《仓颉篇》谓患为祸，孔、郑、韦、王之学引之以释此经。”

“日本孔传”：“其不能终始者必及患祸矣。”

9.《三才章》：“《诗》云：赫赫师尹，民具尔瞻。”

疏：“孔安国曰：‘具，皆也；尔，女也。古语或谓‘人具尔瞻’，则人皆瞻女也。”浦镗：“‘古语或谓’四字疑衍文。下句‘则’疑‘谓’字之误。”

“日本孔传”：“具，皆也；尔，女也。言居显盛之位，众民皆瞻仰之。所行不可以违天地之经也。”

按，只“具，皆也，尔，女也”同，其余不同。

10.《孝治章》：“治国者不敢侮于鳏寡，而况于士民乎？故得百姓之欢心，以事其先君。”

御注：“诸侯能行孝理，得所统之欢心，则皆恭事助其祭享也。”疏：“一国百姓，皆是君之所统理，故以所统言之。孔安国曰：‘亦以相统理。’是也。”

“日本孔传”：“凡民爱之则亲，利之则至，是以明君之政，设利以致之，明爱以亲之……”

按，“日本孔传”无“亦以相统理”句。

11.《圣治章》：“昔者周公郊祀后稷以配天，宗祀文王于明堂以配上帝。”

御注：“郊谓圜丘祀天也。”疏：“云‘郊谓圜丘祀天也’者，此孔传文。”《钦定孝经衍义》卷四八：“上帝，孔传以为天及五帝。”

“日本孔传”：“凡禘、郊、祖、宗皆祭祀之别名也……上帝亦天也。”

12.“故不爱其亲而爱他人者，谓之悖德；不敬其亲而敬他人者，谓之悖礼。”

御注：“言尽爱敬之道，然后施教于人，违此则于德礼为悖也。”疏：“云‘言尽爱敬之道，然后施德于人’者，此孔传也。”

“日本孔传”：“尽爱敬之道以事其亲，然后施之于人，孝之本也。违是道，则悖乱德礼也。”

按，此处以孔传“尽爱敬之道”不明确，故加“以事其亲”四字。殊不知注文正承经而言，经既曰“爱其亲”“敬其亲”，故提“爱敬”知必为爱亲敬亲之事矣，无须多言。

13.“德义可尊，作事可法。”

御注：“立德行义，不违道正，故可尊也。制作事业，动得物宜，故可法也。”疏：“此‘立德行义，不违道正，故可尊也’者，此依《孔传》也。……知‘制作事业，动得物宜，故可法也’者，作谓造立也，事谓施为也。”

“日本孔传”：“立德行义，不违道正，故可尊也。制作事业，动得物宜，故可法也。”

按，此将玄宗后两句一并误入孔传。

14.“容止可观，进退可度。”

御注：“容止，威仪也，必合规矩，则可观也；进退，动静也，不越礼法，则可度也。”疏：“曰‘容止，威仪也，必合规矩，则可观也’者，此依孔传也。容止，谓礼容止也……言君子有此容止威仪，能合规矩……是合规矩故可观。云‘进退，动静也’者，进则动也，退则静也……云‘不越礼法，则可度也’者，动静不乖越礼法，故可度也。”

“日本孔传”：“容止，威仪也。进退，动静也。正其衣冠，尊其瞻视，俯仰曲折，必合规矩，则可观矣。详其举止，审其动静，进退周旋，不越礼法，则可度矣。度者其礼法也。”

按，疏言“容止，威仪也，必合规矩，则可观也”才是孔传，“日本孔传”则据御注改造后半部分。

15.“故能成其德教而行其政令。”

御注：“上正身以率下，下顺上而法之，则德教成，政令行也。”疏：“云‘上正身以率下’者，此依孔传也。”

“日本孔传”：“上正身以率下，下顺上而不违，故德教成而政令行也。”

按，疏只说上句系用孔传，以下“下顺上而不违，故德教成，政令行也。”并未说依孔传，是玄宗自注，“日本孔传”误入孔传。

16.《五刑章》：“要君者无上。”

御注：“君者，臣之禀命也，而敢要之，是无上也。”疏：“注‘君者’至‘无上也’，正义曰：此依孔传也。”

“日本孔传”：“要谓约勒也，君者所以禀命也，而要之，此有无上之心者也。”

17.“非圣人者无法。”

御注：“圣人制作礼乐，而敢非之，是无法也。”疏：“注‘圣人’至‘法也’，正义曰：此依孔传也。”

“日本孔传”：“圣人制法，所以为治也，而非之，此有无法之心者也。”

18.《广要道章》：“敬一人而千万人悦。”

疏：“旧注云‘一人，谓父、兄、君也；千万人，谓子、弟、臣也’者，此依孔传也。”

“日本孔传”：“一人者，各谓其父、兄、君；千万人者，群子、弟及臣也。”

按，所谓“旧注”即玄宗开元注，见日本所藏《开元御注孝经》(有《古逸丛书》本)。但是“日本孔传”却于前后加“各”“群”字，反不如开元御注所引明快。

19.《谏争章》：“天子有争臣七人”“诸侯有争臣五人”“大夫有争臣三人”。

疏：“案孔、郑二注及先儒所传，并引《礼记·文王世子》以解七人之义。案《文王世子》，《记》曰：‘虞夏商周，有师保，有疑丞。设四辅及三公，不必备，惟其人。’……诸侯五者，孔传指天子所命之孤及三卿与上大夫。……大夫三者，孔传指家相、室老、侧室以充三人之数。”

“日本孔传”：“七人，谓三公及前疑、后丞、左辅、右弼也，凡此七官主谏，正天子之非也。”

按，疏只说孔传据《文王世子》为注，未明具体内容，此处则据疏言加以补足。又下言“五人，谓天子所命之孤卿及国之三卿与大夫也”，“三人，谓家相、宗老、侧室也。”皆同此例。

20.《应感章》：“故虽天子必有尊也，言有父也；必有先也，言有兄也。”

御注：“礼：君宴族人，与父兄齿也。”疏：“云‘礼：君宴族人，与父兄齿也’者，此依孔传也。”

“日本孔传”：“天子虽尊，犹尊父，事死如事生，宗庙致敬是也。”

按，此处“日本孔传”未收，是失检也。

21.《丧亲章》：“为之棺椁衣衾而举之。”

御注：“周尸为棺，周棺为椁。衣，谓敛衣。衾，被也。举，谓举尸内于棺中也。”疏：“云‘周尸为棺，周棺为椁’者，此依郑注也。……云‘衣，谓敛衣。衾，被也。举，谓举尸内于棺也’者，此依孔传也。”

“日本孔传”：“礼：为死制椁，椁周于棺，棺周于衣，衣周于身。衣即敛衣，衾，被也，举尸内之棺椁也。”

按，关于棺椁的释义，疏明说用郑注，“日本孔传”则取之，虽将顺序微倒，却难掩袭郑之迹。又释“举”为“举尸内于棺椁也”，但是敦煌遗书“和平二年唐丰国写本《孝经》”作“奉”，并不作“举”，说明《孝经》在北魏或以前仍作“奉”。“日本孔传”以“举”释之，显为后起写法，其在北魏以后无疑。

22.“卜其宅兆而安措之。”

御注：“宅，墓穴也；兆，茔域也。葬事大，故卜之。”疏：“云‘宅，墓穴也；兆，茔域也’者，此依孔传也。……云‘葬事大，故卜之’者，此依郑注也。孔安国云：‘恐其下有伏石，涌水泉，复为市朝之地，故卜之’是也。”

“日本孔传”：“卜其葬地，定其宅兆。兆谓茔域，宅谓穴。措，置也，安置棺椁于其穴。卜葬地者，孝子重慎，恐其下有伏石、漏水，后为市朝，远防之也。”

三、“日本孔传”与“旧孔传”异同的分析

根据上列22条引文对比，“旧孔传”与“日本孔传”的异同关系，大致

包括六种情况，即：完全相同、半同半异、漏收旧传、误收旧注、不知妄改、揣摸注疏补撰。下面试析其例。

首先是完全相同的，有第3、5、6、8、11五条。这五条“日本孔传”与“旧孔传”完全一致。这其中又分两种情况，一是御注原文照录“旧孔传”，邢疏称“此孔传文”，如第11例“昔者周公郊祀后稷以配天”注：“郊谓圜丘祀天也”，邢疏：“云‘郊谓圜丘祀天也’者，此孔传文。”言下之意，即是说这段话是引录“旧孔传”原文。二是御注撮取其意，并未照录孔传原文，邢疏则说“此依孔传也”，如第6例“资于事父以事母，而爱同”，御注：“资，取也。”疏：“云‘资，取也’，此依孔传也。”言下之意，即是说此止依从孔传之意尔，并不是孔传的原文。“日本孔传”不知，凡见邢疏说“此依孔传”之处，都一概照录，以为“旧孔传”原文即是如此。这是不知注疏引文之例而致误者。

其次是半同半异的，如第7例，“日本孔传”部分与“旧孔传”同，但明显可见依本御注、《唐会要》改编的痕迹。又第9条“日本孔传”只“具，皆也。尔，女也”同“旧孔传”，其余不同。第14例，疏只言“容止，威仪也，必合规矩，则可观也”是孔传，“日本孔传”则据御注改造后半部分以为孔传。第21例疏言只有释“衣衾”“举”系取孔传，棺椁释义则用郑注，“日本孔传”竟取之，只将顺序略作颠倒，以示独创。

其三是漏收旧传的，如第2、10、11、16、17、20例。这些条目“日本孔传”都与“旧孔传”异，说明造作“日本孔传”的人未能细检注疏，故有此失误。

其四是误收旧注的，如第1例，疏只说“义取常念先祖，述修其德”依孔传，未说“无念，念也；聿，述也”依孔传，“日本孔传”一并取以为孔传；第4例，疏只说“一人，天子也”“庆，善也”依孔传，未说其他，“日本孔传”则将“义取天子行善，兆民皆赖其善”一并取以为孔传。第13例疏只说前句为孔传，“日本孔传”却一并将玄宗后两句注录为孔传；第15例，疏只说上句系用孔传，下句“下顺上而法之，则德教成，政令行也”，并未说依孔传，“日本孔传”亦误入之。

其五是无知妄改的，如第12例，“日本孔传”的作者嫌“旧孔传”之“尽爱敬之道”不明所指，故加“以事其亲”四字，殊不知注文正承经而言，经既曰“爱其亲”“敬其亲”，故提“爱敬”知必为爱亲敬亲之事矣，无须多言。第18例，疏所言“旧注”即玄宗开元注，见日本所藏《开元御注孝经》，“日本孔传”嫌其太笼统，于前后两句加“各”“群”二字，意思反不如《开元御注孝经》所引明快。又如第22例，“日本孔传”见“涌水泉”“复为市朝”语气不顺，“故卜之”语意又重复，于是改为“恐其下有伏石、漏水，后为市朝，远防之也”。

其六是揣摸注疏、妄为补充的。如第19例“天子有争臣七人”“诸侯有争臣五人”“大夫有争臣三人”，疏只说“案孔、郑二注及先儒所传，并引《礼记·文王世子》以解七人之义”，具体文字并不清楚。“日本孔传”则根据《文王世子》补足所谓七人的名称。

经以上分析，“日本孔传”与“旧孔传”完全相同的共5条，漏收的6条，半同半异的4条，明非孔传而为“日本孔传”所引者4条，其不知妄改者3条，其据注疏增补者1条。其完全相同的诸条还很好解释，因为“日本孔传”既然称“孔传”，必是将他们所能看到的“旧孔传”一齐搜集起来，加以改造的。但是其中漏收、误收、改篡的诸条，却是无论如何讲不通的。

如果“日本孔传”隋唐之际自我国传入，如何能引及玄宗注？又何至于漏遗原文而另撰新释？又何至于非要改篡、割裂孔传以适其用呢？这些都是持“日传孔传”为真的学者所无法解释的。特别是《谏争章》，因南宋司马光《古文孝经指解》与范祖禹《古文孝经说》、玄宗《孝经注》合编，弄出了误司马光注“言之不通也”入经文的错误，可是“日本孔传”照例对此五字进行了解释。这绝非真《古文孝经》所有，证明其出于南宋后无疑。

此外“日本孔传”所冠孔安国《古文孝经序》也有数处不合史实，不合习惯者。一是不避汉讳，二是史实错误，如曰：“后鲁共王使人坏夫子讲堂，于壁中石函得《古文孝经》二十二章。载在竹牒，其长尺有二寸，字蝌蝌形。鲁三老孔子惠抱诣京师，献之天子。天子使金马门待诏学士与博士群儒从隶字写之，还子惠一通，以一通赐所幸侍中霍光。”[①]据许冲上《说文解字》表，鲁国三老献书在昭帝之时，而孔安国卒于汉武帝天汉以前，何得而见之？

由考可知，日本《古文孝经孔传》既依据传世文献关于《古文孝经》经文与今文《孝经》“字读皆异”的记载，伪造了《古文孝经》的经文，还依据文献（特别是《孝经注疏》）中所引“孔传”资料，编造了《古文孝经》“孔传”。我们将文献所载“旧孔传”一一录出，再与“日本孔传”一一比对，发现其中虽有大部分“旧孔传”被“日本孔传”所引，但是也还有相当数量的“旧孔传”被“日本孔传”遗漏；也有部分原本并非孔传的文字却为“日本孔传”误引，亦有数条“旧孔传”为“日本孔传”所改编。所有这些现象都不该是真正的“孔传”所应有的。特别是“日本孔传”对南宋才出现的误注入经现象，也照例予以注解，这更证明其出现在南宋之后，根本不可能出自汉孔安国所传，甚至也不是南北朝隋代王劭发现、刘炫据以“述其议疏，讲于人间”的孔传。那些认为日本《古文孝经》及其“孔传”是汉唐真传并大肆加以引用的做法，是危险的，应当予以纠正。

［原文发表于《济南大学学报》（社会科学版）2018年第4期］

---

① （汉）孔安国：《古文孝经孔传》卷首《古文孝经序》，知不足斋丛书本。

文学·历史

中国当代文学研究的“本土化”问题

王光东*

在当下的文学研究中，来自异域的文学观念、理论、方法对中国文学研究的影响是重大的。今天有学者提出“文学研究的本土化”，我理解提出这一问题的目的是避免对异域理论的“机械使用”和脱离中国问题的“理论演绎”，加强文学研究对中国现实问题、文学问题的阐释能力，激发文学研究的活力。沿着这一思路，我想讨论两个问题：中国当代文学研究为什么要“本土化”以及如何“本土化”？

人文社会科学研究究其本质而言是基于社会生活实践，旨在解决社会发展过程中出现的各种问题的研究。西方的、异域的人文社会科学理论是基于西方的社会发展历史和社会实践提出的，中国的人文社会科学理论应基于“中国问题”提出，落实到文学研究领域就是针对中国的当代文学实践问题提出自己的思想。但是今天的中国文学研究，特别是中国当代文学研究领域在利用西方文学理论及其相关研究成果的过程中，出现了“机械使用”的问题，也就是与“中国问题”脱节、不加辨析地使用。主要表现

---

* 王光东，上海社科院文学所所长，教授。

形式有如下两个方面：在中国社会现代化的发展中，以西方理论为参照来理解中国问题时，对“中国问题”的复杂性理解不够。在全球化的文化背景下，国家与国家之间的趋同性文化因素在增强，对于中国文学而言，在文学创作中也出现了许多世界性的文学因素，这是我们借鉴西方文学理论解释中国问题的前提，但是趋同性的文化因素或文学因素，在各个国家的文化、文学发展过程中，呈现形态是有差异的，这种差异性包含了外来文化、文学因素与本土文化、文学相冲突、融合后的复杂内涵。在当下的文学研究中，有些研究者恰恰忽略了这种“复杂性”，特别是当把世界上其他国家的文化理论应用到文学研究的过程中时，这一倾向更加明显。我曾经看过两篇用列斐伏尔的城市空间理论来研究张爱玲的小说和近代一份通俗文化期刊的研究文章，这两篇文章分别从列斐伏尔提出的城市空间的三重属性即物质属性、精神属性和社会属性的理论去展开分析，但是他们分析之后得出的结论却是相同的。问题是张爱玲小说写作的年代和19世纪末在上海出版的这份报纸所处的历史时代是不同的，他（她）们所面对的社会问题也是不同的，城市空间所具有的社会性与精神性更是有巨大的差异，如果忽略了这种差异性和复杂性，这种研究往往沦为用中国的材料来论证西方理论的合理性和正确性，而“中国问题”的重要性却被遮蔽了。后殖民批评理论、形式主义文学理论等等外来理论被运用到中国当代文学研究中时，同样存在着这样的倾向。后现代主义是在中国当代文学研究中产生了广泛影响的一种文化理论。弗雷斯德里克·杰姆逊的《后现代主义与文化理论》是许多高校人文学科的研究者及研究生特别重视的著作，用后现代主义文化理论分析中国当代文学的研究论文少说也有几百篇，其中不乏真知灼见和重要学术价值的研究成果，而且在一定程度上推动了中国当代文学的发展。但是也有不少文章存在着对后现代主义文化理论“机械使用”的问题。在中国当代文学的语境中，对于后现代主义文化理论的理解不外乎这样几个方面：消解主体；深度消失，不再追求思想和意义，仅仅追求语言快感；历史感消失，日常化的、平面化的生活成为常态。把这样一种后现代主义文化理论运用到中国当代文学研究中时，是否存在着“机械使用”的问题呢？我在这里所说的“机械使用”包含着两层意思，首先是没有把后现代主义文化理论和后现代主义文学作品结合起来全面理解“后现代主义文学内涵”。我们通常认为后现代主义文学是削平深度、走向平面、颠覆价值和意义、无节制地去叙述生活的琐碎等等，但在阅读了西方后现代主义的一些作品后，感觉这类作品虽然表现了这样的文化现象和生活场景，但仍然存在着严肃的主题和作家的人格精神。后现代主义文学的重要作品《小世界》的作者戴维·洛奇曾经说过这样一段话：“我从当代文坛各种折磨着作家和批评家的挫折与失败中，从在研讨会上得到的戏剧化表现文人生活中的野心与情欲之间的张力中，发现了那个与传奇相类似的东西。罗曼司（传奇）作为一种文学样式，其范围远远超出了中世纪亚瑟王与他的圆桌骑士的故事，从古希腊的神话罗曼司到文艺复兴时代阿里奥斯托和斯宾塞的史诗体罗曼司，以及莎士比亚的传奇剧和悲喜剧，都是一脉相承的。这种题材的作品我研究的越多，思考的越多，便越是相信我已经找到了《小世界》的结构原创。”[①]戴维·洛奇正是利用了“亚瑟王与圆桌骑士”一类的“神话式寻找主题”把男主角柏斯的爱情追逐类比为寻找圣杯的骑士波柏斯瓦尔。古代骑士的纯洁与现代世界的污浊经由作者的暗示潜入读者的意识，产生了有力地批判现实的效果，作者在没有深度的平面化、欲望化的日常生活叙事中，仍然保持了个人的精神之魂。如果我的理解没有错误的话，后现代主义文化理论与后现代主义文学作品两者还是有差异的，当我们用后现代主义文化理论来分析中国当代文学作品时，只强调没有深度、平面化、颠覆意义等内容，忽略了作家的精神性，显然是不全面的、机械的理论挪用。其次是在西方后现代主义理论“挪用”的过程中，依据“理论”的概括去寻找中国当代文学作品中的“后现代文化因素”展开分析，忽略了中国文化语境中“后现代文化因素”的复

① 戴维·洛奇：《小世界》，重庆：重庆出版社，1993年版，第6页。

杂性。最近阅读了一篇论述后现代主义与当代文学关系的文章，把20世纪90年代以来影视创作的娱乐化、商业化，电视剧与广告联姻、小说写作中英雄人物和诗意化的消失，反叛传统、消解中心的文化现象都看作是“后现代主义文化”的影响，对于这些文化现象的解释和论述基本上引用的是后现代主义文化理论，而对于中国文化语境中为什么会出现这样的现象以及这种现象与西方文化的差异性则没有分析论述，这势必造成与中国现实相脱节的“从理论到理论”的演绎。这样的研究不是个案，许多用西方理论研究中国当代文学的文章都有这样的倾向，面对“机械使用”西方理论的现象，提出“文学研究的本土化”显然是必要的。那么，文学研究如何才能本土化？强调本土化是否意味着对外来理论的排斥？

所谓“本土化”不是简单地排斥外来理论，而是从“中国问题”出发去展开研究。曹锦清先生在《如何研究中国》中有段话说得特别好，他说：“西方的理论和概念必须按照中国的语境加以语义学上的改造。通俗来讲就是中国化。如果这个过程不完成，用输入的西方理论直接套裁中国是要误读中国的。另外，把西方理论掩藏着的价值观念作为一个普世的价值观念，我们也会犯错误，价值观念从来不是普世的。价值观念的来源只能是本民族内在的需求和当下实践的需求。”[①]对于中国当代文学研究同样如此，在文学研究中如果不把西方理论加以语义学上的改造，完成中国化的过程，机械地套用西方文学理论，就不能真正理解中国文学，说明中国文学的问题。从审美价值上来说，中国文学的审美价值内涵与西方是不同的，它可能在全球化的文化背景下呈现出与其他国家趋同性的一些特征，但内在的审美追求仍然是与民族的、本土的文化精神相关联的。因此，西方的概念、理论必须要按照中国的经验加以重新解释。在1921年，郭沫若曾写过《〈西厢〉艺术上之批判与其作者之性格》，这篇文章可以进一步说明这一问题，并作为今天我们学术研究的一个参照。郭沫若在这篇文章中用

---

① 曹锦清：《如何研究中国》，上海：上海人民出版社，2010年版，第14页。

弗洛伊德的心理分析理论研究《西厢记》，他认为："照近代精神分析派的学理讲来，这部西厢也可说是，libido底生活——libido便是精神的疮痍，psychische trauma便是个体的性态由其人之道德性或其他外界的关系所压制而产生的无形伤害。"[①]郭沫若在解释这种无形伤害时，直指中国封建礼教对人性的压抑，"数千年来以礼教自豪的堂堂中华，实不过是数万万变态性欲者底一个庞大的病院。"[②]《西厢记》就是对这种礼教压抑的反抗，"西厢所描写的是人类正当的性的生活，所叙的是由爱情而生的结合。"[③]"是有生命之人性战胜了无生命的礼教底凯旋歌、纪念塔。"[④]在这里，郭沫若对于心理分析学派的"性压抑"理论，在中国文化语境下依据中国经验进行了重新解释，并赋予了其反抗性内涵，赋予了《西厢记》新的价值和意义。西方理论的这种"中国化"，不仅开拓了文学研究的视野，也深化了文学作品的内涵。同样的研究方法在他的《中国文化之传统精神》《论中德文化书》等文章中也都有深刻的体现。当下中国当代文学研究应特别重视这样的"西方理论与中国经验"相结合的"中国化"研究思路。

当下中国当代文学研究的本土化，还有一个问题需要引起我们特别的重视，就是文学研究的"文学文本"问题。从20世纪80年代直至今天的文学创作中，许多作品都是在西方文学的影响下产生的。并且有些作品存在着"模仿化"的痕迹，其呈现形态有两个方面：1.接受西方的文学观念，重视小说的形式化，专注于小说的叙述方式、语言营造，误认为他们的"形式"就是"形式本身"。实际上，在西方文化语境下，"文学形式"是他们在人与社会、人与人、人与自然的对立中，回归自身的"生命确认"和反抗社会异化的一种方式，所谓"有意味的形式"的"意味"就在于此，如果意识不到这种"意味"，在中国文化语境下，过分追求小说的形式感，就会导致小说创作与中国社会现实的隔膜感。2.在文化全球化的背景下，以西方理

①②③④　郭沫若：《〈西厢〉艺术上之批判与其作者之性格》，见《〈文艺论集〉汇校本》，长沙：湖南人民出版社，1984年版。

论、观念为参照理解中国现实问题，把西方现代化进程中产生的经验挪用到中国社会的发展进程中，忽略了中国社会问题的复杂性，从而导致文学创作中对中国经验的简单化处理，使小说创作呈现出“观念化”“概念化”的倾向。面对中国当代文学创作中出现的这些“文本”，对于研究者来说，如果仅仅从文本出发，就很容易在西方的理论中找到可以顺理成章的阐释方法，把西方理论套用到文学作品的分析中，这样的研究可能由于“文本”自身的局限，而导致研究成果与“本土”现实生活的不协调。从这样的意义上说，文学研究和文学创作都需要转变自己的文学态度，西方的经验可以参考，西方的理论可以利用，但重要的还是需要回到中国自身的历史发展进程中理解中国的现实。面对文学创作存在的这一问题，文学研究者应有“超越文本”的研究视野，在理解“文本”的同时，深入地把握中国问题并对文本中存在的问题进行分析、批评，以避免简单化地用西方理论分析当代出现的文学现象。

强调文学研究的本土化，并不意味着对世界性的文学理论的排斥，在中国现当代文学的发展过程中，外来的文学观念是起到了巨大的推动作用的，五四时期的启蒙文学、1930年代的左翼文学、新时期的先锋文学等等，都是在异域文学观念的影响下，改变了文学的存在形态，使文学焕发出时代的精神活力。由此可以说，世界性的文学思想的彼此交流是推动中国当代文学发展必不可少的力量。正如马克思、恩格斯在《共产党宣言》中所说：“过去那种地方的和民族的自给自足和闭关自守状态，被各民族的各方面的互相往来和各方面的互相依赖所代替了。物质的生产是如此，精神的生产也是如此。各民族的精神产品成了公共的财产。民族的片面性和局限性日益成为不可能，于是有许多种民族的地方的文学形成了一种世界的文学。”在这种情形下，我们不可能拒绝世界文学的财富而回到所谓的“本土”。但是各个国家和民族有自己的文化传统，有自己的社会发展道路和面临的现实问题、文学问题，就不能完全照搬外来的理论。曹锦清先生在读了毛泽东在1940年到1942年“延安整风”运动前期的著作后说：“在《如何研究中共党史》一文中他讲，我们研究中国就要以中国为中心，要坐在中国身上研究世界的东西，我们有些同志的毛病就是一切以外国为中心，做留声机，机械地生吞活剥地把外国的东西搬到中国来，不研究中国的特点。不研究中国的特点而搬外国的东西就不能解决中国的问题。所以他当时就提出以中国为中心来研究中国的事物，反对王明的教条主义。"[①]对于当代文学研究的"本土化"问题，也应作如是观，应以中国当代文学为出发点，研究中国文学的问题，而不是机械地套用西方文学理论、文化理论，唯其如此，才能实现西方理论的本土化，真正从中国社会现实出发，推动当代文学研究的深入。美国作家托马斯·沃尔夫一段话值得我们思考，他说："从这个国家的硕果仅存的、独一无二的实质和我们本身的实质中，我们应该获得我们生存的力量和动力、我们话语的发音、我们艺术的本质。"[②]这段话启示我们不管是文学研究还是文学创作，都不能离开自己的国家和自己的本质，只有在这里才能找到属于自己的艺术和生命的力量。

［原文发表于《济南大学学报》（社会科学版）2017年第2期］

① 曹锦清：《如何研究中国》，上海：上海人民出版社，2010年版，第14页。
② 《美国作家论文学》，北京：三联书店，1984年版，第339页。

马克思主义文化理论的当代境遇与挑战

谭好哲*

一

20世纪90年代以来，随着经济社会日渐深入的改革与发展，文化问题在中国日渐凸显出来。文化及其由之引生的诸多问题，诸如低俗文化的泛滥及其所带来的崇高精神价值的缺失，民众文化生活的多样需求与文化环境、文化场所和文化市场的建设，传统文化的日渐消失与非物质文化遗产的保护，外来文化的大规模入侵与中国文化对外传播的严重不对称，等等，不仅成为民众日常生活中可以感受到的现象，也成为政府和社会主管部门着力开展的工作。这样一种现实状况，直接催生了中国学术界文化研究的高度热情。理论界对于文化问题的关注，从来没有像当今时代这样地普遍与执着。与此相联系，马克思主义文化观念和理论的研究也逐渐地多起来、

* 谭好哲，文学博士，山东大学文艺美学研究中心教授，主要从事马克思主义文艺理论与文艺美学研究。

本文是教育部哲学社会科学研究重大课题攻关项目“马克思主义文化理论发展研究”（项目编号：11JZD003）的阶段性成果。

活跃起来。这是一个令人鼓舞的局面。

为使中国当代的社会主义文化建设和相应理论研究持有正确的发展方向，马克思主义理论观念和方法的指导是必不可少的。而要做到这一点，对于马克思主义文化理论的研究就应该走在前面。在这其中，一方面应该固本清源，对马克思主义文化理论的历史发展、基本内容、理论特征等等作出全面系统的学理化研究，另一方面应该致力创新，面向当代新的历史语境和历史机遇发展当代形态的马克思主义文化理论，以新的理论创造引领和指导当代文化实践，以使马克思主义文化理论获得现实的生命活力。然而，纵观中国当代马克思主义文化理论研究的状况，虽然说取得了不少理论成果和学术成就，但总体上来看还与中国当代文化以及世界文化的现实发展不很相称，不仅没有在世界范围内推出马克思主义文化理论的中国话语，甚至也落后于中国文化蓬勃发展的现实，因而对当代文化的解释能力与引领作用均有不足。以上不足，有我们自身理论创新能力方面的原因，而从研究角度来看也与中国当代学界对马克思主义文化理论的研究存在着的诸多理论认识上的偏误和倾向有关。具体而言，有两个偏误和倾向特别值得引起注意：一个偏误和倾向是对以往马克思主义文化理论的已有理论成就认识不足，有意无意地忽略和淡化它在当代文化研究中的理论价值和指导意义；一个偏误和倾向是教条化地对待已有的尤其是经典的马克思主义文化理论和观念，不懂得马克思主义文化理论的实践特性，不善于从应对文化发展的现实境遇和挑战中开展理论创新，在新的文化实践中为之注入新的思想内容与理论活力。这两种偏误和倾向都既不利于对马克思主义文化理论的研究和认识，也不利于在当代实践基础上的理论创新和发展。

新时期以来，伴随着改革开放的时代进程，西方现代各种文艺作品、文化成果和思想文化理论被大量地引进、译介过来，这一方面极大地活跃了中国当代的文化生活和局面，加强了中国与世界各国的文化交流与精神沟通，对当代文化理论研究起到了一定的推进作用，但另一方面也使得一些错误的西方文化理论和观念找到了繁殖的场所，给当代中国学界造成了不少值得反思的思想误导与错乱。纵览学界相关研究论著便不难发现，不少学者在追新猎奇的外向选择与迎合中放弃了自己的理论判断和应有坚守，把某些西方现代文化理论和观念奉为圭臬，如数家珍，而对马克思主义的文化理论和观念则不甚了解，甚至不以为然。其实，马克思主义是有其科学的文化理论和观念的。对马克思主义而言，经济、政治与文化是人类社会组成的三个基本要素和层面，因而对它们的理论定向就相应构成了三个重要理论组成部分，这就是马克思主义的政治经济学、科学社会主义和以马克思主义哲学为主导的文化理论。文化理论从马克思主义创立之初便已存在，它以辩证唯物主义和历史唯物主义为世界观和方法论基础，涵盖哲学、历史、文学、艺术、语言、宗教、教育等诸多精神文化领域，在将近200年的发展历程中，积淀下了极其丰厚的理论成果，提出了许多影响深远的观念学说，并且形成了集科学性与实践性于一体的理论特征。就基本观念而言，马克思主义文化理论既从历史唯物主义的社会结构理论确定了文化在整个社会结构中的上层建筑位置，从而科学地解决了文化的历史起源、内容来源和社会地位等问题，又以辩证唯物主义的理论阐明了文化对于社会经济、政治的反作用，特别是从社会实践的角度深刻揭示了文化的人化性质及其在民族精神价值的塑造、在人类自由与解放中的能动历史作用等等重大理论问题。比较而言，迄今尚无一种西方文化理论和学说具有马克思主义文化理论那样的科学解释能力与实践指导效力，其在文化理论研究和文化实践中的指导地位还是无可取代的。因此，对当代文化理论研究来说，马克思主义文化理论是应该认真学习与继承的一份宝贵理论遗产，无视其理论存在，是非历史主义的表现。而放弃它对当代文化理论研究的指导地位，也就放弃了文化理论研究中对“马克思主义”的主体坚守和对科学性的理论追求。

如果说忽视马克思主义文化理论已有的理论成果和价值，放弃它在当代文化理论研究中的指导地位是错误的，要不得的，那么上述第二种偏误和倾向同样也是错误的，要不得的。作为新兴无产阶级的一种争取人类自由与解放的理论，马克思主义连同其文化理论在内，自产生起就遭遇到种种挑战、冲击以至反对，这既有来自实践方面的，也有来自理论层面的；既有来自社会主义阵营外部的，也有来自内部的。但是马克思主义经受住了这方方面面的挑战、冲击以至反对，并且在这样的应对中证明了自己理论的正确性，展现了自己持久的生命活力。历史地来看，马克思主义的文化理论从来都不是一成不变的，而是因时、因地、因势而发展起来的，其基本理论观念来自对历史发展现实的科学总结和揭示，而其具体理论内容又是随着历史本身的演进而不断变化的。20世纪初期，列宁在总结马克思主义为什么能够在欧洲的各种社会主义学说中间取得完全的统治地位时写道："以马克思主义学说为基础的无产阶级社会主义的这个完全的统治，并不是一下子就巩固起来的，而只是在同各种落后的学说如小资产阶级社会主义、无政府主义等等作了长期斗争以后，才巩固起来的"。他又说："究竟是什么原因使马克思主义恰恰在最近几十年获得了这个迅速的和完全的胜利呢？现代社会在经济方面和政治方面的全部发展，革命运动和被压迫阶级的斗争的全部经验，都日益证实马克思主义观点的正确性。小资产阶级的衰落，必定要使一切小资产阶级的偏见迟早归于灭亡，而资本主义的发展和资本主义社会内部阶级斗争的尖锐化，则替无产阶级社会主义的思想做了最好的宣传。"[①]由列宁的这个总结可以看出，马克思主义在其发展中能够赢得胜利，一方面在于它坚持同各种错误的思想和偏见进行理论斗争，一方面在于它能够与社会主义运动的现实实践相结合，适应社会经济与政治的客观形势，与社会发展的客观需求相呼应，并被社会发展的现实运动所证明。

今天，我们要在新的历史境遇和条件之下发展马克思主义的文化理论，也要从列宁所总结的上述两个方面入手。一方面，要坚持马克思主义文化

① 列宁：《小资产阶级社会主义和无产阶级社会主义》，《列宁专题文集》（论社会主义），北京：人民出版社，2009年版，第304页。

理论的基本观念和方法，对各种错误的文化理论和观念展开理论批判和争鸣，在批判和争鸣中推进理论创新；二是要清醒地认识马克思主义文化理论的时代境遇，清楚其在当下和未来的发展中面临着的机遇和挑战究竟何在，探寻符合时代特点、满足时代需求的理论创新理念和模式，从而在新的历史高度上丰富和发展马克思主义的文化理论。

二

就时代境遇来说，当代马克思主义文化理论的发展首要面对的是全球化的历史发展现实。全球化是工业革命之后，随着资本主义的全球扩张而逐渐形成的一种世界发展趋势。早在1848年，马克思和恩格斯就指出，“资产阶级，由于开拓了世界市场，使一切国家的生产和消费都成为世界性的了。”这种趋势加强了世界各国人民之间物质方面和精神方面的交流与交往，“过去那种地方的和民族的自给自足和闭关自守状态，被各民族的各方面的互相往来和各方面的互相依赖所代替了。物质的生产是如此，精神的生产也是如此。各民族的精神产品成了公共的财产。民族的片面性和局限性日益成为不可能，于是由许多种民族的和地方的文学形成了一种世界的文学。”[①]后来，在《资本论》中论述“资本主义积累的历史趋势”时，马克思又指出，随着资本向少数人的集中和规模不断扩大的劳动过程的协作形式日益发展，“各国人民日益被卷入世界市场网，从而资本主义制度日益具有国际的性质”[②]。马克思主义创始人的这些经典论述深刻地揭示了资本的扩张逻辑与世界经济全球一体化即经济全球化之间的内在关系，也揭示了随着经济全球化而必然带来的文化全球化发展趋势。在当今学术界，“全球化”已经成为一个描述当代世界经济、政治、文化和社会特征的时代性概

① 马克思、恩格斯：《共产党宣言》，《马克思恩格斯文集》（第2卷），北京：人民出版社，2009年版，第35页。

② 马克思：《资本论》，《马克思恩格斯文集》（第5卷），北京：人民出版社，2009年版，第874页。

念，正如英国学者J·米特尔曼在《全球化的挑战：在边际上的生存》一文中指出的，“全球化的概念是相互渗透的，包括经济、政治、文化、意识形态等”[①]。更有西方学者明确指出：“全球化描述的是世界经济、政治和文化逐渐互相联结成一个世界性体系的过程。”[②]在这样一个时代，马克思主义文化理论研究与时代的关系具有两个相互关联的方面：一是传统马克思主义文化理论的时代检验问题，特别表现在经典马克思主义以历史唯物主义为基础的意识形态论文化观念在现代哲学、史学与文学、艺术等领域所经受的理论冲击方面；二是马克思主义文化理论的时代创新问题，即在新的时代语境下丰富和发展马克思主义文化理论问题。这两个方面，都给当代马克思主义文化理论研究带来巨大的理论挑战。前一方面的挑战关涉到传统马克思主义文化理论在当今时代是否依然具有话语有效性的问题，后一方面的挑战关涉到当代文化研究中话语主导权的争夺问题。

从总体上来看，马克思主义是从意识形态的视角看待文化问题的，这就使得马克思主义的文化理论特别注重对于资本主义社会中异化的社会现象和文化现象的理论批判。同时，全球化是由资本主义的全球扩张引起的一种社会发展态势，因此马克思主义经典理论家以及当代西方马克思主义学者对于资本主义及其文化的批判至今依然具有其正确性与真理性。然而全球化进入詹姆逊所谓跨国资本主义或后工业社会阶段之后，世界范围内出现了一些新的历史变化，一些文化现象和文化矛盾，是马克思主义经典理论家所未曾面对过的，也是西方马克思主义思想家或未曾面对过或未很好解决的。比如科学技术的快速发展极大地提高了社会生产力和社会财富的积累，与此同时，福利制度的推行与消费主义文化的流行一定程度上消弭了不同阶级物质生活的贫富对立与精神生活的阶级差异，世界范围内特

① 转引自杨龙芳：《西方全球化学术思潮的历史审视》，参见俞可平、董卫平主编：《全球化的悖论》，北京：中央编译出版社，1998年版，第200页。

② ［英］阿雷恩·鲍尔德温等著：《文化研究导论》（修订版），陶东风等译，北京：高等教育出版社，2004年版，第164页。

别是在西方发达资本主义国家里工人阶级的社会革命热情普遍衰退，在冷战格局中建立起来的资本主义与社会主义两大阵营的对立随着“苏东巨变”（苏联与东欧社会主义国家的解体）似乎也在向着有利于资本主义一端倾斜，这些新的时代状况就导致了一些新的社会发展和文化发展理论的产生。20世纪五六十年代以丹尼尔·贝尔为代表的“意识形态终结论”与八九十年代以弗朗西斯·福山为代表的“历史终结论”便是其中两种具有广泛世界影响的理论。

丹尼尔·贝尔在参加二战后的历史反省和文化大讨论活动时，在对30年代西方左翼运动的失败进行总结的基础上提出了“意识形态终结论”，认为美国和西欧知识分子已经放弃了激进理想和社会革命立场，普遍地接受福利国家、权力分散、混合经济和多元政治概念。在此意义上，意识形态的论争时代也已结束[①]。以“意识形态终结论”为预设理论前提来分析后工业社会时代资本主义的文化矛盾，贝尔提出了所谓经济、政治、文化三大领域对立说来描述当代社会与文化发展。他认为，在后工业时代的资本主义社会中，经济、政治与文化（狭义上的文化，指由文学、艺术、宗教和思想组成的负责阐释人生意义的部门）三者之间发生了严重的断裂和逆转，各按照自己的轴心原则运转，甚至逆向摩擦，在经济领域起支配作用的是“效益原则”，在政治领域起支配作用的是“平等原则”，而成为文化领域灵魂的则是“自我表达和自我满足”的原则。文化领域标榜“个性化”“独创性”以及“反制度化”精神与反理性精神，以此来反对经济、政治与工具理性对社会的主宰，同时强化自身的特殊性与自治能力。因此之故，后工业社会资本主义的发展及其文化已经不能再用某种绝对原则或封闭式整体构造来加以概括和分析，与之相反，必须从分立与多原则支配性质来分析

① 参见丹尼尔·贝尔：《意识形态的终结》，张国清译，北京：中国社会科学出版社，2013年版。另参见丹尼尔·贝尔：《资本主义文化矛盾》“中译本绪言”，赵一凡等译，北京：三联书店，1989年版。

当代社会及其文化矛盾[1]。显而易见，贝尔的文化观将文化的支配原则与经济、政治的支配原则并列，不是从社会存在与社会意识决定与被决定的关系上理解文化现象，与马克思主义文化观是相悖的。

“历史终结论”是在“意识形态终结论”的基础上产生的一种历史观念，最初由日裔美籍学者弗朗西斯·福山在1988年一次讲座上首先提出。1989年，福山在美国新保守主义期刊《国家利益》发表了他在讲座基础上撰写的论文《历史的终结？》一文，认为人类社会的发展史就是“以自由民主制度为方向的人类普遍史”，西方国家实行的自由民主制度是“人类意识形态发展的终点”和“人类最后一种统治形式”，并由此构成了“历史的终结”。后来，福山又以本文为基础撰写了《历史的终结及最后之人》，进一步阐发并发展了其“历史终结论”的基本观点，成为当今世界国际政治领域影响一时的理论话题[2]。显然，按照福山的观点，历史终结之后，文化也将终结，如果说西方国家实行的自由民主制度是历史的最后一种制度形式，那么宣扬自由民主观念的西方文化也将是文化发展的最高、最终也是最好的形式。

面对诸如“意识形态终结论”“历史终结论”以及亨廷顿的“文明冲突论”等等这样一些影响广泛的当代文化理论，当代文化理论研究还要不要坚持意识形态的理论分析与批判？还要不要坚持植根于社会生产力与生产关系的基本矛盾的科学分析而形成的历史唯物主义理论，应不应该继续像詹姆逊那样继续坚持以“生产方式”为基础分析后工业社会的资本主义文化逻辑？还要不要信守科学共产主义关于未来共产主义的社会理想及其建立在人类自由与解放基础之上的文化创造理想？进而言之，对当代文化现实的解释来说，传统马克思主义意识形态论的文化观念是否依然有效？历史唯物主义是否依然具有理论解释力？未来共产主义的社会与文化发展理想是

① 参见丹尼尔·贝尔：《资本主义文化矛盾》，赵一凡等译，北京：三联书店，1989年版。

② 参见弗朗西斯·福山：《历史的终结及最后之人》，黄胜强等译，北京：中国社会科学出版社，2003年版。

否依然能对人民大众散发诱人的美丽光照？这对于马克思主义文化理论的当代传承和发展来说，都是需要优先回答与解决的一些重大理论问题。对这样一些问题回应不力，甚至以鸵鸟的姿态加以回避，马克思主义就会在文化理论研究的话语争夺战中败北。

实际上，在当代文化的各个领域，马克思主义特别是经典马克思主义的文化理论都遭遇到许多来自各个方面的质疑、批评以及非难和反对。比如，在哲学领域，马克思主义的世界观被批评为见物不见人的哲学，需要从人学的立场、用人学的内容来“改造”之，以“恢复”人在马克思主义中的地位。这一点在存在主义马克思主义哲学家萨特身上表现得尤为突出。他批评现代马克思主义“忘记”个人而造成了自身的“停滞”和“僵化”，把理论变成“僵硬的”“永恒的”“绝对知识”，形成一种“把人吞没在观念里”的“拜物教化的迷信”，并且只讲人的普遍的阶级性而抹杀个别性，只讲社会环境和经济制度对人的本性的决定作用而抹杀人对历史的创造作用等等。为此，他试图“恢复”马克思主义中本来原有而被遗忘了的人道主义思想，并把作为“自为的存在”的人的“主观性”“填补”到马克思主义的历史理论中，以此达到“改造”马克思主义的目的①。此外，萨特与西方马克思主义的一些学者如早期的卢卡契以及法兰克福学派的阿尔多诺等人还认为辩证法只适用于社会历史领域，只存在历史辩证法而不存在自然辩证法，试图将自然领域从辩证法的适用范围排除出去，进而达到将辩证唯物主义、自然辩证法从马克思主义中清除出去的目的，更是把作为一块整钢的马克思主义哲学的两个有机组成部分硬性地割裂开来。

在历史领域，马克思主义也受到多重理论冲击。一是表现在注重历史客观性、注重社会基本矛盾分析的马克思主义史学传统连同启蒙运动以来高扬客观主义和历史主义观念与原则的现代主义史学，受到宣扬“一切历史都是

---

① 参见俞吾金、陈学明主编：《国外马克思主义哲学流派》，上海：复旦大学出版社，1990年版，第433—449页。

当代史”的种种新历史主义史学观念的挑战。二是马克思主义史学观是一种以社会历史基本矛盾分析和人类的自由与解放为历史远景的宏大理论叙事，这就受到解构一切宏大理论叙事的后现代主义史学思潮的冲击和挑战。三是各种形式的历史虚无主义思想和以全球化为视角的“全球史观”等等，也对包括中国在内的“东方”各民族国家的历史书写形成冲击和影响，带来干扰和困惑。在我国，不仅仅在史学研究领域，在各种形式的文化生产尤其是文艺创作中，不少人热衷于在历史书写中“去历史化”，尤其是“去”主流化的历史观，淡化历史、扭曲历史、颠倒历史、戏谑历史、胡乱编造历史的现象可谓比比皆是。可见，重振马克思主义史学的理论权威性，确立正确的历史观，无论对历史研究还是对全社会来说都是一个迫切的任务。确立正确的历史观，对当代中国来说，是建立道路自信、理论自信、制度自信与文化自信的一个基础。基础动摇了，一切的自信都将失去根基，变得缥缈不定起来。

在文艺以及美学研究领域，尽管作为复数形态的马克思主义文艺理论和美学在当代世界依然具有强大的影响力，但是经典马克思主义的一些基本理论观点却经常饱受批评与质疑。比如西方现代学界通常因为马克思主义文艺理论和美学注重文艺现象的意识形态分析而将之称为“教条主义批评”。法兰克福学派的马尔库塞在其《美学方面》一书中自称其写作目的就是对马克思主义美学的一些“正统观念”提出质疑。所谓正统观念，就是指那种从一般生产关系来解释一件艺术作品的质量和真实性，尤其是指那种把艺术作品看作是以某种确定的方式表现出了特定阶级的利益和世界观的看法。他认为这些正统看法来自“经济基础—上层建筑”的概念，其僵硬的理论图式化，“从政治上贬低非物质力量，特别是个人的意识和下意识以及它们的政治功能”，“不说明主观性”的作用，“带有庸俗唯物主义的色彩”，是“一种对美学具有毁灭性后果的图式化”[①]。类似马尔库塞这样看待

① 赫·马尔库塞：《美学方面》，见［美］赫·马尔库塞等：《现代美学析疑》，绿原译，北京：文化艺术出版社，1987年版，第5页。

马克思主义文艺理论和美学的在国内外都有。比如在我国新时期以来就有不少人将马克思主义文艺理论和美学视为庸俗社会学及机械唯物主义理论的翻版和引申而对之加以批评，有人甚至想完全抛弃它。所以，新时期以来围绕马克思主义文艺理论和美学的论争一直没有停止过，一定程度上说，马克思主义文艺理论和美学一直处于被反思、被“重建”的状况之中。这种情况表明，马克思主义文艺理论和美学也还在经受着时代的检验。

像萨特、马尔库塞这样一些在当代西方学术界广具影响的思想家，其政治立场并不是反马克思主义的，反而是马克思思想的拥护者，他们所批评的现代马克思主义文化理论各领域中存在的种种问题不能说完全没有道理，但在基本观点上则很难说就是正确的。鉴于这些思想观点在当代西方学界甚至在中国都有很大的影响，因此马克思主义文化理论研究就必须予以理论应对，在应对中辨明理论是非，任由这类思想观点畅行无阻地传播，就有可能对我们的相关研究形成错误的引导，造成糟糕的理论后果。要做好这种辨明理论是非的工作，自然是一个不小的挑战和考验，通过这种时代的挑战和考验，是需要付出巨大理论努力的。

三

传统的马克思主义文化理论能否通过时代的检验，固然是其面对全球化时代历史境遇的一个巨大挑战，而更大的挑战则是在于能否面对新的时代课题，抓住新的时代机遇，提出新的理论观念、学说和方法，从而为马克思主义文化理论注入新的时代内容，进一步丰富和发展它，将它推进到一个新的理论境界。在这一方面，如下三个问题特别地突出，极其需要给予时代性回答与解决：

其一，政治多极化、文化多样化背景下的国际文化领导权之争与文化民族化问题。全球化时代各民族国家之间的文化交流与互动比历史上的任何时期都更加频繁也更加快捷。不过，这种交流与互动并不纯粹出于相互了解和友谊，同时也隐含着经济上的利益追求和争夺国际文化领导权的政治性动机。本来，在正常的理想的文化交往中，各民族国家之间的文化交流应当是平等的、双向的，但事实上，某些发达国家往往凭借其强大的经济实力和先进的传播技术，将本国的文化产品连同其文化价值不对等地强势输往其他经济与文化不发达的国家，形成新的文化殖民。这样一来，就相应存在一个如何维护各民族国家的利益和民族文化的生存与发展问题。因此，就总体而言，当今全球化时代文化的发展存有两种不同的现实走向：一种走向是西方文化借助于其在经济全球化进程中积累的巨大资本和对于全球信息流通的主导性掌控而极度扩张，谋求西方文化的全球一体化或由西方文化为主导的文化趋同化；另一种走向是各民族国家维护共同参与的权力及其自身利益，在保持文化民族性的基础上实现全球文化资源的共享与各民族文化的共同繁荣发展，这是发展中国家人们的愿望。这两种走向及其支撑力量相互作用，形成了当今时代文化发展的现实潮流和各民族文化发展的现实语境。诸如美国好莱坞电影大片的全球输出与许多国家在文化贸易中出于对本土文化资源与产业的保护而对外来文化的政策性限制，中国20世纪80年代以来关于文艺以及文化的世界性与民族性关系的一再讨论，正是全球化时代文化发展态势与竞争的现实反应与理论表征。文化是一个民族立于世界之林的精神根基，文化民族性的建构是确立文化自信的首要条件。正如有国内学者所指出的，“民族文化是民族存在的标志，当任何一种文化失去其‘民族性’时，它作为一个独立的文化也就不存在了。”[①]因此，在全球化时代，必须警惕文化趋同化的现实状况与理论主张。以某个民族国家的文化特别是将其文化中宣扬的价值观普世化，以此来主导人类文化的发展未来，是一种文化霸权主义、文化帝国主义的表现，不利于世界各民族文化和谐共存、多元共生的理想。但同时也必须指出，强调文化建设的民族性，并不是自我封闭，并不排斥对外来优秀文化的吸取

① 于沛：《反“文化全球化”——经济全球化背景下对文化多样性的思考》，《史学理论研究》，2004年第4期。

和借鉴，不应把民族性与世界性对立起来，正如习近平所指出的："强调民族性并不是要排斥其他国家的学术研究成果，而是要在比较、对照、批判、吸收、升华的基础上，使民族性更加符合当代中国和当今世界的发展要求，越是民族的越是世界的。解决好民族性问题，就有更强能力去解决世界性问题；把中国实践总结好，就有更强能力为解决世界性问题提供思路和办法。这是由特殊性到普遍性的发展规律。"①可以说，如何看待和处理文化的世界性与民族性、全球性与区域性、普遍性与特殊性等等关系，进一步来说，如何看待和处理文化价值中的普世价值与特殊价值的关系，已经成为当今时代文化理论研究特别是以思想、情感、信仰、价值为主要内容的文化理论研究必须面对、绕不过去的重大问题，理论上认识不清、把握不准，实践上就会出现偏差、造成失误。

其二，传媒化、技术化、产业化背景下文化创造中精神价值的坚守问题。随着通信技术和互联网技术的快速发展，再加上国际化现代传播媒体的发展，信息的全球化流通已成为当今时代的一种生活现实，并成为全球化的有力技术支撑。信息的全球化流通与经济的全球化发展一道，一方面使得全球各地域人们的生活之间的相互依存度越来越高，具有了罗兰德·罗伯逊（Roland Robertson）所说的"单城性（unicity）"，即"世界压缩成了一个'单一的地方'"②。与之同时，信息的全球化流通也加速了文化连同其中承载的各种精神价值观念的全球传播。在传媒国际化和信息全球快速流通的背景下，不仅各民族文化的生产要受到外来文化产品的冲击，本民族赖以构建合理生活秩序的主导精神价值观念也会受他者精神价值观念的侵蚀，甚至完全被他者所同化或驯化。另一方面，随着文化生产的媒体化、技术化特别是数字媒体技术的发展，产业化越来越成为文化生产的趋势与常态。在马

① 习近平：《在哲学社会科学工作座谈会上的讲话》，《人民日报》，2016年5月19日。

② 转引自［英］约翰·汤姆林森：《全球化与文化》，郭英剑译，南京：南京大学出版社，2002年版，第14页。

克思主义的传统文化理念中，作为上层建筑中的观念形态的文化不属于经济的部门和范畴。而在产业化的背景下，文化的独立性日益遭到削弱，文化与经济的传统界限越来越模糊，呈现出“经济文化化”与“文化经济化”的趋势，在一定意义上说当今时代的文化已经成为一种新的生产力。文化作为产业，作为一种新的生产力，成了经济基础性的存在，而文化产业作为生产精神价值的特殊产业又必然地具有观念形态性质；作为文化产业，文化生产像其他物质生产领域一样追求经济效益，而作为精神价值生产的特殊部门，文化生产又把满足人民群众的精神需要作为主要目的，追求社会效益。这样一种两重性，既在理论上对历史唯物主义基于经济基础与上层建筑的二分确立起来的文化定位形成理论上的挑战，同时也给现实文化生产实践中坚守文化创造中的精神价值带来了冲击和挑战，在理论层面上凸显出了经济效益与社会效益的关系问题。环顾我国当下的文化生产现实，甘当市场奴隶、一味追求经济效益而在精神价值上罹患严重“贫血症”或者出现严重错乱的现象是大量存在的。正是针对这种情况，习近平《在文艺工作座谈会上的讲话》中才指出，在文化产品的生产中要考虑经济效益，但更要把社会效益放在首位，强调“文艺不能当市场的奴隶，不要沾满了铜臭气。优秀的文艺作品，最好是既能在思想上、艺术上取得成功，又能在市场上受到欢迎。要坚守文艺的审美理想、保持文艺的独立价值，合理设置反映市场接受程度的发行量、收视率、点击率、票房收入等量化指标，既不能忽视和否定这些指标，又不能把这些指标绝对化，被市场牵着鼻子走”[①]。这段讲话，极有针对性地回答了如何在传媒化、技术化、产业化背景下保持文化生产的独立精神价值、坚守文化创造中正确的价值导向和审美理想的问题。

其三，文化现代性发展中民族优秀传统文化的传承问题。全球化是一个兼具空间与时间双重含义的概念。就空间而言，全球化是指世界各个国家和地区被以资本的全球扩张为主导的力量紧密地联结在一个休戚相关的

① 习近平：《在文艺工作座谈会上的讲话》，《人民日报》，2015年10月15日。

生存空间之内；就时间而言，全球化实际上是历时维度上现代化进程的一种发展趋向。因此，全球化时代的文化发展，便在空间和时间两个维度上生发出自身内在的基本矛盾。在空间维度上，共处于全球化网络系统之中的各民族国家之间有一个本土文化与他者文化的关系问题，这就有了文化的世界性与民族性的关系、普世价值与特殊价值的关系，有了一个如何对待他者文化、相异价值的问题。在时间维度上，各民族国家的文化发展又有一个现代与传统的关系问题，这就有了文化的现代性与传统性的关系，有了一个如何对待民族自身文化传统的问题。

马克思主义历来重视历史和文化创造中对于传统的继承问题。马克思指出："人们自己创造自己的历史，但是他们并不是随心所欲地创造，并不是在他们自己选定的条件下创造，而是在直接碰到的、既定的、从过去承继下来的条件下创造。"①恩格斯则以哲学为例写道："每一个时代的哲学作为分工的一个特定的领域，都具有由它的先驱传给它而它便由此出发的特定的思想材料作为前提。"②俄国十月革命胜利之后，在波格丹诺夫的思想鼓动下，活跃一时的"无产阶级文化派"和"未来派"宣称无产阶级文化与之前的一切文化遗产不存在任何联系，应该"从现代文化的船上扔掉"它们，"把那些旧的艺术形式撕毁、粉碎，从地面上消灭干净"，创造出无产阶级自己的"纯粹无产阶级的"文化来③。这样一种脱离实际、割断历史的错误文化创造观念受到列宁的严肃批判。在《青年团的任务（1920年10月2日）》中，他指出："只有确切地了解人类全部发展过程所创造的文化，只有对这种文化加以改造，才能建设无产阶级的文化……无产阶级文化并不

① 马克思：《路易·波拿巴的雾月十八日》，《马克思恩格斯文集》（第2卷），北京：人民出版社，2009年版，第470页。

② 《恩格斯致康拉德·施米特》，《马克思恩格斯文集》（第10卷），北京：人民出版社，2009年版，第599页。

③ 参见以群主编：《文学的基本原理》（修订本），上海：上海文艺出版社，1984年版，第145—146页。

是从天上掉下来的，也不是那些自命为无产阶级文化专家的人杜撰出来的。如果硬说是这样，那完全是一派胡言。”[①]在《关于无产阶级文化（1920年10月）》一文中他又以马克思主义的发展为例表达了同样的观点，并批评“无产阶级文化派”把自己关在与世隔绝的组织中“臆造自己的特殊的文化”，在理论上是错误的，在实践上是有害的[②]。

类似俄国“无产阶级文化派”这样对待文化遗产与传统的极端例子在各个国家都有其存在和表现。在我国现代新文化运动发生以来，菲薄自身传统而宣扬“全盘西化”主张的也大有人在。直至今日，“以洋为尊”“以洋为美”“唯洋是从”，跟在别人后面亦步亦趋而对自身的传统却不管不顾弃之如敝屣的情况依然屡见不鲜。故此，中国共产党的历代领导人，无不重视中国新文化创造中的中外关系与古今关系问题。1964年9月27日，在给中央音乐学院一位学生就音乐教育问题所提意见的来信批示中，毛泽东根据他此前的相关提法和理论思考明确地提出了“古为今用，洋为中用”[③]这一对待中外遗产的八字方针。2016年5月17日习近平《在哲学社会科学工作座谈会上的讲话》中则提出“要按照立足中国、借鉴国外、挖掘历史、把握当代、关怀人类、面向未来的思路，着力构建中国特色哲学社会科学”[④]。这个24字思路，从广义上说也正是中国现代文化建设应该遵循的思路。这里，“立足中国、借鉴国外”讲的是中外文化关系，而“挖掘历史、把握当代”讲的则是古今文化关系，即传统文化与现代文化的关系。在这个讲话以及2014年9与24日《在纪念孔子诞辰2565周年国际学术研讨会上的讲话》、2014年10月15日《在文艺工作座谈会上的讲话》

① 列宁：《列宁专题文集》（论无产阶级政党），北京：人民出版社，2009年版，第281页。

② 列宁：《关于无产阶级文化（1920年10月）》，《列宁专题文集》（论社会主义），北京：人民出版社，2009年版。

③ 毛泽东：《关于“古为今用，洋为中用”的批示》，《毛泽东论文艺》（增订本），北京：人民文学出版社，1992年版，第119页。

④ 习近平：《在哲学社会科学工作座谈会上的讲话》，《人民日报》，2016年5月19日。

等一系列重要讲话中，习近平对于为什么要继承传统文化和如何继承传统文化作出了系统的论述和阐发。他一方面从民族精神命脉的传承、中国当代社会主义核心价值观的涵养以及为解决当今世界的诸多突出难题提供智慧和力量等方面了论述了继承传统文化的意义，强调“要坚持古为今用、洋为中用”，“要坚持不忘本来、吸收外来、面向未来”，要“既向前看”“又向后看”，要“体现继承性、民族性”，要“坚守中华文化立场、传承中华文化基因，展现中华审美风范”等，并且将继承优秀传统文化提升到坚定中国特色社会主义文化自信的高度；另一方面他也明确地提出了对中华优秀传统文化的挖掘和阐发要使其最基本的文化基因与当代文化相适应、与现代社会相协调，把具有当代价值的文化精神弘扬起来；要推动中华优秀传统文化“创造性转化、创新性发展，激活其生命力”，为人类提出正确精神指引；要围绕我国和世界发展面临的重大问题，着重提出能够体现中国立场、中国智慧、中国价值的理念、主张、方案。这些重要思想观点，坚持了马克思主义在对待民族文化遗产和传统方面的基本观点，同时又针对有中国特色社会主义文化建设的当下现实对传统文化的传承与转化问题作出了更为全面和系统性的论述和阐发，为中国当代文化的创造实践与理论研究提供了理论指针，也为民族文化领域里的历史虚无主义批判提供了有力的思想武器。结合全球化的时代趋势与中国文化建设的特殊经验进一步深入思考和解决文化现代性发展中民族优秀传统文化的“创造性转化、创新性发展”问题，是中国当代文化理论研究的一项重大时代性课题，其创新性的理论和实践成果也将会成为中国文化领域对马克思主义文化理论的一个时代性拓展与世界性贡献。

［原文发表于《济南大学学报》（社会科学版）2017年第5期，人大复印报刊资料《文化研究》2018年第1期全文转载］

中国民俗学的本土化：缘由、问题与路向

徐赣丽　张　磊*

在中国当下的社会科学研究中，“本土化”是一个备受关注的热点，相较于社会学、人类学等相邻学科，国内民俗学界对本土化问题不太重视。在国内学术界热议“本土化”的背景下，民俗学需要反思自身学科发展有没有本土化的要求，即民俗学本土化的目的和必要性以及如何实现的问题。本文从当下语境来讨论社会科学本土化所应有的内涵，并反思民俗学本身的特征，指出民俗学需要由传统民俗学转向关注社会日常生活的现代民俗学，本土化是民俗学学科转型的必然选择，并由此反思民俗学本土化实践所带来的一系列相关问题。

一、如何理解本土化问题

社会科学的本土化并不是一个新话题，从20世纪30年代孙本文、吴文藻等学者对“社会学中国化”的实践，到80年代港台学者对社会科学研究

*　徐赣丽，华东师范大学民俗学研究所教授，博士生导师；张磊，华东师范大学民俗学研究所2017级硕士研究生。

本土化的倡导，再到如今国内学界和媒体对学术话语体系的建设、中国特色以及中国社会科学的美国化危机等问题的广泛讨论，近百年来不同时期都有关于本土化的倡议和讨论。虽然很多学者都采用了“本土化”或者“中国化”的说法，但在不同的时代背景下，各自对本土化的界定和内涵并不一致，甚至出现了大力倡导和尖锐批评的两极态度。

有学者将中国社会科学的本土化主张归纳为五类：一是学科引入/应用论，引介西方理论应用于中国。在社会学刚刚被引入中国时曾有过这样的讨论。二是理论检验/修正论，以中国的材料来检验、补充和修正西方理论命题。孙本文曾倡导过这一方向，80年代重建社会学时也有人提过这类倡议；当然，80年代的这种倡议更像是在特定意识形态影响下为保护刚刚重生的社会学科而采取的一种话语策略。三是问题意识本土论，强调社会科学研究应该体现独立的本土问题意识，不能盲目追随西方的议题潮流。四是社会/文化特殊论，核心在于强调中国社会现实与文化的特殊性，以梁漱溟为代表，强调中西方文化之间的差异，重视中国社会特殊的历史和文化背景。五是文化/学术自主论，倡导实现文化自主与理论自觉，建构自己的话语体系，以郑杭生为代表，提出要建立有中国气派的社会学[①]。

本土化的主张中还有一类，从东西文化冲突和守护本土文化角度入手，强调要打破西方文化和学术霸权，争夺学术话语权，以及中国作为崛起的大国应该谋求与自己经济地位相匹配的学术地位[②]。对某些隐含着中西对抗意味的本土化主张，有学者提出强烈批评，认为这些主张反映的是对近代以来中国创伤记忆的自卑性抚慰以及“天朝心态”在学术研究中的延伸，由

---

① 李宗克：《社会学本土化：历史与逻辑》，上海：上海人民出版社，2015年版，第94—114页。

② 田旭明：《守护精神家园：当代中国文化建设的本土化》，《学术论坛》，2013年第4期；王学典：《本土化是大国学术的必然选择》，《济南大学学报》（社会科学版），2017年第1期。

此指出，某些打着后殖民主义名义的本土化主张本质上是伪命题[①]。

倡导学术本土化的学者们主要基于本土研究对象的特殊性[②]、西方理论在中国语境中适用范围有限[③]、学科独立发展要求[④]、面向中国现实需要[⑤]等理由。面对西方话语的垄断地位，在20世纪八九十年代台湾率先掀起了社会科学本土化研究的热潮，其中以叶启政对本土化的思考最为深入，他对实证主义挂帅的社会科学研究提出了批评，认为需要走出方法论的面向，从认识论乃至存有论的面向上来思考本土化，指出“中国化”不是学术研究的“区域化”，也不是要与西方学术进行抗击，而是努力提升中国学界，使之能够被纳入世界知识生产体系之中，为“人类的文明企图于西方文化传统之外提供另一条可能的路径”，本土化的意义在于“可使源自西方之知识体系中的存有论上的种种预设，得以因从另一文化脉络为基础的身心状态去理解，相对地较有被披露、批评与重构的机会”[⑥]。

面对当下日渐高涨的本土化呼声，有学者进行了反省。如陈映芳指出，对本土化或在地化的讨论，都是从“西方—中国”的对立结构而来，并且社会科学在被引入中国以后都成了以中国现实需要为导向，以人类社会作为研究对象的、被窄化为“为现实之需”的中国研究，这样一来，缺乏对人类社会的命运和普遍问题的关怀和兴趣，故而也难以深层次把握社会理论的普遍性意义，无法真正地诠释本土社会的特殊性，从这个角度来看，有必要去质疑本土化论题和在此基础上提炼的特殊性知识对人类社会和社会

① 王学谦、刘洋：《本土化：天朝心态的现代变型——由“顾彬事件”引起的文化反思》，《东岳论丛》，2011年第5期。

② 杨中芳：《现代化、全球化是与本土化对立的吗？——试论现代化研究的本土化》，《社会学研究》，1999年第1期。

③ 吴重庆：《农村研究与社会科学本土化》，《浙江学刊》，2002年第3期。

④ 田毅鹏：《找回“丢失的传统”》，《天津社会科学》，2005年第2期。

⑤ 王学典：《本土化是大国学术的必然选择》，《济南大学学报》（社会科学版），2017年第1期。

⑥ 叶启政：《对社会研究“本土化”主张的解读》，《社会学和本土化》，台北：巨流图书公司，2001年版，第109—145页。

科学产生的意义[①]。因此，本土化与全球化、知识的特殊性与普遍性这两对矛盾关系是思考相关问题首先要权衡的。

虽然学界对本土化的讨论并没有达成共识，但无论是支持者还是反对者，大多数学者都指出了一个要点，即学术研究的本土化是在全球化语境下提出的。在当今社会，全球化与地方性并不是非此即彼的关系，文化的混杂化处处能见到，本土化的语意需要有新的理解。王宁指出，我们应该顺应文化全球化的大潮，同时在不损害本民族文化的前提下利用全球化来扩大我们文化的影响，通过与国际社会的交流和对话使得中国的文化研究真正与国际接轨[②]。从这个意义上讲，本土化并不应该是对西方学术的反动，而应是在扎实、规范的学术研究基础上提炼、建构相应的概念和理论，在全球性的交流对话中不断完善，最终的目的应该指向对人类整体的关照和推进社会科学研究的发展，在人类的知识生产中贡献力量。学术的本土化，不是中西方的文化对抗，也不是国内学界闭门造车，而应以国际化、全球化为参照，以求知为目的，只有全面了解国外学术界的动向，才能懂得何为本土所有，并在国际交流和对话中发现自己的独特性并发明自己的话语，进而为世界贡献自己的思想和知识。

二、民俗学为何要本土化

以上民俗学学科之外学者们对本土化问题的讨论，对我们是有启发性的；但中国民俗学也有自己的特殊性。户晓辉曾批评，那些建立中国特色的民间文学理论或民俗学派的主张，主要是出于对文化身份和国际学术地位丧失的一种担心或忧虑，本质上是一种情绪防御和固守本土主义价值观的一个必然姿态，而不是基于对学科发生、发展的内在过程的考察[③]。在民

---

① 陈映芳：《今天我们怎样实践学术本土化——以国家－社会关系范式的应用为例》，《探索与争鸣》，2015年第1期。

② 王宁：《全球化和本土化的对立与对话》，《马克思主义与现实》，1998年第6期。

③ 户晓辉：《民间文学本土化研究的限度问题》，《民族文学研究》，2003年第1期。

俗学领域内讨论本土化，首先面临的一个问题就是从学理上反思民俗学有没有进行本土化的必要性。

“本土化”从字面意义理解本身就隐含着一层外来知识体系逐渐进入本土社会的含义，而在社会科学领域内，民俗学通常被认为是最具本土色彩的学科，因为从学术渊源和研究范式上来看，与社会学、人类学等西方“舶来品”不同，民俗学在学术渊源上承接了中、西两种学术传统。作为学科概念的folklore一词是1846年由英国学者汤姆斯（W. J. Thomas）提出的，原意即是“民众的知识”，在初期被视为一种研究人类蒙昧时期和野蛮时代文化遗留物的学问，英国早期的民俗学家博尔尼（Char Lotte Sophia Burne）在《民俗学手册》中强调民俗学的重点在于关注人们的精神活动与心理表现[①]。这一套学科概念和知识框架本身源自西方，而进入中国以后与中国的本土概念“民俗”相对接，作为学科概念的民俗学与作为研究对象的中国本土概念的“民俗”或“风俗”之间产生了混杂。许多民俗学者在回顾中国的民俗研究史时，都会上溯到周天子“观风问俗”的时代，似乎在学术渊源上民俗学承接了数千年的“采风”传统。中国民俗学由歌谣征集运动发端，国内学者还一度将folklore翻译为“谣俗学”[②]，与中国古代“观风问俗”有了更为贴近的联系。赵世瑜指出，作为一门现代学科的中国民俗学，其诞生既承接了中国历史上重视民俗现象的学术传统，又受到了西方民俗学知识传入的影响，前者是学科产生的学术基础，后者是其思想动力[③]。在相当长时间里，民俗学关注的内容都集中在口头传统、民间文学方面，民俗学者们也一度希望能够发掘以往被轻视的底层民众的口头传统，从中发现能够用以构建新的民族精神的资源。民俗学曾深受民族主

① ［英］查·索·博尔尼：《民俗学手册》，程德祺等译，上海：上海文艺出版社，1995年版，第1—5页。

② 赵世瑜：《江绍原与中国现代民俗学》，《民俗研究》，1998年第1期。

③ 赵世瑜：《眼光向下的革命：中国现代民俗学思想史论（1918—1937）》，北京：北京师范大学出版社，1999年版，第57—84页。

义、浪漫主义的影响，是建构民族国家精神的学问。与人类学的异文化视角不同，民俗学的一个重要立足点即在于对本土文化的自我表征，从研究对象上来看，民俗学所关注的都是最具本土特色的内容。户晓辉也指出，民间文学是外来理论与本土传统相互碰撞和对话的产物，本身就天然具备“中国特色”①。从学术范式上来讲，传统的民俗学研究范式，沿袭采风的做法，将一种民俗文化事象，从生活情境中抽离出来进行静态描述，并对民俗事象追本溯源，总体而言是一种“向后看”的历史取向的研究，并且重资料搜集、描述而轻分析、阐释，这种学术范式的确立与中国本土的人文学术传统密不可分。从这两个角度说，民俗学似乎具有天然的本土性，并不需要讨论“本土化”。

如果民俗学只想延续本土生发的历史取向研究路径，那么就不存在本土化的需求；但是随着社会文化的剧烈变迁，传统的民俗学面临严重的困境：一方面传统社会秩序与民众生活方式的变迁使民俗学原本的研究对象日渐凋零。另一方面，民俗学原有的对民俗文化事象进行静态描述的学科范式面对当前剧烈的社会变迁没有足够有力的学科解释力和话语。而且，与其他学科相比，民俗学学科的发展历程更为曲折：受学术环境与学术倡导者的意识因素影响，也受政治环境与学术体制影响，民俗学在学科定位上一直暧昧不明，摇摆不定②；面对纷杂的民俗事象，民俗学者们对于“民”和“俗”这对学科基本概念的把握与认知，一直处于变化之中，关于民俗学的对象、研究范围等学科基本问题的争论也不绝于耳；面向日常生活的整体性研究仍在艰难探索之中。

面对这种危机，国内民俗学界一直在反思如何推动民俗学学科的转型，探索新的研究方向与研究范式。就当下而言，民俗学面临着由传统民俗学

---

① 户晓辉：《民间文学本土化研究的限度问题》，《民族文学研究》，2003年第1期。

② 施爱东：《中国现代民俗学检讨》，北京：社会科学文献出版社，2010年版，第159—163页。

向现代民俗学的转型，这是讨论民俗学本土化的背景，也是其必要性的来源。关注日常生活、强调解析生活意义的“日常生活转向”是现代民俗学发展的一个可能路径，即将学术目光投向日常生活整体，关注当下、关注情境性和过程性，从对文化的意义阐释转变为通过文化来解读生活的意义[①]。反观国内民俗学界推进学科转型所做的努力，可以发现众多学者倡导现代民俗学的立论基础并不仅仅来自学科的本土传统，而是借鉴了国外民俗学发展的经验，引入了国际学界的理论、方法和概念。民俗学的发展需要与国际同行交流，这既是一条捷径，也是必由之路。从这个角度看，民俗学转型需要借鉴国外民俗学的理论、方法和经验，那么本土化问题自然摆在了国内民俗学者的面前。简言之，民俗学的本土化议题与学科转型之间有内在的实质关联性，二者根本上是一致的：本土化是学科转型的路径，学科转型是学科本土化的目标。从学理上来看，民俗学的本土色彩与民俗学学科的本土化要求是两个不同的范畴，民俗学所面临的学科转型使得本土化成为学科发展的必然要求。

三、民俗学转型与本土化实践的努力

民俗学作为表征本土文化的一门学问，其研究对象和内容的本土性自然毋庸置疑，但问题是，面对社会文化的变迁，迈向现代的民俗学应该关注什么？国际学界能够给我们提供什么启示？在议题的选择上如何能够既立足于中国社会现实，又与国际学界对话和交流？在理论与方法上，我国既有的学术传统中有哪些可以继承，国外学界有哪些值得借鉴学习并如何结合我国当下的社会情境？在学术范式上，如何从传统民俗学擅长的类型分析转向对民俗文化的解释分析？如何从“朝后看”的民俗学转为朝向当下、朝向未来的民俗学？这些都是民俗学在转型和本土化过程中无法避开

① 李向振：《“通过民俗”：从生活文化到行动意义的摆渡——兼论当代民俗学研究的日常生活转向》，《云南师范大学学报》（哲学社会科学版），2018年第1期。

的问题。户晓辉曾指出，我们应该排除民族主义情绪和本土主义价值观的干扰，充分学习和借鉴国外民间文学与民俗学的理论、方法和视野来认真整理、反思中国的研究资源，寻求中外研究的“视野融合”效应，并且要倡导学术研究的专业化和规范化，以便与国际学术界沟通和对话[①]，其思想也代表着国内民俗学界在民俗学转型与本土化的学术实践上所付出的努力和进步，然而尽管如此，对于民俗学如何实现现代转型和推动本土化这一问题，目前尚在探索之中。

学术议题不够前沿、对社会文化变迁解释力不足等问题是制约中国民俗学发展的重要因素。一部分学者的目光仍然落在文化遗留物上，甘于做资料学，而对鲜活的社会生活现实缺乏兴趣和热情，对社会文化的变迁缺少积极回应，这也在一定程度上削弱了民俗学在学科体系中的话语权。因此，推进民俗学的现代转型，就要更新民俗学的议题，提升学术话语对社会生活的解释力。近年来，一批学者倡导在社会变迁的视野下重新调整民俗学的关注对象，同时也是更新民俗学研究议题的一种呼吁。如高丙中认为，民俗学应该将“民”的范围重新定义为公民，民俗学的价值即在于重新思考普通人日常生活的理所当然，民俗学在新时代下应该成为开创公民日常生活的文化科学[②]；周星认为，当代中国民众的日常生活方式发生了剧烈变化，“生活革命”使得现代社会的“日常”得以不断刷新，他提示中国民俗学的现代转型应该“直面和正视当前中国城乡民众最为基本的现代日常生活，尤其要对普通百姓作为生活者究竟是如何在其各自全新的现代日常生活的实践中创造出人生的意义予以足够的关注”[③]；徐赣丽则指出在城市化、现代化的背景下，民俗学研究需要从琐细的、静态的民俗事项研究，转向特定语境下的文化整体研究，

① 户晓辉：《民间文学本土化研究的限度问题》，《民族文学研究》，2003年第1期。

② 高丙中：《中国民俗学的新时代：开创公民日常生活的文化科学》，《民俗研究》，2015年第1期。

③ 周星：《“生活革命”与中国民俗学的方向》，《民俗研究》，2017年第1期。

民俗学关注的内容也应该从民间文化转向大众文化，并注重现实参与性，朝向社会主流大众生活方式[①]。

与社会学和人类学不同，民俗学以关注本国民俗为任务，民俗学也比较缺乏共同的世界性的理论方法体系。有民俗学家指出，民俗学经常被近邻学科视为只有学科建构，没有理论建树，原因在于，民俗学的浪漫主义起源使其成为民族国家的学问，目的在于建构民族国家认同，对追求超然和具有普世性的理论不甚积极，并且民俗学“在各个民族国家的文化一学术体系内滋生和成长，较难形成自由质疑和批评的学术氛围，较难形成有效和大面积的国际学术交流，自然也就难以形成世界范围内共享的理论和概念”[②]。一方面，民俗学本身理论积淀并不丰厚，重描述、重分类而轻解释，现有理论和概念比如“本真性”和“认同”等，都是来源于其他学科；另一方面，面对流动性日益增强的社会生活，作为本学科核心概念之一的“传承”，明显地束缚了民俗学研究的手脚，如果民俗学者仍然只关注传承三代以上的文化事象，那就可能对民众丰富多彩且日新月异的现实生活缺乏敏感性。近些年来，许多学者引介了一些国外的理论和概念，比如杨利慧、安德明、王杰文等介绍了表演理论，西村真志叶、周星、吴秀杰、王霄冰等分别介绍了日本和德国的民俗（学）主义，都希望能够借此来推动中国民俗学的研究转型。在方法上，传统民俗学的“采风”方法，对民间口头传统进行搜集、记录、整理、分类，已经逐渐让位给外来的更具专业性和规范性的“田野作业”方法，强调对民俗生活和民众的情感要进行深入的了解和研究。当代西方民俗学界的新概念，比如“表演”“语境”等，确实给中国民俗学界注入了新鲜血液，中国学者也逐渐开始注重语境、过程、表

① 徐赣丽：《城市化背景下民俗学的“时空转向”：从民间文化到大众文化》，《学术月刊》，2016年第1期。

② 周星、王霄冰主编：《现代民俗学的视野与方向》，北京：商务印书馆，2018年版，第1页。

演者，开始从“向后看”转变为朝向当下[①]，从一定程度上来讲，这些概念的引入让中国民俗学尝试走出文本研究和对民俗事象追本溯源的历史研究范式。

虽然在这些方面我国民俗学人已经开始进行探索和尝试，但是这些努力还没有成为整个民俗学界的共识，从国外引入的理论确实在一定程度上冲击了我们原来对民俗学的认识，但民俗学作为民族国家的学问，每个国家的民俗学的侧重点各有不同，仅靠引介国外理论远远不足以推动民俗学学科转型的完成。

四、民俗学本土化的双重短板

前文已经指明，民俗学学科转型与民俗学的本土化实践是民俗学学科发展的一体两面，学术研究的本土化与国际化也是共生的，本土化实践需要全面、深入地把握国外学界的前沿研究动向，需要积极与国际学界交流对话，在国际化的基础上贡献中国经验和中国思想。黄宗智曾提出以本土经验对话西方理论的三重境界：一是“以西方的理论来认知自己的社会”，二是在前者的基础上“对西方理论进行检验、批评与修正”，三是“以本土文化观统领西方理论来认知自身，跟西方理论进行对话”[②]。王处辉等人以理论创新为本土化的目标，提出本土化的三个阶段应是首先挖掘具有理论潜力的学术概念，继而由上述概念建构逻辑紧密的命题，然后通过上述命题搭建理论体系，由此路径实现中国问题与中国理论的并重，从多维度的学术对话中探寻中国人与中国社会的行动与思想的真逻辑[③]。谢宇概述了有

---

① 杨利慧：《语境、过程、表演者与朝向当下的民俗学——表演理论与中国民俗学的当代转型》，《民俗研究》，2011年第1期。

② 黄宗智主编：《中国研究的范式问题讨论》，北京：社会科学文献出版社，2003年版，第102—133页。

③ 王处辉、孙晓冬、杨辰：《近三十年社会学学术研究的发展轨迹与本土化反思》，《中共中央党校学报》，2017年第5期。

关本土化的讨论，认为本土化主要包括议题的本土化、理论与方法的本土化和研究范式的本土化等三重范畴，并且指出，研究议题方面真正的问题在于缺乏判断议题学术价值的长远意识，学术的贡献和原创性应该由学术同行来评价，应该有助于世界社会科学的知识积累，而不只是对中国学界有所贡献①。反思国内民俗学界的研究现状，可以发现民俗学本土化在本土建构与国际视野上存在着双重短板。

所谓本土建构的短板，即本土概念建构的无意识性。本土化不仅仅要学习借鉴国外的理论方法，同时要在本土情境中有所发展和创新，更需要能够经由学科转型而发展出自己的理论概念和解释框架，并与国际同行交流对话，本土化的指向在于为世界社会科学的知识生产做出相应贡献。如何从本土情境中使学术研究能够有所发展，这是民俗学学科转型与本土化面临的又一挑战。法国汉学家汪德迈曾指出，要解释中国文化的特征，需要利用中国文化自身提供的土壤，中国的学术需要从本土生长，建构出自己的概念、理论和解释框架②。但是，当前中国民俗学界在本土概念和理论的建构与阐释等方面成果并不多。大部分研究或直接套用外来概念解释本土文化事象，或对本土概念建构无意识，没有足够强烈的理论生产、反思、对话的意向与关怀。万建中曾指出，民间文学研究在“拥抱西方现代理论的同时，忽视了本土理论的魅力”，从本土的学术实践中提炼出的诸如“立体描写”和“生活相”之类的关键词没有得到着重阐释，未能成为审视民间文学的一种观念、立场及衍生为研究的一条路径③。其实，中国民俗学有着丰厚的本土资源，如果能在此基础上形成扎实规范的研究成果，并抽象出自己的学术概念，不仅能与我们处于相同文化圈内的邻国进行交流和比较，

① 谢宇：《走出中国社会学本土化讨论的误区》，《社会学研究》，2018年第2期。

② ［法］汪德迈：《中国文化思想研究》，北京：中国大百科全书出版社，2016年版，第13—36页。

③ 万建中、廖元新：《忠实记录、立体描写与生活相：三个本土出产的学术概念》，《民间文化论坛》，2017年第2期。

也能为早已完成现代化转型的西方国家的民俗学研究提供参照。

所谓国际视野的短板，即国际视野不够深、广、新。本土化需要与国际同行交流对话才有实质意义，要不然就会成为自说自话，成为“伪本土化”，对于学科建设和知识生产没有真正的帮助。当前中国民俗学界面临的一个问题就是国际视野不足，缺乏对国外民俗学发展情况的足够全面和及时地了解。一方面，我们对这些国家民俗学研究动向的关注比较迟滞，并不能准确、及早地把握这些国家最新的研究议题。对国内许多民俗学者而言，提及国外民俗学，无非就是日本、德国、美国、北欧，说到美国就是表演理论与口头诗学，说到德国就是民俗主义与图宾根学派，对北欧民俗学的了解一度还停留在科隆的历史地理学派上。王杰文曾以编年谱的形式系统地梳理了1972—2010年间北欧民俗学的问题意识，从中可以发现，许多中国民俗学界正在讨论的话题，北欧民俗学家在很多年前就已经开始关注了。但是，国内民俗学界像这样能够系统梳理国外民俗学发展情况和问题意识的学者非常少。另一方面，我们对其他国家的民俗学研究的认知面非常狭窄，比如国内学界对俄罗斯、韩国等邻近国家的民俗学研究知之较少，而对诸如东欧、印度等世界其他国家的民俗学研究动态则近于一无所知。此外，国际视野的短板还表现在对国际学界的概念、理论掌握得并不够深入，有的研究者在借鉴国外理论时对其适用性未加仔细考察，且利用理论解释社会文化现象的能力有限。以表演理论为例，美国民俗学主要关注口头文学，这一理论确实推动了美国民俗学界结束真伪民俗之争和研究取向的转变；但我国有的学者在套用时，忽视了理论本身的产生渊源和适用边界。而对民俗主义的引入也是如此，一些研究者对这些理论和概念的借鉴、应用还停留在比较表层的水平上。从这个角度说，研究者对这些理论概念的理解和掌握程度还不够，相应的学术规范和学术训练也需进一步加强。学术研究的本土化离不开国际化，要在全面、及时地把握国际学界理论和相关研究成果的学理脉络的基础上，为国际学术界的知识生产贡献中国经验和中国思想。目前国内民俗学界整体上国际视野比较缺乏，这是民俗学本土化亟须克服的问题。

五、民俗学本土化的路径

推进民俗学的学科转型和学科本土化实践，将民俗学建设成为一门关注当下的“现代之学”，需要扎根现实，要依靠扎实、细致的研究来不断推进问题意识的更新和理论概念的建构，也需要关注现实中鲜活的民众生活和时代特色，进而把握社会文化的变迁。具体来说，民俗学学科本土化建构的实现还有赖于以下两方面的努力。

1. 民俗学需要超越本学科独特的知识生产，努力构建与其他学科相通的话语体系和学术共识。与相邻学科相比，民俗学在学术话语体系中一直处于弱势地位，对社会文化的解释力不足，在相邻学科之间发言权也比较弱，经常被社会学、人类学等学科视为是只有描述没有理论的资料学科。民俗学不能为了强调自己的特殊性，拒绝与其他学科交流，或者只接受自己熟悉的研究范式；而应该主动向相邻学科学习，保持与其他学科相同的发展节奏，吸纳其他学科发展的最新研究成果且及时更新自己的理论，强大自身，也为相邻学科贡献自身独特的学术视角和理论方法。同时，民俗学一直都关注其他学科并不关心的边缘部分，本身就具有交叉学科的性质，因而也特别需要与相邻学科建立联系，共同建构跨学科的共通的知识与话语。这样既能避免民俗学局限在自己的圈子里自说自话，同时能为民俗学在学科体系中争取到更多的发言权。从更广的意义上来说，这种跨学科的沟通与融合同样有利于拓宽研究者视野和研究领域，促进各学科之间方法论的相互借鉴和创新，还有利于理论创造和领悟力达到理想境界[①]。

2. 民俗学需要着力弥补国际视野短板，加强学术的国际对话。针对当前的国际视野短板问题，国内民俗学界在学科本土化实践中需要拓展国际

① 郑杭生、陆益龙：《把握交融趋势，推进学科发展——论当代中国社会学、人类学和民俗学的关系》，《温州大学学报》（社会科学版），2010年第5期。

性学术交流，进一步与国际接轨，不仅是从国外引入概念、理论和方法，及时地了解国际前沿研究的动态，也包括如何与国际学界对话，如何将中国学者在中国社会中的知识生产反馈给国际学界。董晓萍和瓦尔克（ülo Valk）在总结回顾当代欧洲民俗学者们开展国际化研究的经验时，提示了跨文化的研究和国际化交流对学科发展的重要意义：通过直面他者和正视异质化时代的国际性对话，汇集不同国家的学者，能够“创造国际现场的、共时性的学习氛围，让自我与他者共处于异质化的问题中，彼此解释各自研究政治文化和民俗多样性的经验，更清楚地认识自我是谁，他者是谁，然后回去加强民俗学的本土化研究”[①]。

总之，本土化是民俗学发展的必然要求，而中国民俗学要通过本土化实践转变为朝向当下和未来、关注社会生活、能够为世界知识生产做出贡献的现代民俗学，还面临着重重问题，有待于学术共同体的继续努力。

［原文发表于《济南大学学报》（社会科学版）2018年第5期，人大复印报刊资料《文化研究》2019年第2期全文转载］

① 董晓萍、［爱沙尼亚］于鲁·瓦尔克：《当代民俗学国际化的语境与经验——解读重走印欧文化圈的欧洲民俗学者》，《西北民族研究》，2014年第1期。

白话现代主义对中国民间文学学科本土化的启示

——兼及对日常生活概念的反思

李小玲*

民间文学作为一外来的学科概念，最初是用来对应于中国的白话文学运动的，始见于梅光迪与胡适的通信①。在文学革命时期，胡适、陈独秀诸人发动了声势浩大的白话文运动，对中国传统的白话、白话文学概念作了新的解读和激活，并由此促成了文学的现代转型。就当下民间文学学科领域而言，其作为白话文学代入的指称背景常被忽视，而白话文学也仅作为与文言文学相对应的概念。吕微曾评述说："胡适没有着意写作一部民间文学史，因为胡适写作文学史的目标是为白话和国语作合法性奠基。但是民间文学史和俗文学史的写作却因此而成为可能，这种可能即存在于胡适

* 李小玲，华东师范大学国际汉语文化学院教授，博士生导师。

本文为国家社会科学基金一般项目"二十世纪初民间文学研究及当代意义——以胡适的民间文学理论为例"（项目编号：11BZW092）之阶段性成果。

① 1916年3月19日，梅光迪致信胡适：来书论宋元文学，甚启聋聩。文学革命自当从"民间文学"（folklore，popular，spoken language，etc）入手，此无待言；惟非经一番大战争不可，骤言俚俗文学，必为旧派文家所讪笑攻击。但我辈正欢迎其讪笑攻击耳。胡适在《逼上梁山——文学革命的开始》中也有相关记载。见于眉睫：《梅光迪年谱初稿》，北京：海豚出版社，2017年版，第80页。

关于白话文学之民间根源或平民根源的理论假设和实证描述之中。”[①]在此，有必要从民间文学学科背景之下对白话文学概念进行学理上的阐述。

当年美国《展望杂志》推选胡适为世界百名闻人之一，理由是“曾经替中国发明了一种语言”。对此，胡适解释说，“这一项荣誉，世界无论任何人——男人或女人，都不能承当。我没有替中国发明一种语言；世界上也没有任何人曾经替任何国家‘发明’过一种语言。”[②]确实，白话概念早已有之，而作为与文言相对的语言，亦并非为胡适首创，但胡适却因之“暴得大名”，甚至在美国“榜上有名”，个中缘由或许不是一句误读就能解释得清。周作人曾发表过对新观点和新意义的看法，“要说是新，也单是新发见的新，不是新发明的新。”这里特别强调了非“发明”而是“发见”之新，并进而肯定“真理的发见，也是如此。真理永远存在，并无时间的限制，只因我们自己的愚昧，闻道太迟，离发见的时候尚近，所以称它新。”[③]以此而论，我们或许可以说，胡适虽没有发明一种语言，但他“发见”了一种语言。然由于人们更多着眼于胡适对白话的倡导之功，着力于白话文学运动中白话和白话文学在语言形式上的变革意义，而有意无意间忽视了概念本身所存有的更为丰富的学科理论含量。无独有偶，到了2000年，美国芝加哥大学特级教授、当代世界电影著名理论家米莲姆·汉森基于对胡适等人的研究及对五四白话运动的重新认识和理解，又对白话概念作了一番新的美学阐释，这为我们在民间文学学科背景下重新审视这一概念打开了新的研究视域。

当下，民间文学作为学科术语已遭到不少西方学者的质疑和抛弃，并

---

① 吕微：《论学科范畴与现代性价值观——从〈白话文学史〉到〈中国民间文学史〉》，《文学评论》，2001年第4期，第65页。

② 胡适：《胡适口述自传》，见《胡适全集》（第18卷），季羡林主编，合肥：安徽教育出版社，2003年版，第295页。

③ 周作人：《人的文学》，见《周作人民俗学论集》，上海：上海文艺出版社，1999年版，第269页。

意识到此概念本身已严重束缚学科的发展，意欲以新的概念取而代之。德国图宾根学派就舍弃民俗学（Volkskunde）这一概念，而将研究对象转移到“普通人的日常生活”。当下，“日常生活”概念已为民俗学界普遍谈论和普遍接受。饶有意味的是，作为德国籍的学者、法兰克福学派阿多诺的学生的汉森在将眼光朝向当下的同时，却绕开了日常生活的概念，而是另辟蹊径，以中国传统概念“白话”予以涵盖之，并赋予其更为丰富的内涵。因此，从白话切入对中国民俗学（含民间文学）学科本土化的思考，兼及对日常生活概念的解析，就显得既有其可能，也很有其必要了。

本文试图从三个方面展开对白话概念的思考，以期打通传统与当下的界限，并在世界各国民间文学研究纷纷形成自我特色的背景之下，也为中国民间文学学科的发展寻找中国话语和理论依据。

一、白话与日常生活

美国电影评论家汉森受中国白话文学运动的启迪，延引“白话”（vernacular）术语进入到电影评论领域，提出“白话现代主义”概念，涵括“既表现又传播现代性经验的各种文化实践”[①]。她认为过往的现代主义美学一直局限于艺术的经院化，体现为精英现代主义，她主张应扩大现代主义美学的视野，将大众传媒之下的大批量生产、大批量消费的现代性的各种文化表现也一并纳入进来，并以白话概念来统摄这一广义现代主义美学的范畴。因为白话包括了“平庸、日常的层面，又兼具谈论、习语和方言等含义。”[②]强调白话作为纷繁的话语形式，有着日常生活经验和日常生活表现的指向，并在注释中特别说明，这一白话现代主义概念与五四运动所倡导的中国文学艺术现代主义实践有关，并明确这一观点是参见了胡适、

① ［美］米莲姆·布拉图·汉森：《大批量生产的感觉：作为白话现代主义的经典电影》，刘宇清、杨静琳译，《电影艺术》，2009年第5期。

② ［美］米莲姆·布拉图·汉森：《堕落女性，冉升明星，新的视野：试论作为白话现代主义的上海无声电影》，包卫红译，《当代电影》，2001年第1期。

傅斯年等人的相关论述[①]。张英进也肯定白话概念与日常生活的联系，“因为白话用以界定现代主义主要是因为它与日常生活的联系（或更确切地说，我认为是与现代生活中物质、质体和感官层面的联系）。”[②]在20世纪70年代，伴随着现代技术下大众传媒的兴起，“日常生活”成了社会学、历史学、民俗学等相关学科关注的问题域，图宾根学派的鲍辛格等人甚至将民俗学学科的对象定位为“普通人日常生活”，即将日常生活中的事物、习惯和态度作为研究领域和反思对象，以告别旧有的名称“民俗学（Volkskunde）”。虽然汉森和鲍辛格分别从电影现代主义美学和民俗学学科不同领域出发，但他们都将自己研究的触角触碰到技术世界中的大众文化领域，同时都不满于“大众”的概念而分别以“白话”和“日常生活”为关键词予以取代，两者在研究对象、研究方法和研究思路上均存在诸多重合之处，这为我们理解白话概念及把握民俗学（含民间文学）学科转型问题提供了交叉的思路。

首先，他们都对大众概念表示质疑。汉森认为白话的概念“尽管词义略嫌模糊，却胜过‘大众’（popular）。后者受到政治和意识形态多元决定（over determined），而在历史上并不比‘白话’确定。”[③]也就是法兰克福学派所说的文化工业背景下的大众乃是受骗的大众，他们受奴役他们的意识形态驱使而不自知。鲍辛格对此持有不同的看法，即认为民众也并非完全的被动接受，但他对德国民俗学历史上的强烈的意识形态性也表示拒斥，认为VOlk概念被强烈染色或者说具有意识形态负荷，由此大众的群体也就难以明确。鲍辛格注意到日常生活虽“不是一个有清晰界限的范畴”，但

① ［美］米莲姆·布拉图·汉森：《堕落女性，冉升明星，新的视野：试论作为白话现代主义的上海无声电影》，包卫红译，《当代电影》，2001年第1期。

② 张英进：《阅读早期电影理论：集体感官机制与白话现代主义》，《当代电影》，2005年第1期。

③ ［美］米莲姆·布拉图·汉森：《堕落女性，冉升明星，新的视野：试论作为白话现代主义的上海无声电影》，包卫红译，《当代电影》，2001年第1期。

它的启发性特征能开启一些新领域和诸多的单项选题[①]；他在此看到了日常生活作为一学术概念的边界模糊性，而日常生活成为当下多学科谈论的对象似乎也从旁证实了这一点。其次，他们提出白话和日常生活的概念是基于对传统的封闭式和单向性的研究对象和研究方式的反动。汉森认为一般的现代主义及现代主义美学研究往往局限于文学、戏剧、音乐、绘画和雕塑等精英化领域，而没有将大批量生产、大批量消费的现代性的各种文化表现纳入其中，并且习惯性地视经典性的传统与现代性的文化表征之间的关系为对立的，互不相容的，呈现为单一的逻辑体系。鲍辛格也对民俗学拘泥于所谓传统的、固化的研究对象表示不满，"当时的民俗学从根本上认为，若干个世纪以来，这些传统就一直存在于民众（Volk）中间，尽管很少有任何证据。人们习惯地认为，民众就是如此地生活，尽管没有人会明确地知道谁是民众。"[②]正是由于民俗学关注于传统，关注于搜寻历史遗留物，导致"没有可能去追踪民间生活的现代改变——这里的'现代'必须从广义上去理解。"[③]也就是没有注意到时代和社会的发展和变化，即已经由传统的农业文化时代转型到技术时代，乃至将民间文化与现代技术世界完全区隔开来。尽管汉森和鲍辛格的侧重点有所不同，但他们都是持一种打通古今、更为开放的学术态度。第三，他们分别以白话和日常生活概念来指称现代性背景下的纷繁复杂的文化现象。一者是打破精英化的局限，一者是破除封闭式的传统，但殊途同归，都将眼光转向了大众传媒和现代技术等日常生活领域，即发生了由传统到当下，由静态的、闭锁式的研究转为动态的、整体性的研究态势。汉森认为白话概念作为日常生活的指向，既体现了经济、政治、社会现代化进程，诸如时装、设计、广告等日常生活物质表现形式的转换，同时，也是对这一进程的诸种感受和反应，以突破传统与现代之间的令人遗憾的两极对立的二元划分。汉森的学生张真将白

①②③ ［德］赫尔曼·鲍辛格等：《日常生活的启蒙者》，吴秀杰译，桂林：广西师范大学出版社，2014年版，第102、33、59页。

话理解为“一个相互的连续体，一种现世的技术，一个翻译的机器，一种文化的感官机制”[①]。这里对白话的理解已远远超脱了其仅作为文言相对的概念，已带有鲜明的文化指向和文化意义，由此也就和以鲍辛格为代表的图宾根学派提出的日常生活概念相勾连，鲍辛格将日常生活理解为一个过程，是在社会、文化、历史等现代化背景之下“全部的文化适应过程”[②]，不是去寻找纯粹的传统，而是注重文化的互动关系，认为“民间文化与大众文化的分界线从来就不是泾渭分明”[③]，不对复杂的文化现象作简单的二元切割，这也是鲍辛格抛弃民俗学概念的一个重要原因。

关于白话，人们常常从语言革命和文学工具的角度予以理解，但语言从来就不是独立的存在，语言包含了内容，两者不可分割，更何况语言本身也就是一种文化现象。白话作为日常生活中人们交流和使用的语言，其意指的也就是如汉森所说的庸常和日常。周作人提到平民文学这个概念，就说到不要拘泥于名词本身的指向意义，即我们说贵族的平民的，并非说这种文学是专做给贵族或平民看，专讲贵族或平民的生活，或是贵族或平民自己做的。“不过说文学的精神的区别，指它的普遍与否，真挚与否的区别。”白话也是如此，不要局限于白话仅作为语言的表现形式，还应该看到白话所指向的意味。他还提到，“平民文学不是专做给平民看的，乃是研究平民生活——人的生活——的文学。”“平民文学所说，近在研究全体的人的生活。”[④⑤]朱光潜也有过类似的表述，他认为白话相当于但丁所说的“俗语”，“事实证明：只有用白话，才能使文学更接近现实生活和接近群众。”

---

① 张英进：《阅读早期电影理论：集体感官机制与白话现代主义》，《当代电影》，2005年第1期。

② ［德］赫尔曼·鲍辛格等：《日常生活的启蒙者》，吴秀杰译，桂林：广西师范大学出版社，2014年版，第53页。

③ ［德］赫尔曼·鲍辛格：《技术世界中的民间文化》，户晓辉译，桂林：广西师范大学出版社，2014年版，第11页。

④⑤ 周作人：《平民文学》，见《周作人民俗学论集》，上海：上海文艺出版社，1999年版，第278—281、273页。

但丁抬高俗语，“就是要文学更接近自然和接近人民”[①]。

陈平原从史实的角度勾勒了白话与书面语之间的发展演变关系。他认为，唐代的变文、宋元以降的话本、小说等等都是以当时的口语即白话写成的，而无韵的古文以及有韵的诗、词、赋等则追求典雅精练的文言。“长期以来，精英阶层使用文言，而大众则倾向于白话，这一局面，在清末民初三、四十年的社会文化变革中受到巨大的冲击。经由五四新文化人的不懈努力，这种二元对立的格局终于彻底改观。今日中国，无论是大众的日常交流，还是政府的公文或作家的写作，使用的基本上都是白话。”[②]换言之，白话在当下作为语言工具的作用已经淡化，甚至失去了本来的意义，但白话所意指的“口语化”特征、“日常生活”内涵却日益凸显，这也是汉森、张英进等人赋予白话以新含义的前提。

邓晓芒从哲学的层面把20世纪白话文运动走向言文一致的现代白话文的演变称之为汉语的现象学还原，认为白话摆脱了文言文这种书面汉语的政治统治功能，成了中国人予以生存的活的语言，成为中国人的“此在”[③]。换言之，白话乃是汉语的语言本质还原和作为中国人生存的寄寓之所，其理论依据显然结合了胡塞尔的现象学还原和海德格尔关于语言是人的存在之家的学术理路，因此，语言和人、人的存在发生了勾连。“白话”流动于民众之间，有着鲜明的市民化、世俗化的特点，白话文学的盛行很大程度上也就是满足于市民生活的需求。当时上海出现的礼拜六、鸳鸯蝴蝶派等等，都是运用白话进行文学创作，阅读对象也主要是市民，刘半农在上海有一段卖文生涯，笔者以为，也就是这段时间的白话创作，和他日后成为歌谣运动的发起者和主力军有着极为密切的关系。而最早引介民间

① 朱光潜：《西方美学史》，南京：江苏文艺出版社，2008年版，第109—110页。

② 陈平原：《当代中国的文言与白话》，《中山大学学报》（社会科学版），2002年第3期。

③ 邓晓芒：《依胡塞尔现象学，批判儒家、还原中国传统文化》，《哲学研究》，2016年9期。

文学理论的也是始于上海的刊物《妇女杂志》，这和上海作为市民化的城市特征有很大的关联。汉森的学生张真就直接将上海二三十年代的商业大众文化视为广义的五四白话运动，这一勾连是有其合理性的。图宾根的经验文化学走出传统民俗学的禁锢，从历史和当下的双重视角去研究日常生活，这和汉森引入白话概念，由此打破传统现代主义的狭小门户，转向对当下日常生活的关注同出一辙。只是相对于日常生活，白话更具有本土化的指称意味。

二、作为美学概念的白话与日常生活的启蒙

汉森引入白话的概念，其实质是提出了一种更为广义的美学观念。她以铸造“感知反应场”的概念来定义白话，定义一种话语形式，通过这种话语形式，个人经验可能在公共领域里通过书面以及视觉和听觉等媒体获得表达、流传、承认和共鸣，由此产生感官的直接性和情感性，以打破现代主义美学的经院局限性和精英化特点。换言之，“白话”概念不仅有“日常生活”的意指，更有对“日常生活”现象的描述。就一般而言，我们往往只是将白话视为相对于文言的口头语言或书面语言，但拆解来看，“白”与“话”两个字本身都兼有语言和叙说的双重意味。所谓“白”既是“说”，也是“话”，“话”也包含有“说”与“话”的意思。“白话”中的“白”是从戏剧中的“说白”借用过来的，至于对白即指人与人之间的对话。胡适曾概述白话的三个意思：一是戏台上说白的“白”，就是说得出，听得懂的话；二是清白的“白”，就是不加粉饰的话；三是明白的“白”，就是明白晓畅的话[①]。在这里，胡适首先强调了白话作为对白即对话的特点，后两点则强调了白话作为民众对话的语言的特点。就此而言，“白”与“话”不同于单声调，而指向多重声音的交织，汉森将其定位为具有流通性、混杂性

---

① 胡适：《白话文学史》，上海：上海古籍出版社，1999年版，第7页。

和转述性等特点[①]。笔者以为，这兼有巴赫金提出的“复调”美学概念的意蕴，尽管“复调”是用来指称陀思妥耶夫斯基的小说创作特点，即作为小说理论的界说，但就其美学特征的概括而言，却有其更大的广延性。巴赫金认为，陀氏小说的基本特点在于“有着众多的各自独立而不相融合的声音和意识，由具有充分价值的不同声音组成真正的复调”[②]，这也正是复调小说的特点。巴赫金特别强调声音的独立性，强调不受制于某个个体的意志压迫，肯定复调的实质便是“不同声音在这里仍保持各自的独立，作为独立的声音结合在一个统一体中，这已是比单声结构高出一层的统一体。如果非说个人意志不可，那么复调结构中恰恰是几个人的意志结合起来，从原则上便超出了某一人意志的范围”[③]。

巴赫金高度评价陀思妥耶夫斯基创造了一种全新的艺术思维类型，即复调型，是一种对话型而非独白型作品，认为这是陀氏区别于他人，也是我们理解陀氏作品的关键所在。作为对话型的作品，这种小说并不是只有某一个人的“独白”，它是不同人的意识相互作用的结果，而且每一个意识都是相对独立的，“其中任何一个意识都不会完全变成为他人意识的对象。”而且，就旁观者而言，他也不同于一般“独白型”作品那样，“把小说中全部事件变成为客体对象。这样便使得旁观者也成了参与事件的当事人。”[④]因此，对话型小说特点体现为，“众多的地位平等的意识连同它们各自的世界，结合在某个统一的事件之中”[⑤]。对话表现为观点的纷呈异彩，没有作者主导性的观点和主导性的定位，揭示出生活的多样性和人类情感的复杂性。巴赫金多次强调，陀氏批判人的“物化”现象，他的艺术形式就

① ［美］米莲姆·布拉图·汉森：《大批量生产的感觉：作为白话现代主义的经典电影》，刘宇清、杨静琳译，《电影艺术》，2009年第5期。

②③④⑤ ［俄］巴赫金：《陀思妥耶夫斯基诗学问题》，见《巴赫金全集》(第5卷)，白春仁、顾亚铃译，石家庄：河北教育出版社，2009年版，第4、27、21—22、4—5页。

是要解放人和使人摆脱物化[①]，而复调小说的艺术表现形式就能达成人精神上的独立、平等和自由，这也正是陀氏小说吸引巴赫金之所在。虽然巴赫金这里的论述是就作家创作而言，但折射出的却是对民间诙谐文化的认知和推崇。巴赫金并不认同文艺复兴中的复兴只是指“古希腊罗马科学和艺术的复兴”，而是明确它复兴了中世纪的民间诙谐文化，称这是一个巨大而多义的思想现象。汉森受胡适领导的白话文学运动的影响，对白话之“混杂性”等特点的描述本就是对民间生存状态的真实描绘，但作为学科传统的民间文学概念却往往对民间的这一芜杂现象作了理想化的处理，这也是鲍辛格对民俗学（含民间文学）概念不满意的很重要的一个方面，即民俗学美化了关于民众文化的想象，“有浪漫化的倾向，而非真实性的描述。”[②]因此，他的研究致力于“那些不引人注目的，存在于日常生活之中的、为其他文化研究学科视为死角的内容”[③]。

学界一直对胡适被称为“中国文艺复兴之父”心存犹疑，笔者曾在《胡适：文艺复兴之父》[④]和《“中国文艺复兴”再思考》[⑤]两篇论文中发表过个人见解，即认为胡适复兴的也是由白话文学运动背后所潜存的平等、自由、民主的思想观念，复兴的是由民众创造的丰富的、有独立价值的民间文化与民间文学，但限于胡适思想意义大于学术意义的个体认识，也受制于时代作为思想变革的大的背景，胡适对此少有学理意义上的探讨，有时出于策略上的考虑和需要，或为了强调和突出民间文学的价值，甚至以“白话文学中的民间文学”称谓对白话文学中的杂芜现象作了净化处理。学界也出于多方面的考量，对民间文学中的“灰色地带”有意回避，少有学理上的探讨，导致白话文学本身所包孕的学术意义一直没有得到很好阐释。

---

① ［俄］巴赫金：《陀思妥耶夫斯基诗学问题》，见《巴赫金全集》（第5卷），白春仁、顾亚铃译，石家庄：河北教育出版社，2009年版，第81页。

②③ ［德］赫尔曼·鲍辛格等：《日常生活的启蒙者》，第36、23页。

④ 李小玲：《胡适：文艺复兴之父》，《广西师院学报》，2005年第4期。

⑤ 李小玲：《“中国文艺复兴”再思考》，《云南师范大学学报》，2012年第5期。

巴赫金复调概念的提出为我们深入探寻和激活“白话”与“白话文学”概念中所蕴含的学术理论含量提供了延展的可能和路径。笔者以为，“白话”概念非常形象地传递和挖掘出语言和文学作为对话的特点和本质，更为恰切地表现了“众声喧哗”的场景，而这也恰合民间文学具有多元性、群体性、口传性、对话性等特点，传神地表述了巴赫金关于复调概念的哲学领悟，即由复调概念展开对语言存在、社会存在乃至世界存在的本质问题的思考，“不仅社会的语言是‘杂语’的，而且‘语言离开了促其分化的各种杂语的意向，本身也不会存在’”[①]。巴赫金从陀氏和拉伯雷作品中挖掘出民间文学的本质特点，这为我们着眼于民间文学相对于作家文学而言的传统认知，似乎也提供了反例。

美国学者汉森正在此层面将本作为语言指向的“白话”概念转化为对电影视觉艺术的描述，且并不局限于此，而是赋予其美学的意义。随着城市工业技术的发展，社会大规模消费的转向，产生了视觉与感官认知的新模式，人们的日常生活发生了极大改变，而“白话现代主义”概念却能很好地涵括“既表现又传播过现代性经验的各种文化实践”，即包括现代化生产和消费的时装、设计、广告、建筑和城市环境，以及摄影、广播和电影等涉及民众更多是城市市民日常生活的各个方面，她从白话概念中发现了她所要寻找的表达现代主义美学现代转向的所有内涵[②]。同时，受本雅明思想的影响，进而将这一美学概念提升和扩充到“关乎人类认知和感觉的整个领域”[③]。就鲍辛格而言，他虽然反对德国民俗学对民间文化予以美化的浪漫主义情结，但他也反对精英文化对日常生活现象的鄙视，他认为日常生活并

① ［俄］米哈伊尔·巴赫金：《小说理论》，白春仁、晓河译，石家庄：河北教育出版社，1998年版，第116—117页。

② “因为‘白话’一词包括了平庸、日常使用的层面，具有流通性、混杂性和转述性，而且兼具谈论、习语和方言的意涵。”［美］米莲姆·布拉图·汉森：《大批量生产的感觉：作为白话现代主义的经典电影》。

③ ［美］米莲姆·布拉图·汉森：《堕落女性，冉升明星，新的视野：试论作为白话现代主义的上海无声电影》。

不是灰色的存在，那就是正常、现实的存在，是一种须引起人们关注和研究的日常生活所在。相较于汉森广义的美学体悟，鲍辛格倾心的是日常生活启蒙者的角色。

三、白话与日常生活审美化

汉森称白话现代主义为本土形式的白话现代主义，认为白话“代表了它自己的一种俗语，一种富区域性和文化特殊性的美学”[①]，这可谓是对胡适白话文学审美化观念的一种解读和阐释。如前所述，白话概念古已有之，但赋予其文学的意义和价值却是后来的事情，这大体和白话作为口语化的语言为文人不齿有关。“在中国，意指语言艺术的‘文学’一词的正式使用，始于1917年胡适（1891—1962）、陈独秀（1879—1942）、鲁迅（1881—1936）等人发起的‘文学革命’。‘文学’是对英语literature的翻译，这个英语词的词源是拉丁语litera，原义是与文字和书写有关的文献、文章艺术。这种本义与古汉语‘文学’一词的用法和意思基本对应。”[②]这是基本符合史实的判断，古汉语的“文学”兼有“文章”和“博学”的意义。这里需要特别提及的是，胡适、陈独秀一班人重视文学的意义，乃是将之加诸到方言、俗语等口语化语言即白话之上，运用民众的日常语言反映民众的日常生活，并使之纳入文学审美的轨道，文学不再是少部分人享有的特权，而与民众的生活融为一体，成为民众生活的一部分，表现为日常生活的审美化和审美的日常生活化。但须说明的是，这里提到的“日常生活审美化”并不等同于英国学者迈克·费瑟斯通（Mike Featherstone）所意指的内涵。

费瑟斯通首先提出了“日常生活审美化”（Mike Featherstone）的概念，

---

① ［美］米莲姆·布拉图·汉森:《堕落女性，冉升明星，新的视野：试论作为白话现代主义的上海无声电影》。

② ［日］铃木贞美:《文学的概念》，王成译，北京：中央编译出版社，2011年版，第103页。

并引发了中国学者的热烈讨论，而中国学者对概念的理解也大多依据于他的论著。费瑟斯通着重研究文化人包括艺术家、知识分子、学者、媒介人等在后工业和信息社会的时代，其观念形成和消解的过程，“尝试着把后现代当做由艺术家、知识分子和其他文化专家所发动的后现代主义文化运动来研究，而且还去探究严格意义上的后现代主义，是如何与可被称之为后现代的日常生活体验及实践中广义的文化变迁相联系的。”[①]“日常生活审美”的概念是就艺术家与知识分子及潜在的艺术家、知识分子而言的，关注的是这一群体是如何谋划将生活转化为艺术作品的。费瑟斯通植根于现代性都市生活经验谈论“日常生活审美化”的问题，带有很明显的精英文化的特点，而汉森提出“白话现代主义美学”概念恰恰是对这种精英意识的克服和否定，具有杂体化和本土化指向的“白话”概念冲击了艺术家和知识分子所推崇的种种艺术原则，打通了精英与民众艺术的隔阂，颇有巴赫金提出的“狂欢化”意味。巴赫金立足于全民文化讨论艺术与生活的关系问题，费瑟斯通关心的是文化人如何谋划生活与艺术作品的关系，巴赫金则消解了民众与审美、生活与审美之间的界限。他反复强调，狂欢节既是表演，也是生活，而且是所有的人生活其中，其内核“处于艺术和生活本身的交界线上，实际上，这就是生活本身，但它被赋予一种特殊的游戏方式。”[②]生活即艺术，艺术即生活，两者合二为一，这是巴赫金对民间诙谐文化的表述和认知，精准地抓住了民众文化和文学的本质特点。口头文学中劳动号子的呐喊、男女之间的情歌对唱，等等，既是生活的本身，也是文学的表现。口头文学往往唱出的就是民众自己的生活之歌，“民歌的中心思想专在恋爱，也是自然的事。”民歌“是民俗研究的材料，不是纯粹的抒情或教训

① ［英］迈克·费瑟斯通：《消费文化与后现代主义》，刘精明译，南京：译林出版社，2000年版，前言第4页。

② ［俄］巴赫金：《拉伯雷的创作与中世纪和文艺复兴时期的民间文化》，见《巴赫金全集》（第6卷），李兆林、夏宗宪等译，石家庄：河北教育出版社，2009年版，第8页。

诗。”[①]等等，都说明了口头文学中文学与生活的密不可分。

巴赫金认为民间广场文化和民间诙谐文化体现了民间大众的世界感受，也是民间文化的基本表现形式，他将其分成三类：一是各种仪式的演出形式，二是各种诙谐的语言作品，三是各种形式和体裁的不拘形迹的广场言语[②]。就三种分类而言，第一类是狂欢化的表演，既是节庆活动，也是广场表演；后两类都涉及语言，这些语言都是民众日常化的语言，丰富多彩且富有表现力和感染力。但以往常用传统的文化、美学和文学规范的标准去衡量他们，而巴赫金的表述则是对传统文学要求文学语言的高雅和精致的观念的摒弃，这和胡适等人对白话文学的推崇如出一辙。“白话”作为“活”的语言，既是“活”在民众的日常生活之中，也是鲜活、自然、生动、形象而具有生命活力的表征，从语言狂欢化中感受到原生态的生活和多色彩的世界。

视习语方言为文学语言，化地方性生活为文学表现，日常语言与文学的一体化催促了日常生活的审美化和审美化的日常生活的自动化。巴赫金赞赏“拉伯雷从古老的方言、俗语、谚语，学生开玩笑的习惯语等民间习俗中，从傻瓜和小丑的嘴里采集智慧。然而，透过这种打趣逗乐的折射，一个时代的天才及其先知般的力量，充分表现出其伟大。”[③]台静农也主动向百姓求教，“请了四位能歌的人，有的是小贩，有的是作杂活，有的是量米的，他们的歌都是从田间学来的。”[④]生活即诗，诗即生活，这也就是生活语言审美化的真实写照。因为“民众在表演和传播民间文学时，是在经历一种独特的生活，一般不会意识到自己在从事文学活动。”[⑤]

---

① 周作人：《中国民歌的价值》，见于《周作人民俗学论集》，上海：上海文艺出版社，1999年版，第103页。

②③ ［俄］巴赫金：《拉伯雷的创作与中世纪和文艺复兴时期的民间文化》，见《巴赫金全集》（第6卷），李兆林、夏宗宪等译，石家庄：河北教育出版社，2009年版，第5页。

④ 台静农：《致淮南民歌的读者》，《歌谣》周刊第97号，1925年6月28日。

⑤ 万建中：《民间文学引论》，北京：北京大学出版社，2006年版，第41页。

相较于汉森基于地方性、本土化的自然的审美法则，在鲍辛格看来，“日常文化研究的对象不仅仅是通俗艺术品本身，同时也是这些通俗艺术品在生活的位置，它们对日常生活的意义，它们在日常生活中的功能，尤其是他们的思想方式和行动方式。”[①]因此，他由最初对童话、歌谣等民间文学的研究慢慢滑入到社会科学领域的研究轨道，也就是自然而然的事情，由此也就呈现出和汉森不同的研究路向。

毋庸置疑，“白话”“白话文学”是中国民间文学学科发生的媒介和引爆点，既是民间文学学科发生的源起，也是最初展开学术研究的主要内容和明确方向。但在西方学术话语和学术理论占有绝对优势的情境之下，民间文学作为学科形成的外来概念，在相当程度上影响或左右中国学科研究的走向，“白话”这一具有历史沉淀、民族特色的概念，其丰富的理论意蕴渐渐被遮蔽，仅成了一个与“文言”相对应的语言符号和语言工具。“白话”作为没有太多意识形态因素缠绕的、更为单纯的学术概念，其内蕴的学术含量和学术理路理应引起我们的思考和重视，不失为与西方话语展开对话、创建具有中国特色的概念与理论的一条前行路径。芝加哥大学曾于2002年就“白话现代主义”问题召开专题国际学术会议，由此也旁证了“白话”这一术语所包孕的理论含量。

当然，由于白话文学运动的声势浩大和影响深远，“白话”作为特定意义的概念指向已为国人普遍接受，而民间文学作为学科概念也为学界内外普遍认同。鲍辛格最初也曾纠结于Volk概念的根深蒂固，感到难以回避，“只能评判性地分析使用它”[②]，止于“用旧概念衡量新的对象和人群”[③]，直到1971年，图宾根研究所才正式改名为“经验文化学”，研究取向由此有了明显转变。因此，本文提出对“白话”概念的再认识，更多是作一种史实的追溯和还原，返本开新，既以挖掘和激活本土学术

①② ［德］赫尔曼·鲍辛格：《日常生活的启蒙者》，第23页，总序第62页。
③ ［德］赫尔曼·鲍辛格：《技术世界中的民间文化》，第27页。

概念和理论的潜在意蕴，也试图从传统到当下，为中国民间文学学科发展寻找新的知识增长点。当然，也希冀以此引起学界对“白话”概念的重视和讨论。

［原文发表于《济南大学学报》（社会科学版）2018年第5期］

附录

凸显中国范式，本土化学术转型引学界热议

华　宇

党的十八大后，中国人文社会科学学术研究正在发生深刻的变化，更具中国特色、更加本土化的学术研究方向日渐明确。这一进程中，越来越多的学者开始关注这样一个论断——近三十年中国社会科学高速发展的局面正在告一段落，至少将大大放缓；而人文学术，特别是中国古典学术、传统文化研究正在从边缘重返主流。

这一判断是山东大学儒学高等研究院王学典教授作出的，他的文章《中国向何处去：人文社会科学的近期走向》发表于《清华大学学报（哲学社会科学版）》2016年第2期。在此之前，王学典这篇文章的要点以《儒学复兴，必须与自由主义对话》为名在2016年1月20日的《中华读书报》上刊出。2016年9月21日，《中华读书报》再次发表王学典文章《把中国"中国化"——人文社会科学的转型之路》，对上述论断做了进一步展开。

这一论断是在"中国学术本土化"的语境中展开的，但中国学术的本土化并非新命题，这是一个深深嵌入中国近现代思想史的老命题。因此，理解上述论断及其所引发讨论的意义，我们有必要对中国学术本土化的历程进行有一个大致的了解。

一、中国学术本土化的历史过程

历史上，中华文明曾多次面临外来文明的挑战，与此相应，中国学术也在外来文明的强势冲击下形成了本土化的命题。如自魏晋南北朝以来，如何在佛教的冲击下完成本土学术的自我调适，就是几代传统士人所面临的核心问题，而这一过程直到禅宗在唐宋时期产生之后才基本结束。

自近代以来，尤其是自五四新文化运动以来，中国学术本土化的进程则更为复杂深刻。如在胡适“全盘西化”以及后来陈序经“充分世界化”的观点沸沸扬扬的同时，也有辜鸿铭、蒋廷黻、梁漱溟、林纾、吴宓、吴景超、杜亚泉、刘师培等一大批中学功底深厚的学人守持学术的中国立场。具有代表性的著作如梁启超1919年发表的《欧游心影录》、梁漱溟1921年发表的《东西文化及其哲学》等。具有影响力的平台如吴宓等创办的《学衡》杂志、杜亚泉担任主编的《东方杂志》等。1930年代初，时任清华大学历史系主任的蒋廷黻就曾指出：“中国现在还有许多人不知道中国的政治、经济、社会，以及他们的历史是值得研究的，必须研究的，而且是可以研究……学市政的或者知道纽约、巴黎的市政，但北平、汉口、成都的市政十之八九是不知道的……学政治思想的，那一定上自柏拉图，下至拉斯基，都听过一遍；好一点的，还对某派某家下过专门的研究。至于中国的政治思想，普通不过看了梁启超先生的讲演集。”因而他主张中国大学应“为中国造人材”，去开垦中国问题的新大陆。

1930年代末至1940年代初，为响应中国共产党六届六中全会“把马克思主义中国化”的号召，学术界相应发起了一场声势浩大的“学术中国化运动”。1939年4月，《读书月报》率先开辟了“学术中国化问题”专栏，发表了潘菽《学术中国化问题的发端》和柳湜《论中国化》等文章；随后，《理论与现实》杂志在重庆创刊，创刊号刊登了侯外庐《中国学术的传统与现阶段学术运动》与潘梓年《新阶段学术运动的任务》两篇重要文章；此外，千家驹、艾思奇、李达、沈志远、胡绳等著名学者也纷纷亮相，他们共同倡导重视中国古代的哲学、科学思想、史学等文化遗产的现代意义，阐发中国旧道德中诸如坚韧不拔、从善如流、知过必改等优良传统。与此同时，一批极具中国特色、至今仍具震撼力的思想理论在1940年代前后陆续问世，如梁漱溟提出“乡村建设理论”，费孝通完成《乡土中国》讲稿，“差序格局”“长老政治”等经典论断提出，这些虽然在学术上存在争议，但至今依然闪耀着中国光芒。

1952年，中国大陆仿照苏联学科建制进行了大面积“院系调整”，在俄文成为“第一外语”、苏联学术全面主导的背景下，依然有不少学者积极倡导学术的本土立场。如潘光旦就对以凯洛夫为代表的苏联教育理论持保留态度。更具代表性的，是1957年1月8日《光明日报》发表冯友兰《关于中国哲学遗产的继承问题》，提出苏联学术注重对问题的“具体分析”，但中国哲学遗产的继承则需要对哲学命题进行“抽象分析”的观点；随后，北大哲学系发起召开“中国哲学史座谈会”，对以日丹诺夫为代表的苏联学术研究范式进行了反思。

1960年代末至1980年代，我国台湾学界开展了一场“学术中国化运动”。杨国枢、李亦园、文崇一等学者以心理学为突破口进行“中国国民性研究”，标志性的事件是1972年《思与言》杂志社举办“发展与展望”系列研讨会，并陆续在台湾学术界开展巡礼，使对西方学科以及方法论的警觉在台湾学界得以树立。而在这场运动之前，台湾学者的精神面貌则如杨国枢在回忆中提到的那样：“我回顾自己所做的研究题目，发现这些题目都是美国人做过的，我们根本没有思考在中国的社会里面到底什么样的主题才是最重要的……而且在作一个题目的时候，我都会有意无意地压抑自己作为一个中国人看问题的方式。”

1980年代，中国大陆出现了“文化热”，在全社会反思“文革”的历史背景下，拥抱科学方法论、全面向西方学习的主张再次被提出。但与此同时，也还有庞朴、汤一介、张立文、蒙培元、余敦康等一批学者的也在各种学术争鸣和文化思潮中坚持本土化的学术立场取向。

20世纪90年代前后，伴随着经济市场化的大潮，经济学、法学、管理学等带有明显西方特色的社会科学学科日益成为热门和显学，海归的经济学家、法学家、管理学家也逐渐掌握了越来越大的学术话语权。但学术本土化的意识和警觉依然在学术界得以延续。如1994年，陈明教授创办《原道》辑刊，强调要从本土文化资源中为东方式现代化提供支撑；1995年庆祝《经济研究》创刊40周年时，林毅夫教授提出了社会科学在加强规范化、国际化的同时也要注重对本土化资源的挖掘；再如1996年苏力教授出版论文集《法治及其本土资源》，提到除了本国传统和历史典籍之外，“当代人的社会实践中已经形成或正在萌芽发展的各种非正式的制度是更重要的本土资源”；2001年，吴重庆教授出版《本土情怀》，提出“希望从有系统地提炼、概括中国传统哲学的关键概念开始，来一次观念上的沐浴清洗，荡涤‘西化’的层积”。此外，郑杭生、邓正来等不少学者也先后就各自学科如何重视本土资源提出了看法。

上述回顾不过是中国学术本土化的几道剪影，远远不能涵盖这一过程本身。但不论中国学术本土化的“他者”是美国、欧洲还是苏联，中国这一过程都是现代化的学习者、赶超者，实现现代化始终是大前提。

二、中国学术本土化的新时期、新特点

21世纪以来，中国哲学社会科学本土化的发展趋势从青萍之末到蔚然成风。2001年武汉大学设立国学试验班，2005年中国人民大学成立国学院，2009年清华大学重建国学院，2010年中国人民大学创办古典学实验班，2012年山东大学开办尼山学堂，提倡“继绝学、铸新知”古典学术研究，2016年复旦大学成立上海儒学院以及海内外不断发展的孔子学院、孟子学院等，这些都可以视为中国学术本土化趋势的表象。

表象背后，是更为深刻的时代内容。2016年5月17日，习近平总书记主持召开哲学社会科学工作座谈会，会上，一位80后学者提出：80后的中国学者，是中国自近代以来第一代不需要仰望美国的学者。2016年7月1

日，在庆祝中国共产党成立95周年大会上，习近平总书记将党的十八大提出的中国特色社会主义“三个自信”扩展为“四个自信”，“文化自信”的提出对于学术本土化无疑是一种指引和鼓励。

的确，中国在三十多年的改革开放中强大了，积贫积弱的状况得到巨大的改观。历代学人在书房里呼吁学术本土化的同时，窗外也许正是敌人的枪声炮声和旁人的指摘讽刺，这种磨砺给一代代中国学人带来了文化心理上的矛盾、无奈、挣扎甚至是分裂，而这正是新时期学者所没有经历、也无法从历史学习中感同身受的，这未必是好事，但必须承认，时代的变化，尤其是中国综合国力的壮大以及开始对“现代性”存在问题的局部反思，将会给中国学术本土化的进程带来一些实质性的改变。

马克思在《〈政治经济学批判〉导言》中曾提到，“历史发展总是建立在这样的基础上的：最后的形式总是把过去的形式看成是向着自己发展的各个阶段，并且因为它很少而且只是在特殊条件下才能够进行自我批判……所以总是对过去的形式作片面的理解。”即一个时代或一个时期，只有在它已发展到能够进行自我批判的阶段时，才能准确理解前一个时代或前一个时期。换句话说，现代化进程中的中国学术本土化必然与反思中国学术的现代化统一起来才能实现自身的突破。

而正是在这种新的历史条件下，我们才能理解“近30年中国社会科学高速发展繁荣的局面正在告一段落。人文学术，特别是中国古典学术、传统文化研究正在从边缘重返主流”这一论断能够引发热议的原因。应该说，这一论断背后所涉及的问题已经超出了学科之间简单的升降关系。

学术界正在回应——2016年9月24日，《新华文摘》《高等学校文科学术文摘》《清华大学学报》《南京大学学报》《文史哲》《江苏社会科学》《东岳论丛》以及中国人民大学书报资料中心等十多家学刊代表应邀参加《济南大学学报》（社会科学版）创名刊工程恳谈会。其间，《中华读书报》在3天前发表的《把中国“中国化”——人文社会科学的转型之路》一文被参会的学报主编们从会下议论到了会上。参会代表指出，中国学术本土化过程中人文社会科学的转型是一个值得深入探讨的话题。经酝酿，《济南大学学报》决定于2017年第一期开辟专栏“本土化与中国学术转型”，就此论断展开专题讨论。

在开设“本土化与中国学术转型”专栏之前，济南大学组织了多次学术研讨会、选题会，邀请相关学者对“本土化与中国学术转型”的内涵外延进行了论证、研讨。专栏开辟后，已发表两期共7篇文章，来自哲学、历史学、文学、考古学领域的学者纷纷参与讨论，更可喜的，是法学、政治学、管理学等社科领域的学者也对此问题进行了回应，使得讨论形成了一定的气候。与此同时，《济南大学学报》还将围绕这一专栏在济南、上海、重庆召开学术研讨会，向各界学者广泛约稿。《济南大学学报》主编武卫华表示，初步计划将此专栏开设一年，为各学科学者提供讨论的平台。

2017年1月18日，《中华读书报》发表王学典《儒家文化与中国改革》，对上述论断做进一步展开，随后《北京日报》《文摘报》分别以《对儒学进行社会科学化冶炼》《创造一个东方伦理型生活方式》为标题对该文进行了摘登。这些万字长文在微信上获得了超出预期的关注，围绕这一论断的讨论也逐渐热闹起来。

在众多回应者中，北京大学陈平原教授的声音值得关注。2016年4月，陈平原教授在一次题为“理直气壮且恰如其分地说出人文学的好处”的演讲中提道：“近日读王学典《中国向何处去：人文社会科学的近期走向》，感慨很深……‘以前光社会科学家忙，现在搞传统文化、搞儒学的人也非常忙，东迎西请，不亦乐乎！’这种描述也大致准确。”“只是人文学与人文学者的命运不是一回事，我关心的是作为学科的人文学，或者作为整体的人文学者的历史命运，而不是具体人物的荣辱与升降。”

陈平原教授的关切点在于学科关系背后的学人心态，这是更为深沉的问题，我们暂且按下不表，去看看其他学者对于这一论断本身的讨论，即社会科学高速发展的局面为何会告一段落？人文学术又如何在与社会科学的互动中从边缘回归中心？

三、社会科学高速发展的局面为何将告一段落

鉴于两方面理由，参与论争的学者对于社会科学高速发展的局面将告一段落的判断大多持赞同态度：第一，相对于“赶超”，中国学术更需要的是“看路”，而要想看得远，就得“眯起眼睛务务虚”，而社会科学实证主方法论的问题则恰恰在于把问题看得太细、看得太实。“科学无穷证据有穷”“大数据里未必有大方向”，这些观点在这次论争中被学者们多次提及。第二，社会科学出现了“唯学科化”趋势，学科间条块分割，用一些莫名其妙、故作高深的“进口术语”高筑学科门槛，淡忘了学科分类是为了更好地研究现实、回馈社会的初衷。虽然分科学治学有其合理性，但用学科去切割现实则无异于本末倒置。有学者把学科比作“手术刀”，而现在的学科建设则越来越“沉溺于对手术刀的打磨、把玩和观赏，而忘记了手术刀的用途，是为了解剖，是为了救死扶伤”。

方法论和学科设置的缺陷，不可避免地带来“理论的贫困”，而中国学术的当务之急正是从现象层面的描述向理论层面的创新转型，从出材料、出文献、出数据、出案例、出调研报告，向出思想、出概念、出话语、出方法论转变。对此，不少文章分析道，这种理论的乏力导致中国思想界很容易受到外来理论的冲击。最典型的例子莫过于20世纪30年代“亚细亚生产方式”给中国学界带来的震荡，再如亨廷顿的“文明冲突论”、福山的“历史终结论”以及中等收入陷阱、修昔底德陷阱、塔西佗陷阱等都给中国思想界制造了不小的麻烦。虽然这些来自西方的理论已经被实践证明存在很大的漏洞，就连福山自己都对“历史终结论”进行了反思，但不能否认的是，中国的学术界，尤其是社会科学界被这些外来理论“折腾得不轻”“害得好苦”。

当然，也有不少学者在回应文章中指出，中国社会科学学者对于自身“理论的贫困”还是清醒的，也做出了高水准的理论建树，如金耀基先生在《中国政治与文化》一书中对香港“政治吸纳行政”的概括就凸显出了中

国政治文化的特点，一定程度上缓解了中国政治学在某些领域的理论焦虑；再如“保护市场的财政联邦主义”“东方伦理型市场经济”“政党调试”“项目治国”“增量民主”“公司化地方政府”等从中国特色实践中抽象出的理论成果，都体现了中国社会科学理论本土化的努力，对于遏制西方理论对中国实践的误导和切割起到了非常积极的作用。

但问题在于，中国社会科学本土化的理论成果多是针对西方的回应，其态势是防守性的，甚至有时会显得疲于应对，缺乏标识性成果，更罕见理论集大成者。这些理论可以对“中国特色”进行局部的解释，但却很难去概括什么是“中国模式”“中国道路”“中国经验”。因此，更多学者在这次讨论中将目光投向了理论建设的策略层面。

清华大学政治学系主任张小劲教授在2017年第1期《济南大学学报》“本土化与中国学术转型”专栏发表文章《加强实证研究，建构概念体系：试论中国政治学术话语的发展策略》，将中国政治学学术话语的理论建构概括为“引进—变形”“套用—延展”“局部创新”三种路径，并进一步指出中国社会科学遵循着“中层理论”的发展策略。所谓“中层理论”，即一种“既有较高的抽象、概括和普适性的内涵，又能够直接联系经验事实、为实证研究提供受检假说的理论建构工作……既要求立基于对现实问题的实证研究而非焦虑于理论争论和价值表态，又要求着眼于理论概括的‘抽象阶梯’而非归结于宏大叙事和思辨取向”的理论发展策略，它的特点在于“既可以容纳特定对象的具体属性，同时也可以兼顾可能生成的抽象比较”，因而是“可以串联起可靠的实证研究与扎实的理论思考的策略方法”。

其实，关于中国哲学社会科学所呈现的“中层理论”特点，在较早之前就被一些敏锐的学者提出了，如中国人民大学杨念群教授在2001年出版专著《中层理论：东西方思想会通下的中国史研究》，北京大学徐湘林教授则在2004年《中国社会科学》第3期上发表论文《从政治发展理论到政策过程理论：中国政治改革研究的中层理论建构探讨》，都对“中层理论”做出过阐发。在杨、徐那里，“中层理论”一定意义上是为了克服“只埋头拉车不抬头看路”的问题，旨在恢复中国学术的理论维度，但在这次论争中，“中层理论”能够多大程度地赋予中国社会科学理论抽象能力似乎也成了问题，如有学者指出，引进变形的、套用延展的、局部创新的和具有折中取向的理论建构策略如何为国家意识形态以及中国哲学社会科学话语建构的“顶层设计”贡献资源？而“中层理论”所要回避的“价值表态焦虑”不也正是当前中国社会科学的焦虑本身么？

总而言之，社会科学不仅需要在方法论和学科转型上全面升级，还需要在理论定位上更为宏观，而这一过程至少需要10年、20年甚至更久的时间，因而不少学者对“社会科学高速发展的局面将告一段落，至少是大大放缓”这一论断表示认可。此外，在指出社会科学存在问题的同时，不少学者还同时提出了这样的看法——欧洲划时代的文艺复兴从古希腊、古罗马获取营养，从而冲破了中世纪神学的桎梏，因此，山重水复疑无路时，中国学术应回到“郁郁乎文哉”的先秦、回到孔孟、回到老庄、回到法墨，从中国传统人文学术那种未经规训、未经分门别类的磅礴之势中获得想象力、创造力。

四、传统人文学术如何向今天开放

台湾学者王汎森曾发此感慨：“为何在社会学、经济学等大量学科的文献中，几乎看不到一个中国传统人物的名字？”

中国古代有《资治通鉴》，因此我们常说历史具有“资政育人”的功能，而以现代社会科学为支撑的智库则扮演着“咨政启民”的角色，那么“资政”与“咨政”是什么关系？古籍如何向当代开放？文气又如何接上时代的地气？或者说，中国传统的人文学术如何为社会科学贡献理论资源？这些都是中国传统人文学术必须直面的问题，也是传统文化创造性转化和创新性发展的题中之义。

此次讨论中，不少文章提出这样的疑问——大家都期待人文学术可以更好、更快地发展，但一来卷帙浩繁的经史子集令人望洋兴叹，二来传统人文学术经典以传统社会为背景，其中纵使有“造物者之无尽藏”的智慧，但对于解决现当代社会碎片化、商业化、娱乐化等问题又多少现实意义?

2017年第一期《文史哲》发表清华大学哲学系教授陈来文章《从道德的“抽象的继承”转向“创造的继承”——兼论诠释学视野中的文化传承问题》，对上述问题作出了回应：“当代的文化传承，不是把古典文本的意义固定化、单一化，而是让今人与历史文本进行创造性对话，对典籍文本作创造性诠释，对传统文本的普遍性内涵进行新的诠释和改造，以适应当代社会文化的需求。”2017年3月20日，《光明日报》文史哲周刊发表陈来文章《中华优秀文化的传承和发展》，对上述问题作出了进一步的回应：古籍文本“意指的东西本来就远比作者之意更多，后来时代的解释就是把其中包含的更多的东西展开来，结合时代之所需，故文本语句作者的原意在这里并不重要。由文字固定下来的文本语句是开放给理解者的，从而文化的继承就是要通过每一时代自己的理解赋予或揭示其中适于今天的意义。继承的本质在于，真正的真理是文本的过去意义与今天的理解的结合。因此在继承上，要尽力不去执着文本语句的具体历史性，而着力阐明其中的普遍意义、普遍真理性。对诠释学而言，文本意义的开放性和解释者的创造性是最重要的。每一时代的人们都面临着自己新的问题，由此不断更新对文本意义的理解，这才是继承。”总之，要想建立起古代文本与现代社会的关联与连接，“建构性地把古代文化中原有语句或命题解释为另一种积极意义，扩大了原语句的意义及其适用范围，以适合当代的需要。”

可以说，这一回应触及了人文学术发展的一个核心问题，即如何阅读文本。中国传统学术不同于现代科学和社会科学，不可能通过实验、田野等方式去实现传承发展，其最重要的载体只有文本，而中国自近代以来经历了数次语言革新，因此，如何对待文本、以什么样的理论去指导文本阅读，就成了影响着中国传统人文学术继承发展的重大问题。

对此，不少学者在这次讨论中提出了与陈来教授相似的观点，如上海社科院王光东教授在2017年第2期《济南大学学报》“本土化与中国学术转型”专栏中发表《中国当代文学研究的“本土化”问题》一文，就指出“文学研究者应有‘超越文本’的研究视野，在理解‘文本’的同时，深入地把握中国问题并对文本中存在的问题进行分析、批判”。王光东教授所要“超越”的虽然是西方文学的文本，但其对待文本的态度却值得借鉴：“对于研究者来说，如果仅仅从文本出发，就很容易在西方的理论中找到可以顺理成章的阐释方法，把西方理论套用到文学作品的分析中，这样的研究可能由于‘文本’自身的局限，而导致研究成果与‘文本’现实生活的不协调。”此外，很多学者也对近三十年来史学研究中出现的“史料即史学”、妖魔化“宏大叙事”、过分重视考辨订补的治学倾向进行了反思，指出历史研究者要正确认识史学与史料、历史与现实的关系，在史学研究中恢复理论维度。

更值得一提的，是在此次讨论中很多学者所关心的另一个趋势——相对人文与社科关系的变化，中国学术界更需要重视的一个现象则是在“发现中国”“发现传统”的学术工作方面，西方学者似乎比中国学者又快了一步。如美籍学者黄宗智在20世纪八九十年代对中国长江三角洲小农经济、华北小农经济的开创性研究就一定程度上“帮助”中国学界克服了西方关于“商品经济的发展必然导致近代资本主义出现”这一理论带来的困扰。此外，贝淡宁、罗思文、安乐哲、谢文郁、吉尔·毕诺等国外学者也纷纷从中国传统中汲取营养，如加拿大籍学者贝淡宁在2016年出版的《贤能政治：为什么尚贤制比选举民主制更适合中国》一书，就集中讨论了选举民主制未必可以作为判断中国政治进步的标准以及中国的尚贤制能够给西方社会带来哪些启示等问题。再如美籍学者罗思文在2015年第七届世界儒学大会的发言中就指出西方自由主义中“孤立个体”理论假设的局限，并提倡从儒家角度再思道德、政治、家庭与宗教的基础等等。

然而，中国学者对于这一动向似乎还不够敏感，正如美国学者柯文在其代表作《在中国发现历史——中国中心观在美国的兴起》一书中所提到的：“真是怪事中的怪事：局外人向一种局内的观点靠拢，而局中人却坚持外来因素的极端重要性。”柯文的“中国中心观”也许只是一种“美国人的中国中心观”，或者说是另外一种“西方中心观”，但他的纳闷无疑给中国学者提了一个醒，即相对于客观地看待西方，我们更应该客观看待的也许是我们自己。

（原文发表于《中华读书报》2017年03月29日05版）

音调难定的本土化

——近年来若干相关问题述评

郭震旦

按照台湾地区政治学学者朱云汉的判断，在过去300年间，只有18世纪英国工业革命、1789年法国大革命、1917年俄国十月革命、19世纪末20世纪初美国崛起等四个历史事件的重要性可与中国崛起相比拟。[①]在一些学者看来，中国崛起如同它在政治、经济、军事、外交上所产生的影响一样，也将推动中国学术发生历史性转折。近年来日渐高涨的学术本土化口号，就是学术界对中国崛起有意识的呼应。越来越多的人相信，“形成在国际学界具有重大影响和辐射力的本土化的中国学术，形成中国风格、中国气派、中国话语体系和理论体系的学术力量、研究成果，是时代赋予当今学界尤其是社科人文学界的重大历史使命”，[②]中国学者

*　郭震旦，山东大学儒学高等研究院。

本文为国家社会科学基金项目“近三十年中国史叙事的本土化趋势研究”（项目编号：16BZS002）、国家社会科学基金重大项目“多卷本《20世纪中国史学通史》”（项目编号：17ZDA196）部分成果。

① 参见朱云汉：《“巨变时代”呼唤“中国政治学”》，《北京日报》，2016年1月25日。

② 翁有为：《从近百年学术演变脉络看中国学术本土化问题》，《济南大学学报》（社会科学版），2017年第4期。

在今天面临的任务，“就是如何在‘中学’的‘西学’化格局下，走向本土化的回归”。①

一、本土化主张已成为中国人文社会科学的共同诉求

本土化首先来自对中国学术西方化的反省。这种反省主要针对改革开放以后西方学术在中国的影响力。对南京大学中国社会科学研究评价中心中文社会科学引文索引数据库中1978—2007年的海量数据研究发现，“西方社会科学作品在中国学术的主导影响，是改革开放30年来中国学术发展最为醒目的特点”。这项基于大数据的定量研究显示，在此间的30年中，塑造“中国心智”的人文社会科学成就，既不是对传统典籍的传承和沿袭，也并非立足本国的当代研究，而是对西方学术名著经久不息的翻译、学习、研究和传授。这一期间形成的“中国心智”，完全是一种“外向型心智”。研究表明，这30年影响“中国心智”的，除了马恩毛邓，就是德（亚里士多德、康德、萨义德、庞德、赫尔德、科林伍德）尔（海德格尔、卡西尔、黑格尔、托克维尔、韦伯〔尔〕、贝尔、波斯纳〔尔〕）克（哈耶克、洛克、诺奇克、克拉克、布莱克、拉塞克）斯（诺斯、科斯、霍布斯、罗尔斯、哈贝马斯、吉登斯），是他们形成了改革开放年代中国人文社会科学的阅读和研究语境，构成了中国学人思考和回答“中国问题”的起点和归宿。这一实证研究的结果可谓触目惊心，因为“没有哪个文明大国会像中国学界这样，开放到三十年间对国外作品的重视始终远远超过本国”。②所以，“改革开放之后的中国社会科学并没有‘中国’，几乎完全是‘拿来主义’的思想”③的说法并非危言耸听。

---

① 何中华:《学术旨归：古今之别与中西之异》，《济南大学学报》（社会科学版），2017年第1期。

② 凌斌:《中国人文社会科学三十年（1978—2007）：一个引证研究》，见苏力、陈春声主编:《中国人文社会科学三十年》，北京：三联书店，2009年版，第159—177页。

③ 杨光斌:《论世界政治体系——兼论建构自主性中国社会科学的起点》，《政治学研究》，2017年第1期。

正是由于这种情形的刺激，近年来，本土化的主张逐步在整个学术界蔓延。早在20世纪80年代初，恢复重建的社会学就赓续民国传统，喊出了本土化的口号。[①]到20世纪90年代，本土化讨论迅速扩大，1994年至1996年，学术界开展了影响广泛的“社会科学的规范化和本土化”大讨论，本土化由此成为大陆学界的一个关注焦点。正是从20世纪90年代开始，学术界掀起了“重思中国”的热潮，而“重思中国”的主要动机，是“恢复中国的思想能力，让中国重新开始思想，重新建立自己的思想框架和基本观念，重新创造自己的世界、价值观和方法论”。[②]2000年之后，越来越多的学者将本土化贯彻到自己的研究当中，一些代表性作品表现出挣脱西方理论控制的强烈愿望。比如，汪晖的多卷本《中国现代思想的兴起》就放弃了西方现代化模式中那些典型的传统/现代、欧洲/亚细亚、资本主义/社会主义等二元对立概念，转而以儒学的发展作为更基本的思想线索来贯穿中国历史的逻辑，尝试“以儒学本身的演进和转换来解释中国历史”。[③]赵汀阳的《天下体系——世界制度哲学导论》也超越西方的民族/国家思维方式，以天下作为政治/经济利益的优先分析单位，通过激活“天下”“礼不往外”“无外”等中国传统概念，来思考当今时代的世界政治秩序和未来世界制度，被称为“以中国古典智慧来回应西方理论”的成功之作。[④]尤其是随着官方“建设具有鲜明中国特色、中国风格、中国气派的哲学社会科学创新体系”口号的提出，本土化讨论被推至“人声鼎沸”的高潮，用“滔滔天下者皆是也”

① 如1981年10月，费孝通就在《建立面向中国实际的人民社会学——从三访“江村”说起》的演讲中提出“我们的社会学一定要本国化”，见费孝通：《从事社会学五十年》，天津：天津人民出版社，1983年版，第136页。其后，1987年9月，北京大学、山东大学等高校社会学系又在山东淄博联合召开了“社会学中国化”理论研讨会。

② 赵汀阳：《天下体系——世界制度哲学导论》，南京：江苏教育出版社，2005年版，第7页。

③ 伍国：《中国阐释的范式重建及其问题——评〈现代中国思想的兴起〉》，见邓正来主编：《中国书评》第4辑，桂林：广西师范大学出版社，2006年版，第50页。

④ 周炽成：《中国人文社科研究自主性的慧觉与承继：以费孝通和赵汀阳为例》，《江海学刊》，2011年第6期。

形容也毫不为过。2009年和2010年，中国社会科学杂志社举办的第三、四届“中国社会科学前沿论坛”，连续围绕“中国学术话语体系的当代建构”主题展开讨论，《济南大学学报》从2017年1月开始，在长达两年的时间内，每期都组织“本土化与中国学术转型”笔谈。由《文史哲》杂志社和《中华读书报》联手评选的2016年、2017年度中国人文学术十大热点接连将“本土化趋势”列为榜首。①

正如上文所揭示的，本土化已成为目前学术界当之无愧的共同话题。在政治学界看来，20世纪90年代之后，随着西方学术体系和话语体系愈益成为中国政治学界的主流，中国政治学“西化”趋向愈益凸显，中国政治学尤其是发展政治学，的确该向“本土化”方向转型！②政治学应加强对中国发展的实证研究，提出有长期知识积累和跨界对话能力的经验概念，建构足以概括和刻画中国经验的概念体系。③在法学界看来，中国法学的大格局基本可以概括为“西方法学在中国”，中国法学所使用的学术语言、概念范畴、原理系统，甚至是逻辑架构基本上属于舶来品，从总体上可以称之为汉字化的西方法学。④在经济界看来，中国经济学亟须“突破西方经济学的框架，打造新的经济学框架”。⑤在历史学界看来，“中国古文明的独立起源方式与西方古文明大不相同，中国古文明的发

① 2016年十大人文热点第一条是：“哲学社会科学工作座谈会召开，‘本土化’渐成人文研究之主流取向”，见《中华读书报》2018年4月19日。2017年的十大人文热点第一条是“顺应文化气候变迁，建构中国气派和中国风格的学术话语正在成为学界的自觉诉求”，见《中华读书报》2018年4月25日。

② 参见包心鉴：《论发展政治学的“本土化”构建》，《济南大学学报》（社会科学版），2017年第4期。

③ 参见张小劲：《加强实证研究，建构概念体系：试论中国政治学术话语的发展策略》，《济南大学学报》（社会科学版），2017年第1期。

④ 参见陈金钊：《“西方法学在中国”及中国法学学术转型》，《济南大学学报》（社会科学版），2017年第2期。

⑤ 史正富：《中国经济学理论要突破西方经济学范式》，《济南大学学报》（社会科学版），2017年第6期。

展过程与西方古文明有许多相异之处，不能套用西方的文明理论、史学理论来解释中国古代文明史”。[①]社会学界本土化的呼声更是高亢，“社会学研究的本土化回归或本土化转型，是实现社会学学科体系、学术体系和话语体系创新的不二选择”早已成为该领域的共识。[②]在管理学界看来，“中国现有国情与西方有极大差异，东西方在历史文化、思维方式与基本哲学上均相去甚远，因而生搬硬套西方管理概念与理论不仅是舍本逐末，还会水土不服。中国必须构建本土管理理论体系，形成独特的中国管理学派”。[③]“构建本土管理理论，是大国崛起的必然选择与历史使命”。[④]在哲学界看来，“中学”的本土化复兴，在文化的民族性维度上既有其必然性，也有其合法性，如果现代性语境是以文化的时代性维度为主导而建构起来的，那么，本土化语境意味着文化的时代性维度的退隐和文化的民族性维度的凸显。[⑤]

在主张本土化的学人中，邓正来、林毅夫以及王学典三位先生颇具代表性。在过去20年间，邓正来堪称是讨论中国学术本土化转型的一个中心人物，他对中国学术本土化的反思最为系统和深入，重建中国社会科学的自主性成为他的“终身关怀”。[⑥]2005年，他在《政法论坛》上发表了长达十数万言的雄文《中国法学向何处去——建构“中国法律理想图景”时

① 江林昌：《书写中国自己的文明史——构建中国特色文史学科理论体系浅议之一》，《济南大学学报》（社会科学版），2017年第2期。

② 参见张文宏：《本土化：中国社会学学科体系、学术体系和话语体系创新的必然路径》，《济南大学学报》（社会科学版），2017年第3期。

③ 李平、杨政银：《古今呼应，东西对话：中国本土管理研究的独特意义》，《济南大学学报》（社会科学版），2017年第1期。

④ 谢永珍：《反思与超越：中国本土管理研究的道路自信与价值诉求》，《济南大学学报》（社会科学版），2017年第3期。

⑤ 参见何中华：《学术旨归：古今之别与中西之异》，《济南大学学报》（社会科学版），2017年第1期。

⑥ 孙国东：《中国社会科学的自主性——邓正来先生的终身关怀及其思想与实践》，《中国农业大学学报》，2013年第2期。

代的论纲》，[①]对中国社会科学做了“总体性分析和批判”。该文无疑是近年研究中国学术本土化最为重要的文献。从20世纪90年代中期开始，他对中国社会科学亦步亦趋地步西方社会科学后尘这一状况进行了猛烈批判，并强聒不舍地倡导从学术上建构中国自己的“理想图景”。他把探寻中国主体性当成中国社会科学当下最为重要的使命，呼吁中国社会科学从那种由西方化倾向所导致的“中国之缺位”中解放出来，重新找回和发现中国，继而从西方社会科学理论的非反思性的盲目追随者，转变为反思性的自主性的思想者，从不关心中国文化身份政治认同的思想者，转变为直面中国文化和政治需求、直面中国经验、直面当下中国实践的思想者。在他看来，中国社会科学已进入到以探究中国理想图景和世界理想图景为核心任务的新时代，必须从“引进”“复制”“国际接轨”的阶段，迈向一个“知识转型”的新阶段。这种知识转型，从根本上要求中国社会科学从西方思想的支配下解放出来，主动介入全球化时代话语权的争夺，这是全球化时代赋予中国社会科学的使命。他在2008年就提出了“中国特色、中国风格、中国气派”的口号，[②]这一口号目前已成为引领中国学术本土化转型的旗帜。

林毅夫也是从20世纪90年代就开始不遗余力地提倡本土化。他的本土化逻辑起点建立在一个极有说服力的事实之上，即至今没有一个发展中经济体是按照西方主流的发展理论制定政策且实现了追赶发达国家的愿望，而少数几个发展或转型绩效较好的经济体推行的主要政策又与主流经

---

① 邓正来文章发表后，引起巨大反响。截至2009年底，仅发表在CSSCI刊物上的评论文章就有近百篇。众多知名刊物围绕此文组织专题讨论。甚至有评论认为，该文开创了“自民国以降法学界集中评论一位学者某部著作的最大盛况”。见邓正来：《“世界结构”与中国法学的时代使命——〈中国法学向何处去（第二版）〉序》，《开放时代》，2011年第1期。此文所引起的轰动效应反映了学界对本土化论题的极大关注。

② 参见邓正来：《高等研究与中国社会科学的发展——在复旦大学的讲演》，《文汇报》，2008年12月27日。

济学理论完全相悖。[1]在他看来，来自发达国家的理论，是以发达国家的发展阶段、经济社会制度等为前提的，把这些理论拿到发展中国家来用，必然会出现淮南为橘、淮北为枳的问题，因而固守“西天取经”得来的教条危害甚巨。[2]他预言当中国成为最大经济体的时候，世界经济学的研究中心将会转移到中国来，21世纪将是中国经济学家的世纪，也将是中国社会科学家的世纪，中国经济改革发展过程中许多现象的解释和一系列重要问题的解决，在很大程度上有待于我国自己的经济学家重新从本土现象的深入研究中提出新的理论来。[3]在他看来，“我们这个时代有许多提出新理论、大理论的素材”，[4]“必须注重中国社会科学的本土化问题”，[5]中国经济学家是坐在理论创新的金矿上，应该有自信和自觉来挖掘中国这座理论创新的金矿，提出一套新的理论。[6]

王学典近期有关本土化转型的一系列论述同样引人关注。2006年，他就呼吁学界“从西方话语中拯救中国历史”，[7]改变“中国史在西方”的尴尬状态，扎根中国经验，以“中国中心观”重新寻找中国自身发展的基本线索。[8]中共十八大后，整个中国的精神气候、文化气候、学术气候均发生重大变化，正是在这一背景下，王学典连续推出《中国向何处去——人文社会科学的近期走向》《把中国“中国化”——人文社会科学的转型之路》等

① 参见林毅夫:《发展经济学的反思与重构》,《济南大学学报》(社会科学版)，2018年第1期。

② 参见林毅夫:《固守“西天取经”得来的教条危害甚巨》,《北京日报》，2017年8月14日。

③ 参见林毅夫:《本土化、规范化、国际化——庆祝〈经济研究〉创刊40周年》,《经济研究》，1995年第10期。

④ 林毅夫:《关于经济学方法论的对话》,《东岳论丛》，2004年第5期。

⑤ 林毅夫:《发展经济学的反思与重构》,《济南大学学报》(社会科学版)，2018年第1期。

⑥ 参见林毅夫:《中国经济学的理论发展与创新》,《经济导刊》，2017年第7期。

⑦ 参见杨飞:《王学典：从西方话语中拯救中国历史》,《山东大学报》，2006年3月7日。

⑧ 参见王学典:《当代史研究的开展刻不容缓》,《山东社会科学》，2009年第11期。

重头文章，从文明复兴的角度系统论述了他的本土化主张。在他看来，本土化是大国学术的必然选择，构建中国话语体系，其目的是构筑新的与国家崛起相适应的国家叙事。[①]王学典特别强调执政党政策的调整以及意识形态的转变对本土化的影响，他认为本土化的提出与执政党以及整个中国社会重心转移有密切关联，中国正面临着一个从经济建设为中心，到以文明复兴为中心的大的重心转移，而文明复兴必然会唤醒中国传统文化、中国的知识系统以及中国的世界观。这是本土化兴起最根本的原因。因此，"本土化转型是中国人文社会科学的唯一出路"。[②]王学典将本土化放在如何平衡和兼顾传统与现代、本土与西方这两个世纪难题下讨论，赋予了这个命题更多的使命感。

仔细分析邓正来、林毅夫、王学典等人的本土化主张，可以看出，邓正来主要是从知识论，林毅夫主要是从实践论，王学典则更多从学术与政治的关系来推导中国学术本土化的逻辑。三者出发点不同，但目的地一致，正好说明了学术本土化追求是多种因素聚合的产物。

值得注意的是，一些兼有中西学术背景的学者也坚定支持中国学术本土化，如纽约城市大学的彭玉生就"十分赞同（社会科学的）实质理论应该具有本土特色"，认为"生搬硬套西方理论可能会谬误千里，在实践中则更会产生灾难性的后果"。[③]台湾大学政治学系教授、有着美国大学长期执教经验的朱云汉也认为，中国发展模式及其实践，震惊了西方主流经济学，也撼动了国际机构对经济发展与治理的话语权。中国政治模式的实践经验，对现有的比较政治理论构成知识上的挑战。"巨变时代"呼唤"中国政治

---

① 参见王学典：《本土化是大国学术的必然选择》，《济南大学学报》（社会科学版），2017年第1期。

② 王学典：《把中国"中国化"——人文社会科学的转型之路》，《中华读书报》，2016年9月21日。

③ 彭玉生：《"洋八股"与社会科学规范》，《社会学研究》，2010年第2期。

学”。[①]美国达拉斯德州大学的顾明栋指出，国内学界深受汉学主义的控制，汉学主义是一种建筑在以西方为中心的意识形态之上的知识体系，其理论核心是认识论和方法论的他者殖民和自我殖民衍生而成的意识形态，因此，在全球化的大语境下，很有必要以汉学主义为目标进行改革开放以来学术思想的第二次解放，从而克服汉学主义的认识论和方法论惰性，建立中国知识生产的新范式。[②]张光直也早就指出：“西方社会科学所提供的法则能适用于全人类（包括中国在内）这个前提是需要证明的，不宜无批判地接受下来。中国提供了将根据西方历史研究所拟定出来的若干社会科学的理论假说加以测试的重要资料，而西方若干有关文明起源的重要假设是通不过这个测试的。中国又提供了足够的资料从它本身来拟定新的社会科学法则。在文明起源上若干西方的一般法则不适用于中国……因此社会科学里面自西方经验而来的一般法则不能有普遍的应用性。”[③]基于此，张光直预言：“社会科学的二十一世纪应该是中国的世纪。”[④]

在海外学者中，对中国研究受西方理论所挟制反思最彻底的非黄宗智莫属，虽然他对那种完全排斥西方理论的本土化主张持否定态度，但在他的一系列反思中国研究范式危机的文章中，他的主要目标在于批判西方中心论。他指出，要“建立中国研究自身的理论主体性”，“要真正将西方去中心化、真正把中国中心化，我们的问题意识需要从中国的实际问题出发，而不是从西方的理论建构出发”。所有研究中国的学者，都应该把源自西方的，由西方投射于中国的，脱离或违背中国实际的研究问题置于一旁，“我们选择的问题、题目和论点不该局限于来自西方的时髦理论和问题”；否

① 朱云汉：《“巨变时代”呼唤“中国政治学”》，《北京日报》，2016年1月25日。

② 参见顾明栋：《什么是汉学主义？——探索中国知识生产的新范式》，《南京大学学报》，2011年第3期。

③ 张光直：《连续与破裂：一个文明起源新说的草稿》，《中国青铜时代》，北京：三联书店，1990年版，第132—134页。

④ 张光直：《当前美国和英国考古概况》，《考古与文物》，1985年第3期。

则，“中国研究将永远只是一个西方政治和思想的附属品，并且不可避免地会出现论点与经验证据之间的脱节与背离”。[①]

这些生活在海外的学者，多数在西方接受学术训练，长期浸淫于西方学术圈内，对西方学术的了解不可谓不深，中西兼具的背景，让他们对西方理论和中国事实之间可能出现的那种“龃龉不入”和方枘圆凿更有感触。20世纪80年代台湾地区学术本土化运动的主要发起者中，也有许多学者是在美国接受的专业培养，甚或是长期在美国大学任教。

二、本土化趋势的多重动因

首先，中国崛起为学术本土化提供了强大动力。对世界学术发展史做一个简单回顾即可发现，现代社会科学的基本脉络来自各主要国家的现代化国家建设道路，因而才有了以英国—美国经验为基础的社会中心主义，以法国—德国经验为基础的国家中心主义。[②]近代以来社会科学中心的变化常常与经济中心的转移如影随形。以经济学为例，从亚当·斯密经济学成为一门独立的社会科学以后一直到第一次世界大战，英国是世界的经济中心，因而世界上绝大多数的经济学大师都是英国人或是在英国工作的外国人。20世纪30年代以后，随着美国的崛起，经济学大师绝大多数又都成了美国人或是在美国工作的外国人，这说明学术中心与经济地位具有直接的相关性。随着中国即将成为21世纪最大、最强的经济中心，可以想见，世界经济学的研究中心也将会随中国经济在全世界地位的提高而逐渐转移到中国来。[③]我们虽然不能在经济中心和学术中心之间建立绝对的对等关系，但国家的崛起必将促进学术自主性的苏醒，

① 黄宗智：《我们的问题意识：对美国的中国研究的反思》，《开放时代》，2006年第1期。

② 参见杨光斌：《论世界政治体系——兼论建构自主性中国社会科学的起点》，《政治学研究》，2007年第1期。

③ 参见林毅夫：《中国经济学：机遇和挑战》，《文汇报》，2007年4月1日。

继而促进整个学术体系的更新。

中国崛起对于中国学术本土化的推动，无疑在于它对现有理论形成了强有力的挑战。德国著名中国问题专家韩博天（Sebastian Heilmann）就认为，中国过去30年所经历的特殊的发展道路，不仅对中国研究是个谜，同时也为比较政治研究出了一道难题，当下流传甚广的现代化、民主化以及政府转型理论对解释后毛泽东时代的中国，充其量只提供了一束微光。中国犹如一只“红天鹅”，对现有的社会学理论提出了挑战。中国罕见的发展轨迹无论是作为自变量还是因变量对研究都有重要价值，就这点而论，中国对政治变迁的传统理论和模型提出了挑战。在他看来，“这些传统的理论无法帮助我们理解一个有创新能力和竞争力的强大中国及其背后所蕴含的动力，即使赋予传统理论新的内涵，也难摆脱其时过境迁的局限”。①

按照郑永年的看法，中国已经进入一个知识短缺的时代，这种短缺，本质上是一种有效知识供给不足，其表现是，无论在理论界还是政策研究界，都没有能力解释中国经验。这种知识短缺的原因在于，中国理论界所使用的理论工具完全来自西方。②这种知识短缺的实质是理论的逻辑起点和历史逻辑严重背离，一方面它反映了当今中国社会科学的尴尬处境，另一方面，它又刺激新的知识系统的发生，使新理论的诞生成为可能。对学术研究来说：“现有理论失效的地方则可能是新理论产生的沃土。中国40年改革经验在许多方面充满了创新性和独特性，新理论、新概念呼之欲出。中国正经历着高速的经济发展和急剧转型的社会变迁，这为中国社会科学研究者创造一流学术成果、为国际学术界做出重要贡献提供了宝贵的机会。”③

① 韩博天：《红天鹅：中国非常规决策过程》，香港：香港中文大学出版社，2018年版，第3—5页。

② 参见郑永年：《中国的知识短缺时代》，《联合早报》，2016年1月26日。

③ 彭玉生：《“洋八股”与社会科学规范》，《社会学研究》，2010年第2期。

中国崛起对学术创新的意义在于，它为学术提供了崭新的研究议程，并逼迫学术界优先回答一些重大的宏观问题。比如政治学领域的国家认同、政权认同、权力渗透、政治参与和社会正义等方面的议题，以及执政党本身的建设和党政关系、国家与社会的关系，中央与地方的关系等问题，都亟待学界给予回答。“中国改革所带来的重大问题和经验，使得中国不再仅仅是社会科学理论的试验场，还应该是理论发源地”①。“要从中国的伟大实践中总结和提炼属于我们自己的理论”②成为很多人的学术自觉。

在一些学者看来，中国的大转型，呼应的是全体人类的第二次枢纽文明的律动，构成了人类第二次枢纽文明的重要有机组成部分，其典范意义亟须得到“体系化解释和整体性观照”③，“中国处在一个类似于西方早期现代的时期，这个时代需要思想的想象和体系的野心”④。中国崛起所带来的自信鼓舞着学者们创发新的理论来解释中国的实践，在这一点上不同立场的学者达成了共识。

其次，知识论的发展破除了西方理论的神话，为本土化的产生提供了理论支撑。第二次世界大战之后，现代知识论从多个视角对逻辑实证主义的普遍主义科学观进行了反思。第一是诠释学视角。诠释学立场反对在社会研究中完全遵循所谓客观主义、实证主义的方法论原则，从而动摇了科学知识普遍性赖以成立的“客观性”基础。第二次世界大战后，彼得·温奇（Peter Winch）明确提出从诠释学角度来把握社会科学研究，在维特根斯坦哲学的影响下，他从规则和语言两个角度进一步论证了社会科学的研究对象所具有的社会建构特征。就对社会科学中实证主义普遍科学观的批判而

① 杨光斌：《中国政治学的研究议程与研究方法问题》，《教学与研究》，2008年第7期。

② 姚洋：《构建中国的新政治经济学》，《南风窗》，2016年第24期。

③ 见许章润在北京航空航天大学人文与社会科学高等研究院第二届“知行思想年会”上的发言，见高全喜等：《中国时刻的思想创发》，《天府新论》，2014年第2期。

④ 高全喜在北京航空航天大学人文与社会科学高等研究院第二届“知行思想年会”上的发言，见高全喜等：《中国时刻的思想创发》，《天府新论》，2014年第2期。

言，诠释学视角是社会科学学术史上历史最长、最有系统的一条反思路径，这一路径经由社会研究中不可避免的“主观性”，打破了社会科学中的“客观性”预设，从而也为各种类型的相对主义提供了理论支持，其中就包括社会科学中的本土化主张。第二个是实践论视角。实践论的科学观，反对所谓普遍的、静观的知识，主张从人类社会生活的真实实践中去看待知识，容忍实践中行动者所需知识的情境性、地方性和价值关联。第三个是权力论视角。在马克思主义和知识社会学的传统中，一个经典命题就是一定的社会理论会包含着意识形态，反映特定阶级或群体的利益和偏好，对于无限复杂的现实，不同的阶级会选择性的关注不同的问题和侧面，并引入不同的解释逻辑，从而形成不同的社会理论。在权力论视角下，国家仍然是知识生产和社会建构最主要的单位和边界，在全球格局中，因为不同的民族国家有着不同的处境，必然会寻求一种反映本土价值关怀的知识体系，这里的价值包括实际的经济利益，也包括政治认同和民族精神的建构等，即所谓的文化自觉。社会科学在议题设置、概念构造、事实选择等知识建构活动中，都会体现出特定国家的偏好，从而是本土化的。第四是复杂性视角。复杂性的思想来源于自然科学和科学哲学对自然现象的研究，对于社会科学来说，复杂性思想显然具有更大的适用性，英国哲学家罗伊·巴斯卡（Roy Bhaskar）认为，类似于物理学中的那种普遍法则只有在封闭系统中可以构建，对于任何一个开放系统来说，都会因为系统本身和系统环境的复杂性而导致无法构建真正普遍性的规律和因果法则。这四种反思普遍主义的知识论视角，从不同侧面质疑传统的逻辑实证主义立场，打破了对西方理论的迷信，也为各种社会科学本土化主张提供了理论基础。①

所以，社会科学存在本土化的课题，至少是基于两个前提，第一，社会科学知识具有时空（历史）特定性，第二，知识社群与社会的关系没有普世

① 参见李宗克、曹锦清：《本土化何以可能——社会科学中反思普遍主义的主要视角》，《学术月刊》，2013年第9期。该文对本土化四种视角的介绍甚为详赡。

皆同的模式，更没有定于一尊的最佳模式，如果我们接受社会科学知识具有时空特定性的前提，以及在不同的历史传承以及发展阶段的差异下，不同社会可能根据不同的理念来建构知识社群与社会的关系，来设定知识的实践目标，我们就无法回避“本土化”的课题。而承认所有理论都从时空特定性的前提出发，就必须回答以欧美历史经验为背景所建构的社会科学概念与理论用于分析与理解本土社会是否有效。于是，本土化思维自然萌发。[①]

邓正来正是从知识论出发对中国社会科学背后的权力关系进行批判的。邓正来认为，中国学术中暗藏着一种“正当性赋予”力量，中国学术在当下的中国发展过程中对某种未加反思和批判的“移植”入中国的社会秩序或政治秩序施加了一种为人们所忽略的扭曲性的或固化性的支配力量。这意味着，那些所谓“正当的”社会秩序及其制度，其本身也许并不具有比其他社会秩序及其制度更正当的品格，而有可能是通过权力或经济力量的运作，或者是通过我们不断运用知识对之进行诠释而获致这种正当性的。中国学者不仅是中国社会科学的建构者，同时也是这种知识的被建构者。建构者与被建构者在中国学者身上的这种同一性，在很大程度上确定了他们在形成人类社会秩序及其制度之图景方面的“路径依赖”品格。这种社会科学知识决不像客观实证主义所宣称的那样只是反映的或描述性的，也不只是技术管制性的，而更是建构性的和固化性的——这种知识通过各种制度化安排而渗透和嵌入了各种管制技术和人的身体之中，并成为中国学者形塑和建构人类社会秩序及其制度的当然理想图景，而由此形成的社会秩序及其制度则反过来又不断强化着它所依凭的那种知识。他认为，在中国社会科学的上述发展过程中，最应当引起重视的就是知识界对上述“建构者/被建构者”的关系所表现出来的集体性不意识，也就是对西方各种流行理论的“前反思性接受”取向——它渗透在当下中国社会科学场域中以各种名目展

① 参见朱云汉：《社会科学本土化的深层课题》，《二十一世纪》（香港）双月刊，2002年12月号。

开和固化的意识形态实践活动之中，嵌入在中国社会科学对社会秩序及其制度所做的各种正当性论述之中，更是在很大程度上型构着评价中国社会秩序及其制度的理想图景。邓正来正是从上述观点出发展开他对整个中国社会科学的批判的。随着对西方理论背后权力关系的揭露，对西方学术毫无条件的迷信随之瓦解。

本土化的第三个动因来自意识形态的推动。2016年5月，习近平在哲学社会科学工作座谈会上提出："要按照立足中国、借鉴国外，挖掘历史、把握当代，关怀人类、面向未来的思路，着力构建中国特色哲学社会科学，在指导思想、学科体系、学术体系、话语体系等方面充分体现中国特色、中国风格、中国气派。"他认为："只有以我国实际为研究起点，提出具有主体性、原创性的理论观点，构建具有自身特质的学科体系、学术体系、话语体系，我国哲学社会科学才能形成自己的特色和优势。"[①]国家领导人对学术体系、话语体系的倡导，突出反映了意识形态对于学术本土化的期待。

在官方看来，与中共中央的要求相比，与国家经济社会发展的需要相比，哲学社会科学话语体系还不够完善完备，影响力战斗力还不够强大有力，与我国目前的国家实力和享有的国际地位还不相称。提倡中国哲学社会科学话语体系的建设，一个重要的目的是与西方学术理论和话语体系相抗衡，从根本上改变世界舆论领域话语权西强我弱的状况，挑战西方理论学术话语在国际学术话语体系中的主导地位。在官方眼中，能否构建中国自己的理论学术话语体系并不断提升国际话语权，直接关系到我国在世界范围内的综合国力竞争和意识形态斗争中赢得胜利，直接关系到中国特色社会主义的最终成功，直接关系到中华民族的伟大复兴。因此，建设哲学社会科学创新体系是一项战略任务。另外，建设哲学社会科学话语体系也是为了回答实践提出的重大问题，要把立足中国实践、总结中国经验、解

① 习近平：《在哲学社会科学工作座谈会上的讲话》，《人民日报》，2016年5月19日。

决中国问题，当成实现中国哲学社会科学话语体系创新的关键。[①]可见，本土化命题本身带有非常强烈的意识形态属性。

很明显，官方将之前奉行普遍主义调整为坚守本土主义是为了呼应现实中“中国道路”的选择，今天的中国是在历史中国的延长线上，只有承认中国古代的历史道路是自在的、自主的、自为的，与西方的历史路径迥然不同，才能与今天的“中国道路”实现无缝对接，也才能为文明的复兴找到落脚点。如果中国的历史道路是按照西方谱系铺排的，从逻辑上说，中国文明的复兴就不过是对西方文明的一种复制，其意义也将大打折扣。在现实中的中国道路和历史上的中国道路之间就会出现巨大的断裂、错位乃至扭曲。只有从中国历史实际进程抽绎出的叙事话语，才能对中国的现代性制度安排与设计背后的思想路径与实践依据做出有说服力的解释。“中国的改革已经证明，中国不再需要复制他人的模式，而且看上去也不像任何他国那样行事，于是，当中国人思考发展和未来变化的方向时，他们有可能诉诸他们自己所拥有的各种不同的遗产，寻求他们所需要的观念和制度”。[②]正如学者所指出的那样，“新中国在思想上没有真正属于自己的近代史，要使自身与过去相连接，只能诉诸一套关于其远古真实可信的永恒信念，这种信念典型地体现在被偶像化了的‘孔子’或其他类似的古代文化符号上”。[③]这是官方支持本土化转向深层次的原因。只有这样，作为一个大国的中国才能重新找到稳固的根植深处的文化之锚。

---

① 参见王伟光：《建设中国特色的哲学社会科学话语体系》，《中国社会科学报》，2013年12月20日。

② 王赓武：《更新中国：国家与新全球史》，杭州：浙江人民出版社，2016年版，第81页。

③ 柯马丁：《超越本土主义：早期中国研究的方法与伦理》，《学术月刊》，2017年第12期。

三、近年来中国学术本土化的实践

与本土化讨论相比，近年来中国学者的本土化实践更值得关注。在不懈努力之下，无论是理论建构还是具体的研究，本土化在一些学科上的探索已卓有成效。在经济学方面，林毅夫创建的新结构主义经济学可谓本土理论建构的一个代表。该理论为现代经济学的其他领域带来了许多新的见解，也对一些现有主流理论难以解释的经济现象和争论提供了新的分析视角和答案，推出后影响广泛。在社会学方面，本土化也得到积极推进，在中国社会的结构和运行状况研究、中国社会的变迁发展研究、中国社会多种社区的研究、中国社会婚姻家庭问题研究、当代中国社会问题研究，以及社会学研究方法的改造和理论建构方面，均做了有益的尝试。①

对本土化主张实践最自觉的可能是社会学的农村研究，其中以华中师范大学中国乡村治理研究中心为主力的华中乡土派的研究最为典型。这个学术团体给人印象最为深刻的地方，是他们对于构建本土理论的饥渴。他们念兹在兹的是“重建中国社会科学的主体性”，在他们看来，“发展本土中国社会科学是当前中国乡村研究第一重要的任务”，他们的目标在于“发动一场以中国经验为本体的理解中国经验的理论建构运动”。②

多年来，华中乡土派一直在进行各个层面和各种类型的以大规模个案调查为基础的机制研究（或曰“机制分析”）。他们的机制研究有两大目标，一是理解中国，为政策服务，为实践服务；二是打通经典与经验、本土与外来的藩篱，建立起有主体性的中国社会科学。他们特别强调从机制研究中获得经验质感，认为有了经验质感，就具备了将概念还原到经验中的能力，就可以摆脱抽象概念思考的约束，就可以用包含经验复杂性和丰

① 参见郑杭生、王万俊：《二十世纪中国的社会学本土化》，北京：党建读物出版社，2000年版。

② 见《中国乡村研究三十年》（《开放时代》，2008年第6期）中贺雪峰的发言。

富性的概念进行思考，就能够从复杂的实践中抽取关键要素，真正有效地进入到中国经验与实践中，最终形成对中国实践的社会科学层面的把握。[①]

华中乡土派在建构本土理论时，特别强调“田野的灵感”和“野性的思维”。所谓“田野的灵感”，即是在研究乡村治理时，确立田野调查的最优先位置，真正从田野调查中了解中国农村实际的状况，寻求从农村调查中发现问题，并在此基础上形成一套切合中国农村实际的概念体系，为乡村治理的研究与实践搭建起中国本土化的学术平台。这种做法的显著特点是强调村治研究的问题意识来自田野，希望通过田野调查形成概念体系，来理解和解释中国农村的现代化实践，避免建立空对空的逻辑推证体系。所谓“野性的思维”，就是在借鉴西方社会科学精华的同时，刻意突破西方社会科学对村治研究的局限，不受西方社会科学知识的限制，更不受西方社会科学已经形成的带有“霸权色彩”的学术教条的限制，大胆提出关于村治的新见解。在当前村治研究领域积累很少的背景下，充分调动研究者积累的调查资源和已有的知识存量，创造性地提出自己的假设，让诸多大胆假设在中国农村现代化实践这一政策性话语面前竞争，使那些最能适应中国现代化实践的成果积累下来，形成真正的村治研究成果的积累。[②]

区域差异理论就是华中乡土派创建本土理论的可贵尝试。他们在长期田野调查的基础上，通过对不同地区农村的社会现象进行分类、总结、提炼、解释，把农村区域差异当作中国农村基本性质提出来，将中国农村划分为南方、北方、中部三种区域类型，细致分析每个地区农村的特性，并将逻辑推演与经验验证相结合，试图将农村区域差异建构为一个从中国农村社会现象中抽象出来，并能够运用于理解中国农村社会现象的中层理论。因为建基于经验之上，使区域差异理论具有独到优势，在与其他关于中国

① 参见贺雪峰：《华中村治研究中的机制研究》，《云南行政学院学报》，2016年第2期。

② 参见徐勇、吴毅、贺雪峰、仝志辉、董磊明：《村治研究的共识与策略》，《浙江学刊》，2002年第1期。

农村社会的理论对话时，不会陷入单纯的概念辨析和逻辑推演。尤其需要褒扬的是，农村区域差异所包含的经验性认识具有检验其他理论观点的功能。例如，运用农村区域差异观点，很容易就检视出传播广泛的施坚雅（G. William Skinner）的基层市场理论的缺陷。按照区域差异理论，以集市为基本社会单元的判断在南方地区和北方地区都不适用，只是和包括四川在内的以长江流域为代表的中部地区农村的情况比较接近，因此，基层市场理论仅仅对某些商品化程度较高的中部农村具备解释力。区域差异理论对弗里德曼（Maurice Freedman）的宗族范式理论同样形成冲击，证明宗族范式理论在东南地区以外并不适用。①

历史学在本土化方面也做了大量工作，其主要表现就是“从西方话语中打捞中国历史”，这可以看作是20世纪80年代以来中国史学发展的一条主叙事、主线索。20世纪50年代以后，普世主义叙事成为中国史学的主流，“中国史在西方”遂成事实。按照阿里夫·德里克（Arif Dirlik）的观点，五阶段分期模式“对于揭示和解释此前的史学家所忽略的中国史学中富有意义的研究领域做出了有价值的贡献”，但“五阶段论的分期模式和中国历史演进实况的不相符，使得中国马克思主义中国史学内部充满了张力”。“将‘普世的’模式强加于中国历史，结果是对理论概念和中国历史解释的双重简化”。在他看来，对历史普遍性模式“固执的坚持”，限制了中国史学家“创造性地解释他们所发现的历史资料的能力”，“即使是那些理论纯熟，研究细致的史家，也未能克服那些干扰他们对其理论假定进行反思性分析研究的障碍”，“他们关于历史发展进程的先入之见，妨害了他们对其所发现的历史资料的解释，最终阻碍了中国马克思主义历史研究的深入发展”，②因此，摆脱普世主义叙事的束缚，就成为中国史学本土化回归的前提。

① 参见桂华、贺雪峰：《再论中国农村区域差异——一个农村研究的中层理论建构》，《开放时代》，2013年第4期。

② 德里克：《革命与历史：中国马克思主义历史学的起源，1919—1937》，翁贺凯译，南京：江苏人民出版社，2008年版，第193、211—212、195、213页。

历史学的本土化首先表现在理论的突破与中国史观的回归。1979年，黄现璠在《广西师范学院学报》发表长篇论文《我国民族历史没有奴隶社会的探讨》，“坚决主张我国历史上没有奴隶社会”。从今日本土化视角来看，黄文堪称发出了改革开放后中国史学本土化的第一声呐喊。其后，张广志、胡钟达、沈长云、晁福林等人积极响应黄文，纷纷撰文否定中国存在过奴隶社会，逐渐形成中国社会形态研究中的“无奴派”。张广志于1980年发表了《略论奴隶制的历史地位》，胡钟达于1981年发表了《试论亚细亚生产方式兼评五种生产方式说》，两文又把奴隶社会讨论推向新的高度。“无奴派”发表了大量研究成果，在20世纪80年代初形成一个否定中国有奴隶社会的高潮。

以黄现璠为首的“无奴派”对奴隶社会的否定，具有重要的学术意义，它破除了教条主义的局限，破除了“规律至上论”的主观论，破除了学术研究“公式化”的格局，在运用马克思主义辩证唯物史观为指导思想的古史研究中破除了“唯我独革”“唯我独尊”的“一言堂”定式，破除了中国古代史和民族史研究长期存在的“西方中心观”或“欧洲中心观”。由此破旧立新，在这五个“破除”的基础上建立了三个崭新的学术思维体系：一是跳出教条主义思维的陷阱，创建中国古代史新体系思维；二是走出“西方中心观”思维误区，树立学术研究的“中国中心观”；三是摆脱“五种形态论”束缚，构建“社会形态发展跳跃论”或“跨越论”体系。[①]

官方层面也开始对普世主义叙事有所修正。1988年7月18日至22日，由国家教委等单位举办的“第五届全国史学理论讨论会”在烟台召开。会议的主题是重新探讨马克思主义社会形态理论。“必须突破五种生产方式学说

① 参见陈吉生：《试论中国历史学的无奴学派》，https://www.douban.com/group/topic/22855095/。该文长达五万余言，是目前梳理“无奴派”发展历程和代表人物最全面的论文。

的框框，奴隶社会并非人类社会的必经阶段，中国根本没有奴隶社会”成为会议共识。

“对于中国古史学界来说，对‘五种生产方式说’进行剖析的焦点在于存不存在所谓的奴隶社会这一社会发展阶段的问题”[①]，对奴隶社会的否定，拆解了五种社会形态链条最关键的一环。这是改革开放后中国史学回归本土史观的第一个重大进步。

与否定中国存在奴隶社会相伴随的，是对中国存在封建社会说的持续质疑。改革开放后较早对封建社会概念提出质疑的是何新，他在1986年发表的《中国古代社会史的重新认识——从近年出版的两部史著看当代中国史学理论的危机》一文中，认为“五阶段社会发展公式”歪曲了马克思的原意，是“单线演化模式”和“欧洲中心主义”的产物。中国史学界称秦汉以后为“封建”时代，是硬套欧洲历史模式所造成的“概念和术语的错乱”。[②]其后，不断有人对封建社会的概念进行挑战。1999年，《历史研究》编辑部与南开大学历史系联合召开了“中国社会形态及其相关理论问题学术研讨会”，会议的基调就是否定将五种生产方式作为公式用于中国历史研究。2006年，冯天瑜《“封建”考论》出版，再次引爆中国古代“封建社会”的讨论。冯书以历史语义学为工具，试图证明“封建社会”不过是彻头彻尾的概念“误植”。2010年5月2—3日，《文史哲》杂志社举办“秦至清末：中国社会形态问题”人文高端论坛，并开设专栏，专题讨论所谓“中国封建社会”问题。讨论的基调也是反对过往有关封建社会的主流叙事。有关“中国封建社会形态”的讨论在这一年达到高潮，甚至被列入“2010年十大学术热点”。2011年，《史学月刊》第3期组织“秦至清社会性质的方法论问题”笔谈，试图从方法论入手来探索社会形态研

① 晁福林：《探讨有中国特色的社会形态理论》，《历史研究》，2000年第2期。

② 何新：《中国古代社会史的重新认识》，《读书》，1986年第11期。

究的突破口。①

通过多年的讨论，越来越多的学者认为，研究中国的问题，不能将马克思、恩格斯的论断生搬硬套在中国古史的头上，而应当花主要精力研究中国古史的历史实际，提出符合中国古史的相关理论。②中国社会形态研究应当建立起自己的话语系统。只有通过研究归纳出中国历史研究中新的概念系统和理论范式，才能重建中国史叙事的理论体系。而要真正地把握中国社会历史实态，关键是要摒弃从观念出发的旧思路，深入研究中国历史上那些最具特色的历史现象，并且上升到形而上的层次。③即使过去坚定的“五种生产方式说”信奉者也已认识到“用五种生产方式斧削中国历史，是不适宜的”，“五种生产方式是按照欧洲的历史提出来的，所以只适用欧洲的历史，与中国历史是不切合的”。“必须放弃用五种生产方式套改中国历史的做法，另行考虑解决中国历史发展体系的途径和方法”。④在关于中国古代社会形态特殊性的讨论中，几乎所有关于这个问题的新见解都反映出一种“回归”的倾向，即从以往的理论幻想回归到中国历史的实际之中，从欧洲历史的解释框架和概念体系回归到中国历史语言的母体之中。⑤

除了上述理论上的突破，众多历史学家还积极进行中国史叙事的本土化实践。自20世纪80年代中期以来，随着大量简帛材料和考古资料的发现，众多考古和上古史研究学者投入到中国文明及国家起源的研究中。1986年至2000年间有关中国文明起源的研究成果多达800多种。以五帝时

---

① 这组笔谈包括冯天瑜的《“封建”名实之辨的方法论问题》、张金光的《中国古代社会形态研究的方法论问题》、李若晖的《关于秦至清社会性质的方法论省思》、李振宏的《从国家政体的角度判断社会属性》、黄敏兰的《全面认识中国古代社会的政治权力经济》、叶文宪的《走出“社会形态”的误区，具体分析社会的结构》、李治安的《关于秦以降皇权官僚政治与贵族政治的复合建构》等文章。

② 参见晁福林：《探讨有中国特色的社会形态理论》，《历史研究》，2000年第2期。

③ 参见张国刚：《本土化：重建中国社会形态理论的根本》，《历史研究》，2000年第2期。

④ 田昌五：《中国历史发展体系的新构想》，《历史研究》，2000年第2期。

⑤ 参见李振宏：《六十年中国古代史研究的思想进程》，见彭卫主编：《历史学评论》（第1卷），北京：社会科学文献出版社，2013年版，第77—78页。

代为中心的古史重建，已成为中国古代史研究的核心问题，并在诸多关键问题上取得重大进展。夏鼐、苏秉琦、李学勤、张忠培、王震中等都从考古上肯定了中国文明的自成一体，并尝试建构中华文明演进的总体脉络和时空框架。

另外，由官方组织的一些大型学术攻关项目也体现出国家层面对中国史本土化叙事的支持。无论是“夏商周断代工程”，还是“中华文明探源工程”，都具有“阐释中国独特的历史演进道路的意义”。[①]尤其是“中华文明探源工程”，在制定文明起源的标准时，不再拘泥西方制定的以文字和金铜冶金技术作为文明产生标准的做法，转而根据对中国古代资料的实证研究，从社会分工、阶级分化、中心城市和强制性权力等方面提出了文明起源的中国标准。文明起源中国标准的制定，表明中国自古走的就是一条独特的发展道路。考虑到文明探源工程的官方背景，中国文明标准的推出可以理解为官方对中国史叙事本土化的鼓励。

社会史的复兴本质上代表了中国史叙事本土化的努力。“自下而上”的区域社会史研究成为推动中国史叙事本土化的重要实践和主要趋向。走向田野与社会，回到历史现场进行“在地化”的考察、体验和研究，已经成为社会史研究规范。强调本土的社会学、人类学和民俗学田野调查方法与技术早已向历史学特别是其中的社会史研究大规模移植与渗透。中国史重返故土在社会史复兴中得以实现。

史学家们纷纷建构自己的历史认识系统。田昌五致力于构建新的中国历史体系，他提出中国历史可分为洪荒时代、族邦时代、封建帝制时代等三大时代；历时两千多年的封建帝制时代的历史进程并不是直线式运行的，而是周期性循回演进的。张金光从其“实践历史学”出发，依托一系列独创的范畴、概念，将中国古代的社会形态分为四个递进相续的时期：邑社时

① 王和：《关于“中国路径”源头问题的新思考——〈中国古代国家起源与形成研究〉的意义和启示》，见彭卫主编：《历史学评论》（第1卷），第297页。

代（西周春秋）、官社时代（战国秦）、半官社时代（汉唐间）、国家个体小农时代（宋清间），这一分期初步构建了一个奠立在历史实证基础上的中国古代社会历史理论分析体系和叙述方式。晁福林的“氏族一宗法封建一地主封建”的社会形态说，叶文宪的“酋邦时代一封建王国（或王国）时代一王国与帝国的转型时期——专制帝国时代”说，王震中的“邦国一王国一帝国”说，冯天瑜的“原始时代一封建时代一皇权时代一共和时代”说都是中国史叙事本土化的重要尝试。李伯重提出的“江南道路说”，是本土化思维在中国近代史研究中的典范。虽然这些探索“还是那么的初步和稚嫩，提法还是那么的散乱和分歧”，没有一个看法能获得相对多数的认同，甚至还没有一种提法可以和传统的“封建社会”提法相匹敌和抗衡，但这毕竟出自中国学者的独立思考，既不是鹦鹉学舌，更不是盲目因袭，“正是在这初步、幼稚的不成熟之中”透露出一个新的学术时代的曙光。[①]

尤其需要注意的是，近年来史学界对“什么是中国”的讨论热情空前高涨，无论是葛兆光从周边看中国的系列论述，还是许宏从考古学视野对“何以中国”的定位，都凸显了浓厚的本土化意韵。葛兆光之所以改变思想史的写法，主要动因是为了凸显来自中国的问题意识。他所做的努力就是要在历史研究中突出“本土意识”“本土立场”“本土问题”“本土眼光”，“让学术说汉语”。[②]

中国传统思想的价值也得到重新评估。一些学者提出，“可以尝试从中国古史传承脉络里寻找替代西方社会科学理论的概念，以此作为解释自身历史演进变化的依据”，通过复活“中国”“大一统”“封建”“经世”“道统”“夷夏”“文质”等概念的本意，重新发现中国人文学的精髓。对传统概念的这种处理，“不是把他们当作验证西方进步概念的工具和手段，而是真

---

① 参见李振宏：《六十年中国古代史研究的思想进程》，见彭卫主编：《历史学评论》（第1卷），第77页。

② 葛兆光、张瑞龙：《新思想史研究、历史教科书编纂及其他——葛兆光教授访谈录》，《历史教学》，2005年第2期。

正视其为建构中国新型历史叙事的可靠资源”。①

目前，史学界在构建中国史叙事框架时，已基本放弃了“奴隶制”“封建制”和“资本主义萌芽”等术语。以西欧历史经验为基础的历史框架被抛弃已是不争的事实。曾力主“战国封建说”的白寿彝在主编《中国通史》时谨慎地避开了古史分期问题，代之以只有时间意义的“上古时代”和“中古时代”。商传、曹大为、王和、赵世瑜主编的《中国大通史》则公开宣称“不再套用斯大林提出的‘五种社会形态’单线演变模式作为裁断中国历史分期的标准”，并且“避免笼统使用含义不清的封建制度的概念”，直接使用具体的所有制和生产方式的概念，如均田制、地主土地所有制、租佃经济等，把夏商周三代称作“宗法集约型家国同构农耕社会”，把秦汉至清称作“专制个体型家国同构农耕社会”。现在，“在各种分期的新说中都已不见‘奴隶制’或‘奴隶社会’的字样，说明奴隶制不等于奴隶社会、奴隶社会不是必经阶段、三代不是奴隶社会等观点已被很多人接受”。②甚至有学者斩钉截铁地预言：

“今后在中国史学界，就有价值的学术探讨来说，涉及这一问题——即人类历史进程究竟是否表现为统一模式、‘五种社会形态’究竟是否是放之四海而皆准的发展道路的有关争论，大体上可以给出否定的答案，并就此告终。”③

有学者敏锐地观察到，20世纪90年代以来，中国古代史研究有一个显著的变化：“人们开始直接面对自身民族的历史过程进行理论抽象，尝试用本民族的语言概念来阐述自己民族的历史，即开始了一个自觉摆脱用欧洲历史模式解读中国历史的思想行程”，“这标志着中国学人开始进入一个具

① 杨念群：《中国人文学传统的再发现——基于当代史学现状的思考》，《中国人民大学学报》，2015年第6期。

② 叶文宪：《关于重构中国古代史体系的思考》，《史学月刊》，2000年第2期。

③ 王和：《关于“中国路径”源头问题的新思考——〈中国古代国家起源与形成研究〉的意义和启示》，见彭卫主编：《历史学评论》（第1卷），第301页。

有清醒的自我意识和批判精神的时代，一个具有真正意义上的独立思考的时代”。[①]

四、围绕本土化的论争及本土化讨论自身的不足

虽然本土化声浪在官方与学界的推动下日渐高涨，但毋庸讳言，有相当一部分学者对这一主张仍采取冷眼旁观的态度，无论是对本土化的口号还是对本土化的内在逻辑，或者是对本土化的实践，都持怀疑态度。有学者就认为，本土化的话题早已过时，本土化不过是一个假问题，因为中国已经被置于全球化的浪潮之下，根本无法定位本土化。完全轻视西方的作用，力图完全恢复到中国原生态的学术脉络里面，视包装过的一些“国学”为所谓中国原创的、传统的再生，实际上是不可能的。今天中国人的生活从里到外都已全球化，学术界时时刻刻用的是西方渗透进我们脑海里的思想概念和成果，中国学术界已没有可能实现真正的“本土化”，所以，本土化的提出也是一个伪问题。[②]

在持有无法简单剥离东西方观点的学者看来，今日之中国是一个过于复杂的历史进程的产物，“存积着”无数彼此交错、相互纠缠的历史痕迹，中国古代与近现代的文化因素，以及西方多种不同的思想理念，都“共时性地”构成了我们生活实践的地平线，成为当今中国之自我理解的内在的“构成性”部分，任何通过“抹去”其多维度的复杂性来“驯服”这种内在紧张与歧义，并以此来达成透明一致的“中国”的“概念界定行动”，都会引起高度的争议，并总是会遭遇部分历史“证据”的质疑。另一方面，“西方”也不是一个纯粹一致的概念，所谓“西方”文明本身也具有多样化的根

---

① 李振宏：《六十年中国古代史研究的思想进程》，见彭卫主编：《历史学评论》（第1卷），第73页。

② 参见杨念群在“别求新声——汪晖的学术世界与当代中国思想之进路”学术座谈会上的发言，见何吉贤、张翔编：《理解中国的视野——汪晖学术思想评论集》（二），北京：东方出版社，2014年版，第30—32页。

源，因此，在当今全球化的时代，一个僵化的“东方”对“西方”的二元对立框架早已失去其现实经验基础，失去了有效的解释力。“如果对此没有足够自觉的反思，那么反‘西方中心论’的批判话语并不能天然地转化为一种积极的、具有生产性的理论力量，反而可能耗尽其批判性潜力，蜕变为一种非反思性的指控，一种容易让人熟视无睹的陈词滥调”。[①]所以，“西方模式VS中国模式”之类的二元对立根本就是一个误导性的思路。以“我们的还是别人的”作为标准来决定“好坏与否”是一种智识上的混乱。[②]

本土化最为人所诟病之处在于其所执用的本土理论资源极其缺乏。即使是对本土化思考最为深刻的学者，也主要是从西方来获取相关理论资源，邓正来就坦承他对全球化时代的建构，亦即全球化时代对中国或中国法学具有结构性的或强制性的支配，乃是以社会学家齐美尔、社会学家希尔斯、社会理论家沃勒斯坦等人的观点为基础的，他对“现代化理论”以及“现代化范式”的批判，所依凭的主要是西方论者对现代化理论及其预设所做的批判以及世界范围内反现代化思潮中的种种观点，并坦言对“依旧在踩西方的脚印”这一点有些遗憾。[③]同样，社会科学中反思普遍主义的主要视角，无论是诠释学视角、实践论视角，还是权力论视角、复杂性视角，无一例外也都来自西方。质疑者早就指出，反“西方中心论”的批判话语本身就是西方学界的一种主流论述，邓正来使用的诸如“主权性中国”和“主体性中国”词语本身都闪动着格劳休斯和黑格尔的概念影子。[④]必须承认这样一个事实，即我们仍然要到西方社会科学与知识社会学的相关论述里去寻找社会科学本土化的必要性与必然性的理论基础。当本土化的合法性要依赖洋

① 参见刘擎:《建构纯粹的“中国范式”是否可能？》，见刘擎:《中国有多特殊》，北京：中信出版社，2013年版，第187—190页。

② 参见刘擎:《谁在乎西方模式？》，见刘擎:《中国有多特殊》，第68页。

③ 参见邓正来:《中国法学的批判与建构——就“中国法学向何处去”答吉林大学理论法学读书小组》,《政法论坛》，2006年第1期。

④ 参见刘擎:《建构纯粹的“中国范式”是否可能？》，刘擎:《中国有多特殊》，第186页。

人的理论作为背书的时候，这难免有几分尴尬。

在本土化的质疑者看来，比本土化主张更重要的是以原创性的思考探究，拿出在学理上具有普遍有效性和强大说服力的命题系统来。在学术自由条件都还缺乏的时候提倡“文化自主”，得到的与其说是学术自主，还不如说是学术自杀。[①]再者，把中西文化决然地对立起来的做法也是有问题的，本土化试图揭示所有的文化或者话语都不过是意识形态，这就彻底否定了各种文化之间的共性。按照本土化的逻辑，文化到最后都得分化到个体，根本无法进行交流。[②]更有论者认为，假如本土化被理解为一种预设性的要求，按照“因为你是中国人，所以必须如此如此”的逻辑加以强制，那就是一种非理性的前提，这对于学术研究是很危险的。[③]还有一些学者尖锐地指出，有些人的本土化诉求实际上掺杂着中国文化根深蒂固的“天朝心态”，这种天朝心态根植于新儒家文化之中，尤其寄生在对后殖民主义文化的误读之中。[④]更多的学者则担心，当以人类社会为对象的社会科学被窄化为中国现实问题研究时，本土化不仅会限定学者的探索目标和问题意识，在实际的理论和方法的应用中，也会不可避免地出现偏差和扭曲。如果学者对“西方一中国”的知识分类习以为常，对“为现实之需”的学术宗旨深信不疑，又对探索人类社会的命运及普遍问题缺乏兴趣，在这种学术生态下，学者所实践的本土化、所提炼的特殊性对人类社会及社会科学的意义，也难免是有限甚至是可疑的。[⑤]即使在赞成本土化的学者当中，也对可能出

---

① 参见翟振明2005年11月在“第二届开放时代论坛”上的发言，刘小枫、苏国勋等：《中国学术的文化自主性》，《开放时代》，2006年第1期。

② 参见倪梁康2005年11月在“第二届开放时代论坛”上的发言，刘小枫、苏国勋等：《中国学术的文化自主性》。

③ 见王锦民2005年11月在“第二届开放时代论坛”上的发言，刘小枫、苏国勋等：《中国学术的文化自主性》。

④ 王学谦、刘洋：《本土化：天朝心态的现代变型——由“顾彬事件”引起的文化反思》，《东岳论丛》，2011年第5期。

⑤ 陈映芳：《今天我们怎样实践学术本土化——以国家一社会关系范式的应用为例》，《探索与争鸣》，2015年第11期。

现的“过度本土化”问题表示警惕，认为“学术的文化自主性并非简单的本土化，更不是‘过度本土化’，‘过度本土化’，会给学科带来致命的问题”，中国的学术研究应当在国际化体系中讨论学术知识，同时建构我们自身的话语体系，尤其注意不能离开基本的学术规范的背景。[①]一些本土化情节较重的学者也认为，“要明确本土化的重点和界限，盲目的本土化与盲目的生搬硬套一样有害”。[②]

针对情结最为强烈的社会学本土化主张，普林斯顿大学教授谢宇试图从所谓的议题本土化、应用本土化和范式本土化三个角度来证明社会学本土化是个伪问题。谢宇认为，“上述三种本土化的呼吁没有一种能够很好的推动中国社会学的发展”，“中国社会学面临的实际问题并不是议题的西方化或美国化，而是缺乏判断议题学术价值的长远意识”，“一切将西方社会学概念、理论、研究方法和策略应用于中国的研究都必须考虑与中国社会的契合性，但这一主张与追求本土化无关，而是对一个学者最基本的要求”，“认识到中国文化、历史乃至认知体系的独特性是一回事，而这些独特性能否作为理由来反对现代社会科学的逻辑推理和实证为基础的学科规范则是另一回事”，“如果说还有什么会限制中国社会学发展，那只可能是部分学者自身学术上的目光短浅与画地为牢”。[③]谢宇的质疑值得重视，比起地域的对抗，或许我们更应该重视中国学者和西方学者在学术水准、理论创发能力和科学精神等方面的代际差距。

海外学者似乎更担心中国学术本土化趋势出现时间性的错误，在普林斯顿大学东亚研究系主任柯马丁（Martin Kern）看来，本土化实质上是一种前现代思维，“无论是中国还是其他古代文明，如果只沿袭前现代的思维方

① 参见麻国庆2005年11月在“第二届开放时代论坛”上的发言，刘小枫、苏国勋等：《中国学术的文化自主性》。

② 王绍光：《“接轨”还是“拿来”：政治学本土化的思考》，见苏力、陈春生主编：《中国人文社会科学三十年》，北京：三联书店，2009年版，第300页。

③ 谢宇：《走出中国社会学本土化讨论的误区》，《社会学研究》，2018年第2期。

式，或只考虑自身的方面，又或局限于某个长久流传的学术传统，都不可能产生有意义的阐释”。本质上，“传统主义和前现代思维方式都不过是一种逃避，这不会是可以为继的出路，也不会是能够获得拯救的出路”。因此，中国研究只能采取现代思维方式，“这种现代思维方式是一种视方法论优先于身份认同、视探询追问优先于默认接受的研究进路”。柯马丁对当前中国大陆早期中国研究中出现的本土主义与宗教激进主义两种意识形态提出了强烈质疑，他认为研究早期中国必须借助于国际化与比较性的进路，而非限于单语主义和单一文化的中国中心观，后者蕴含的本土主义立场不仅是一种保守的防备姿态，最终更会造成其本身的自我边缘与自我挫败，这种方式也难以使中国文化走出去。在他看来，只有舍弃民族主义和例外主义，并能够把自身置于比较性的质询和视域之下，这样的古代中国研究才能在世界范围内取得成功，才能去挑战古代研究领域的欧洲中心主义霸权，而封闭的本土主义的结果只能形成一种防守性的、本土主义的、自我边缘化的、单语主义以及单一文化主义的学术。[①]

美国演化论学家和社会生物学家罗伯特·崔弗斯（Robert Trivers）的研究发现，社会科学的理论建构中存在着大量的自我欺骗，“一个学科的社会内涵越多，尤其是人文学科，出于自我欺骗的偏误就越大”，而对社会科学来说，“关于某一主题的先在道德立场会影响该主题的理论与知识发展”，“我们可以建构出社会理论，并且认为自己正在客观地追求真理，但我们可能只是让偏误具体成形”。[②]对本土化主张的质疑，颇类似科学研究过程中反欺骗、自我欺骗机制的设置，能够提醒本土化论者更自觉地警惕本土化主张中所可能存在的盲点和错误，而本土化理论的建构，正仰赖对这些质疑的克服。对此，本土化论者不可不察。

---

① 参见柯马丁：《超越本土主义：早期中国研究的方法与伦理》，《学术月刊》，2017年第12期。

② 罗伯特·崔弗斯：《愚昧者：为什么我们会自我欺骗？从演化逻辑和心理学透视人类欺骗的科学》，台北：脸谱出版、城邦文化事业股份有限公司，2018年版，第349、350页。

我们必须承认，目前的本土化讨论带有浓厚的本质主义色彩。本质主义假定在“外部文明”到来之前，存在一个固定不变的本土传统，但实际上文化一刻不停地在变化，总在内外互动中吐故纳新，就好像源于印度的佛教被逐渐内化成本地信仰一样。我们今天认为的“传统”大多是到了晚近才重新发现和发明的，很多特征是参照“西方”而刻意塑造的，因此有论者一针见血地指出：“本质主义的‘西方’和‘本土’，就像殖民主义与民族主义的关系一样，看似对立，实则是一体之两面。”[①]本质主义容易导致本土化讨论出现反智化与简单化的倾向，从而把本土化简单地归结为“我们”和“他们”的对峙。坦白说，如果本土化只是为了用“我们”来对峙“他们”，那么中国学术已经非常本土化了，无论各个学科引进了多少西方的概念和理论，但总体上说，我们的话语体系早已在世界上自成一统，这是不必讳言的事实。本质主义极有可能使本土化掉进萨义德所说的“颠倒的东方论”陷阱。“所谓‘颠倒的东方论’指的是为了抵制‘文化帝国主义’而提出的本土文化论，它强调本土文化的‘民族主义色彩’，迫使本土文化研究成为民族冲突的工具”。[②]邓正来对西方理论背后的权力支配关系做了非常深入的批判，但却对本土理论背后的权力支配关系所可能导致的认知方式的偏差和意识形态上的偏见未置一词。事实上，由于在本土社会研究中学者们更加难以逃避社会对他们的制约，以及他们在本土社会制度中处的位置所可能导致的偏见或许比国际文化所导致的偏见还要严重得多，本土化论者所自矜的“本土契合性”优势可能并不存在，他们所面临的对自身知识体系加以反思的任务可能更加艰巨。对本土化论者来说，批判西方文化和认识论霸权固然重要，但务必要力求避免从一种文化偏见落入另一种偏见的圈套，在本土范式于社会科学中获得一席之地的同时，坚决避免因自身社会身份

① 宋念申：《发现东亚》，北京：新星出版社，2018年版，第5页。

② 王铭铭：《本土人类学：超越文化局限的实验》，见马戎、周星主编：《田野工作与文化自觉》（上），北京：群言出版社，1998年版，第207页。

和权力格局而导致的偏见。[①]真正的本土化论者要有勇气面对这样一个挑战：即当我们研究自己的国家和民族时，我们有没有可能克服权力关系造成的干扰，创造出比西方学者更具阐释力的理论？

诚然，意识形态的推动，对于本土化的开展具有无可否认的正面意义，但在另一方面，意识形态因素的存在，也有可能会削弱本土化这个命题本身的学术含量，既有的经验早已证明，“如果主要是被意识形态所推动的研究，其学术价值会伴随某种时尚意识形态或理论潮流的没落而消失”。[②]当前本土化讨论中已经有人把社会科学完全等同于意识形态，这就取消了社会科学中的“科学”二字，也将这一话题逐出学术讨论的范围。必须避免让本土化造就一个“学术局域网”，那样根本无法实现“文化走出去的国家战略”。

有几分吊诡的是，起源于20世纪80年代、带有自由主义色彩的回归本土的学术吁求在21世纪以来与日渐主流化的文化保守主义在本土化主张上不期而遇，也揭示了本土化内部的复杂结构以及不同关系在本土化诉求上的不同向度。

有一个现象含义复杂，当泛泛评价改革开放40年的中国学术时，人们会盛赞此间中国学术取得了巨大成就，但若从本土化视角出发，这40年又被描绘成西方学术对中国学术的全面殖民，是中国学术自主性的一次大规模“水土”流失，甚至会被描绘成一场生态灾难。按照前一种观点，西方理论对中国现代学术建设的正面意义，远远大于负面意义。对这40年中国学术一些基本认知的矛盾，反映出不同向度学术评价坐标的混乱与多变。

在谈到中国学术缺乏原创力的时候，人们总是把其归罪于中国学界对西方学术的盲从和臣服，其实，比起西方学术的殖民，影响学术原创能力

---

① 王铭铭：《本土人类学：超越文化局限的实验》，见马戎、周星主编：《田野工作与文化自觉》（上），第209、219页。

② 黄宗智：《我们的问题意识：对美国的中国研究的反思》，《开放时代》，2006年第1期。

还有更重要的因素。应该来说，讨论学术原创力的培养需要什么前置条件，需要多少空间，可能比讨论本土化更加重要，对这个问题的忽视或者漠视，使得本土化讨论的意义大为消解。也许正是因为相对安全，大批学者才趋之若鹜地绍介、模仿、引进、复制西方学术成果和流行的学术理论。

本土化是一个十分复杂的命题，这一概念本身所具有的模糊和混沌往往使本土化论者不自觉地陷入左右手互搏式的矛盾。当本土化是一个口号时，它的意思是简单明晰的，但具体到如何操作时，除了确定大而化之的原则之外，它立即陷入难以扯清的纠缠当中。一方面，从特殊主义出发，本土化论者铁口直断，所谓的西方理论的普适性不过是一种假象，所有的理论本身都不过是地方性知识，这也被本土化论者作为中国学术本土化的前提；但另一方面，本土化论者又千方百计强调本土理论的普世价值，寄望于将本土理论推向世界。这一点我们几乎可以从所有本土化鼓吹者的文章中看到。比如，王绍光就曾提出："要有意识地进行自主理论思考，希望不仅能表述自己，还能有朝一日变成概念、方法和理论的生产者和出口者。"[①]不经意间，一些本土化论者的口袋里似乎同时装着两件武器——一种是特殊主义，一种是普遍主义，在一种情形下，他用中国特殊主义来对抗西方普遍主义，在另一种情形下，他又用中国普遍主义来对抗西方地方性知识，全然没有意识到同时使用这两件武器的乖张。先在的立场，往往导致本土化论者出现行为上的偏颇，一方面，他们用"一套'批判性'的现代方法论原则研究世界各地的古代文明"，另一方面，"却用另一套'信仰似'的、前现代的原则来研究中国"。[②]同样，他们也常常以相对主义来看待西方理论，而以绝对主义来看待本土理论，种种矛盾之处当然会严重削弱本土化主张的说服力。这些矛盾，如果不是故意的，则表明在本土化一

---

① 王绍光：《"接轨"还是"拿来"：政治学本土化的思考》，见苏力、陈春生主编：《中国人文社会科学三十年》，第321页。

② 参见柯马丁：《超越本土主义：早期中国研究的方法与伦理》，《学术月刊》，2017年第12期。

些基本原则上，本土化论者还没有与自己达成一致意见。

尤其与台湾地区的本土化运动相比，大陆学界还存在极大差距。20世纪80年代伊始，台湾学术界掀起了一场社会科学的“中国化”运动。这场学术运动堪称台湾现代史上最重要的一次学术运动，其持续时间之长、波及学科领域之广、参与学者之众以及关涉的问题之多，都是台湾地区其他任何学术运动所难以比拟的。①1980年12月，“社会及行为科学研究的中国化”研讨会在台北召开，酝酿已久的本土化运动由此爆发，并迅疾向人类学、社会学、心理学、政治学、历史学、教育学、语言学、精神医学、大众传播学及哲学等十多个学科蔓延，一时间铺天盖地，出现士人莫不争谈本土化的盛况。其中由杨国枢领导的心理学和以叶启政为领袖的社会学本土化成绩最为卓著。几十年来，台湾地区的社会科学本土化运动一波接着一波，“累积了可观的研究动能”，②由这场运动所提出的一系列重要学术论题，迄今一直是台湾地区学术界不断探索、讨论和争执的热点问题。这场运动产生了大量的学术成果，在很大程度上改变了台湾地区学术生产的面貌。一批以《台湾社会研究季刊》和《本土心理学研究》为代表的学刊，成为本土化运动的主阵地。③与台湾地区声势浩大的本土化运动相比，大陆学界本土化讨论的深度及广度，根本无法与之匹敌。不仅未形成几乎全体动员的规模，也没有可做指标的代表性人物，没有像台湾的社会学心理学领域那样形成一个有共同宗旨的学人团体，更谈不上产生大量的具有强烈本土化特征的研究成果，迄今也难觅一份以倡导本土化为职志的专业刊物。与台湾地区相比，中国大陆的本土化讨论远未形成一场运动，在以考核为

---

① 王东：《从“中国化”到“本土化”——台湾社会科学“中国化”运动的学术史考察》，《华东师范大学学报》，2013年第2期。

② 朱云汉：《社会科学本土化的深层课题》，《二十一世纪》（香港）双月刊，2002年12月号。

③ 20世纪90年代后，除了对西方学术理论的反省与批判，台湾地区学术本土化运动还掺入学术之外的因素，此一变化不在本文讨论范围之内，本文凡涉及台湾地区的本土化运动，均指这场运动的初衷“中国化”。

导向的急功近利的学术环境下，大多数学者对本土化诉求仍处于懵懂状态。相当多的本土化论者，只止步于呼喊口号和提出泛泛的要求，虽分贝甚高，“嘹然有穿云裂石之声”，但仍停留在表面的喧嚣，只有很少一部分学者在进行脚踏实地的本土化研究和理论建构，即使是一些本土化叫得最响的领域，都无法贡献一个本土化实践的经典案例。严格来说，中国大陆的学术本土化目前只在有限的领域破题，这不能不让人担忧本土化的未来。例如，早在1999年，人类学界就召开过规模盛大的人类学本土化国际研讨会，近年来讨论人类学本土化的论文也是车载斗量，不计其数，但迄今人类学尚未有建基于本土经验、带有典范意义的理论建构，数来数去仍然是30年代吴文藻、费孝通以及台湾学者李亦园的人类学本土化实践，以致本领域的代表人物也“不同意中国人类学出现了一个本土化的、中国化的进程”。[①]所以，中国大陆的学术本土化建设，应积极借鉴台湾地区的相关经验，加强对台湾地区本土化运动的研究，增加对台湾地区学术本土化运动的了解。与台湾地区对标，中国大陆的本土化还有很长的一段路要走。台湾作为一个地区，本土化的意识和努力尚且如此，中国大陆就更有理据更有责任进行本土化的探索，从这个意义上来说，大陆今日本土化开展的情况与其在国际上的地位是极不相称的。

正如大家所看到的，在中国大陆，学术本土化趋势方兴未艾。本土化被寄予厚望，它的揭橥，实质上是在中国经济回归世界中心之后，向那种将中国置于边陲的世界主流学术格局进行挑战，企图在世界综合国力格局发生重大变化之际重新调整观念世界的力量版图。在迈向现代化的行程超过100年之后，尤其是40年改革开放取得巨大成就之后，置身现代世界体系中的中国的主体性前所未有地凸显出来。文化自觉的回归，呼唤着本土化理论的诞生。台湾地区学术界本土化运动对台湾学术的深刻改变，也雄辩地证实了本土化

① 见《人类学的中国话语——第六届人类学高级论坛圆桌会议纪实》中王铭铭的发言，《广西民族大学学报》，2008年第2期。

主张具有巨大的正面效应。不论本土化理论自身有何种不自足，本土化对学术自主性的追求，都有无可置疑的正当性。它对西方理论的反省，对中国主体性的坚守，也为中国学术的理论创新提供了新的动能。它最大的意义在于，激发中国学者摆脱长久以来对西方学术抱持的“影印”心态，以及自甘居于国际学术分工“下游”的心态，鼓励中国学者“从实践的认识，而不是西方的经典理论的预期出发，建立符合中国历史实际的理论概念”，“建立符合实际且可以和西方理论并驾齐驱的学术理论”。[①]不同学科的本土化都有一个共同的目标，“即试图通过促使研究者充分地贴近于自身所处的社会场域摆脱泛文化的认识论支配并提出替代性的解释模式”。[②]但本土化问题十分复杂，其间古今中西密集交叉，文化本质主义、民族主义、特殊主义、普遍主义杂糅在一起，这些主义之间竞争活跃，尤其在全球化这一不可移易的历史存在中，这些竞争究竟会产生哪个方向的合力，仍然难以预料。学术本土化究竟是中国学术涅槃的一次契机，还是仅仅是由经济繁荣刺激出来的乌托邦幻象，仍然存在不确定性。但有一个前提是确定的，不论是本土化还是全球化，中国学术需要回到常识，尊重常识，回到逻辑，尊重逻辑，回到事实，尊重事实，回到开放，尊重开放，只有这样，才有可能建立起体系化了的学术系统。中国大陆学术本土化的兴起，毫无疑问是中国崛起的实践在学术领域的反映，综合国力的提升是一个重要的催化剂，但学术体系的建立，不可能用创造GDP的方式创造出来，它的创造要比积累GDP困难得多。而且实践具有易变性，理论体系则相对稳定，中国崛起的实践，能否为本土化学术探索提供稳定的持久的支撑，也是本土化学术成功与否的关键。

[原文发表于《清华大学学报》(哲学社会科学版)2019年第1期]

① 黄宗智：《认识中国——走向从实践出发的社会科学》，《中国社会科学》，2005年第1期。

② 王铭铭：《本土人类学：超越文化局限的实验》，见马戎、周星主编：《田野工作与文化自觉》(上)，第204页。

后 记

当这部汇集了我们《济南大学学报》（社会科学版）两年栏目文章的专著呈现在广大读者面前时，我们禁不住要回顾一下这部书稿的成书过程。

2016年10月初，《济南大学学报》（社会科学版）编辑部召开了2017年度选题座谈会。编辑部邀请本刊编委、全国学术界和期刊界的知名专家三十余人围绕贯彻落实习近平总书记2016年“5·17”讲话精神，深入探讨了2017年的选题，专家们提出了“本土化与中国学术转型”“学术批评”“港台及海外中国学研究”等诸多问题应设置专栏进行探讨，会后，编辑部同仁经过反复酝酿讨论，并呈学校分管领导批准，决定从2017年第一期起开设“本土化与中国学术转型”专栏。此后，我们在济南、北京、上海多次邀请不同学科的专家学者召开座谈会，集思广益，拓展思路，组稿约稿。

自2017年第一期起至2019年第五期，“本土化与中国学术转型”专栏已连续开设17期，刊文50余篇。内容涵盖人文社会科学各领域，在学术界引起强烈反响。来自北京、上海、天津、四川、山东的众多著名学者纷纷加入了这个栏目的讨论。《新华文摘》《中国社会科学文摘》《高等学校文科学术文摘》和《人大报刊复印资料》等著名文摘报刊纷纷给予大力支持，全文转载、论点摘编近二十篇，《中华读书报》《清华大学学报》等做了重点推介评论。

本土化就是中国化，本土化就是现代化。建立中国特色的哲学社会科学学术体系、学科体系、话语体系任重而道远。我们推出这部汇集了众多学者心血的专著，期望更多学术界、期刊界同仁也能积极响应，一起为这个光荣而重大的使命而共同努力。学术期刊是具有学术引领责任的公共交流平台。《济南大学学报》（社会科学版）虽然学术影响力还有待提高，但只要我们不断努力，开设本土化学术讨论的专栏一定会为落实习近平总书记“加快建设中国特色的哲学社会科学体系”的指示贡献我们的力量。

在举国庆祝中华人民共和国七十华诞之际，为全面展现本专栏的成果，使学界朋友比较完整全面地把握了解本专题的研讨概况，我们特将2017—2018年刊发的专题论文结集出版，以之献礼，亦飨读者。理所当然，当大家看到这部著作之时，我们不能不对本书的专家学者致以真诚的感谢，对为本书出版做出了辛勤努力的山东人民出版社同仁，尤其是对为本书作序的王学典先生致以崇高的敬礼！

《济南大学学报》（社会科学版）编辑部

2019年10月